高等院校国际经济与贸易专业系列教材

U0661083

# 国际贸易
## ——理论与政策

主  编  郝新蓉  陈启虎
副主编  黄飞娜

南京大学出版社

图书在版编目(CIP)数据

国际贸易:理论与政策/郝新蓉,陈启虎主编. —南
京:南京大学出版社,2015.8(2021.8重印)
ISBN 978-7-305-15746-2

Ⅰ. ①国… Ⅱ. ①郝… ②陈… Ⅲ. ①国际贸易—高
等学校—教材 Ⅳ. ①F74

中国版本图书馆 CIP 数据核字(2015)第 189064 号

出版发行 南京大学出版社
社 址 南京市汉口路 22 号 邮 编 210093
出 版 人 金鑫荣

书 名 国际贸易——理论与政策
主 编 郝新蓉 陈启虎
责任编辑 胡晓爽 王抗战 编辑热线 025-83597087

照 排 南京开卷文化传媒有限公司
印 刷 广东虎彩云印刷有限公司
开 本 787×1092 1/16 印张 19.25 字数 476 千
版 次 2015 年 8 月第 1 版 2021 年 8 月第 3 次印刷
ISBN 978-7-305-15746-2
定 价 48.00 元

网 址:http://www.njupco.com
官方微博:http://weibo.com/njupco
官方微信号:njupress
销售咨询热线:(025)83594756

# 前　言

近 20 年来,尤其是 2008 年国际金融危机过后,世界经济增长轨迹和格局发生了重大变化,对全球生产一体化、贸易自由化、金融全球化等理论的创新发展提出了新的要求。随着发展中国家尤其是新兴经济体的经济作用的增强,世界经济理论需要更多关注和分析。同时,由于全球经济增长低迷,尤其是发达经济体复苏缓慢及国际大宗商品价格下跌、人民币升值等因素影响,近年来我国外贸呈现总体下滑态势,外贸增速已经进入一个新的拐点时期,外贸转型升级势在必行。

国内外经济贸易环境的深刻变化,对我国外经贸人才素质和知识结构提出了更高的要求。为了适应这一变化,我们在广泛吸收国内外国际贸易教材成果的基础上,结合多年国际贸易的教学实践,编写了这本教材,目的是使学生学会和掌握国际贸易的基本理论和政策,学会运用科学的方法从理论的高度认识和分析各种国际贸易现象和国际贸易问题,为以后从事外经贸工作奠定良好的基础。本书是一部对国际贸易理论与政策进行较全面介绍的教材。教材紧扣近几年来国际经济与贸易中的热点问题,系统地从国际贸易理论、国际贸易政策以及国际贸易的发展趋势等方面,深入介绍传统自由贸易理论、保护贸易理论、当代贸易理论、关税壁垒、非关税壁垒、出口鼓励与管制、国际投资和跨国公司、区域经济一体化、WTO 等重要知识。

与同类教材相比,本教材的特色在于:

1. 打破原有教材千篇一律的编排体系,通过对国际贸易各章知识进行分类将其归纳为五篇十六章。第一篇为国际贸易基础篇,介绍与国际贸易有关的一些基本概念以及国际贸易产生、发展的基础;第二篇为国际贸易理论篇,介绍传统的国际贸易理论和二战后发展起来的各种“新”国际贸易理论;第三篇为国际贸易政策和措施,介绍国际上通行的各种贸易政策措施;第四篇为国际贸易的新发展,介绍国际贸易发展的一些新趋势,如国际投资、国际服务贸易以及区域经济一体化;第五篇为国际贸易体制,介绍 WTO 框架下的多边贸易体制。

2. 内容方面,与时俱进。关于非关税壁垒一章,根据贸易保护主义的最新发展加入知识产权壁垒、碳关税壁垒等内容;关于区域经济一体化一章,补充了最新的区域经济一体化组织,如 TPP 以及近期正在推动建设的 RCEP 和中日韩自由贸易区的最新发展。

3. 格式编排方面,注重案例分析,每一章都有典型引导案例,案例新颖、贴近实际,可以引导学生进行深度思考,以培养其创造性思维。此外,根据每一章节内容,增加了如相关链接、小阅读等拓展材料,增添教材的趣味性、生动性,避免现有国际贸易教材全是文字说明的枯燥性,这样既可以激发学生阅读兴趣,又可以拓展其知识面。

本书由长期担任国际贸易理论与政策课程教学的教授和骨干教师共同编写完成,具体分工如下:郝新蓉负责全书的总体框架设计,并编写第 1、2、3、4、7、13、14 章,陈启虎教授编写第 5、9 章,黄飞娜编写第 6、8、10、11、12、15、16 章。全书由郝新蓉和陈启虎教授统稿和协调,黄飞娜校对。

在本书的编写过程中,得到了有关高校同行的大力支持和协助,并参考了国内同类教材的体例和内容,参阅了大量相关文献资料,在此一并表示感谢。同时对南京大学出版社的编辑们为本书出版付出的辛勤劳动表示衷心的感谢。

由于编者水平有限,书中难免存在缺点和不足,恳请广大读者提出宝贵意见和建议,以便进一步修改和完善。

编　者
2015 年 6 月 20 日

# 目　录

## 第三篇　　国际贸易政策与措施

# 第一篇　国际贸易基础

# 第 1 章

# 导　论

## 知识目标

（1）了解国际贸易研究的对象与内容；
（2）了解国际贸易产生与发展的历程；
（3）理解和掌握国际贸易的基本概念和分类。

## 能力目标

能够运用所学国际贸易基本概念计算分析历年国际贸易发展情况。

### 引导案例

**2014 年中国对外贸易情况**

　　据海关统计，2014 年，我国进出口总值 26.43 万亿元人民币，同比增长 2.3%，其中出口 14.39 万亿元，增长 4.9%，进口 12.04 万亿元，下降 0.6%，贸易顺差 2.35 万亿元，扩大 45.9%。2014 年全年进出口运行情况主要有以下特点：

　　一是第一货物贸易大国地位巩固。二是贸易伙伴更趋多元。开拓新兴市场取得新成效，全年我国与发展中国家进出口比重较 2013 年提高 0.4 个百分点，其中，对东盟、印度、俄罗斯、非洲、中东欧国家等进出口增速均快于整体增速。三是商品结构继续优化。工业制成品占出口总额的 95.2%，较 2013 年提高 0.1 个百分点，占比连续三年提高。装备制造业成为出口的重要增长点，铁路机车、通信设备出口增速均超过 10%。七大类劳动密集型产品出口 4851 亿美元，增长 5%。四是贸易条件明显改善。在国内工业品和国际大宗商品价格普遍下跌的情况下，全年进口商品价格指数下降 3.3%，而出口商品价格指数仅下降 0.7%，贸易条件连续三年改善。

资料来源：根据中华人民共和国商务部网站整理

## 第一节　国际贸易的研究对象和内容

### 一、国际贸易的含义

国际贸易（International Trade）也称世界贸易，指各国或地区之间商品和服务的交换活动。国际贸易是在国际分工的基础上产生与发展起来的,是各国或地区之间分工的表现形式,反映了世界各国或地区在经济上的相互依赖关系。

如果从某个国家或地区的角度来看,一国或地区与其他国家或地区的商品和服务的交换活动,被称为对外贸易(Foreign Trade);有些海岛国家或地区,如英国、日本等,其对外贸易常被称为海外贸易(Oversea Trade);从全球范围来看,人们往往把各国对外贸易的总和称为世界贸易(World Trade)。

### 二、国际贸易课程的研究对象和内容

国际贸易学是经济学中最古老的学科之一。对外贸易问题历来是经济学研究的重要内容,从重商主义、古典经济学派到现代西方经济学家,几乎都把对外贸易理论作为他们经济学理论的一个重要组成部分。

国际贸易学作为一门独立的学科,必然有自己独立的研究对象。它研究不同国家或地区之间的商品和服务的交换活动,通过研究商品和服务交换活动的产生、发展过程,以及贸易利益的产生和分配,揭示这种交换活动的特点和规律。

根据国际贸易学的研究对象,可以把国际贸易学的研究内容概括为四个方面。

#### (一)各个历史发展阶段国际商品流通的一般规律

国际贸易是个历史的范畴,它是社会生产发展的必然结果,因为它是在一定历史条件下,随着生产力的发展而出现的。所以,国际贸易学首先要研究国际贸易的历史及现状,包括原始社会末期对外贸易产生的条件、奴隶社会和封建社会对外贸易发展的特点、资本主义生产方式下对外贸易的发展和真正意义上的国际贸易的形成,以及第二次世界大战后国际贸易发展的新特点、新趋势,重点研究和分析当代国际贸易发展的新特点及其规律性。

#### (二)国际贸易理论与学说

在社会经济发展过程中,理论与实践总在相互影响并产生作用。理论是对实践的总结,同时又服务于实践,使实践有新的发展。在国际贸易的形成和发展中,各个时期的经济学家们都十分重视对国际贸易各种问题与规律的研究探讨,导致了国际贸易理论的发展。国际贸易理论与学说包括各种经典经济学家对国际贸易理论的研究与探讨。比如,资本主义自由竞争时期的古典政治经济学派创始人亚当·斯密(Adam Smith)和大卫·李嘉图(David Ricardo)探讨了国际分工形成的原因和分工的依据,论证了国际分工和国际贸易的利益;如前所述,20世纪以来瑞典经济学家赫克歇尔(Eli F. Heckscher)和俄林(Bertil G. Ohlin)提出了按照生产要素进行国际分工的学说,他们都倡导实行自由贸易;而保护贸易理论的代表人物德国的弗里德里希·李斯特(Freidrich Liszt)则倡导保护幼稚工业的理论,以期在英国商品的强大冲击下,保护国内市场;资本主义进入垄断时期以后,英国经济学家约翰·梅纳德·凯恩斯(John Maynard Keynes)及其追随者把有效需求理论与对外贸易结合起来,在投资乘数理论的基础上提出对外贸易乘数理论,为超保护贸易政策提供了重要的理论依据。20世纪中期以后,当代经济学家对产业内贸易、公司内贸易等现象进行了深入研究,使国际贸易分工理论发展到一个崭新的阶段。

#### (三)国际贸易政策与措施

为了通过对外贸易促进本国的经济发展,各国都制定了有利于本国对外贸易的政策。对

外贸易政策是随着时代的发展而不断变化的。各国对外贸易政策基本上有两种类型,即自由贸易政策和保护贸易政策。在资本主义原始积累时期,出现了重商主义;在资本主义自由竞争时期,自由贸易政策和保护贸易政策并存;在资本主义垄断时期,出现了超保护贸易政策;第二次世界大战后,出现了贸易自由化和新贸易保护主义。为执行这些贸易政策,各国都采取了相应的措施,如关税和非关税措施、其他相关鼓励出口的措施等。

### (四)与国际贸易有关的各种理论与现实问题

国际贸易的发展引起了生产的国际化发展,出现了许多对国际贸易有重大影响的跨国公司,有关这些跨国公司活动的理论和实际问题,以及由生产国际化引起的区域经济一体化问题,都是国际贸易学十分关注的问题。同时,世界各国为了推进国际贸易自由化的发展而建立起的世界贸易组织,已成为各国从事国际贸易活动的法律框架和活动平台,无论是发达国家还是发展中国家,都希望世贸组织的规则向着更有利于自己的方向发展。有关世界贸易组织的一系列问题,自然也是国际贸易学科所要研究的。

### 三、本书的结构安排

国际贸易学包括国际贸易理论、政策、措施等方面的内容,而国际贸易理论的发展和政策的调整都来源于国际贸易的实践。"二战"后国际贸易发生了重大变化,不仅贸易数量上有了巨大增加,而且从内容到形式都有了极大的变化。主要表现在:贸易领域从货物贸易发展到服务贸易和技术贸易;贸易形式从一般贸易发展到加工贸易、补偿贸易等;贸易范围在全球迅速发展,出现了贸易和经济的区域化、集团化、一体化趋势。为了适应国际贸易的这些发展变化,国际贸易课程应该对这些国际贸易问题进行分析研究。

基于这种考虑,本教材的内容结构包括五个部分:第一部分是国际贸易基础知识,包括第一至第二章,主要介绍国际贸易的产生与发展及国际贸易的基本概念与分类等;第二部分是国际贸易的基本理论,包括第三至第七章,主要介绍古典贸易思想和理论、新古典贸易思想和理论、当代国际贸易思想和理论以及保护贸易理论。第三部分是国际贸易政策与措施,包括第八至第十一章,主要介绍国际贸易政策的演变发展、关税措施、非关税措施及出口鼓励和管制措施;第四、第五部分介绍和讨论当今国际贸易实践中的一些重要问题,包括第十二至第十六章,主要介绍区域经济一体化、国际投资与跨国公司、服务贸易以及世界贸易组织等。

## 第二节 国际贸易的产生与发展

国际贸易是一个历史的范畴,它是人类社会发展到一定历史阶段的产物。在社会生产力水平不断提高的过程中,国际贸易也在不断地发展和完善。

### 一、国际贸易的产生

国际贸易是国与国之间的商品交换活动,因此,国际贸易的产生必须具备两个基本条件:一是有可供交换的剩余产品;二是国家的形成,各自为政的社会实体之间进行商品交换。前者是指随着社会生产力的发展能够提供交换用的剩余产品;后者是指开始出现各自为政的国家实体。

国际贸易是人类社会生产力发展到一定的阶段才产生和发展起来的，它是社会生产力发展的必然结果。原始社会初期，人类生产还处于自然分工状态。由于生产力低下，只能通过集体劳动来平均分配劳动产品，没有剩余的产品，也没有私有制和国家，因而也就不会有对外贸易。到原始社会末期，由于生产力的发展，人类社会经历了三次社会分工，出现了最初的对外贸易：第一次，畜牧业从农业中分离出来，劳动产品有了少许剩余，部落之间有了偶然的物品交换；第二次，手工业从农业中分离出来，有了以直接交换为目的的商品生产；第三次，商人从农业、手工业者中分离出来，有了专门从事商品交换的阶段。

在原始社会末期奴隶社会初期，随着生产力的发展和国家的形成，商品交换超出了国界，国家便有了对外贸易，国际贸易也随之产生了。因此，从根本上讲，社会生产力的发展和社会分工的不断扩大，是国际贸易产生和发展的基础。当时对外贸易的主要形式是部落之间的物物交换，主要是由部落首领直接进行，目的主要是用于部落成员消费，商品结构以食物等生活资料为主。由于当时受交通等条件的限制，交换的规模很小，只是限于近邻的部落之间。

## 二、国际贸易的发展

国际贸易按社会形态分为奴隶社会的国际贸易、封建社会的国际贸易和资本主义社会的国际贸易。

### （一）奴隶社会的国际贸易

奴隶社会制度最早出现在古代东方国家，如古埃及、古巴比伦、中国（殷周时期已进入奴隶社会），但以欧洲古希腊、古罗马等国的古代奴隶制最为典型。早在公元前 2000 年前，由于水上交通便利，地中海沿岸的各奴隶社会国家之间就已开展了对外贸易，出现了腓尼基、希腊、罗马、中国的黄河流域等贸易中心。从贸易的商品结构看，奴隶社会对外贸易所交换的主要是奢侈消费品和奴隶。奴隶主需要的奢侈消费品，如宝石、香料、各种织物和装饰品等；奴隶也成为对外交换的商品，希腊的雅典就是当时贩卖奴隶的一个中心。

奴隶社会时期，国际贸易有所扩大，但在各国经济中的地位仍然是微不足道的。由于在奴隶社会自然经济占统治地位，商品经济不发达，生产的目的主要是为了直接消费，商品生产在生产中的比例也很小，加之交通工具简陋，使国际贸易的范围受到很大限制，所以上面提到的那些民族或国家商业发达的情况，在当时仍只是一种局部现象。

### （二）封建社会的国际贸易

封建社会取代奴隶社会之后，国际贸易又有了较大发展。尤其是从封建社会的中期开始，实物地租转变为货币地租，商品经济的范围逐步扩大，对外贸易也进一步增长。到封建社会的晚期，随着城市手工业的进一步发展，资本主义因素已经开始孕育和生长，商品经济和对外贸易都比奴隶社会时期有了明显的发展。

从地区范围看，早期的国际贸易中心位于地中海东部，君士坦丁堡、威尼斯和北非的亚历山大是中世纪著名的三大国际贸易中心。11 世纪之后，意大利北部和波罗的海沿海城市的兴起，使贸易范围扩大到了地中海、北海和黑海沿岸。此后城市手工业发展了起来，如意大利北部城市佛罗伦萨成为当时毛纺织业的中心，它从英国和西班牙进口羊毛，从荷兰进口粗制呢绒，进行纺织与加工后输往东方。城市手工业的发展推动了当时国际贸易的发展，而国际贸易的发展又促进了手工业的发展和社会经济的进步,并促进了资本主义因素在欧洲各国内部的迅速发展。

从商品结构来看,封建社会时期国际贸易所交换的仍主要是奢侈消费品和生活必需品,例如东方国家的丝绸、珠宝、香料,西方国家的呢绒、酒等。工业品在国际贸易中的比重也有了明显的上升。与此同时,交通运输工具,主要是造船技术有了较大进步,使得国际贸易的范围扩大了,更多的国家和地区的产品进入了国际贸易领域。不过由于自然经济仍占统治地位,封建社会的国际贸易在经济生活中的作用还相当小。

总的来说,在奴隶社会和封建社会,由于生产力水平低下以及受生产方式和交通条件的限制,国际贸易的商品种类和贸易范围都有着很大的局限性,国际贸易在社会经济中都不占主要地位,只有到了资本主义社会机器大工业建立以后,国际贸易才有了广泛而迅速的发展。

**(三) 资本主义社会的国际贸易**

国际贸易的产生虽然源远流长,但真正具有世界意义的国际贸易是在资本主义生产方式建立起来之后。在资本主义生产方式下,国际贸易急剧扩大,贸易活动遍及全球,贸易商品种类日益增多,国际贸易越来越成为影响世界经济发展的一个重要因素。而在资本主义发展的各个不同历史时期,国际贸易的发展又各具特征。

1. **资本主义原始积累时期的国际贸易**(16 世纪—18 世纪中叶)

16 世纪—18 世纪中叶是西欧各国资本主义原始积累和工场手工业发展的时期,这一时期是资本主义生产方式的准备时期。工场手工业的发展使劳动生产率得到提高,商品生产和商品交换进一步发展,这为国际贸易的扩大提供了物质基础。这一时期的地理大发现,更是加速了资本主义的原始积累,促进世界市场初步形成,从而大大扩展了世界贸易的规模。

从贸易的地区范围看,主要是大西洋沿岸的荷兰、葡萄牙、西班牙、意大利、英国、法国。1942 年,意大利航海家克里斯托弗·哥伦布(Christophe Columbus)由西班牙出发,经大西洋发现了美洲;1498 年,葡萄牙人达·伽马(Vascp da Gama)从欧洲绕道南非好望角直达印度,这些都对欧洲的经济与贸易的发展产生了深远的影响。地理大发现使西欧国家纷纷走上了向亚洲、美洲和拉丁美洲扩张的道路,在殖民主义制度下进行资本的血腥原始积累。殖民主义者用武力、欺骗和贿赂等办法,实行掠夺性贸易,把广大的殖民地国家卷入国际贸易中,国际贸易的范围和规模空前地扩大了。地理大发现还导致世界贸易中心的转移,伊比里亚半岛上的里斯本、塞维利亚,大西洋沿岸的安特卫普、阿姆斯特丹、伦敦等地取代远离大西洋海上商路的威尼斯、亚历山大和君士坦丁堡,成为世界贸易中心。

从贸易的商品结构看,主要是原料、工业品和非洲奴隶;国际贸易中的商品结构也开始转变,工业原料和城市居民消费品的比重上升,一些从未进入欧洲市场的新商品,如烟草、可可、咖啡、茶叶等都被加入国际商品的流通范围中。可见,资本主义原始积累时期的国际贸易比奴隶社会和封建社会有了很大的发展。

2. **资本主义自由竞争时期的国际贸易**(18 世纪 60 年代—19 世纪 70 年代)

18 世纪中叶至 19 世纪中叶是资本主义自由竞争时期,这一时期是资本主义生产方式确立的时期,欧洲国家先后发生了产业革命和资产阶级革命,资本主义大机器工业得以建立并广泛发展。18 世纪中叶英国开始第一次产业革命,蒸汽机、纺纱机、织布机等的发明和应用,使工场手工业发展到了机器大工业,而机器大工业的建立和发展,一方面使社会生产力水平有了巨大的提高,商品产量大大增加,可供交换的商品空前增多,真正的国际分工开始形成;另一方面使交通运输和通信联络发生了巨大的变革,为国际贸易提供了极大的便利并大大推动了国际贸易的发展。

在资本主义自由竞争时期,国际贸易特点表现在以下几个方面。

(1) 国际贸易量显著增长。1800—1870 年国际贸易量增长了 10 多倍,年均增长率从 1780—1800 年的 0.27% 增加到 1860—1870 年的 5.53%。

(2) 国际贸易的商品结构发生了很大变化,主要是初级产品和工业品,且工业品比重显著上升。18 世纪末以前的大宗商品交易,如香料、茶叶、丝绸、咖啡等,虽然绝对量在增加,但所占份额已经下降。在工业品贸易中纺织品的增长最为迅速并占有重要地位。以前欧洲国家都从中国和印度进口棉布,19 世纪英国完成工业革命以后成为棉布的主要出口国,其出口商品中有 1/3—1/2 是纺织品。煤炭、钢铁、机器等商品的贸易也有了很大的增长。同时,粮食也开始成为国际贸易的大宗商品。由于工业发展的需求和运输费用的降低,粮食贸易额占当时国际贸易总额的 10% 左右。

(3) 英国成为世界贸易的中心。在 19 世纪的世界贸易中,英国、法国、德国、美国居于重要地位,其中又以英国居最前列。依靠工业革命所积累的雄厚技术基础,英国取得世界工业的霸主地位,成为名副其实的“世界工厂”。1870 年,英国在世界贸易中的比重达 25%,几乎相当于法国、德国和美国的总和。与其在世界贸易中的中心地位相对应的是,1870 年英国拥有的商船吨位也占世界第一位,超过荷兰、法国、美国、德国、俄国等国商船吨位的总和。依靠强大的海运业,英国从其他国家获得了廉价的货物,控制着其他国家的贸易往来,并取得了巨额的贸易收入。

(4) 国际贸易的方式有了进步,出现了期货贸易、凭样贸易。这一时期国际定期集市的作用下降,现场看货交易逐渐转变为样品展览会和商品交易所,根据样品来签订合同。1848 年美国芝加哥出现了第一个谷物交易所;1862 年伦敦成立了有色金属交易所;19 世纪后半期在纽约成立了棉花交易所。期货交易也已经出现,小麦、棉花等常常在收获之前就已经售出,交易所里的投机交易也应运而生。

(5) 国际贸易的组织形式有了改进。出现了外贸公司和国际贸易服务组织。19 世纪以前,英国、荷兰、法国等纷纷建立了由政府特许的海外贸易垄断公司(如东印度公司等)。随着贸易规模的扩大,享有特权的外贸公司逐步让位于在法律上负有限责任的股份公司,对外贸易的经营组织日趋专业化,成立了许多专门经营某一种或某一类商品的贸易企业。同时,为国际贸易服务的组织也趋向专业化,出现了专门的运输公司、保险公司等,银行信贷业务在国际贸易中也开始广泛运用。

(6) 政府在对外贸易中的作用出现了转变,在国内主张自由放任,国家之间开始普遍签订贸易条约。政府对外贸经营的干预减少,在国际上为了调整各国彼此间的贸易关系、协调移民和其他待遇方面的问题,国家之间开始普遍签订贸易条约。

3. 垄断资本主义时期的国际贸易(19 世纪 70 年代—第二次世界大战)

19 世纪末 20 世纪初,各主要资本主义国家从自由竞争阶段过渡到垄断资本主义阶段。19 世纪最后 30 年间,发生了以电力和内燃机发明与应用为标志的第二次产业革命。产业革命使一些新兴工业,如汽车、飞机、轮船等制造业相继出现,这一方面推动了工业的迅速发展,另一方面使世界的交通运输业发生了革命性的变化,促进了国际贸易的增长。这个时期的国际贸易具有以下特点：

（1）国际贸易仍在扩大，但增长速度下降。截至第一次世界大战前，国际贸易仍呈现出明显的增长趋势，但同自由竞争时期相比，速度已经下降了。例如，在1870—1913年的43年期间，世界贸易量只增长了3倍，而在1840—1870年的30年自由竞争期间，国际贸易却增长了3.4倍之多。第一次产业革命后，19世纪70年代又发生了以电力的发明与应用为标志的第二次科技革命。科技革命推动了经济增长，也促进了国际贸易的增长。但由于垄断形成的市场分割和高价对国际贸易增长带来了负面影响，因此，这一时期同自由竞争时期相比较增长速度下降了。

（2）贸易商品结构发生了变化。初级产品和工业制成品在国际贸易中所占比重持续稳定，但内部结构发生了变化。制成品贸易中，纺织品所占比例持续下降，金属产品的比例持续上升，化学产品、纸张、木制品、玻璃制品也增长迅速。在初级产品中，随着生产的迅速发展，矿产原料所占比例快速上升，食品和农业原料的比例下降。

（3）贸易格局发生了变化。美国和德国迅速崛起，英国地位显著下降，贸易中心也从英国变成一系列国家。在这一时期内，美国和德国迅速崛起，工业生产取得了跳跃式的发展，而英国作为"世界工厂"的地位已逐步丧失。

（4）经济落后国家被卷进国际分工体系。这一时期，垄断组织把资本输出和商品直接结合起来，加重了对殖民地、附属国的掠夺；同时殖民地、附属国不仅在对外贸易上，而且其所有经济活动都被卷入到错综复杂的国际经济联系中，形成了资本主义的世界经济体系。这些经济落后国家由于加入了国际分工体系，或是由于受跨国公司或殖民体系的影响，不仅成为发达国家的原料产地和商品销售市场，而且成为重要的投资市场。因此，国际贸易使这些国家成为资本主义世界体系中的重要组成部分。

（5）垄断势力加剧竞争，国际贸易受到了冲击。这一时期，各主要资本主义国家之间的竞争更趋激烈，关税壁垒与非关税壁垒等贸易政策措施进一步加深了资本主义国家之间的矛盾，而经济发展不平衡的日益加剧，也使资本主义国家之间为重新瓜分世界市场的争斗日趋尖锐，最终引发了世界大战。两次世界大战使世界经济和国际贸易的发展受到很大的冲击。发生在1929—1933年的世界经济大危机更是破坏广泛、影响深远，使各主要资本主义国家的经济和贸易均陷入了普遍的衰退和萧条之中。

### 三、第二次世界大战后国际贸易的发展

第二次世界大战后，特别是20世纪80年代以来，世界经济发生了巨大的变化，科技进步的速度不断加快，国际分工、世界市场和国际贸易也都发生了巨大的变化。概括起来，当代国际贸易发展有以下的一些新特征。

#### （一）国际贸易规模空前扩大

国际贸易发展迅速，国际贸易的增长速度大大超过世界产值的增长速度，服务贸易的增长速度又大大超过货物贸易的增长速度。世界货物贸易额从1950年的607亿美元增加到2008年的16.07万亿美元，增加了260多倍，国际贸易在现代经济中的地位越来越重要。其主要原因，一是世界经济高速增长，为国际贸易的增长奠定了雄厚的物质基础；二是战后发生的以原子能、信息技术、新材料技术为标志的第三次科技革命，导致世界各国产业结构和产业

组织形式的调整,促进了进出口贸易的快速增长,也带动了国际技术贸易的迅速发展。

### (二)国际贸易结构向高科技、服务业发展

#### 1. 工业制成品的比重超过初级产品比重

1953 年工业制成品出口占世界全部商品出口价值的比重为 50.3%,开始超过初级产品。到 2003 年,国际贸易中制成品贸易占到近 75%,初级产品比重降到 24% 以下。

#### 2. 资本、技术密集型产品比重将越来越大

在工业制成品贸易中,劳动密集型轻纺产品的比重下降,而资本、技术密集型商品所占比重上升,高技术产品的增长加快,化工产品、机器和运输设备等的贸易比重增长也较快。在初级产品贸易中,石油贸易增长迅速,而原料和食品贸易发展缓慢。

#### 3. 国际服务贸易急剧发展

国际服务贸易在整个世界贸易中的比重不断加大。据有关统计资料显示,1967—1980年,国际服务贸易额由 700 亿猛增到 6 500 亿美元,2008 年达到 37 779 亿美元。服务贸易占世界贸易的比重也由 20 世纪 80 年代的 17% 上升到 2008 年的 23.5%。1979 年国际服务贸易额的增长速度首次超过了货物贸易。20 世纪 80 年代以后,国际服务贸易的增长速度一直高于货物贸易的增长速度,其中,旅游、通信、计算机、信息、保险和金融服务业所占比重呈上升趋势,而运输业则呈下降趋势。

### (三)以发达国家为中心的贸易格局保持不变,中国成为国际贸易增长的新生力量

美国、欧洲、日本三大经济体既是世界经济的主要力量,在国际贸易中也居于主导地位。目前,发达国家已经占据世界货物出口 70% 以上的份额和国际服务贸易 90% 以上的份额。更为重要的是,发达国家通过开展区域贸易合作和控制多边贸易体制来主宰国际贸易秩序,并在国际交换中获得了大部分贸易利益。

中国对外贸易在世界贸易总额中的排名不断攀升。2009 年中国货物进出口总额在世界货物贸易排名上升到第 2 位;2010 年中国出口总额和进口总额占世界货物出口和进口的比重分别提高到 10.4% 和 9.1%,连续两年成为世界货物贸易第一出口大国和第二进口大国。

### (四)贸易投资一体化趋势明显,跨国公司对全球贸易的主导作用日益增强

跨国公司通过在全球范围内建立生产和营销网络,推动了贸易投资一体化,并对国际经济贸易格局产生了深刻影响。一是跨国公司已成为全球范围内资源配置的核心力量。跨国公司总数由 1993 年的 35 000 家增加到 2001 年的 65 000 家,它们在全球的子公司达到 850 000家,不仅掌握着全球 1/3 的生产和 70% 的技术转让,更掌握着全球 2/3 的国际贸易和 90% 的外国直接投资。二是国际贸易竞争从以比较优势为主,转变为以跨国公司数量和在国际范围内整合资源的能力为主。这意味着一个国家具备国际竞争优势的企业越多,就越可以在国际分工中更多地整合别国的资源。三是国际贸易格局由产业间贸易转向产业内贸易、公司内贸易,主要表现为中间产品、零部件贸易在国际贸易中的比重增加。四是跨国公司产业转移不断加快,加工贸易在整个国际贸易中的比重持续提高,已成为发展中国家对外贸易的增长点。

### (五)区域集团化贸易日益活跃

世界主要贸易国为保持其在全球市场上的竞争力,不断寻求与其他国家联合,通过优惠贸易安排、自由贸易区、关税同盟、共同市场等不同方式,组建区域贸易集团,实现区域内贸易自

由化。以 1957 年成立的欧洲经济共同体(以下简称"欧共体")为导线,贸易集团在全球迅速蔓延。进入 20 世纪 90 年代,区域经济合作不断地向深度和广度推进,区域贸易集团化步伐进一步加快,贸易集团激增,区域内贸易日益活跃和扩大。区域内贸易的发展和扩大有力地推动了世界贸易的发展。因区域内贸易的开放性高于排他性,预计今后区域内贸易的发展速度仍将高于对外贸易的增长速度,在世界贸易中的比重会进一步加大。但是,区域贸易集团的排他性和程度不同的贸易转移效应对世界贸易也产生了一些消极影响,在一定程度上困扰着世界贸易组织体制的正常运行和进一步发展。

### (六)多边贸易体制加强,贸易自由化成为贸易政策的主流

第二次世界大战后,国际贸易政策和体制发生了很大变化,但贸易政策和体制总的特征是自由贸易。关税与贸易总协定和世界贸易组织对战后国际贸易政策和体制的调整,对贸易自由化的推动和多边贸易体制的确立,均起了十分重要的促进作用。在关贸总协定主持下的多边贸易谈判下,关税不断下调,非关税壁垒受到约束,从而推动了贸易自由化。经济全球化的发展使多边贸易体制得到加强,1995 年建立的世贸组织取代了关贸总协定,其管理的贸易协定与协议,从货物延伸到服务贸易、投资和知识产权,使多边贸易体制更加巩固和完善,使贸易自由化向纵深发展。进入 20 世纪 90 年代以来,经济全球化趋势使生产要素在全球范围内更加自由地流动和有效配置,限制性的各种壁垒不断减少甚至逐步消除,自由贸易已是不可逆转的基本潮流。

但是也必须注意,世贸组织诸协议在为自由贸易运作提供制度保证的同时,它所允许的如反倾销、反补贴、技术标准、环境标准等规则,也为发达国家对发展中国家实施歧视性的贸易政策助威增势,诱发了新一轮的贸易保护主义。不仅如此,发达国家还力图通过将贸易与环境保护、贸易与劳工标准、贸易与竞争政策等新贸易问题提上世贸组织的议事日程,进而以抵制环境倾销、绿色补贴、不公平竞争等为由对发展中国家实施贸易制裁,这将成为国际贸易"自由化"发展中的障碍。

### (七)世界市场竞争向综合化、集团化和有序化发展

在国家存在的前提下,为了能以对外贸易带动经济发展,各国和企业在世界市场上进行着激烈的竞争,出现了以下特点。

1. 世界市场竞争日益综合化

表现在:一是把货物、服务与知识产权有机地结合起来。二是把贸易自由化与允许的保护结合起来。三是把关税措施与非关税措施综合使用。四是把跨国公司的发展与提高中小企业竞争力结合起来。五是把国内市场竞争与国外市场竞争有机地结合起来。六是把价格竞争与非价格竞争有机地结合起来。

2. 世界市场竞争日益集团化

表现在:一是地区经贸集团数目急剧增加,已从 20 世纪 80 年代的 80 多个增加到 21 世纪初的 150 多个。二是地区经贸集团的类型更加多样化,除了自由贸易区、关税同盟、共同市场、经济同盟外,还出现了自我承诺类型的经贸集团,如亚太经合组织,个别经贸集团已从经贸集团向政治集团发展,如欧盟。三是地区经贸集团,其形成的基础发生结构性的变化,已突破地区、社会制度和经济发展水平的限制。四是经贸集团内部通过贸易和投资等方面的自由化,统一市场,使内部贸易不断扩大。

### 3. 世界市场竞争向有序化方向发展

表现在:一是积极利用世界贸易组织,在世界贸易组织规则基础上进行"开放、公平和无扭曲的竞争"。二是国际贸易法律、规则和标准日益趋同化,它们与各国国内的相关法规的相融性在加强。

#### (八)国际贸易方式多样化发展

第二次世界大战后,除了传统的国际贸易方式(如包销、代理、寄售、招标、拍卖、展卖等)外,又出现了一些新的贸易方式,如补偿贸易、加工贸易和租赁贸易等。这些新型国际贸易方式的发展,不仅扩大了国际贸易的范围,而且增加了国际贸易的深度,使经济发达国家和经济落后的发展中国家,都能借助不同的贸易方式加入到国际分工体系和国际贸易合作的阵营中来。

总之,从以上国际贸易的历史发展中可以看到,尽管世界政治与经济的发展道路并不平坦,但总的趋势仍是不断前进的,特别是和平与发展已成为当今时代的两个主题,在科学技术革命的推动下,经济全球化、生产国际化的趋势越来越突出,这是国际贸易不断发展的强大动力。各个国家在积极参与国际竞争的同时,都有必要也有可能更多地参与国际分工和国际贸易,以促进本国经济的发展。

## 四、中国对外贸易的产生和发展

中国对外贸易的发展可以分为古代对外贸易、近代对外贸易和新中国对外贸易三个阶段。

### (一)中国古代对外贸易

中国的对外贸易史源远流长,早在秦汉时期,中国就开辟了从新疆经中亚通往中东和欧洲的"丝绸之路"。中国的丝、茶、瓷器通过"丝绸之路"输往欧洲。明朝郑和率领庞大的船队七下西洋,扩大了海上贸易。通过对外贸易,中国把"四大发明"传播了出去,同时把欧洲各国的物产等输入国内。

中国古代对外贸易经历了一系列辉煌时期。

#### 1. 第一个外贸辉煌时期:汉朝

早在西汉之前,"丝绸之路"就已经出现了。"丝绸之路"正式得到官方的支持与保护,成为中国对外贸易陆上通道是在汉朝。公元前138年和公元前119年,汉武帝两次派张骞出使西域,结交友邦,平定匈奴,并采取了一系列措施加强控制与管理,保证了丝绸之路的畅通,开始了中国真正意义上的对外贸易。"丝绸之路"东起长安(今陕西西安),向西经河西走廊和新疆,越过帕米尔高原,然后分几路进入中亚、西亚和南亚。这是一条横贯亚洲大陆的商路,主干道约长7 000多公里,在中国境内约有4 000多公里。

当时对外贸易的主要动机是"互通有无"。中国汉代时主要的出口商品是丝绸、铁器、漆器、纤维纸,还有肉桂、生姜、谷子、高粱等;主要的进口商品有印度的香料、犀角、象牙、宝石,罗马的金银、玻璃、亚麻布、铜、锡,缅甸的宝石、翡翠、木棉,朝鲜的兽皮以及中亚和西亚的毛皮、马匹、葡萄、石榴、胡麻、胡豆、胡桃等。

中国汉代和西方之间的丝绸贸易曾经繁荣一时,达到相当大的规模。在当时的罗马,丝绸深受富有阶级的欢迎,穿着丝绸服饰成为一种社会时尚。中东和罗马的商人则专门开通陆路和海路以从事中国和罗马之间的丝绸贸易。因此,汉代开始的对外贸易不仅是中国对外贸易的开端,也是世界贸易史中辉煌篇章。

2. 第二个外贸辉煌时期:唐朝

唐朝的陆路贸易基本上沿着原有的"丝绸之路"进行。但政府采取了一系列政策加强了保护和管理,包括在西域建立完整的军政机构,沿途设置驿馆,继续执行"过所制度"(相当于许可证制度)等。在丝绸之路沿线的主要城镇关口还驻有军队以保证贸易的安全。

唐代还发展了海路贸易。当时的海路贸易主要通过两条航线,一条是东到朝鲜、日本;另一条是南下向西,经中南半岛、马来半岛、马六甲海峡、印度半岛,最终与阿拉伯半岛和东非沿岸连接。当然,海路贸易并非是从唐代才开始的。早在春秋战国时期中国就与日本、朝鲜有了往来,汉代时又打通了中国南海与印度的海上航线,并连接上从印度到西方的海上通道。而到了隋唐时期,中国不仅延长了航线的距离,还大大增强了海路贸易的能力。

唐代进行海路贸易的主要港口有广州、明州(今宁波)、扬州、胶州等,其中广州更是唐代海路通商的主要集散地。当时与广州通商贸易的国家有数十个,在广州经商的外国人(主要是阿拉伯人)有数万名。长安一度成为世界上最大的商业中心,当时在长安从事商贸活动的波斯人、阿拉伯人、东罗马人等外国人有数千人之多,整个长安东西两市商人云集,商品丰富。

唐代中国主要出口产品仍是丝绸锦缎。从公元 8 世纪开始,唐代的瓷器开始大量出口。无论是细腻精巧的青釉瓷还是色彩绚丽的"唐三彩",都颇得各国青睐,以至于西方国家称中国为"China"(china,瓷器),意为瓷器之国,此名沿用至今,成为中国的正式英文名称。此外,中国还出口茶叶、漆器、纸笔等。进口商品主要是来自东南亚、印度和阿拉伯的香料、药材、奇珍异宝,还有中国没有的农产品,如胡椒、菠菜、无花果等。由于中国在财富和技术上的优势,中国的出口往往大于进口,西方国家的金银不断流入中国。

中国唐代对外贸易繁荣的原因主要是当时经济技术的发达和唐朝政府推行的开放政策。在对外贸易方面还实行了严禁重征、滥征外商税赋,保护外商遗产,惩治外贸中的贪官污吏等措施,鼓励外商与中国的贸易。应当说在中国古代历史中,唐代是一个比较开放的时代,是中国经济与文化发展的一个高峰时期,也是中国对外贸易的一个繁荣阶段。

宋代贸易的主要变化是贸易通道从以陆路为主变成了以海路为主。由于当时中东及西域各国的分割与战争,包括宋王朝与北方金国的战争,使得通往西方国家的陆路交通受到了阻塞,中西陆路贸易由此处于衰落状态。也正是因为如此,宋朝的海上贸易得到了很大的发展,尤其到了南宋,通过海路与中国进行贸易的国家和地区已达 50 多个。

宋代的贸易结构与汉唐相比没有什么大的变化,中国仍是以丝绸、瓷器为主要出口产品,同时进口香料、象牙和新的植物品种。

宋代继续推行鼓励对外贸易的政策。一是实行"招诱奖进"的外贸政策。宋太宗执政期间,朝廷派遣官方使团前往南海各国进行招商,同时通过外国使节、僧人等鼓励外国商人来华从事贸易;二是聘用外籍人员任职管理海外贸易。有许多外商留居中国,娶妻生子,甚至通过考试进入中国官僚机构。

3. 第三个外贸辉煌时期:元朝

元帝国成吉思汗及其后裔征服了欧亚大陆的大部分领土,欧亚之间一度出现了无疆界的状况,使得因长期战争动乱而萎缩的东西方陆路贸易又得到了很好的恢复和发展。有许多欧洲人通过陆路到中国旅行,除了牧师外,还有许多商人,如意大利著名商人马可·波罗。与历代王朝相比,元朝政府更重视商业,这在很大程度上与蒙古族的游牧经济有关。元代的海路贸易港口主要是泉州、广州和庆元(唐宋时期的明州,今宁波)等。

元朝时,同中国进行贸易的国家大大增加。据元朝陈大震的《大德南海志》记载,元代时同中国进行海路贸易的有 140 多个国家和地区,遍及欧洲、东亚、南亚、西亚及东南亚。当时中国的主要出口商品为纺织品、陶瓷器、金属和金属器皿、日常生活用品(木梳、雨伞、席帘、漆器等)、文化用品(文具、乐器等)和经过加工的食品;进口的商品主要是珍宝(象牙、犀角、珍珠、珊瑚等)、贵重香料、布匹、皮货、木材、药材等。

### (二)中国近代对外贸易

明朝之前,中国的对外贸易一直伴随着中国经济和社会的进步而逐步发展。中国在维持自给自足小农经济的同时,各朝基本都实行鼓励对外贸易的开放政策。与当时的世界各国相比,中国是一个较为发达和开放的经济国度。但是,这一状况到了明清两朝时发生了变化,在明清的一段漫长的历史时期中,中国的对外贸易一直处于徘徊停滞的状态。

1. 明朝

首先是明朝初期实行了"海禁"与"朝贡贸易"。1371 年,明朝刚刚建立四年,明太祖朱元璋为了巩固政权,削弱海外反明势力,下令全面禁海,禁止任何私人出海贸易。这项闭关自守的政策实行了将近 200 年,直到 1567 年隆庆皇帝宣布开禁,期间政策的具体执行虽然有松有紧,但毕竟抑制了正常的海外贸易。与此同时,由于蒙古帝国的崩溃,中国通往中西亚和欧洲的陆路贸易通道又被封锁,曾经极度繁荣的中国对外贸易到了明朝顿时变得冷落起来。

在实行"海禁"的同时,明王朝积极推行"朝贡贸易"。所谓"朝贡贸易",实际上不是商业上的等价交换,而是天子对臣国或蛮夷的一种恩赐行为。每次由各国的使者带来本国特产作为"贡品",朝廷则回赠大大超过"贡品"价值的礼物,并且免费为贡使提供食宿交通,还授予他们一些贸易特权,以体现天国上朝的气度与实力。这种"贸易"虽然造成了一种"万国来朝"的盛世景象,但实际上并不是正常的贸易发展,而且这种"贸易"的结果不仅不会促进中国的生产和消费,反而对明朝经济和政府财政造成沉重的负担。

明朝最著名的海外开拓是"郑和七下西洋"。在 1405—1433 年的 28 年里,明政府七次派宦官郑和率领庞大的船队,载无数宝物,远涉重洋,遍访亚非 36 国,在人类航海史上写下了辉煌的一页。尽管郑和七下西洋极大地加强了中国与其他国家的交往,开辟了中国与亚非国家的海上交通网络,但这几次远航本身不是经济行为,也不表示明朝时期中国的对外开放思想和对贸易利益的追求。这就是为什么这场当时浩浩荡荡的海上探险后来说停就停,也是为什么中国最早具有这样的探险能力而没有最早发现新大陆并为中国带来利益。

到明朝后期,由于"朝贡贸易"的衰落和海上走私的发展,明王朝被迫放弃闭关自守的政策而开放了海禁,恢复了对外贸易。明朝后期的对外贸易有了很快的发展,尤其是与欧洲国家的贸易。但是,这一时期也正是哥伦布(Cristoforo Colombo)发现新大陆、达·伽马绕过好望角、麦哲伦(Magallanes)环球航行、整个欧洲疯狂向海外扩张的时候。与蓬勃兴起的欧洲对外贸易相比,中国已变得被动落后。从明朝后期开始,中国与欧洲国家的贸易并非是中国主动去发展,而多为欧洲人推动的。葡萄牙商人于 1514 年到达广州,1553 年占领了澳门,并以澳门为基地从事与中国、日本、印度、东南亚之间的贸易,而且还控制了中国与欧洲的主要贸易。到了16 世纪末 17 世纪初,荷兰人和英国人也来到了中国,并向葡萄牙对中国贸易的垄断地位发起挑战。荷兰人侵占了我国台湾,并以台湾为基地从事对华贸易。荷属东印度公司和英属东印度公司分别于 1604 年和 1637 年抵达广州。在欧洲的殖民扩张下,中国的对外贸易不再是中国人自己的行为,而开始成为欧洲国家通过贸易进行资本原始积累的一个组成部分。

### 2. 清朝

不幸的是,在欧洲不断扩张、逐步赢得对亚洲海上贸易控制权的同时,中国的政府却仍在积极反对海外贸易事业,执行闭关自守的政策。明朝的闭关锁国政策到了清朝又得到沿袭。为了巩固刚刚建立的政权,清朝初期顺治皇帝和康熙皇帝都多次实行了"禁海"政策,直到雍正五年(1727 年)才开禁。在西方国家积极向海外移民扩张开辟殖民地时,康熙却于 1712 年下令禁止中国人去东南亚经商和定居;在面对与外国的贸易纠纷时,乾隆采取的政策是缩减通商口岸,由多口通商变为一口(广州)通商并施以行商制度和海关制度的严格管理。尽管与明朝相比,清朝已开放了很多,但世界形势发生了巨大的变化,一个生气勃勃的欧洲正在兴起,止步不前或缓慢前进就必然会落后。

清代的对外贸易基本延续了中国自汉代以来的基本模式,但在规模、商品种类、贸易国家数量上都大大扩增了。这段时间中国出口的仍然主要是丝绸、瓷器、茶叶、手工艺品,进口的主要是金银、毛织品、棉花、大米和各种杂货。在与欧洲各国的贸易中,中国仍然保持着大量的出超。

### 3. 西方列强迫使下的对外开放

中国的大门最终在 19 世纪中叶被欧美各国的大炮强行轰开。1840 年英国发动鸦片战争,战后中国被迫与英国签订了中英《南京条约》,中国开始沦为半殖民地半封建社会。

西方国家想打开中国的贸易大门绝不是偶然的。作为一个自给自足的国家,中国历来的贸易动机是"互通有无"。中国自然资源丰富,对西方的所求不多,而西方国家则对中国生产的生活必需品需求很大。因此,自罗马帝国开始,西方国家对中国的贸易就一直处于逆差地位。到了近代,西方国家对中国的产品需求增加更快,而清王朝却仍然严密地控制和限制贸易,对西方国家紧闭国门。

1737 年,为了扭转与中国贸易长期逆差的局面,英国确立了向中国出口鸦片的政策。从18 世纪到 19 世纪中叶,英国的对华贸易中,鸦片已成为一种举足轻重的商品。对于这项罪恶的贸易,清政府不得不采取抵制手段,派林则徐赴广州禁烟。禁烟运动本是中国主权范围内的事,然而 19 世纪中叶的英国已不再是西欧的一个落后国家,经过了工业革命与海外殖民开拓,英国在经济与军事实力上都远远超过了清王朝。英国于 1840 年对中国发动了一场旨在保护"鸦片贸易"和打开中国门户的侵略战争,即中英"鸦片战争"。

"鸦片战争"以中国的失败而告终,而战争失败的结果,除了清政府割地赔款之外,最重要的是不得不对英国实行自由贸易和全面开放。1842 年签订的《南京条约》规定开放广州、厦门、福州、宁波、上海等五个通商口岸并可自由贸易,规定中英贸易关税必须"双方共同议定",取消原来由政府控制贸易的行商制度,并用"最惠国待遇"来保证英国以后可以享受任何其他国家所获得的贸易特权。中国从此开始逐渐失去对外贸易的控制权。

此后,随着西方列强对中国的一系列侵略战争和清政府的一系列失败,随着中美《望厦条约》(1844)、中法《黄埔条约》(1844),"第二次鸦片战争"后中国与英国、法国、美国、俄国的《天津条约》(1856),中国与英国、法国、俄国的《北京条约》(1860),中英《烟台条约》(1874)以及中日《马关条约》(1895)等一系列不平等条约的签订,到 19 世纪末 20 世纪初清王朝灭亡前,中国的大门被西方列强彻底打开,中国的对外贸易成为西方资本主义世界市场的一个组成部分。

这一阶段中国进口产品除鸦片外,主要是棉制品、棉花、煤油、糖类、粮食、锅铁等西方国家具有生产技术绝对优势或比较优势的产品,其中棉纱和棉布的进口量大大增加。1842 年,在中国的进口产品中,鸦片为第一位,占进口总值的 55.2%;棉花为第二位,占进口总值的 20%;棉制品为第三位,占进口总值的 8.4%。到了 1885 年,棉制品(面纱、棉布)以 35.7% 的比重超过鸦片(28.8%)而跃居第一,这一地位一直保持到 20 世纪 20 年代。

中国出口商品仍然主要是初级产品,其中丝、茶仍处于主要地位,两项加起来约占出口总值的 50%—90%。但是,棉花、豆类、糖类的出口增长也很快。从 19 世纪 70 年代到 90 年代,棉花与豆类的年出口量分别增长了 33% 和 12%。中国棉花和豆类的出口主要是满足了日本棉纺工业和化学工业日益增长的需求。

鸦片战争以后的将近 40 年中,中国对外贸易时有逆差,但也有许多年处于顺差地位。但到了 1877 年以后,西方各国输入中国的产品日益增多,中国出口增长缓慢,出现连年逆差。在 1877—1911 年清朝灭亡的 35 年中,中国外贸逆差已累计达到 197 699 万海关两,约为 156 526 万美元;在 1911—1948 年的 37 年中,中国的外贸也是连年逆差,累计超过 569 993 万美元。

1840 年后,中国的对外贸易政策基本上控制在西方列强手中,实行对外的全面开放。在列强的要求下,中国开放了从广州、福州、上海等沿海城市到伊犁、张家口、重庆等内陆城市共 20 多个通商口岸,在许多通商口岸设立大量的租界,允许外国人居住通商并享有特权。中国的海关也基本由外国人掌握。在很长一段时间里,中国的海关主管由英国人充任,从总税务司到各海关的税务司及其他高级职员是清一色的外国人。中国的关税税率中国政府无权单独决定,必须与西方列强协定,其结果是税率大幅度下降,平均只有 5%—6%。一些国家如英国大量向中国出口的产品(如白洋布等)的关税从原来的 30%—33% 降到了 6.95%,主要的白布税率只有 2.6%。

更重要的变化是,鸦片战争后,外国资本开始进入中国。从 1840 年到 1894 年甲午战争前,西方各国在中国的投资总额约 2 亿—3 亿美元,到了 1902 年,各国在中国的总投资超过 15 亿美元,到了清王朝灭亡后的 1914 年,外国投资有将近 23 亿美元,而这些投资主要来自英国、俄国、德国、日本、法国等。

1911 年爆发的辛亥革命推翻了清王朝,民国政府经过多年努力,于 1930 年前后收回了关税自主权,并将进口关税从民国初年的 4% 左右逐渐提高到 20 世纪 30 年代的 27% 左右。但从民国成立到 1949 年中华人民共和国成立,中国仍然受到西方列强的控制,对外贸易基本保持了开放的状况。进口产品主要是棉布、棉纱、钢铁、面粉、煤油、糖、机器等,出口产品仍主要是茶、丝、豆类及其农产品和矿产品。这段时期,随着美国、德国和日本的崛起,中国的主要贸易伙伴逐渐由英国和法国变成了美国、日本和德国。

## (三) 新中国对外贸易

### 1. 改革开放前,经历了将近 30 年的闭关锁国

1949 年,中华人民共和国成立,中国摆脱了列强的控制,而以美国为首的西方国家对中国实行长期的经济封锁和贸易禁运,中国对外贸易的大门又基本关上了,这一关就是整整 30 年!

新中国成立后,尤其是朝鲜战争爆发后,以美国为首的西方国家对中国实行了很长时期的

经济封锁和贸易禁运。1950 年 12 月 2 日,美国下令管制中国大陆的物资运输,此后日本、英国、加拿大、法国、比利时等国也先后宣布对中国一系列产品实行禁运。1951 年 5 月 18 日,联合国通过了美国关于对中国和朝鲜实行贸易禁运的提案。1952 年,美国控制下的西方 15 国"巴黎统筹委员会"专门成立了一个"中国委员会"来制定对中国实行禁运的清单。在美国的压力下,到 1953 年 3 月,对中国实行贸易禁运的国家达 45 个。20 世纪 50 年代,中国的主要贸易伙伴是苏联和其他东欧社会主义国家,与社会主义国家的贸易额占中国对外贸易的 70% 左右。此时,对外贸易指导思想是"互通有无,调剂余缺"。

20 世纪 60 年代初中苏关系的恶化使得中国更加封闭。1960 年,中苏贸易额比上一年下降了 85%,与东欧各国的贸易下降了近 70%。从 1959 年到 1969 年,中国的出口额从 22.61 亿美元降到 22.04 亿美元,中国出口在世界贸易中的比重也从 1.9% 下跌到 0.8%。

毫无疑问,从 20 世纪 60 年代初一直到 20 世纪 70 年代末,中国基本上处于一个与世隔绝的状态,当时的意识形态继承了中国自力更生、自给自足的传统,而社会主义革命和中央集权的计划经济又在理论上强调政府对国际贸易的控制,使"冷战"造成的"闭关锁国"这个迫不得已的状况变成经济建设的根本方针。在一段时间里,极左派更把开放和利用外资上升到"崇洋媚外"和"西方化"的政治高度来讨论,把进口技术看成是"爬行主义",把出口资源说成是"卖国行为"。结果是,正常的贸易被限制,外商投资被排斥,经济发展受到阻碍。

2. 改革开放后,中国对外贸易实现了大发展

1978 年,中国对外贸易规模只有 206.4 亿美元,而当时世界贸易的规模已经达到 26 573 亿美元,中国大陆地区对外贸易额占世界贸易额的比重仅为 0.78%,名列世界第 32 位,不仅落后于美国、日本和欧洲国家和地区,也落后于中国台湾(第 19 位)和中国香港(第 25 位)。

2004 年我国在世界进出口排名中均已居第 3 位,其中出口额占世界货物贸易出口的比重为 6.5%,进口额占世界货物贸易进口的比重为 5.9%。中国已经成为世界贸易大国。2009 年中国货物进出口总额 22 075.35 亿美元,其中,出口总额 12 016.12 亿美元,占世界出口总额的比重上升到 9.7%,首次超过德国,位居世界第一位;进口总额 10 059.23 亿美元,占世界进口总额比重上升为 7.95%,在世界货物进口国排名跃居第 2 位。2010 年中国货物进出口总额为 29 734.76 亿美元,其中,出口总额 15777.8 亿美元,占世界出口总额的比重为 10.4%;进口总额 13 956.96 亿美元,占世界进口总额比重上升为 9.1%;连续两年成为世界货物贸易第一出口大国和第二进口大国,中国已经成为名副其实的世界贸易大国。

# 第三节　国际贸易的分类

国际贸易性质复杂、种类繁多,按不同的分类标准,可以分为不同类型。

## 一、按贸易商品流向分类

国际贸易按贸易商品流向可分为出口贸易、进口贸易、复出口贸易、复进口贸易、净出口贸易、净进口贸易。

### (一)出口贸易

出口贸易(Export Trade)是指将一国生产和加工的货物因外销而运出国境,作为出口贸

易。如果商品不是因外销而输往国外,则不计入出口贸易的统计之中。例如,运出国境供驻外使领馆使用的货物、旅客个人使用带出国境的货物均不列入出口贸易。

### (二)进口贸易

进口贸易(Import Trade)是指将外国生产和加工的货物外购后,因内销而运进国境,列入进口贸易。如果不属于内销的货物,则不计入进口贸易。同样,若不是因购买而输入国内的商品,则不称进口贸易,也不列入统计。

### (三)复出口与复进口

复出口(Reexport Trade)是指进口的外国商品未经加工又输出到国外。如,进口货物的退货、转口贸易等。

复进口(Reimport Trade)是指输出国外的本国货物未经加工再输入国内。例如,出口后退货,未售掉的、寄售货物的退回等。

### (四)净出口与净进口

净出口(Net Export)是指一国在一定时期内对同一类商品的出口大于对该类商品的进口。该类商品的出口大于进口的差额称为净出口额。

净进口(Net Import)是指一国在一定时期内对同一类商品的进口大于对该类商品的出口。该类商品的进口大于出口的差额称为净进口额。

在某一类商品上是净出口还是净进口,反映了一国对该商品的生产能力和消费能力。如果一国对某类商品的生产能力大于消费能力,则该国在该类商品的外贸中会出现净出口;反之,则出现净进口。另外,净出口或净进口也可能是一国的某类商品在国际市场上竞争力强弱的表现。竞争力强,会出现净出口,表明该国在该种货物整体贸易中居于优势;竞争力弱,则会出现净进口,表明该国在该项货物整体贸易中居于劣势地位。

## 二、按商品形态和内容分类

按商品形态和内容可分为货物贸易、服务贸易和技术贸易。

### (一)货物贸易

货物贸易(Goods Trade),又称有形贸易(Tangible Trade),是指有形的、实物形态的商品贸易。为便于统计和国与国之间进行协调,1974 年,联合国秘书处修订了 1950 年版的《联合国国际贸易标准分类》(SITC),把国际贸易货物分为十大类、63 章、233 组、786 个分组和 1924个基本项目。这十类货物分别为:食品及主要供食用的活动物(0);饮料及烟类(1);燃料以外的非食用粗原料(2);矿物燃料、润滑油及有关原料(3);动植物油脂及蜡(4);未列名化学品及有关产品(5);主要按原料分类的制成品(6);机械及运输设备(7);杂项制品(8);没有分类的其他货物(9)。在国际贸易统计中,把(0)—(4)类货物称为初级产品,(5)—(8)类货物称为制成品。

### (二)服务贸易

服务贸易(Service Trade)是指国家间各种类型服务的交换活动,是无形贸易的重要组成部分。按世界贸易组织《服务贸易总协定》的规定,国际服务贸易具体包括四种方式:① 过境交付;② 境外消费;③ 商业存在;④ 自然人流动。

### （三）技术贸易

技术贸易(International Technology Trade)是指技术供应方通过签订技术合同或协议,将技术有偿转让给技术接受方使用的行为。在信息技术产品的贸易中,软件技术的商业转让列入无形贸易,而硬件设备的交易则列入有形贸易。

在上述按照商品形态划分的三类贸易中,服务贸易和技术贸易统称无形贸易(Intangible Trade),是指一切不具备自然属性的、无实物形态商品的进出口交易活动。有形贸易和无形贸易的主要区别在于前者均需办理海关手续,其贸易额列入海关的贸易统计;而无形贸易尽管也是一国国际收支的组成部分,但由于它无须经过海关手续,因而一般不反映在海关统计资料上,但显示在一国国际收支平衡表上。

## 三、按贸易关系分类

### （一）直接贸易和间接贸易

直接贸易(Direct Trade)是指货物生产国与货物消费国直接买卖货物,不通过第三国转手而进行的贸易。

间接贸易(Indirect Trade)是指商品通过第三国转手从生产国销往消费国的贸易,对生产国和消费国来说开展的是间接贸易;对生产国来说,是间接出口贸易;对消费国来说,是间接进口贸易。

### （二）转口贸易

转口贸易(Entrepot Trade)也称中转贸易,是指货物生产国与消费国之间,经由第三国贸易商分别签订进口合同和出口合同所进行的贸易,货物消费国与货物生产国通过第三国进行的贸易活动,对第三国而言,便是转口贸易。转口贸易是以生产国与消费国是否直接买卖货物为标准,与运输方式无关,商品既可以由生产国通过第三国转运至消费国,也可以由生产国直接运往消费国。

转口贸易的发生主要是因为转口贸易国或地区地理位置优越、交通便利、通信设施发达、贸易限制少、结算便利且费用低,相对于其他国家或地区适于作为物流中心;另外转口贸易国的贸易商拥有丰富的商业信息和市场资源也是重要原因之一。世界上著名的转口贸易国和地区有新加坡和中国香港等。目前,中国销往美国的商品有 50% 以上是由中国香港转口实现出口的。

### （三）过境贸易

过境贸易(Transit Trade)指其他国家出口货物通过本国国境,未经加工改制,在基本保持原状条件下运往另一国的贸易活动。过境贸易有两种类型:一种称为直接过境贸易,如在海运情况下,外国货物到港后,在海关监管下,从一个港口通过国内航线装运到另一个港口,而后离境,有时不需卸货转船。直接过境完全是为了转运而通过某国国境,承办过境的国家和地区由此可获得与转运相关的费用。另一种类型为间接过境贸易,指外国货物到港后,先存入海关保税仓库,未经加工改制,然后从海关保税仓库提出,运出国境的活动。

过境货物均应按照过境国家海关的规定办理过境手续,有的还要向过境国缴纳过境税。

有些国家为了从过境贸易中获取收益,往往通过简化海关手续、免征过境税等措施来促进过境贸易发展。有些内陆国家同非邻国的贸易,其货物必须通过第三国过境。但是,由于在过境贸易中,货物所有权不属于过境国,因此,过境商品一般不列入过境国的进出口统计中。

过境贸易与转口贸易的本质区别在于交易关系的确立不同。在过境贸易中,交易关系的确立是在出口国与进口国贸易商之间进行;而转口贸易中,转口贸易国的贸易商分别与出口国、进口国的贸易商订立买卖合同,达成实际交易。

### 四、按商品运输方式分类

国际贸易按商品运输方式可分为陆路贸易、海路贸易、空运贸易和邮购贸易。

#### (一)陆路贸易

陆路贸易(Trade by Roadway)是指用火车、汽车、管道等采取陆路运输商品方式的贸易。一般是大陆相连国家(地区)之间进行贸易往来所采取的方式。

#### (二)海路贸易

海路贸易(Trade by Seaway)是指通过海上运送货物的贸易。运输工具主要是各种船舶,海运具有运载量大、运输成本低、劳动生产率高、不受道路和轨道限制等优点,因此,海运贸易是国际贸易中最主要的运输方式。当前,国际货物贸易有2/3以上是通过海上运输的,但运输风险比较大。

#### (三)空运贸易

空运贸易(Trade by Airway)是指利用飞机航空运输商品方式的贸易。航空运输是一种现代化的运输方式。它与海洋运输、铁路运输相比具有交货迅速、准确方便、节省包装、减少保险和储存费用、保证运输质量且不受地面限制等优点,但运费昂贵。贵重物品、精密元件、鲜活商品等多采用此种方式。

#### (四)邮购贸易

邮购贸易(Trade by Mail Order)是指通过邮政包裹方式寄送货物的贸易。它适宜于样品传递、数量不多的个人购买等,对于数量不多的货物,可采用邮购贸易。

### 五、按商品贸易清偿工具的不同分类

国际贸易按商品贸易结算方式的不同可分为自由结汇贸易和易货贸易。

#### (一)自由结汇贸易

自由结汇贸易,又称现汇贸易(Spot Exchange Trade or Cash Trade),是指直接以货币作为清偿工具的贸易。在当今国际贸易中,作为国际支付手段的货币主要有美元、英镑、欧元、瑞士法郎、日元、人民币等。

#### (二)易货贸易

易货贸易(Baiter Trade),又称换汇贸易,是指两国间均以出口等值商品交换对方进口商品的贸易活动,即两国间以货物计价作为清偿工具,不使用现汇作为清偿工具,货币只作为计价手段的一种贸易活动,是双方进出口基本平衡的商品交换。

政府间的易货贸易需要签订贸易协定和支付协定,故又称为协定贸易。补偿贸易则是民间的易货贸易。实践中也有把现汇贸易和易货贸易结合起来操作的情况。

## 六、按参与贸易国的多少分类

国际贸易按参与贸易国的多少可分为双边贸易、多边贸易和三角贸易。

### (一)双边贸易

双边贸易(Bilateral Trade)是指两国间的贸易往来,双方都有向对方的出口,贸易支付在双边基础上进行结算。

### (二)多边贸易

多边贸易(Multilateral Trade)是指在三个或三个以上国家间进行多边结算的贸易行为。两国间的贸易在进出口相抵后总会出现出超(余额)或入超,这时,就可用对某些国家的出超支付另外一些国家的入超,在许多国家间进行贸易的多边结算。

### (三)三角贸易

三角贸易(Triangular Trade)是指由于两国的商品不适销对路,进出口不能平衡,使外汇支付产生困难而不能达成协议时,把贸易谈判扩大到第三国,在三国之间协调商品的进出口,使外汇收支平衡。

## 七、按参与贸易国经济发展水平情况分类

国际贸易按参与贸易国经济发展水平情况可分为水平贸易和垂直贸易。

### (一)水平贸易

水平贸易(Horizontal Trade)是指经济发展水平大致相同国家间的贸易,如发达国家间的贸易、发展中国家间的贸易及区域性集团内的国际贸易。

### (二)垂直贸易

垂直贸易(Vertical Trade)是指经济发展水平不同的国家之间的贸易,如经济发达国家与发展中国家之间的贸易。

# 第四节 国际贸易的基本概念

## 一、国际贸易与对外贸易

国际贸易(International Trade)是指世界各国或地区之间商品和服务的交换活动,是各国或地区之间分工的表现形式,反映了世界各国或地区在经济上的相互依存关系。

对外贸易(Foreign Trade)是指一国或地区同别国或地区进行货物和服务交换的活动。一些海岛国家或地区以及某些对外贸易活动主要依靠海运的国家或地区,如英国、日本、中国台湾等也常用"海外贸易"(Oversea Trade)来表述它们的对外贸易活动。

两者的不同在于,国际贸易从国际范围来看国家或地区间的货物和服务交换活动;而对外贸易则是从一个国家和地区的角度来看待与别国或地区的货物和服务交换活动。

对外贸易可分为狭义和广义两种。狭义的对外贸易只包含货物贸易,广义的对外贸易既包括货物贸易,也包括服务贸易。目前国际贸易中的主要构成部分仍然是货物贸易,但是货物贸易占国际贸易总额的比重在不断下降。

## 二、总贸易体系和专门贸易体系

总贸易体系与专门贸易体系是指国家(地区)进行对外货物贸易统计所采用的统计制度,是贸易各国(地区)用来登记进出口货物的两种统计方法,表明一国(地区)在国际货物贸易中的地位和作用。由于世界各国的服务贸易额进入国际收支统计,而不进入海关统计,因此,总贸易体系与专门贸易体系只适用于货物贸易统计。

### (一)总贸易体系

总贸易体系(General Trade System)亦称一般贸易体系,是以货物通过国境作为统计进出口的标准。据此,所有进入本国国境的货物一律计入进口,称为总进口(General Import);所有离开本国国境的货物一律计入出口,称为总出口(General Export)。总进口值加上总出口值就是一国的总贸易值(General Trade)。美国、英国、加拿大、澳大利亚、日本和中国等国和地区采用总贸易体系统计标准。

### (二)专门贸易体系

专门贸易体系(Special Trade System)亦称特殊贸易体系,是以货物经过关境作为统计进出口的标准。关境是一个国家海关法规全部生效的领域。根据这个标准,凡是通过关境进入境内的货物计入进口贸易,凡通过关境出口的货物计入出口贸易。法国、意大利、德国、瑞士等国家和地区采用专门贸易体系来统计。

在专门贸易体系下,一国的货物进口包括:① 用于国内消费和使用的直接进口货物;② 用于国内消费和使用的从海关保税区域进入境内的进口货物;③ 用于国内消费和使用的从经济特区(如自由贸易区、出口加工区等)进入境内的进口货物。

在专门贸易体系下,一国出口的货物指通过海关直接出口的货物,包括两部分:① 离开国境,直接出口到其他国家和地区的货物;② 进入经济特区,但没有离开国境的货物。

一般来讲,一国的关境和国境是一致的,在这种情况下,依照关境还是国境(或者说依照总贸易体系还是专门贸易体系)对进出口货物进行统计没有差别。但现实中存在着关境与国境不一致的现象。如果一些国家在国境内设立自由贸易区、保税区、出口加工区等经济特区,会使关境小于国境;如果一些国家通过签署协议建立关税同盟,会使关境大于国境。因而相关国家或地区是采用总贸易体系还是专门贸易体系对进出口货物进行统计就会有很大的不同。

各国都按自己的统计方式公布对外贸易的统计数据,并向联合国报告。所以联合国在发表各国货物对外贸易额的统计数字时,一般均注明是按总贸易或专门贸易体系编制的。

## 三、对外贸易额与对外贸易量

### (一)对外贸易额

对外贸易额(Value of Foreign Trade)是指用货币来表示的一定时期内一国或地区的对外

贸易总值,是指出口额与进口额相加之和,它是反映一国或地区对外贸易规模和状况的重要指标之一。出口额(Value of Exports)指的是一国或地区在一定时期内向国外出口的金额,它是反映一国或地区对外贸易规模的重要指标之一。进口额(Value of Imports)是指一个国家或地区在一定时期从国外进口的金额。

对外贸易额一般都用本国货币表示,也有用国际上通用货币表示的。例如,联合国编制和发表的世界各国对外贸易额的相关数据就是以美元表示的。

国际贸易额(Value of International Trade)是指世界各国出口额之和,而不是指世界各国出口额和进口额的总和,也不是世界各国对外贸易的总和。与一国的进出口额不同,世界进出口总额没有任何独立的经济意义,因为一国的出口,就是另一国的进口,如果把各国进、出口额相加,计算就重复了。

世界各国一般都是按离岸价格(FOB,即装运港船上交货价,其中不包括保险费和运费)计算出口额,按到岸价格(CIF,即成本加保险费、运费)计算进口额,所以,世界进口额总是大于出口。为了更准确地表示国际贸易额的计算单位,一般要把各国的货币折合成同一种货币来表示(一般都用美元来表示国际贸易额)。因此,把世界上一定时期内所有国家和地区的出口总额按同一种货币单位换算后加在一起,即得到国际贸易额。

### (二)对外贸易量

对外贸易量(Quantum of Foreign Trade)是指以不变价格计算的对外贸易额,是反映贸易规模的指标。由于国际市场上的物价经常变动,各国货币的币值也经常波动,因此,用价值表示的对外贸易额或国际贸易额并不能确切地反映一国或地区对外贸易或国际贸易的实际规模,各国往往用一定年份为基期计算的进口价格或出口价格指数去除当时的进口总额或出口总额,得到相当于按不变价格计算的进口额或出口额。由此得出的贸易额由于消除了价格变动的影响,单纯反映的是量的变化,所以称为对外贸易量。按一定时期的不变价格为标准计算出来的单纯反映一国或地区对外贸易的数量,就叫对外贸易量。对外贸易量指标不仅可以比较确切地反映出一国或地区对外贸易的规模,便于把不同时期的对外贸易额进行比较,还可以由此计算各个时期定期的或环比的物量指数。

## 四、对外贸易商品结构与国际贸易商品结构

### (一)对外贸易商品结构

对外贸易商品结构(Foreign Trade by Commodities)是指一定时期内各类进出口商品在一国对外贸易总额中的比重,即主要出口哪些商品或进口哪些商品。在 一定程度上,对外贸易商品结构可以反映出一个国家的经济发展水平和在国际分工中的地位。一般情况下,发达国家主要出口工业制成品和进口初级产品,发展中国家正相反,主要出口初级产品和进口工业制成品。

### (二)国际贸易商品结构

国际贸易商品结构(International Trade by Commodities)是指一定时期内各类商品在整个国际贸易额中所占的比重。分析对外贸易或国际贸易货物结构,可以看出一个国家或地区的经济发展水平和国际分工状况。因为,科学技术状况、资源条件、生产力水平和人民生活需

要等条件是对外贸易货物构成的重要条件。

国际货物贸易商品一般分为初级产品和工业制成品两大类。前者是指未经加工或只是简单加工过的农矿产品;后者则是指经过完全加工的产品,如机械设备、家用电器等。

表 1-1　2013 年中国对外货物贸易结构　　　　　　　单位:百万美元

| 商品构成<br>(按 SITC 分类) | 出　口 | | 进　口 | |
|---|---|---|---|---|
| | 金额 | 份额(%) | 金额 | 份额(%) |
| 总　　额 | 2 209 004.00 | 100.00 | 1 949 989.47 | 100.00 |
| 一、初级产品 | 107 267.62 | 4.86 | 658 080.84 | 33.75 |
| 0 类食品及主要供食用的活动物 | 55 726.09 | 2.52 | 41 701.17 | 2.14 |
| 1 类饮料及烟类 | 2 608.87 | 0.12 | 4 509.43 | 0.23 |
| 2 类非食用原料 | 14 562.73 | 0.66 | 286 370.74 | 14.69 |
| 3 类矿物燃料、润滑油及有关原料 | 33 786.10 | 1.53 | 315 160.15 | 16.16 |
| 4 类动、植物油脂及蜡 | 583.83 | 0.03 | 10 339.35 | 0.53 |
| 二、工业制成品 | 2 101 736.38 | 95.14 | 1 291 908.63 | 66.25 |
| 5 类化学品及有关产品 | 119 617.54 | 5.41 | 190 304.46 | 9.76 |
| 6 类轻纺产品、橡胶制品矿冶产品及其制品 | 360 606.39 | 16.32 | 147 872.07 | 7.58 |
| 7 类机械及运输设备 | 1 038 534.39 | 47.01 | 710 141.20 | 36.42 |
| 8 类杂项制品 | 581 249.01 | 26.31 | 138 854.54 | 7.12 |
| 9 未分类的其他商品 | 1 729.05 | 0.08 | 104 736.36 | 5.37 |

数据来源:海关总署网站

## 五、对外贸易差额

对外贸易差额(Balance of Trade)是一定时期内(通常为 1 年)一个国家出口总额与进口总额间的差额。如果出口值大于进口值,就称为贸易顺差,也叫对外贸易盈余或出超;反之,若是进口值大于出口值,则称为贸易逆差,也叫对外贸易赤字或入超。如果出口总额与进口总额相等,则称为贸易平衡。比如,2007 年中国外贸进出口总值首次超过 2 万亿美元,达 21 738亿美元,比上年增长 23.5%,净增加 4 134 亿美元。其中出口 12 180 亿美元,增长 25.7%,进口 9 558 亿美元,增长 20.8%,全年累计贸易顺差为 2 622 亿美元。此外,为了表明货物贸易和服务贸易各自进出口贸易额之间的关系,还可再分为货物贸易差额和服务贸易差额。

贸易差额表明一国对外贸易的收支状况。一般说来.贸易顺差表明一国在对外贸易收支上处于有利地位,贸易逆差则表明一国在对外贸易收支上处于不利境地。因此各国通常都追求贸易顺差以增强本国的对外支付能力,稳定本国货币对外币的比值,并将其视为经济成功的标志之一。单纯从国际收支的角度来看,当然是顺差比逆差好。但是,长时间存在顺差,意味着大量的资源通过出口输出到了外国,得到的只是超出正常经济循环的积压资金,并且会造成同贸易伙伴的贸易关系紧张。

### 六、对外贸易地理方向与国际贸易地理方向

#### (一)对外贸易地理方向

对外贸易地理方向(Direction of Foreign Trade)又称对外贸易地区分布或国别构成,是指一定时期内世界上一些国家或地区在某一国家对外贸易中所占的比重。通常以它们占该国出口总额或进口总额的比重来表示。对外贸易地理方向指明一国出口商品的去向和进口商品的来源,从而反映一国与其他国家、地区、国家集团之间经济贸易联系的程度,即可以看出哪些国家或国家集团是该国的主要贸易对象和主要贸易伙伴。

对一国而言,如果与某一个或某几个国家的贸易额占其对外贸易总额的比重比较高,则对外贸易地理方向比较集中;反之,则比较分散。对外贸易地理方向的集中和分散各有优劣。以出口为例,对外贸易地理方向比较集中,可以凭借对传统市场的熟悉而节省市场开拓的费用,降低交易成本,扩大出口国商品在进口国的影响。但出口的集中又会造成出口商之间的恶性竞争,影响出口效益。而无论对进口还是出口而言,一国对外贸易地理方向过于集中,都会使该国受制于人,从而在对外贸易中处于不利的境地。

由于对外贸易是一国与别国之间发生的商品交换,因此把对外贸易按商品分类和按国家分类结合起来分析研究,即把商品结构和地理方向的研究结合起来,可以查明一国出口中不同类别商品的去向和进口中不同商品的来源,具有重要意义。

表 1-2 2013 年中国大陆对外贸易前 10 位贸易伙伴 单位:亿美元

| 国别(地区) | 美国 | 中国香港 | 日本 | 韩国 | 中国台湾 | 德国 | 澳大利亚 | 马来西亚 | 巴西 | 新加坡 |
|---|---|---|---|---|---|---|---|---|---|---|
| 贸易总额 | 5 207.5 | 4 007 | 3 123.8 | 2 742.3 | 1 970.4 | 1 615 | 1 365.1 | 1 060.8 | 902 | 759 |
| 占比% | 22.89 | 17.61 | 13.73 | 12.05 | 8.66 | 7.10 | 6.00 | 4.66 | 3.96 | 3.34 |
| 位次 | 1 | 2 | 3 | 4 | 5 | 6 | 7 | 8 | 9 | 10 |

资料来源:中华人民共和国国家统计局网站,http://data.stats.gov.cn/

#### (二)国际贸易地理方向

国际贸易地理方向(Direction of International Trade)又称国际贸易地区分布,是指各大洲、各国(地区)或各经济集团对外贸易在整个国际贸易中所占的比重。国际贸易地理方向表明世界各洲、各国或各个经济集团在国际贸易中所占的地位。通常用它们的出口额或进口额占世界出口总额或进口总额的比重来表示,也可以计算各国的进出口总额在国际贸易总额(世界进出口总额)中的比重。一般按洲、国别、地区划分计算,例如,欧洲、美国、亚太地区等;也可按工业发展水平计算,如发达国家和发展中国家;发展中国家又可细分为石油输出国和非石油输出国等。

表 1－3　2013 年国际贸易地区分布

| 地区 | | | 国家 | | |
|---|---|---|---|---|---|
| | 出口额(10 亿美元) | 比重(%) | | 出口额<br>(10 亿美元) | 比重(%) |
| 北美 | 241 573.2 | 13.2 | 美国<br>加拿大<br>墨西哥 | 157 388.6<br>45 752.5<br>38 432.1 | 8.6<br>2.5<br>2.1 |
| 中南美洲 | 73 204 | 4.0 | 巴西<br>阿根廷 | 23 791.3<br>7 320.4 | 1.3<br>0.4 |
| 欧洲 | 664 326.3 | 36.3 | 德国<br>法国<br>意大利<br>英国 | 144 577.9<br>58 563.2<br>51 242.8<br>54 903 | 7.9<br>3.2<br>2.8<br>3.0 |
| 独联体 | 78 694.3 | 4.3 | | | |
| 非洲 | 60 393.3 | 3.3 | 南非 | 9150.5 | 0.5 |
| 中东 | 135 427.4 | 7.4 | | | |
| 亚洲 | 576 481.5 | 31.5 | 中国<br>日本<br>印度<br>澳大利亚和新西兰<br>东亚 6 国 | 221 442.1<br>71 373.9<br>31 111.7<br>29 281.6<br>175 689.6 | 12.1<br>3.9<br>1.7<br>1.6<br>9.6 |

资料来源：WTO,International Trade Statistic(2014)

## 七、对外贸易依存度

对外贸易依存度(Ratio of Dependence on Foreign Trade)又称对外贸易系数,是指一国对外贸易额在该国国内生产总值(GDP)或国民生产总值(GNP)中所占的比重,现在较多地使用 GDP 来计算外贸依存度。若以 X 表示出口,M 表示进口,则外贸依存度有三种表示形式。

### (一)对外贸易依存度

外贸依存度表明一国的经济对外贸的依赖程度,也可表明一国经济国际化的程度。国际上多以出口贸易额在国民生产总值或国内生产总值中的比重来表示一国对外贸易依存度。因此,外贸依存度可用一国在一定时期内出口额在国内生产总值中所占的比重来表示。其计算公式为:

$$外贸依存度＝X/GDP×100\%$$

### (二)对外货物贸易依存度

对外货物贸易依存度是指一国对外货物贸易出口额同该国国内生产总值(GDP)的比率。若以 XG 表示货物贸易出口额,其计算公式为:

$$对外货物贸易依存度＝XG/ GDP×100\%$$

### （三）对外服务贸易依存度

对外服务贸易依存度是指一国对外服务贸易出口额同该国国内生产总值(GDP)的比率。若以 XS 表示服务贸易出口额,其计算公式为:

$$对外服务贸易依存度= XS/GDP \times 100\%$$

一般来讲,一国对外贸易依存度主要受本国经济发展水平、国内和世界市场市场容量、加工贸易的层次、汇率的变化等因素的影响。通常,国内市场发展程度高的国家的对外贸易依存度低于国内市场不甚发达国家的对外贸易依存度;从事低层次加工贸易国家对外贸易依存度高于从事高层次加工贸易国家对外贸易依存度。

## 相关链接

### 商务部:我国外贸依存度在合理范围

针对外界质疑我国外贸增长过快、外贸依存度过高,存在发展风险的问题,商务部新闻发言人沈丹阳表示,根据国家统计局公布数据测算,2013 年外贸依存度大概为 45%(2013 年GDP 为 56.88 万亿元,外贸进出口总额为 25.8 万亿元)。而前些年中国外贸依存度达到60%,因此引发了一些担忧。

"外贸依存度不等于经济开放度,也不等于一国经济对外贸的依赖度,更不等于经济风险度。随机找一个经济发展比较成功的国家来研究,都可以发现它的外贸依存度一般都很高,比如新加坡、韩国、中国香港,还有中国台湾地区在经济起飞阶段,其外贸依存度高达 100%,甚至更高。"沈丹阳说。

资料来源:京华时报

## 八、贸易条件

贸易条件(Terms of Trade)是用来衡量在一定时期内一个国家出口相对于进口的盈利能力和贸易利益的指标,反映该国的对外贸易状况,一般以贸易条件指数表示,在双边贸易中尤为重要。常见的贸易条件有 4 种不同的形式:价格贸易条件、收入贸易条件、单项因素贸易条件和双项因素贸易条件,它们是从不同的角度衡量一国的贸易所得。

### 1. 价格贸易条件

价格贸易条件(Net Barter Terms of Trade)又称贸易条件或净贸易条件,是指一国出口商品价格指数与进口商品价格指数之比。价格贸易条件是衡量一国(地区)对外贸易经济效益的一种综合性指标。价格贸易条件反映了一国一定数量的出口商品能换回多少数量的进口商品。由于国际贸易商品数量众多,度量单位不同,不可能使用商品数量比例来说明贸易条件,而商品价格指数就避免了不同度量单位的问题,其计算公式为:

$$N=(Px/Pm) \times 100\%$$

式中:$N$——价格贸易条件(贸易条件指数);$Px$——出口价格指数;$Pm$——进口价格指数。

从出口商品或进口商品价格的变动可以看出价格贸易条件的变化。当出口与进口商品价格指数之比大于 1 时,说明贸易条件改善;当比值小于 1 时,则表明贸易条件下降。

2. 收入贸易条件

收入贸易条件(Income Terms of Trade)是同时考虑价格贸易条件与出口规模变化对一国进口能力的影响,相当于价格贸易条件与出口量的乘积。其计算公式为:

$$I = (Px/Pm) \times Qx \times 100\%$$

式中:$I$——收入贸易条件;$Qx$——出口数量指数。

因加入了出口数量指数,故若价格贸易条件下降,但由于出口量的上升,本身的进口能力可能没有削弱,收入贸易条件可能上升。

3. 单项因素贸易条件

单项因素贸易条件(Single Factor Terms of Trade)是在价格贸易条件的基础上考虑出口商品劳动生产率提高或降低后贸易条件的变化,其计算公式为:

$$S = (Px/Pm) \times Zx \times 100\%$$

式中:$S$——单项因素贸易条件;$Zx$——出口商品劳动生产率指数。

4. 双项因素贸易条件

双项因素贸易条件(Double Factor Terms of Trade)不仅考虑到了出口商品劳动生产率变化,而且考虑到了进口商品劳动生产率的变化,其计算公式为:

$$D = (Px/Pm) \times (Zx/Zm) \times 100\%$$

式中:$D$——双项因素贸易条件;$Zm$——进口商品劳动生产率指数。

影响一国贸易条件的因素除了上面提到的出口、进出口商品的劳动生产率以外,还有很多其他因素,如一国财政政策、货币数量政策、对外贸易政策以及世界经济的周期性波动等。

## 本章小结

1. 国际贸易是各国经济生活的重要组成部分,国际贸易是国家(地区)之间商品和服务的交换活动。国际贸易研究的主要内容包括国际贸易发展历程、国际贸易理论、国际贸易政策与措施、国际贸易相关理论和现实问题等。

2. 国际贸易是人类发展到一定历史阶段的产物,它属于一个历史范畴。要产生国际贸易必须具备两个基本条件,一是有可供交换的剩余产品,二是国家的形成。

3. 国际贸易产生于原始社会末期,在奴隶社会和封建社会得到进一步发展。但一直到了资本主义生产方式确立以后,出于生产过程的内在需要,国际贸易才成为现代化大生产正常进行的必要条件而真正得以迅速发展。

4. 在研究对外贸易或国际贸易时,要求掌握国际贸易的基本概念和分类。

## 复习思考题

1. 国际贸易的产生需要哪些基本条件?

2. 国际贸易的研究对象与内容是什么?

3. 贸易顺差和贸易逆差的含义是什么? 如何正确看待贸易顺差和贸易逆差?

4. 用我国近几年的相关数据分析我国对外贸易商品结构的现状。

5. 用我国近几年的相关数据分析对外贸易地理方向的现状。

6. 什么是贸易条件? 其计算公式是什么?

# 第2章

# 国际分工、世界市场与国际贸易

## 知识目标

（1）了解国际分工的含义、产生与发展；

（2）理解和掌握影响国际分工的因素；

（3）掌握市场的构成与交易方式，理解当代世界市场的特征；

（4）掌握国际分工、世界市场的形成对国际贸易的影响。

## 能力目标

能够运用所学知识具体分析国际分工、世界市场的形成对国际贸易的影响。

### 引导案例

**我国制造业处于国际分工低端环节　组装苹果手机仅获利 1.8%**

一国在全球价值链中的地位，决定着其收益。研究表明，我国企业组装苹果手机所获利润仅占整机利润的 1.8%，iPad 更低至 1.6%，绝大部分利润最终流向居价值链上游的美国苹果公司。其实，这种状况绝不限于苹果。据测算，我国加工贸易出口额中，仅有不到一半是源自本国的贸易增加值，出口的每 1 美元中，只有不到 50 美分真正流入我国企业。当前，世界经济格局正在深入调整，国际分工体系布局多元化、设计研发全球化趋势越来越明显，原有的全球价值链面临重塑。这是一个难得的机遇，我们要加快行动起来，努力培育以技术、品牌、质量、服务为核心竞争力的新优势，实现"中国制造"向"中国创造"的跨越。

资料来源：中国经济网

人类社会的经济发展史就是一部社会分工产生、发展的历史。分工是指劳动分工，即若干劳动者从事各种不同而又相互联系的工作，它在人类社会的发展中一直起着重要作用。国际分工伴随着国家的出现以及社会生产力的发展而发展。第二次世界大战以后，国际分工无论从广度还是深度上都发生了重大变化，并对当代国际贸易的发展产生重要影响。

# 第一节　国际分工的产生与发展

## 一、国际分工的含义

分工与生产力的发展水平密切相关,在人类历史的发展中,经历了三次社会大分工。一般来说,一定的生产力发展水平决定了与此相应的分工的形式与内容,同时,分工又能促进生产力的发展。

国际分工(International Specialization)是指世界各国之间的劳动分工。它是社会生产力发展到一定阶段的产物,是国民经济内部分工超越国家界限的产物。因此,国际分工是一个历史范畴。

国际分工必然会引起国际贸易,并促进世界市场的发展;同时,国际贸易和世界市场的发展又促进了国际分工的进一步发展。各国不同的自然条件和地理环境对国际分工会产生影响,但自然条件和地理环境的差异只是提供了进行国际分工的可能性,并不等于一定会产生国际分工。我们知道,自然条件和地理环境的变化是比较缓慢的,国与国之间自然条件和地理环境的差异亘古有之,但国际分工却只是近代的事,而且在短期内发生了重大变化。这就表明,对国际分工有更大作用的绝非自然禀赋条件,而应该是各国的科学技术和生产力发展水平。

## 二、国际分工的发展阶段

### (一)国际分工的萌芽阶段(16 世纪至 18 世纪中叶)

国际分工的萌芽阶段出现在封建社会末期和资本主义生产方式准备时期。在资本主义史前时期,由于社会生产力水平较低,自然经济占主导地位,商品生产很不发达。虽然当时也存在一定的国际贸易,但总体来说不存在现代意义上的国际分工。

15 世纪至 16 世纪上半叶的地理大发现,促使欧洲一些国家的手工业生产向工场手工业生产过渡,同时也为近代国际分工提供了地理条件和准备了国际市场。当时的欧洲殖民主义用暴力手段在他们所能到达的美洲、非洲和亚洲进行掠夺和贸易,在殖民地发展了以奴隶劳动为基础的面对国外市场的专业化生产,建立种植棉花、烟草、甘蔗等农作物的庄园,开发矿山、生产金银,并把生产出来的农作物和金银运回本国,出现了宗主国与殖民地之间最初的分工形式。但是,由于当时的产业革命尚未发生,自然经济在各国仍占统治地位,当时的国际分工和交换与整个社会生产相比并不具有决定性作用,而且明显带有地域分工的性质。因此,这一时期出现的专业化生产可被视为近代国际分工的萌芽时期。

### (二)国际分工的形成阶段(18 世纪 60 年代至 19 世纪 60 年代)

18 世纪 60 年代到 19 世纪 60 年代的产业革命,使国际分工的发展进入形成阶段。随着产业革命的完成,英国等国家建立起大机器工业和现代工厂制度,建立起资本主义生产体系,促进了社会分工和商品经济的发展,由此促成了真正意义上国际分工的形成。这一阶段国际分工的特点如下:

1. 大机器工业的建立为国际分工的形成奠定了物质基础

18世纪后半叶始于英国的产业革命,使人类的生产力获得空前的发展。蒸汽机、纺纱机、织布机等的发明和应用,使手工工业发展到了机器大工业。19世纪中叶,法、德、美等国继英国之后也先后实现了产业革命,建立起了机器大工业。机器大工业使社会生产的规模不断扩大,原先自然经济条件下的民族孤立性开始消失,各国开始被卷入到国际分工的轨道。

大机器生产方式的建立产生了两方面的需求:一方面,生产出来的大量商品很快会使国内市场饱和,客观上要求不断扩大销售市场;另一方面,迅速扩大的生产能力引起了对原材料的大量需求,要求寻求新的、廉价的原料来源。商品生产的迅速扩张与对原材料的大量需求,使国际交换成为必然。

2. 英国成为这一时期国际分工的中心

由于英国最早完成了产业革命,这一时期的国际分工主要围绕英国形成,英国与殖民地之间的国际分工最具代表性。当时的印度已经成为向英国提供棉花、羊毛、亚麻、黄麻、蓝靛的地方,澳大利亚则成为专门为英国生产羊毛的殖民地,英国生产的棉纱、棉布、毛呢则行销世界各地。原来在一国范围内城市与农村的分工、工业部门与农业部门之间的分工,现在逐渐变成世界各国之间的分工,并且促使世界城市和世界农村的分离与对立。当时英国作为"世界工厂",它所生产的钢铁、煤炭、机器、纺织品等均在世界上占有极大的比重,它的商队几乎垄断了当时的销售市场和专门向它提供原料、农产品的基地,国际分工呈现"垂直型"格局。

3. 随着国际分工的发展,世界市场上交换的商品日益为大宗商品所代替

这些商品包括小麦、棉花、羊毛、咖啡、铜、木材等。19世纪中叶以后,随着英国全面自由贸易政策的实施,其加强了对棉花和谷物的进口依赖,其他资本主义国家也在程度不同地寻找、开发海外原料和食物资源,从而使得大宗商品在世界市场上的贸易额迅速增长。

### (三)国际分工的发展阶段(19世纪中叶至第二次世界大战前)

国际分工的发展阶段对应于第二次产业革命和资本主义垄断时期。从19世纪末到20世纪初,自由竞争的资本主义开始过渡到垄断资本主义,这一时期的国际分工得到进一步发展。在英国产业革命的带动下,西欧、北美等一些国家在19世纪中叶纷纷开始了产业革命,德国、法国等欧洲大陆国家在19世纪中叶开始在工业生产中推广应用蒸汽机,并兴起修筑铁路的高潮。轮船在海上开始逐渐取代帆船,电报的运用也极大地便利了贸易。交通、通信工具的发展,运输费用的下降,使越来越多的地区卷入到现代国际分工体系中。

这一阶段国际分工的特点如下:

1. 亚、非、拉国家的经济变为单一型经济,其经济发展主要依赖于少数几种产品的生产和出口。如1937年,锡和钨的出口值占玻利维亚出口总值的67.9%,香蕉和咖啡出口占洪都拉斯出口总值的90.7%、危地马拉的87.4%、哥斯达黎加的90.3%。"单一经济"导致它们的收入状况高度依赖其出口产品在国际市场上的行情。

2. 发达国家之间的水平分工得到不断发展。伴随着新技术革命,逐渐产生了化学工业、电力工业、精密仪器等一系列新兴工业部门,各资本主义强国分别在一个或几个工业部门形成了自己的优势。如德国在化学工业及电器、精密仪器方面领先,英国在钢铁、机械部门保持着领先地位。于是,在这些工业化的国家之间逐渐产生"水平型"的国际分工。到19世纪末、20世纪初,这种"水平型"的国际分工已在世界上占有重要地位。

　　总的来看,这一时期,发达资本主义国家与其殖民地、半殖民地之间的垂直型分工进一步扩大,后者对前者在经济上的依赖性进一步加强。同时,发达资本主义国家之间的水平分工开始得到发展,各个国家在某些工业部门显现出了一定的优势,它们分别出口自己具有优势的工业产品,形成一种彼此依赖的国际分工格局。

　　3. 贸易方式也在不断变化。传统的国际定期集市、现场看货交易的方式逐渐减少,代之以样品展览、商品交易所的产生和发展。此时的商品交易所开始依照商品大类品种实施专业化经营,并引入期货交易。1848 年,美国芝加哥第一个谷物交易所诞生;1862 年,伦敦有色金属交易所成立。

## (四) 国际分工深化阶段(第二次世界大战以后)

　　第二次世界大战以后,世界的政治、经济形势发生了很大变化,新科技革命使生产力有了巨大增长,世界经济获得了前所未有的发展。国际分工呈现以下新的特点:

　　1. 发达国家之间国际分工发展迅速,并在现代国际分工中占据主导地位。1938 年,发达国家之间的贸易额占世界贸易总额的 39.5%。发达国家与发展中国家的贸易额占 49%,发达国家之间的贸易额占 12.5%。而 1980 年,上述三种类型的国际贸易额占世界贸易总额的比重分别为 53%、39% 和 8%。可见,发达国家之间的国际分工在第二次世界大战后已成为国际分工的主流。据世界贸易组织的统计,2007 年,美国向加拿大、欧盟、日本的出口占其出口总额的 48.08%,这三个地区的进口总额占其进口总额的 41.18%。

　　2. 发达国家之间产业内的分工迅速发展。由于技术的不断发展,工业部门的内部分工变得更为精细,同一工业部门的生产也需要通过国际分工进行,在国际贸易中表现为产业内贸易(Intra-industry trade)的迅速发展。一个国家可能既出口汽车、电器、服装,同时又进口这些产品。产业内贸易的迅速发展主要得益于产品的差异化发展。由于产品在规格、型号、外观、商标等方面的差异,一个国家的产品不可能同时满足一国所有的消费需求,这为产业内的分工奠定了基础。不同国家的厂商扩大生产规模专门生产某一种差异化产品,然后通过国际贸易去满足各国不同的消费需求。

　　3. 发达国家与发展中国家的分工格局也有了较大变化。第二次世界大战以后,大批殖民地国家纷纷独立,它们要求在经济上摆脱对单一经济的依赖,发展民族工业;其他发展中国家也开始发展自己的民族制造业,逐步完成本国的工业化过程,以最终使本国与发达国家在国际分工中取得平等地位。伴随着这一过程,发达国家与发展中国家之间的工业制成品和农产品、初级产品的垂直型国际分工(Vertical International Division of Labor)格局不断削弱。同时,在工业化过程中,发展中国家的出口商品结构有了较大变化,初级产品的出口比重不断下降,工业制成品的出口比重则呈不断上升之势,发达国家与发展中国家之间"水平型"国际分工(Horizontal International Division of Labor)的格局正在形成和发展。

　　4. 区域型经济贸易集团成员之间内部分工迅速发展。第二次世界大战以后,区域经济贸易组织或集团发展迅速,促进了区域内部分工的大发展。在众多的经济一体化组织或集团中,成员之间贸易壁垒不断降低,但对非成员还保留着较高的关税和非关税壁垒。其结果是,区域一体化形成的内部市场促进了成员之间资本、人员、商品和服务的流动,在某些情形下政府还有意识利用政策引导,更加深了集团成员之间的分工,由此带动了成员之间贸易的迅速发展。目前,经济一体化程度最高的区域型经济贸易集团当属欧盟。2007 年 1 月 1 日,罗马尼亚和保加利亚加入欧盟,这是欧盟历史上的第六次扩大。欧盟目前已经成为一个拥有 27 个成员国、人口超过 4.8 亿的区域一体化组织。2007 年,欧盟内部贸易额(出口)为 3 621.92 亿美元,占其出口贸易总额的 68.09%。

### 三、影响国际分工形成和发展的因素

影响国际分工的因素是多方面的,既有社会经济方面的因素,如科学技术发展水平、生产力发展水平、国内市场大小等;也有国际政治方面的条件,如各国政府、国际经济秩序的情况,以及各国自然禀赋的差异等。

#### (一)社会生产力发展水平

社会生产力因素在国际分工的产生和发展中起着决定性的作用,国际分工是生产力发展的必然结果。生产力对国际分工的影响突出表现在科学技术的进步上。很明显,人类社会迄今为止的三次科技革命最终都带来了社会分工和国际分工的重大发展。生产力的发展水平决定了国际分工的内容、广度和深度,也决定了各国在国际分工中的地位。

#### (二)自然条件

自然条件指地理环境、气候、自然资源等,是国际分工产生和发展的基础。矿产品的生产需要矿藏,农作物的种植需要相应的土壤和气候,自然条件无疑在一定程度上对某些具体的生产活动起着决定性作用。但从整个世界经济发展趋势看,自然条件在国际分工中的作用不断下降,因为自然条件主要影响农、矿等初级产品的生产,而现代经济的发展产生了大量合成的替代品,比如,合成橡胶的发明与生产就使许多国家减少了对天然橡胶的进口。而且,现代经济的增长越来越多地依靠技术进步而非原材料的投入。

#### (三)人口、生产规模和市场情况

##### 1. 人口分布以及受教育程度的影响

世界人口在各国的分布很不平衡,有的国家人口众多,劳动力比较富裕;有的国家人口较少,劳动力较为稀缺。而不同产品在生产过程中所需要的劳动力比重是不同的。劳动力富裕的国家在劳动密集型产品的生产方面具有比较优势,而劳动力稀缺的国家则有可能在其他生产要素密集的产品生产中具有比较优势,这样就导致了两类国家的生产分工。同时,人口的受教育程度也会在一定程度上影响国际分工。教育发达、劳动力素质高的国家经常在技术密集型产业的研究和生产方面具有优势,而劳动力素质较低的国家通常只能生产非技术密集型产品。

##### 2. 生产规模和市场多样化需求的影响

工业产品的大规模生产,既能极大提高产品数量,又能产生规模经济效应,提高产品的国际市场竞争力。许多时候,一家企业生产出来的产品会超过整个国家的市场容量,所以规模经济时代,各国都会按照比较优势原则选择一种差异化产品进行大规模生产,以满足不同的消费需求,并以竞争优势最大限度地占领国际市场。近年来出现的国际分工新格局很多可以用生产的规模经济进行解释。

#### (四)跨国公司的发展

第二次世界大战以后,跨国公司成为推动当代国际分工的主要力量。跨国公司凭借其雄

厚的资金实力、强劲的产品研发能力、畅通的销售渠道及科学的管理模式,在世界范围内安排其生产经营活动,充分利用各国、各地区的资源优势。在跨国公司的全球经营模式下,国际分工日益演变为跨国公司生产经营产业链上各生产环节之间的分工,并且通过公司内部贸易把各国的生产活动紧密联系在一起。由跨国公司发展带动的国际分工模式主要表现为各产业链生产环节上的垂直分工。

### (五) 国家政策和国际经济秩序

#### 1. 上层建筑影响国际分工的开展

这里的上层建筑包括国家力量、经济政策、国际组织等。当年,英国等欧洲殖民帝国为了形成有利于自己的国际分工局面,运用国家力量,强迫其殖民地按宗主国的需求去发展单一作物,强迫接受殖民主义的贸易条件。第二次世界大战以后民族运动风起云涌,大批殖民地国家纷纷获得独立。他们为了摆脱单一经济结构和对原宗主国经济的依赖,纷纷提出了发展民族工业的政策措施,发展中国家的制造业由此得到极大的发展。据联合国有关机构的统计,战后,发展中国家的工业生产增长速度超过了发达国家。比如,1960—1970 年,发达国家的工业生产年均增长速度为 5.3%,而发展中国家为 7.5%;1970—1980 年,这两个数据分别为 3%和4.5%。有些发展中国家和地区通过政府指导下的工业化政策,成功发展了制造业,进入了"新兴工业化国家"的行列。

#### 2. 国际政治经济秩序起着延缓或推进国际分工的作用

第二次世界大战以前,各资本主义国家为转嫁经济危机,纷纷实行以邻为壑的高关税政策,极大阻碍了国际分工的开展;战后初期,《关税与贸易总协定》(GATT)的签订与实施,则极大推进了国际分工的发展。GATT 共主持了八轮多边贸易谈判,通过多次关税和非关税减让谈判,大幅度降低了各成员国的关税水平,减少了非关税壁垒,推进了贸易的自由化发展。战后的区域经济一体化趋势,也进一步深化了区域内成员的劳动分工,为区域内贸易的自由化发展起了积极的作用。

## 第二节　国际分工对国际贸易的影响

### 一、国际分工对国际贸易发展速度的影响

从国际贸易发展来看,在国际分工发展快的时期,国际贸易也发展快;相反,在国际分工缓慢发展时期,国际贸易也发展较慢或处于停滞状态。因此,国际分工是当代国际贸易发展的主动力。在资本主义自由竞争时期,由于形成了以英国为中心的国际分工体系,英国成为世界工厂,其对外贸易出现高涨,其在资本主义世界国际贸易中的比重从 1820 年的 18%提高到 1870年的 22%,而且贸易的增长还超过了生产的增长。据统计,1800—1913 年,世界人均生产每十年增长率为 7.3%,而世界人均贸易额每十年增长率为 33%,显然大大高于世界生产的发展。相反,在 1913—1938 年间,世界生产发展缓慢,国际分工处于停滞状态,国际贸易量在这个时期年平均增长率极低,只有 0.7%。第二次世界大战后,国际分工又有了飞速的发展,国际贸易量的发展速度也加快了,并快于以前各个时期。1948—1973 年,年平均增长率为 7.8%,

1973 年后国际贸易量年平均增长率有所下降,但仍超过二次大战前。

## 二、国际分工对国际贸易地区分布的影响

国际贸易地区分布是指一国或地区的对外贸易额在世界国际贸易总额中所占的比重,由此确定一国或地区在国际贸易中所处的地位。

国际分工对于国际贸易地区分布有直接的影响。国际分工发展的过程表明,在国际分工处于中心地位的国家,在国际贸易中也占据主要地位。从 18 世纪到 19 世纪末,英国一直处于国际分工中心国家的地位,它在资本主义世界对外贸易中一直独占鳌头。英国在资本主义世界国际贸易总额中所占比重 1820 年为 18%,1870 年上升到 22%。随着其他国家在国际分工中地位的提高,英国地位在逐步下降,但直到 1925 年它在国际贸易中仍占 15%。从 19 世纪末以来,发达资本主义国家成为国际分工的中心国家,他们在国际贸易中的地位一直居于支配地位。发达资本主义国家在世界出口中所占比重 1950 年为 60.8%,1980 年为 62.5%,1991 年又上升到 72.4%。

## 三、国际分工对国际贸易地理方向的影响

各国对外贸易的地理方向与各国相互分工的程度成正方向变化。19 世纪国际分工的主要形式是宗主国同殖民地等落后国家之间的分工,即前者出口工业品,后者出口农矿产品,我们称之为垂直型分工。这种分工形式决定了当时国际贸易主要在殖民地同宗主国这两类国家间进行。

二次大战后,国际分工发生了变化,从出口制成品、进口原料为主变为工业部门生产专业化协作为主,即从垂直型分工变为水平型分工。国际贸易的地理方向也随之发生了变化,变为发达国家间的贸易居主导地位,发达国家同发展中国家间的贸易则居次要地位。从 1913—1984 年,前者在整个世界贸易中的比重从 43% 上升到 52%,而后者从 52% 下降到 17.1%。

## 四、国际分工对国际贸易商品结构的影响

随着国际分工的发展,国际商品结构与各国的进出口商品结构不断发生变化,二次大战后,这种变化表现在以下几个方面:

### (一)工业制成品在国际贸易中所占比重开始超过初级产品所占的比重

二次大战前,由于殖民主义宗主国与殖民地落后国家的国际分工以垂直型分工为主,故初级产品在国际贸易中的比重一直高于制成品。从 1953 年起,工业制成品贸易在国际贸易中所占比重开始超过初级产品贸易所占比重。

### (二)发展中国家出口的工业制成品增长

随着发达国家与发展中国家分工形式的变化,发展中国家出口的工业制成品不断增加,所占比重从 1970 年的 18.5% 提高到 1990 年的 54.0%。发展中国家出口制成品在世界贸易中所占比重也在增长。

### (三)中间性机械产品的比重提高

随着国际分工的深化和跨国公司在国际分工中地位的提高和作用的加强,工业内部、公司

内部贸易增加,中间性机械产品在整个机械工业制成品贸易中的比重不断提高,在各主要发达国家制成品贸易中占据很高比例。例如 1972 年,英国占 81.9%,联邦德国占 76.0%,加拿大占 3.5%,美国占 57.3%。

### (四)服务贸易发展迅速

服务贸易近年来,特别是在发达国家有了迅速的发展。服务贸易在各发达国家对外贸易中都占很大比例。世界服务贸易额从 1967 年的 700 亿—900 亿美元剧增到 2014 年的 98 006.90 亿美元。

## 五、国际分工对国际贸易利益的影响

国际分工可以扩大整个国际社会劳动的范围,发展社会劳动的种类,使贸易参加国扬长避短,发挥优势,有利于世界资源的合理配置;可以节约全世界的劳动时间,从而提高国际社会的生产力。因此,国际分工的发展是一个进步的过程。但是,由于国际分工的产生与发展是在资本主义生产方式下进行的,它代表了生产力发展的进步过程;同时,也体现了资本主义社会的生产关系,因此,国际分工也成为旧的不平等的国际经济贸易秩序的重要组成部分。

在资本主义国际分工体系中,发达国家之间的分工是比较平等或平等的关系。但是在发达国家与发展中国家或地区之间的分工却是中心和外围的关系,两者之间具有控制与被控制、剥削与被剥削的关系。在这种不平等的分工关系中,发达国家享有国际贸易的大部分利益。

发达国家凭借自己在市场上的独占地位,在国际贸易中高价卖出,低价买进,进行不平等交换;通过对外贸易,转嫁经济危机,把国际贸易中的利益大部分,有时甚至是全部占为己有,使发展中国家或地区的贸易条件不断恶化,大大影响了经济发展。

"二次大战"后,随着发展中国家在政治上取得独立、民族工业的不断发展、在国际政治经济舞台上的不断斗争,发展中国家在国际分工中的地位有所改善,贸易利益随之增多,但是还未发生根本性、实质性的变化。

## 六、国际分工对对外贸易依存度的影响

对外贸易依存度也叫对外贸易系数,它是一国对外贸易额(出口额与进口额之和)在该国国民生产总值(或国内生产总值)中所占的比重。

国际分工的发展使各国对外贸易依存度不断提高。首先,随着国际分工的发展,尤其是二次大战后国际分工的深化发展,整个世界贸易依存度都在不断地提高,世界出口依存度已从 1950 年的 8.5% 提高到 1980 年的 17.1%。它表明随着国际分工的深化发展,世界经济生活在不断地国际化。其次,随着国际分工的深化发展,国际分工已成为各国国民经济运转的一个必须条件,国际贸易的重要性有了显著的增加。不同类型的国家的出口依存度都有了程度不同的增长。从 1950 年到 1980 年间,发达资本主义国家的出口依存度从 7.7% 增到 26.8%,苏联及东欧国家从 4.6% 增长到 9.3%。此外,随着国际分工的深化发展,也使贸易方式向着多样化发展。

**相关链接**

### 美国波音公司堪称经济全球化的成功典范

一家企业,尤其是一家大型跨国公司,能否通过外包的方式,走经济全球化之路?实际上,美国闻名全球的飞机制造商——波音公司便是这方面的一个典型代表。该公司的经济全球化之路早在上个世纪60年代便已开始。如今,波音787是该公司在全世界外包生产程度最高的机型。

第一架波音787于前不久在美国华盛顿州埃费里特首先亮相,它标志着波音飞机制造公司的一大胜利。波音公司决定建造省油的中型喷气客机,而不是同欧洲空中客车公司A380针锋相对的巨型客机。事实表明,这一决定是多么明智。当前波音787已经收到了1000亿美元的订单。

波音走经济全球化之路,对美国来说是不是好事,还要让事实来说话。当前,波音公司生产的787中型客机可以说是在全世界外包生产程度最高的机型,按照其价值计算,波音飞机公司本身只负责生产大约10%——尾翼以及最后组装,其余的生产是由该公司关系密切的遍布于全球各地的40个合作伙伴来完成:飞机机翼是在日本生产的,碳复合材料是在意大利和美国其他地方生产的,起落架是在法国生产的。至于其数以万计的零部件,则是由韩国、墨西哥、南非等国来完成的。

尽管目前波音飞机公司已成为全世界外包最多的公司,其全球化程度也为全世界之最,然而,这家公司从国产化到全球化所走的道路,也经历了曲折的发展历程。

可以说,波音公司以前曾是国产化率最高的飞机制造商。早在上个世纪50年代,波音707只有大约2%的零部件是在外国生产的。然而,这家公司从上个世纪60年代开始,便已决定走全球化道路。经过长达40年的奋斗,如今的波音终于走在了全球各大飞机公司的前面,其经济全球化程度远非其他飞机制造商所能够相比。

在这个全球化的行业,波音公司走的道路完全是正确的。它集中精力发挥自己的优势——设计、供应链管理、营销和品牌,这有助于波音公司生产出航空公司想要的新飞机,而不是像空中客车飞机公司A380那样备受争议。

按照经济全球化,即国际化的原理,波音正在采用亚当·斯密在其名著"国富论"提及的做法:从分工中获得利润。如今,这种做法已被美国各行业普遍采用。耐克制鞋公司率先把运动鞋的生产外包给日本和中国,苹果等大企业让中国台湾地区和大陆的供应商为其制造家用电器。

飞机组装工厂或新材料实验室的就业机会更赚钱,而且还能带来这一领域的其他就业机会。波音公司缩减了制造领域就业机会,却增加了薪酬高的服务领域就业机会。

因此可以说,波音787并非完全是由美国制造,但它却是美国高技术和全球制造业方面的创新产物。

资料来源:香港大公报

# 第三节　世界市场概述

世界市场(World Market)是世界范围内通过国际分工和贸易联系起来的各国间市场和各国国内市场的综合,是世界各国进行商品、服务和要素交换的领域。

广义的世界市场包括世界商品市场、世界服务市场和世界金融市场。世界商品市场是各国厂商进行商品交换的场所;世界服务市场是各国进行服务贸易,即许可证、技术诀窍、劳动力和技术人员的输出和输入,以及国际运输、广告、咨询、保险等业务的场所;世界金融市场是指国际上进行资金借贷、贸易结算以及金银、政府公债、外汇和有价证券买卖的场所。世界商品市场是世界市场的主体。本节主要从商品市场角度论述世界市场的有关问题。

## 一、世界市场的发展与构成

世界市场的形成和发展与国际分工的形成和发展相适应。世界市场是随着地理大发现而萌芽,随着第二次科技革命而发展,随着第二次科技革命而最终形成的。

### (一)世界市场的发展与形成

#### 1. 世界市场的萌芽

世界市场萌芽于 16 世纪。地理大发现以前,人们对世界的认识很不全面,因此,当时只有区域性市场,还未形成世界市场。在各个区域性市场间,产品的价格是不统一的,即使在一个国家的不同市镇之间,同种产品的价格也可能会有很大差异。

地理大发现为世界市场的产生和形成奠定了基础。地理大发现发生于 15 世纪末。欧洲人最早的远洋探险大约是在 1431 年。当时一个名叫威尔和(Velho)的葡萄牙航海家成功地到达了大西洋东北部的亚速尔群岛并返回了葡萄牙。此后,通过一系列的远洋探险,意大利人哥伦布率领的西班牙船队于 1492 年发现了美洲新大陆;达伽马率领的葡萄牙船队于 1497 年绕过好望角,到达南亚西海岸,打通了欧洲通往印度的新航线;麦哲伦率领的西班牙船队在 1519年经过大西洋,经南美海峡进入太平洋到达亚洲的菲律宾群岛。随后,欧洲国家又陆续开辟了一系列通往四方的新航道,发现了大片从未到过的新土地。地理大发现的结果,实际上是把原来各自独立发展的各国联系了起来,为真正意义上的世界市场的形成奠定了基础。

地理大发现之后,各区域的市场得以彼此联系,亚洲、美洲、非洲、大洋洲的许多商品开始流通到欧洲市场,欧洲市场的产品也逐渐蔓延到世界其他地方,国际贸易额迅速增加。欧洲各国为了争夺市场开展了激烈竞争,最终由大西洋沿岸的一些国家取代了原地中海沿岸的城市,成为当时的世界市场中心。里斯本、安特卫普、阿姆斯特丹、伦敦等变成了世界商业意义的大都市。与世界性贸易相适应的海上运输、银行、保险公司、交易所等相继出现。这时候,在世界市场交易的大多是奢侈品,占支配地位的是商业资本,它对开拓市场和资本的原始积累起了很大作用,并促进封建主义生产方式向资本主义生产方式过渡。我们把这一时期看作世界市场的萌芽期。

#### 2. 世界市场的发展

18 世纪 60 年代到 19 世纪 70 年代,是资本主义自由竞争时期,也是资本主义机器大工业的建立时期。

始于 18 世纪 60 年代英国的第一次产业革命,推动了英国和其他欧洲国家机器大工业的建立。机器大工业一方面带来生产规模的不断扩大、生产效率的不断提高,从而从客观上要求不断拓展新的市场,因此,机器大工业的建立迫使国家必须去海外寻求新的市场;另一方面,机器大工业也需要不断扩大原材料的供应,英国等国在产业革命之后,工业迅速发展,促使它们越来越多地从世界市场,特别是从殖民地、半殖民地购买大量的原材料。这样,机器大工业把越来越多的原料来源地卷入到了世界市场之中,将许多国家纳入了国际分工体系,世界市场迅速发展。此时在世界市场进行贸易的主要是机器大工业的产品和经济落后国家的原料及粮食。世界市场上的交换主要是在工业发达国家与落后的农业国之间进行,以工业国家为市场的中心。在这一阶段,国际市场的主导地位已由原来的商业资本转化为产业资本。

3. 统一的世界市场的形成

产业革命以后的 100 年间,世界市场已有了很大的发展,但一直到 19 世纪中叶,世界市场还只有英国处于支配地位。西欧、北美诸国属于刚开始工业革命的阶段,这些国家刚刚开始大修铁路,使本国的内地和国际市场更紧密地联系起来。从全世界的角度看,资本主义生产关系对于像中国等亚洲大陆国家来说才刚刚开始,此时还不能认为统一的世界市场已经完全形成。到 19 世纪末 20 世纪初,资本主义进入垄断时期,第二次科技革命和资本的大规模输出使越来越多的国家纳入世界市场,统一的世界市场最终形成。

始于 19 世纪中期的第二次科技革命极大提高了社会生产力。一系列新产业部门,如电力、汽车制造、钢铁、化工等的产生和迅速发展,扩大了对橡胶、石油、农业原料等的需求,使得商品交换的品种和数量不断增加。美国、德国等国在完成产业革命后,借助新科技革命,经济实力已经超越英国。这些工业发达国家加强了资本的对外输出,推进了生产的社会化和国际化进程,推进了世界市场的不断扩展。同时,交通运输业、通信业的进一步改善,也把世界各国在经济上更为紧密地联系在一起。另外,国际金本位制的建立与世界货币的产生、统一世界价格和多边支付体系的形成等都标志着统一的无所不包的世界市场的形成。

**(二) 世界市场的构成**

当代世界市场由以下几个部分构成:

1. 各种类型的国家

按联合国统计局分类,参加世界市场活动的国家和地区可分为四组:发达的市场经济国家;东欧国家;亚洲社会主义国家;发展中国家和地区(包括上述国家以外的所有的非洲、美洲、亚洲、欧洲和大洋洲国家和地区)。

2. 订约人

按照活动的目的和性质,世界市场的订约人可分为公司、企业主联合会、国家机关和国际机构三类。

"公司"指那些追求商业目的的订约人,它们是在工业、贸易、建筑、运输、农业、服务等方面以谋利为目的而进行经济活动的企业。

"企业主联合会"是企业家集团的联合组织,它们和公司的不同之处是其活动目的不是为某个企业获取利润,而是在政府机构里代表参加联合会的企业家集团的利益,促进私营企业扩大出口,并以协会、联盟、代表会议等形式建立起来。

"国家机关和国际机构"是世界市场第三类订约人,他们只有在得到政府授权后才能进入世界市场,进行外贸业务活动。

### 3. 商品

包括有形商品和无形商品两大类。有形商品按《商品名称及编码协调制度》(Harmonized Commodity Description and Coding System)将商品分为 21 类 97 章。根据《服务贸易总协定》,服务贸易分为商业性服务、通信服务、建筑服务、销售服务、教育服务、环境服务、金融服务、健康及社会服务、旅游及相关服务、文化娱乐及体育服务、交通运输服务及其他服务 12 个大类。

### 4. 世界商品市场

从世界市场的特征看,"二战"后既有以自由竞争为基础的开放性市场,卖方与买方有组织联系、受垄断组织控制的封闭性市场,以商业一次性合同为基础的市场,以国际专业化、协作化及长期的大规模联系为基础的市场,还有以区域经济一体化为模式、以经济集团为基础的市场。

从世界商品市场的组织形式看,既有有固定组织形式的国际商品市场,也有无固定组织形式的国际商品市场。前者主要包括商品交易所、国际商品拍卖中心、国际博览会和展览会;后者则包括单纯的商品购销或与其他因素结合的商品购销形式,如"三来一补"、招投标及租赁贸易等。

### 5. 商品销售渠道

销售渠道是指商品从生产者到消费者手中所要经过的路线。

世界市场上的销售渠道通常由三部分构成:第一部分是出口国的销售渠道,包括生产企业或贸易企业本身;第二部分是出口国与进口国之间的销售渠道,包括贸易双方的中间商;第三部分是进口国国内的销售渠道,包括经销商、批发商和零售商。

随着网络的发展及其在国际贸易中的日益广泛使用,直接贸易越来越成为主要的贸易方式,销售渠道也随之改变,中间商将会不断减少。

### 6. 运输网络

运输网络是由铁路运输、公路运输、水上运输、航空运输、管道运输、集装箱运输等组成。

铁路运输:是一国内陆及邻国之间贸易的主要运输工具,目前在国际贸易货物运输中货运量占第二位。

公路运输:以汽车为主要运输工具,具有高度的灵活性,周转速度快,投资少,装运方便,便于实现"门到门"运输。

水上运输:分为内河和海上运输两类。水运具有运量大、投资少、运价低等优点,多用于运输大宗或笨重的货物。目前国际贸易货运量的 2/3 是通过海运来完成的,水上运输的运量占国际贸易货运量的首位。

航空运输:主要特点是运量小、运价贵,但速度快。适宜于小批量、高时速、贵重的货物运输。

管道运输:是随着石油生产的发展而出现的一种特殊的运输方式。管道运输运量大、输送快、成本低。目前,通过管道运输的货物主要有原油、石油制品、化学品、天然气、矿砂、煤炭等。

集装箱运输:是在 20 世纪 60 年代末逐渐兴起的运输方式,它将杂货在发货地装运进标准规格的集装箱内,运至专用的集装箱码头,再装上集装箱轮船运至目的地。目前集装箱运输在国际货运中已占据主要地位。

### 7. 信息网络

信息网络是世界市场的中枢。它由电话国际网、电视、广播、报刊、通信卫星、计算机互联网等组成。第二次世界大战后,世界市场信息网络手段不断多样化和现代化,信息网络机构不断增加和专业化,信息系统日益国际化。

### (三) 当代世界市场的特征

"二战"后,世界市场不断扩大,呈现出一些明显特征:

#### 1. 世界市场的容量迅速扩大

第二次世界大战后,科技革命蓬勃发展,随着科学技术的进步,社会生产力不断发展,国际分工进一步向纵深发展,使世界市场的容量迅速扩大。主要表现在世界市场地理范围和联系内容的扩大,以及国际贸易额、国际贸易量和贸易商品种类的增加。战后世界市场的内容包括商品、资本、技术、劳务以及知识产权等方面,国际贸易量迅速增加。

#### 2. 世界贸易的垄断性不断加强

自19世纪末20世纪初资本主义进入垄断时期以后,资本主义大企业和跨国公司不仅垄断了生产,而且垄断世界销售市场和原材料产地。第二次世界大战后,各国政府通过与他国组成区域经济集团控制市场;通过跨国公司进行大规模资本输出,以公司内部控制的方式控制市场;通过制定奖出限入的对外贸易政策争夺市场。

#### 3. 世界市场的竞争日益加剧

第二次世界大战后,世界市场由卖方市场转向买方市场,垄断不断加剧,世界市场上的竞争范围不断扩大,程度更为激烈,手段更加多样。为了争夺世界市场,各国在设置关税壁垒的同时,竞相采取各种非关税措施限制进口。在竞争手段上,除了传统的价格竞争外,更注重非价格竞争,想方设法提高产品质量和性能,增加花色品种,改进包装,改善售前售后服务等。

#### 4. 世界市场的国际协调与管理逐步发展

第二次世界大战后,各国一方面通过国内政策和对外贸易政策手段来干预和影响世界市场,另一方面用通过缔结政府间协定等方式对世界商品、资本、劳务市场进行协调和管理。例如,国际商品协定对特定商品的市场起到了一定的管理作用;关贸总协定对世界市场起到了较大的协调和管理作用。

## 二、世界市场的交易形式

按交易进行的形式划分,世界市场可分为有固定组织形态的市场和无固定组织形态的市场。

### (一) 有固定组织形态的国际商品市场

有固定组织形态的国际商品市场,是指在固定场所按照事先规定好的原则和规章进行商品交易的市场。这种市场主要包括商品交易所、国际商品拍卖会、国际博览会和展览会等。

#### 1. 商品交易所

商品交易所(Exchange)是进行大宗批发交易的场所。交易所中通常没有商品,买卖时无须出示和验看商品,而是根据规定的标准和货样进行交易。成交是在交易所制定的标准合同的基础上进行的。

　　在交易所进行的商品买卖,基本上可分为实物交易和期货交易两种。实物交易是进行实际商品的买卖活动,合同的执行以卖方交货、买方收货付款来进行。期货交易是一种按交易所制定的标准期货合同达成交易后,远期进行交割(执行)的交易。期货交易合同的执行可以交付实物来进行,但更多的是买空卖空的投机性交易,是期货合同的买卖。

　　目前最大的交易所贸易中心是美国纽约和英国伦敦。在纽约商品交易所进行有色金属、橡胶、咖啡、食糖、可可、棉籽油等商品的交易,在伦敦商品交易所进行可可、咖啡、椰干、毛皮、橡胶、食糖等的交易。随着国际生产专业化程度的提高,交易所中的商品交易也日趋专业化,例如,伦敦最初的皇家交易所是综合性的,包括各类商品,后来分离出各种专业性交易所。

　　目前,各种商品的交易所贸易的主要中心是:

　　谷物:芝加哥、伦敦、利物浦、温尼伯、鹿特丹、安特卫普、米兰。

　　有色金属:纽约、伦敦、新加坡。

　　天然橡胶:新加坡、伦敦、纽约、吉隆坡。

　　棉花:纽约、新奥尔良、芝加哥、利物浦、亚历山大、圣保罗、孟买。

　　食糖:纽约、伦敦。

　　棉籽油:纽约、伦敦、阿姆斯特丹。

　　黄麻:加尔各答、卡拉奇、伦敦。

　　豆油和向日葵:伦敦。

　　生丝:横滨、神户等。

2. 国际商品拍卖

　　国际商品拍卖(Auction)是指经过专门组织的、在一定地点定期举行的现货市场。在这种市场上,通过公开竞购的方式,在事先规定的时间和专门指定的地点销售商品。这些商品预先经过买主验看,并且卖给出价最高的买主。事先验看是拍卖贸易的必要条件,因为在商品拍卖后,无论是拍卖的举办人,还是卖主,对商品的服务都不接受任何索赔(隐蔽缺点除外)。

　　进入拍卖市场交易的商品大多具有不易标准化、易腐不耐储存、生产厂家众多或需经过较多环节才能逐渐集中到中心市场等特点,如毛皮、原毛、鬃毛、茶叶、烟草、蔬菜、水果、花卉、观赏鱼类、热带木材、牲畜(主要是马)等。其中,拍卖方式是国际上销售毛皮、原毛、茶叶和烟草的最重要的方式。

　　进行拍卖的商品一般都有自己的拍卖中心。在全世界,毛皮和毛皮原料的国际拍卖每年举行150多次。水貂皮的主要拍卖中心是纽约、蒙特利尔、伦敦、哥本哈根、奥斯陆、斯德哥尔摩、圣彼得堡等;羊羔毛的主要拍卖中心是伦敦和圣彼得堡;羊毛的主要拍卖中心是伦敦、利物浦、开普敦、墨尔本和悉尼;茶叶的主要拍卖中心是伦敦、加尔各答、科伦坡、科钦等。目前,一些产品的拍卖中心有向产地转移的趋势。

　　在实际交易中,拍卖具有如下特点:① 在拍卖中,买卖双方不直接洽谈,而是通过拍卖进行。拍卖行设有专门的拍卖场所、专业人员和设备。② 拍卖是一种单批、实物的现货交易,具有当场公开竞购、一次确定成交的性质。拍卖物需事先运至拍卖地,并由参加竞购者验看,拍卖后卖方或拍卖行对货物的品质一般不负赔偿责任。③ 拍卖对于买主的要求较高,买方必须对货物有关情况进行调研,做到心中有数,否则容易吃亏。④ 拍卖所需费用一般较其他交易高。

### 3. 国际博览会和展览会

博览会(Exhibition)是定期在同一地点、在一年中的一定时间和规定期限内举行的有众多国家、厂商参加的展销结合的市场。其目的是使博览会的参加者能够展出自己生产的样品,显示出最新的成果和技术革新,以便签订贸易合同,发展业务联系。展览会是不定期举行的,其目的是展示一个国家或不同国家在生产、科学和技术领域中所取得的成就,促成会后交易。

发达国家在举办国际博览会和展览会方面占有重要地位。仅德国、英国、美国、法国和意大利所举办的博览会和展览会就约占全部国际博览会和展览会的 2/3。其中,较为重要的有:德国的汉诺威、莱茵—法兰克福、莱比锡,法国的巴黎、里尔、里昂、波尔多,奥地利的维也纳,比利时的布鲁塞尔,瑞典的哥德堡,意大利的帕多瓦、米兰、的里雅斯特,日本的东京,加拿大的温哥华,新西兰的惠灵顿,澳大利亚的悉尼等。

我国除了有选择地参加上述博览会外,从 1957 年起在广州定期举办交易会。目前我国规模较大的交易会有广州的春季和秋季交易会、厦门的中国投资贸易洽谈会、哈尔滨的夏季交易会、上海的华东出口商品交易会等。

## 相关链接

### 中国进出口商品交易会

中国进出口商品交易会,简称广交会,英文名为 Canton fair。创办于 1957 年春季,每年春秋两季在广州举办,是中国目前历史最长、层次最高、规模最大、商品种类最全、到会客商最多、成交效果最好的综合性国际贸易盛会。展会每届分三期举行,每期展出商品范围都不同。

第一期:展出内容包括电子及家电、照明、车辆及配件、机械、五金工具、建材、化工产品、新能源等。

第二期:展出内容包括日用消费品、礼品、家居装饰品等。

第三期:展出内容包括纺织服装、鞋、办公箱包及休闲用品、医药及医疗保健、食品等。

资料来源:广交会官网

### (二) 没有固定组织形态的国际市场

这种市场大致可分为两大类:一类是单纯的商品购销;另一类则是与其他因素结合的商品购销形式,如加工贸易、补偿贸易、租赁贸易和招标投标等。

#### 1. 单纯的商品购销形式

单纯的商品购销形式是指买卖双方不通过固定的市场进行单纯的买卖。其原则是买卖双方自由选择交易对象,对商品的规格、数量、价格以及付款条件等进行谈判。谈判可以通过面谈、电话与电报、互联网等进行。在相互同意的基础上签订合同,据以执行。单纯购销形式是世界上最基本、最普遍的国际商品交易方式。

#### 2. 加工贸易

加工贸易是把加工与扩大出口、收取工缴费相结合的一种购销方式,其主要方式有三种:

(1) 来料加工和来件装配。来料加工(Processing with Customer's Materials)是指外商提供原材料、辅料和包装物料等,由国内的承接方按外商提出的要求加工为成品提交给对方,并按双方约定的标准收取工缴费的一种加工贸易方式。来件装配(Assembling with Customer's Parts)是指由外商提供零部件、元器件、包装物料等,由国内的承接方按外商提出的要求装配为成品提交给对方,并按双方约定的标准收取工缴费的一种加工贸易方式。

(2) 进料加工。进料加工是指国内承接方从国外购进原材料或零部件,加工成成品后出口的贸易方式。

进料加工与来料加工的区别:前者是自进原料、自行安排加工和出口,自负盈亏;后者是按原辅料供应商的要求进行加工。前者原料是进口,与出口没有必然联系,双方是买卖关系;后者则关系密切,双方是委托加工关系。前者加工方自主经营,通过进出口获利,要承担经营风险;后者加工方通过接受委托加工,获取的是加工费,不需要承担经营风险。

3. 补偿贸易

补偿贸易(Compensation Trade)是与信贷相结合的一种商品购销形式,即买方在信贷基础上从卖方购进机器设备、技术工艺、专利、技术秘密、中间商品等,进行生产后,在约定的期限内,以所生产的商品或其他劳务支付货款的贸易。

补偿贸易一般有三种方式:一是买方以进口的设备开发和生产出来的产品去偿还进口设备的货款,称为回购(或返销);二是买方用双方商定的其他产品或劳务偿付货款,称为互购;三是买方对进口设备的货款,部分商品补偿,部分用现汇支付,称为补偿,有时也有第三方参与,负责接收、销售补偿产品或提供补偿产品,此为多边补偿。

补偿贸易在第二次世界大战前、经济危机以后,被一些欧洲国家开始采用,战后开始盛行。补偿贸易之所以能够盛行,主要在于以下几个原因:其一,对于进口方来说,可以在外汇资金不足的情况下,引进国外比较先进的技术设备、管理经验,提高自己的生产技术水平;其二,进口方可以利用对方的销售渠道,开辟产品的国际市场,扩大产品出口;其三,对于出口方而言,采用补偿贸易可以推销自己多余的机械设备,缓和商品和资金的过剩,还可以借此取得比较廉价的"回头"产品或原材料。

4. 租赁贸易

租赁贸易(Lease Trade)是把商品购销与一定时间内出让使用权相联系的购销方式。出租人把商品租给承租人在一定时间内专用,承租人要付与出租人一定数量的租金。租赁贸易依租期不同可分为:长期租赁(3—5 年或 15—20 年)、中期租赁(1—2 年)、短期租赁(几小时到一年)。当前长期租赁业务占有较大比重。

租赁贸易于 20 世纪 50 年代起源于美国,其后不断发展。现代租赁主要以企业为主,租赁的商品通常是标准的工业设备和产品,诸如工厂、成套设备、筑路机械、起重运输设备、航空发动机、船只、飞机、汽车、集装箱和大型电子计算机等。

与直接购买相比,租赁贸易具有如下优点:由于承租人实际上只是购买使用权,可以节约直接购买商品本身的资金,又可使用比较先进的机器和运输等设备;可以缩短供货期限,解决季节性或急需性生产设备;由于出租人始终对商品拥有所有权,故承租人往往不负责租用商品的维修和保养,还可避免因设备快速更新而遭受的损失。

5. 招标、投标

招标(Invitation to Tender)是指招标人通过招标机构发出招标公告,提出准备购买的商品的品种、数量和有关买卖条件,或提出发包工程的具体要求,邀请投标人报出愿意成交的交易条件的行为。投标(Submission of Tender)是指投标人应招标人的邀请,根据招标公告的规定条件,在规定的时间内向招标人报出愿意成交的交易条件的行为。招标、投标是一种贸易方式的两个方面。在国际市场上,一些国家的政府机关、大企业、公用事业单位等经常利用这种方式采购某些物资、机器、设备或兴办某个工程项目。

招标与投标的程序通常由以下几个环节组成:

(1)招标公告。招标人刊发招标公告,说明需要采购的商品或拟建项目的各种要求和条件、投标的截止期等,同时,制定招标文件供投标人索取。

(2)投标资格预审。招标机构对申请参加投标的企业进行基本概况、信誉情况、技术水平、财务状况、经营能力等多方面的审查了解,以确定是否有资格参加投标。

(3)投标。投标人编制投标文件,然后将文件按招标文件的规定,在投标截止日期之前送到或寄到招标机构指定地点。

(4)开标。在规定的开标时间将所有投标人的投标文件启封揭晓,即为开标。开标按其仪式可分为公开开标或秘密开标。公开开标指通知所有投标人自愿参加的开标仪式;秘密开标指不通知投标人参加的开标仪式。

(5)通知中标。确定中标人后,招标机构即通知中标人,并要求中标人在规定的时间到招标人所在地与招标人签订合同。中标通知是招标文件的一部分,具有法律效力。

### 三、世界市场的开拓

#### (一)进入世界市场的准备工作——市场分析

1. 了解市场环境

市场环境主要包括准备要进入的市场的经济因素、政治因素、法律因素、文化因素及社会因素等。

经济因素:即进入市场的国家、地区经济发展的程度与水平。

政治因素:即该国政体、政府机构、社会性质,以及是否与他国在经济上结盟等。

文化因素:指诸如宗教差别、信仰、教育文化水平、社会风俗习惯等。

社会因素:即该国办事效率、工会组织、政府稳定状况等。

2. 确定所要进入的目标市场

主要包括商品进入哪个国家或地区、进入哪一个消费群体、进入市场的范围等。

3. 分析市场的动向

主要包括市场供货能力、市场需求数量及其变化、面临的竞争对手以及发展趋势等。

#### (二)确定进入世界市场的方法

企业进入世界市场,一般要经过三个阶段,即产品出口阶段、国外生产阶段和跨国经营阶段。从历史演变来看,很多企业进入世界市场都是从产品出口开始的。但目前,这三种方式可能同时存在。

1. 产品出口阶段

产品出口分为间接出口和直接出口(Indirect Export and Direct Export)。间接出口指产品制造商通过本国的中间商出口其产品。这种方式下制造商与国外市场没有直接联系,也没有涉外业务活动,所以既可节省费用,又不承担出口风险;但这种方式的缺点是制造商无法直接获得世界市场的需求变化情况,也易被中间商控制和垄断。直接出口指产品制造商设立出口部或国际部,向国外的中间商出口其产品,或与国外的零售商甚至与用户直接挂钩,或在国外设立分支机构就地推销。这种方式的优点是产品制造商直接面向市场,能及时了解、掌握市场信息,获得较多利润;但缺点是投资较大,经营风险也较大。

### 2. 国外生产阶段

企业到国外生产,可以采取的方法很多,一般可以采取以下三种方式:

(1) 国外直接投资(Foreign Direct Investment)。到国外进行直接投资可以通过并购或新建方式来进行。一般来说,拥有高新技术的大公司倾向于独资经营,以便保守技术秘密,也可以保证严格的管理制度和质量标准;采用一般技术制造的公司,通常会采取合资或合作经营。

(2) 国际分包(International Sub-contracting)。企业(发包人)通过合同将生产过程的一部分转移到目标国,由目标国的独立企业(分包商)承担该生产过程。此类业务中,分包商只承担生产过程的一部分。最常见的是分包商根据发包人的订单加工制造元器件、零部件。这些元器件、零部件都不是最终产品,其规格、数量、性能等都是按照合同的规定进行加工,因此,分包商的这些产品往往只能适合发包人的需求,难以作为成品进入市场。从这个意义上说,分包商的生产处于发包人的影响或控制之下。通常分包商可从发包人那里获得关键加工技术、机器、设备、质量管理的仪器等,也可获得对技术人员的培训和管理方法的指导等。

(3) 许可协议(Licensing Agreement)。这是指让渡专利许可、专有技术和商标使用权的协议。按照这种安排,产品制造权是通过“许可协议”从国外专利(或技术、商标等)持有人处获得的。国外的持有人(许可人)给予买方(被许可人)该产品的制造和在当地市场及指定的出口市场销售的专有权。根据许可协议,被许可人通常以支付专利权使用费的形式购买制造权。专利权使用费的支付通常有两种形式:一种是成笔总付,订阅时算出一笔应付的总金额,然后分期付款;另一种是提成,根据使用该专利(或技术、商标等)的生产量或销售额或利润额来提成。

### 3. 跨国公司经营阶段

(1) 跨国公司经营的特点。一国企业开始在全世界范围内计划、组织并管理其国际性生产时,便进入了跨国企业经营范围。其特点是:在不同的国家和地区设有子公司或分支机构,从事国外生产、销售活动;总公司对子公司具有直接控制能力;经营战略和目标是以全球为出发点考虑整个企业的经营管理。这时,企业经营管理者的工作重心主要放在诸多子公司之间的跨国业务的协调上,国内的生产仅作为其全球战略的一部分。跨国公司通常通过各种要素在跨国企业内部各子公司之间的调配和流动,来获取最大利益。

(2) 跨国企业经营的目的。跨国公司进行国际性经营的目的主要有:获取本国供给不足的资源;绕过市场贸易障碍,占领目标国市场;调整和优化生产结构,降低生产成本,延长本企业主要产品的生命周期;利用当地技术、管理和资金等;控制和垄断某个国家、某个地区或某种产品的市场等。

## 第四节　世界市场价格

商品世界市场价格的基础是国际价值,但同时又受多种因素的影响,因而世界市场价格经常会偏离国际价值,呈波动之势。在国际贸易中,我们通常用贸易条件来表示两国进行贸易时交换比例或是一国参与国际贸易利益的变化。

### 一、世界市场价格

世界市场价格是指一定条件下在世界市场上形成的市场价格，也就是某种商品在世界市场上实际买卖时所依据的价格。世界市场价格是衡量国际社会必要劳动时间的标准，是国际价值的货币表现。

#### （一）世界市场价格变动的基础

1. 国际价值是世界市场价格变动的基础

国际价值是指在世界经济现有条件下，按照世界平均劳动强度和熟练程度生产某种使用价值所需要的劳动时间。在国内市场上，商品按国别价值进行交换，国别价值是一国范围内的社会价值，它是由该国生产商品时消耗的社会必要劳动时间决定的。由于各国经济发展程度不同，平均劳动熟练程度和劳动强度不同，以致生产商品所消耗的社会必要劳动时间也不同。因此，在世界市场上，各国之间的商品交换不能按各自的国内价值，而应以生产该商品的国际价值为基础。

世界市场价格的变动受价值规律的支配，国际价值始终是世界价格上下波动的基础与中心。与一个国家内部的交易不同，在世界市场上进行交易的是不同的经济制度、不同价格体系、不同贸易制度的国家或地区间，生产要素流动受到阻碍，因而在世界市场上不能形成生产价格范畴。因此，由国际社会必要劳动时间所决定的国际价值是世界市场价格浮动的基础。当世界市场上某商品供求平衡时，其世界市场价格与国际价值相一致；当某种商品供不应求时，其世界市场价格会超过其国际价值；当某种商品供过于求时，其世界市场价格会低于国际价值。但世界市场价格的变动又会反过来影响国际供求关系并使之趋于平衡，因此从长期来说，世界市场价格与国际价值趋于一致。

2. 影响国际价值量变化的各种因素

商品的国际价值量随着国际社会必要劳动时间的变化而变化。影响国际价值量变化的因素有以下几个：

（1）世界平均劳动生产率。劳动生产率同单位时间内生产商品的数量成正比，同单位商品的价值量成反比。若世界各国的劳动生产率普遍提高，由于单位时间内生产的商品数量增加，则生产单位商品的必要劳动时间缩短，单位商品的国际价值量就会减少；相反，商品的国际价值量就会增大。

（2）世界平均劳动强度。劳动强度是指劳动紧张程度，即单位时间内劳动者体力与脑力的消耗程度。就单个国家而言，劳动强度的大小与国际价值量成正比，即强度大的国民劳动强度比强度小的国民劳动在同一时间内会创造出更多的价值。但是，如果世界所有国家和地区的劳动强度同时普遍增加了，则新的、较高的劳动强度就会成为世界新的强度标准，从而影响国际价值量。

（3）主要供货国的生产条件。某种商品的国际价值，在很大程度上受到该商品主要供货国的社会必要劳动时间的影响。因此，即使本国的价值量没有改变，国际价值也会由于各供货国向世界市场提供商品份额的增减而发生变化。这种变化主要有以下三种情况：

——如果进入世界市场的某种商品绝大部分在相当于世界中等生产条件的国家内生产，而小部分是在生产条件较劣和较优的国家内生产，则这种商品的国际价值应主要根据中等生产条件国家生产这种商品的社会必要劳动时间来确定。

——如果进入世界市场的某种商品主要是在生产条件较劣的国家生产,尽管同时进入世界市场的也有中等和较优生产条件的国家生产的商品,则这种商品的国际价值将主要根据生产条件较劣的国家生产该商品的社会必要劳动时间来确定。

——如果进入世界市场的某种商品主要是在劳动生产率较高的国家中生产,则这种商品的国际价值,将主要根据较优生产条件国家生产该商品的社会必要劳动时间所确定。

### (二)影响世界市场价格变动的因素

#### 1. 货币价值

世界市场价格是商品国际价值的货币表现。因此,国际市场价格的变动,不仅决定于国际价值,还依赖于货币价值,主要是世界通用货币的价值。国际通用货币的升值或贬值,会直接影响世界市场价格下跌或上涨。

#### 2. 世界市场的供求变化

世界市场的供求关系是影响世界市场价格波动的直接因素。国际政治、经济、军事、自然条件等因素对世界市场价格的影响,都是通过供求机制实现的。

供求关系对世界市场价格的影响可概括为以下几种情况:

(1)当需求不变,而供给增加(或减少)时,世界市场价格将下跌(或上涨)。

(2)当供给不变,而需求增加(或减少)时,世界市场价格将上涨(或下跌)。

(3)当供给增加,需求减少时(或供给减少,需求增加)时,世界市场价格将急剧下跌(或上涨)。

(4)当供给与需求同时增加(或减少)时,则看两者增幅差额,如果供给增加(或减少)的幅度大于需求,则世界市场价格将下跌(或上涨);反之,如果需求增加(或减少)的幅度大于供给,世界市场价格将上涨(或下跌)。

#### 3. 世界市场的竞争

在世界市场上,同一种商品往往包括三方面的竞争:一是各国卖方之间的竞争,即竞售。众多卖主为争夺市场,必须在商品质量、价格、售后服务等方面展开竞争,从而促使商品价格下降。二是各国买方之间的竞争,即竞购。如果众多国家的买方都对同一种商品求购心切而彼此竞争,其结果将是导致商品价格的上涨。三是买卖双方之间的竞争。这种竞争表现为买卖双方的讨价还价,其结果取决于商品的市场供求状况和买卖双方力量的对比。当某种商品供不应求、卖方力量强大时,市场属于"卖方市场",价格将趋于上涨;反之,当某种商品供过于求、买方力量强大时,则为"买方市场",价格将趋于下跌。

在上述三种竞争影响价格的同时,垄断也能对世界市场价格产生影响,有时这种影响甚至对世界市场价格的形成起主导作用。

#### 4. 世界市场的垄断

垄断组织为了夺取最大限度利润,通常会采取各种方法控制世界市场价格。

垄断价格是垄断组织利用垄断地位规定的高于或低于正常价格的一种价格。在世界市场上,垄断价格有两种:一种是垄断高价,另一种是垄断低价。垄断组织以卖方身份出现时通常会索取垄断高价,以买方身份出现时则会索取垄断低价。垄断组织通过垄断价格获取超额垄断利润。

垄断组织常见的控制世界市场价格的方法如下：

（1）直接法：瓜分销售市场，规定国内市场的商品销售额，规定出口份额，减产；降低商品价格，使竞争者破产，然后夺取这些市场并规定这些商品的垄断价格；用夺取原料产地的方法垄断原料市场；开采原料并按垄断价格出售原料，获取国家订单，并按垄断价格出售这些订货；直接调整价格，即规定商品的最低限价等；跨国公司内部采用转移价格，公司内部相互约定出口、采购商品和劳务所规定的价格。

（2）间接法：限制商品的生产量和出口量，限制开采矿产和妨碍新工厂的建立；在市场上收买"过多"商品并出口"剩余"产品等。

5．经济周期

经济周期不同阶段产销的变化直接影响世界市场上商品的供求关系，从而影响商品的国际市场价格。在危机阶段，生产下降，商品滞销，使大部分商品的国际市场价格下跌；危机后，经过一段时间的萧条，经济逐渐恢复，甚至高涨，生产逐渐上升，需求逐渐增加，价格便逐渐上涨。商品的世界市场价格会随着经济周期而不断波动。

6．各国政府和国际性组织所采取的有关政策措施

第二次世界大战后，世界各国采取了许多政策措施，如价格支持、关税与非关税措施、出口退税、出口补贴、进出口管制、外汇管制、政府采购、战略物资收购及抛售等，一些国际性组织也采取了干预国际市场价格的措施，这些政策措施对国际市场价格产生了很大的影响。

7．商品的质量、包装及与销售有关的各种因素

在国际市场上，在相同商品的销售中，商品的质量和包装是影响其价格的主要因素。此外，商品销售的其他因素也会影响商品的价格。这些因素主要包括付款条件的难易、运输交货的适时、销售季节的赶前与滞后、是否为品牌商品、使用的货币、成交数量的多少、客户的爱好、地理位置的远近、广告宣传的效果、服务质量等。

### （三）世界市场价格的种类

世界市场价格按其形式条件、变化特征可分为以下几种：

1．世界"自由市场"价格

商品的世界"自由市场"价格是指商品在国际间不受垄断力量干扰的条件下，由独立经营的买者和卖者进行交易的价格，任何一个买者或者卖者都不能决定或操纵该商品的市场价格，其价格完全是在国际市场供求关系的影响下形成的。

"自由市场"是由较多的买者和卖者集中在固定的地点，按一定的规则，在规定的时间进行的交易。尽管这种市场也会受到国际垄断和国家干预的影响，但是，由于商品价格在这里是通过买卖双方公开竞争而形成的，所以，它常常较为客观地反映了商品供求关系的变化。

在联合国贸易发展会议所作的统计中，通常把交易大宗农产品、矿产品等初级产品的商品期货交易所和拍卖市场等的价格看作"自由市场"价格，包括美国谷物交易所的小麦价格，大米的曼谷离岸价格，砂糖的加勒比口岸价格，咖啡的纽约港交易价格，可可豆的纽约/伦敦日平均价格，茶叶的伦敦拍卖市场价格，伦敦金属交易所的铜、铅、锌、锡的价格等。

2．世界"封闭市场"价格

世界"封闭市场"价格是指买卖双方在一定的特殊约束关系下形成的价格。商品在世界市场上的供求关系，一般不会对它产生实质性的影响。

世界"封闭市场"价格一般包括以下几种：

（1）调拨价格。调拨价格又称转移价格（Transfer Price），是指跨国公司根据其全球战略目标，在母公司与子公司、子公司与子公司之间销售商品和服务时采用的内部价格。调拨价格一般不受市场供求关系的影响，由跨国公司根据战略目标来决定，以便实现其调节利润、转移资金、控制市场和逃避税收的目的。

（2）垄断价格（Monopoly Price）。它是指国际垄断组织利用其经济力量和市场控制力量决定的价格。国际垄断价格有两种：一种是卖方垄断价格，另一种是买方垄断价格。卖方垄断价格是高于国际市场价值的价格。在这种销售价格下，国际垄断组织可以取得垄断超额利润。买方垄断是指垄断企业或组织以买方垄断的身份，按低于商品国际价值的价格，从国际市场上（主要是从发展中国家）购买商品，如原料、食品、中间产品等，以便降低生产费用，取得更大利润。

（3）区域性经济贸易集团内的价格。第二次世界大战后，成立了许多区域性的经济贸易集团，如欧盟、北美自由贸易区、中美洲共同市场等。这些经济贸易集团对内实行优惠政策，对外则保持各自的关税或实行统一的关税政策。有些经济贸易集团还形成了集团内价格，如欧盟已统一了农产品价格并建立了共同农业基金，主要用来收购过剩的农产品，或对各成员国的农产品出口给予补贴。

（4）国际商品协定下的协定价格。订立国际商品协定（International Commodity Agreements）的主要目的在于稳定价格，消除短期的、中期的价格波动。所有的国际商品协定都规定一种或数种方法来稳定商品价格。

采取出口限额稳定价格，即由生产国定限额限制出口，以调节市场供求，在需求不变时可通过减少供给以促使商品价格上涨。但在价格上涨情况下，由于出售商品能获得更多的利润，所以参加协定的成员可能会违反规定，突破限额。

缓冲库存的作用机制是当有关商品价格降到最低价格以下时，就用缓冲库存基金购进商品或扩大出口以增加市场需求，从而促进商品价格的回升；当有关商品价格超过最高限价时，则用抛售缓冲库存寻获或扩大进口的方法来平抑商品价格。但采取缓冲库存，需要占用巨额资金。在市场发生过剩、需要收购过剩商品以维持价格时，如果资金太少而不能收购足够数量的商品，则会导致价格的稳定作用减弱。

## 本章小结

1. 国际分工的萌芽阶段出现在封建社会末期和资本主义生产方式准备时期；国际分工的形成阶段与第一次产业革命和资本主义的自由竞争时期相对应；国际分工的发展阶段处于第二次产业革命和资本主义垄断时期；而第二次世界大战以后，世界的政治、经济形势发生了很大变化，促进了国际分工的不断深化。

2. 生产力水平、自然条件、人口、生产规模和市场情况等的变化导致国际分工的产生和发展。国际分工是国际贸易和世界市场的基础。

3. 国际分工是当代国际贸易发展的主动力。国际分工不仅影响国际贸易发展的速度，还对国际贸易地区分布、国际贸易地理方向、国际商品结构、国际贸易利益及对外贸易依存度产生较大的影响。

4. 地理大发现、产业革命等因素导致世界市场的产生和发展,而世界市场又是国际贸易发生的重要载体。在当代,世界市场的容量迅速扩大、竞争日益加剧,世界贸易的垄断性不断加强,世界市场呈现出新的特点。

5. 国际价值是世界市场价格变动的基础。世界市场价格的变动受价值规律支配,同时受国际供求关系、国际竞争与垄断、经济周期、国家政策等诸多因素的影响。世界市场价格的表现形式是多样的。

## 复习思考题

1. 什么是国际分工? 国际分工的发展经历了哪几个阶段?
2. 影响国际分工发生与发展的主要因素是什么? 各占什么地位?
3. 国际分工对国际贸易有什么影响?
4. 国际市场价格主要有哪几种?
5. 影响国际市场价格的因素有哪些?
6. 如何开拓国际市场?

# 第二篇　国际贸易理论

# 第 3 章

# 国际贸易理论发展综述

## 知识目标

(1) 掌握国际贸易理论发展的脉络体系；

(2) 了解国际贸易理论发展的各个阶段主要有哪些理论。

## 第一节　国际贸易理论的发展脉络及体系

16 世纪开始，在资本主义的原始积累阶段，英国经济学家托马斯·孟提出了最早的关于国际贸易的理论，即重商主义，也称贸易差额论。重商主义认为财富即金银，金银的多少是衡量一国富裕程度的唯一尺度，一切经济活动的目的即获得金银，而获得金银的主要手段就是开展国际贸易，在其中求得顺差，这样，国家就富裕；反之，一国贸易逆差，金银外流，国家就贫穷。其政策主张是国家应干预贸易，采取"奖出限入"的贸易政策，在后期也主张为最终的顺差，应允许中间的逆差，以防止对方采取同样的报复性措施而使国际贸易终止。

18 世纪末，重商主义的贸易观点受到古典经济学派的挑战。1776 年古典经济学的创始人亚当·斯密(Adam Smith)在其著作《国民财富的性质及原因的研究》中，对重商主义进行了批判，认为社会财富应以商品劳务的生产来衡量，贸易的利益应是双方的，反对政府干预，提出并详细阐述了绝对优势理论。

虽然重商主义对国际贸易做过系统研究，但是，直到斯密提出绝对优势理论之后，国际贸易理论才真正产生。国际贸易理论于 18 世纪产生，迄今已有 230 多年的历史。在这 200 多年里，国际贸易理论的发展先后经历了古典贸易理论、新古典贸易理论和新贸易理论 3 个阶段。

国际贸易理论所要回答的基本问题有 3 个方面：国际贸易产生的原因，国际贸易的结构以及国际贸易的结果。国际贸易产生的原因要说明一个国家是基于什么样的动力或者利益来参与国际贸易的，国际贸易的结构所要回答的是参与国际贸易的各个国家之间是如何确定生产结构与分工模式的，国际贸易的结果所要探讨的问题是国际贸易能否给参与国带来经济利益。

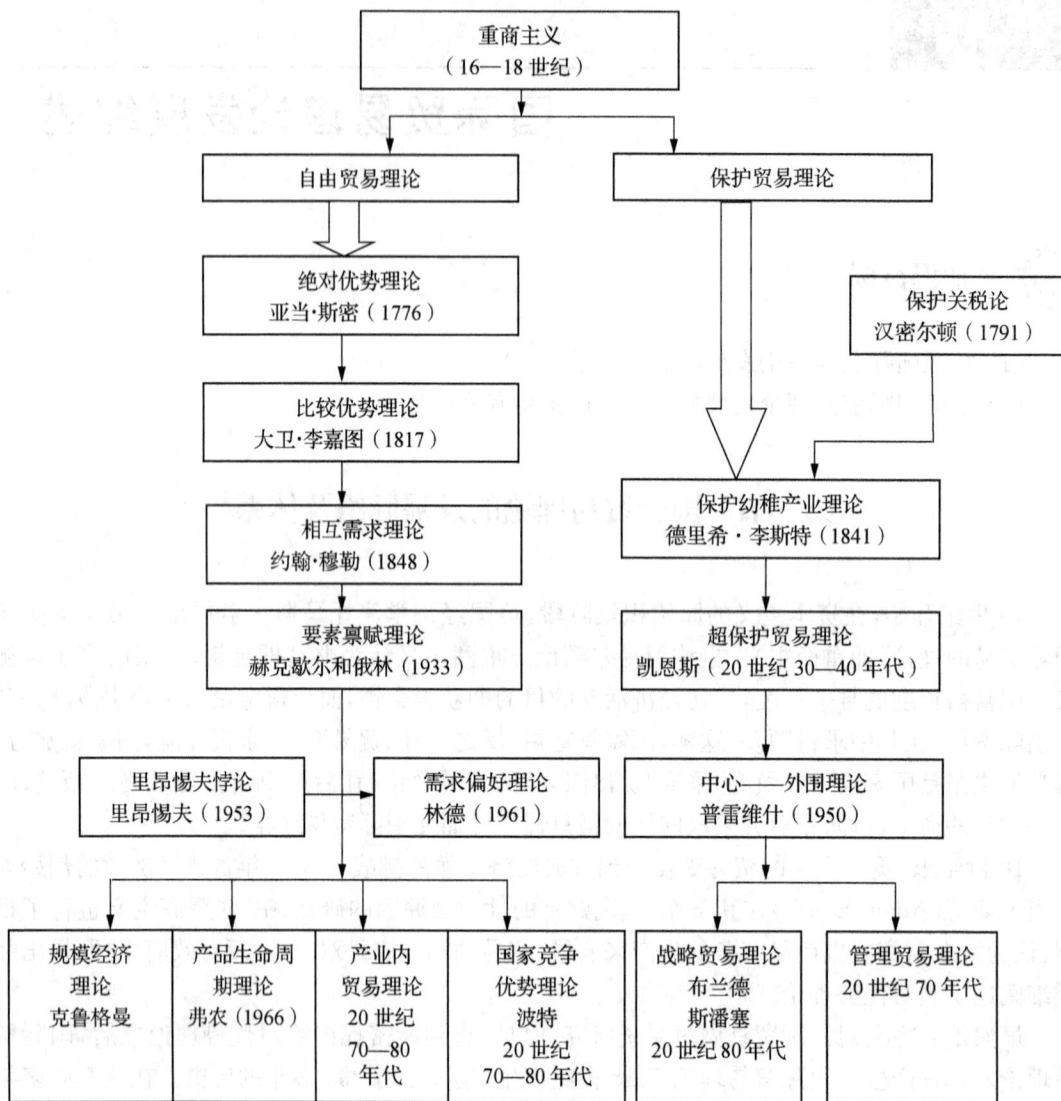

图 3-1 国际贸易理论发展框架图[①]

## 第二节 国际贸易理论综述

### 1. 古典贸易理论阶段

古典贸易理论产生于 18 世纪中叶,是在批判重商主义的基础上发展起来的,主要包括亚当·斯密的绝对优势理论和大卫·李嘉图的比较优势理论。古典贸易理论从劳动生产率的角度说明了国际贸易产生的原因、结构和利益分配。

---

① 资料来源:王秋红主编. 国际贸易学. 清华大学出版社,2010

18 世纪末,重商主义的贸易观点受到古典经济学派的挑战,亚当·斯密(Adam Smith)在生产分工理论的基础上提出了国际贸易的绝对优势理论。在《国民财富的性质和原因的研究》(《国富论》)中,斯密指出,国际贸易的基础在于各国商品之间存在劳动生产率和生产成本的绝对差异。亚当·斯密认为在国际分工中,每个国家应该专门生产自己具有绝对优势的产品,并用其中一部分交换其具有绝对劣势的产品,这样就会使各国的资源得到最有效率的利用,更好地促进分工和交换,使每个国家都获得最大利益。

鉴于绝对优势理论的局限性,大卫·李嘉图(David Ricardo)在《政治经济学及赋税原理》中继承和发展了斯密的理论。李嘉图认为国际贸易分工的基础不限于绝对成本差异,即使一国在所有产品的生产中劳动生产率都处于全面优势或全面劣势的地位,只要有利或不利的程度有所不同,该国就可以通过生产劳动生产率差异较小的产品参加国际贸易,从而获得比较利益。比较优势理论遵循"两优取其重,两劣取其轻"的原则,认为国家间技术水平的差异产生了比较成本的差异是构成国际贸易的原因,并决定着国际贸易的模式。

1841 年,德国经济学家德里希·李斯特(Friedrich List)在《政治经济学的国民体系》中提出基于国家主义的贸易保护政策理论,指出保护制度要与国家的工业发展程度相适应,又称幼稚产业保护论。与重商主义不同的是,他从保护生产力的高度把贸易和国家经济发展结合起来,形成以国家主义为基调的贸易保护理论,在实施贸易保护政策方面也更加客观实际。

### 2. 新古典贸易理论阶段

19 世纪末 20 世纪初,新古典经济学逐渐形成,在新古典经济学框架下对国际贸易进行分析的新古典贸易理论也随之产生。

1919 年,瑞典经济学家埃利·赫克歇尔(Eil F. Heckscher)提出了要素禀赋论的基本观点,从要素禀赋差异的角度探讨国际贸易产生的原因。这一论点被他的学生伯尔蒂尔·俄林(Beltil G. Ohlin)充实完善,其代表作《区域贸易和国际贸易》进一步发展了生产要素禀赋理论,因而这一理论又称为 H-O 理论。与古典贸易模型的单要素投入不同,H-O 模型以比较优势为贸易基础并有所发展,在两种或两种以上生产要素框架下分析产品的生产成本。其核心内容为:在两国技术水平相等的前提下,产生比较成本的差异有两个原因,一是两国间的要素充裕度不同,二是商品生产的要素密集度不同。各国应该集中生产并出口那些充分利用本国充裕要素的产品,以换取那些密集使用其稀缺要素的产品。这样的贸易模式使参与国的福利都得到改善。20 世纪 40 年代,保罗·萨缪尔森(Palua A. Samuelson)用数学方式演绎了 H-O 模型,指出国际贸易对各国收入差距的影响,将必然使不同国家间生产要素相对价格和绝对价格均等化,这也称为生产要素价格均等化定理或 H-O-S 定理(赫克歇尔-俄林-萨缪尔森模型)。

### 3. 新贸易理论阶段

按照 H-O 理论,美国是一个资本丰裕而劳动力相对稀缺的国家,其对外贸易结构应该是出口资本、技术密集型产品,进口劳动密集型产品。但是 20 世纪 50 年代初,美籍苏联经济学家里昂惕夫(Leontief)根据 H-O 理论,用美国 1947 年 200 个行业的统计数据对其进出口贸易结构进行验证时,结果却得出了与 H-O 理论完全相反的结论,这一难题称为里昂惕夫悖论。里昂惕夫悖论虽没有形成系统的理论观点,但它对原有国际分工和贸易理论提出了严峻的挑战,引发了对国际贸易主流思想的反思,推动了"二战"后新的国际贸易理论的诞生。第二次世界大战后,国际贸易的产品结构和地理结构出现了一系列变化。同类产品之间以及发达工业国之间的贸易量大大增加，产业领先地位不断转移，跨国公司内部化和对外直接投资兴起，这与传统比较优势理论认为的贸易只会发生在劳动生产率或资源禀赋不同的国家间的经典理论是相悖的。古典与新古典国际贸易理论都假定产品市场是完全竞争的，这与当代国际贸易的现实也不相吻合，在这样的国际环境下，新贸易理论应运而生。

### 4. 新生产要素理论

新生产要素理论赋予了生产要素除了土地、劳动和资本以外更丰富的内涵，认为它还包括技术、人力资本、研究与开发、信息、管理等新型生产要素，从新要素的角度说明国际贸易的基础和贸易格局的变化。

人力资本理论。人力资本理论以基辛（D. B. Keesing）、凯南（P. B. Kenen）、舒尔茨（T. W. Schultz）为代表，对 H-O 理论作了进一步扩展，将人力资本作为一种新的生产要素引入。通过对劳动力进行投资，提高其素质和技能，进而提升劳动生产率。人力资本充裕的国家在贸易结构和流向上，往往趋于出口人力资本或人力技能要素密集的产品。

研究与开发学说。格鲁伯（W. Gruber）、维农（R. Vernon）认为研究与开发也是一种生产要素，一个国家出口产品的国际竞争能力和该种产品中的研究与开发要素密集度之间存在着很高的正相关关系。各国研究与开发能力的大小，可以改变它在国际分工中的比较优势，进而改变国际贸易格局。

### 5. 需求偏好相似理论

1961 年林德（S. B. Linder）在《论贸易和转变》一书中提出了偏好相似理论，第一次从需求方面寻找贸易的原因。他认为，要素禀赋学说只适用于解释初级产品贸易，工业品双向贸易的发生是由相互重叠的需求决定的。偏好相似理论的基本观点有：产品出口的可能性决定于它的国内需求；两国的贸易流向、流量取决于两国需求偏好相似的程度，需求结构越相似则贸易量越大；平均收入水平是影响需求结构的最主要因素。

### 6. 动态贸易理论

动态贸易理论主要从动态角度分析国际贸易产生与发展的原因，包括技术差距理论和产品周期理论。

技术差距理论。M. V. 波斯纳（Michael V. Posner）等将技术作为一个独立的生产要素，侧重从技术进步、创新、传播和技术差异的角度分析国际分工的基础，扩展了资源禀赋论中要素的范围。

产品生命周期理论。雷蒙德·弗农（Raymond Vernon）将市场营销学中的产品生命周期理论与技术进步结合起来阐述国际贸易的形成和发展。1966 年他在《产品周期中的国际贸易与国际投资》一文中认为，产品在其生命周期的不同阶段对生产要素的需求是不同的，且发生着规律性的变化，不同国家具有的生产要素富饶程度决定了该国的产品生产阶段和出口状况。产品生命周期理论将比较优势论与资源禀赋论动态化，很好地解释了第二次世界大战后一些国家从某些产品的出口国变为进口国的现象。

### 7. 产业内贸易理论

产业内贸易理论又称差异化产品理论，它以不完全竞争市场和规模经济为前提，从差异产品和内部规模经济，以及产品特性和消费者偏好差异等角度，阐释了不同国家之间既进口又出口同一产业产品的产业内贸易现象。20 世纪 80 年代以来一些经济学家对这一问题从不同角度进行了探讨。

## 本章小结

　　国际贸易理论的发展先后经历了古典贸易理论、新古典贸易理论和新贸易理论 3 个阶段。国际贸易理论回答了国际贸易产生的原因、国际贸易的结构以及国际贸易的结果 3 个基本问题。经济学分析表明国际贸易能够给参与国带来经济利益，"使所有人的条件有所改善"。

## 复习思考题

1. 各国间为什么会发生国际贸易？国际贸易理论是从哪些方面进行解释的？
2. 国际贸易理论的发展经历了哪几个阶段？

# 第4章

## 古典国际贸易理论

**知识目标**

(1) 掌握亚当·斯密绝对优势理论产生的背景、主要内容；

(2) 掌握大卫·李嘉图比较优势理论产生的背景、主要内容，并能进行客观评价；

(3) 了解约翰·穆勒相互需求理论产生的背景、主要内容。

**能力目标**

能够运用本章所学比较优势理论和 H-O 理论分析其对中国对外贸易的指导意义。

**引导案例**

### 海关总署：中国出口比较优势正发生变化 竞争优势在削弱

　　我国外贸进出口当中的低成本比较优势不断削弱，发达国家对我国制造业的投资下降抑制了进出口。尽管当前我国出口竞争优势依然存在，但比较成本优势正在发生变化，包括劳动力、融资等经营成本持续上升，资源环境的约束加大，我国传统的产业竞争优势在削弱。例如，我国传统的劳动密集型产品在发达经济体的国际市场份额出现了下滑。2014 年的前三个季度，我国的服装、纺织品等 7 大类传统劳动密集型出口产品在美国和日本的市场份额分别下滑了 0.8 和 2.8 个百分点。与此同时，一些发达国家对我国制造业的投资降温，去年的前 11 个月，我国的制造业实际利用外资有较大幅度的下降，而我国的外贸出口约有一半是外商投资企业所创造的。制造业实际利用外资的下降，将对出口形成中期的制约。

资料来源：财经网（北京）

## 第一节　绝对优势理论

### 一、绝对优势理论产生的背景

　　绝对优势理论（Theory of Absolute Advantages）也叫绝对利益理论或绝对成本理论（Theory of absolute Cost），是由英国古典经济学家亚当·斯密在其著作《国富论》中提出的。亚当·斯密是英国古典经济学派的主要奠基人，也是国际分工理论的创始人。他是从工场手工业向机器大工业过渡时期的英国经济学家，其代表著作是《国民财富的性质和原因的研究》,简称《国富论》。18 世纪英国资本主义正处于成长时期,第一次工业革命出现,英国工场手工业有了很大发展,正在开始向机器大工业过渡。另外,随着工业革命的逐步深入,商品经济也迅速发展。18 世纪末,英国的经济力量已经超过欧洲大陆的法国、西班牙。当时的大英帝国表现出的是新技术发明不断出现,国内生产规模进一步扩大;"圈地运动"使得农民破产,农村人口不断涌向城市,城市人口倍增,资本主义的工业拥有了广大的廉价劳动力来源;工场手工业中的分工日益发达,家庭手工业相继沦为资本主义大工业的附庸;殖民地的不断开拓及海外市场的陆续扩张等。英国新兴资产阶级迫切要求扩大对外贸易,以便从国外获得所需的廉价原材料,并且为其产品寻找更大的海外市场。但是,在重商主义制度下建立的经济特许和垄断制度,阻碍了新兴资产阶级愿望的实现,为了适应时代的要求,在经济思想上需要经济自由主义。

当时,法国重农学派首先提出了"自由放任"的口号,接着,亚当·斯密于 1776 年发表了他著名的代表作《国富论》。斯密在《国富论》中,一方面猛烈抨击重商主义的经济思想,另一方面创立了自由放任的自由主义经济理论。在国际贸易理论方面,首次提出了自由贸易理论的主张,为西方国际贸易理论奠定了基础。

## 📖 小阅读

### 亚当·斯密

亚当·斯密于 1723 年诞生在苏格兰法夫那(Country Fife)的克考第(Kirkcaldy)。斯密自小博览群书,在 14 岁时就进入了格拉斯哥大学学习。他选定了人文科学的方向,在逻辑、道德哲学、教学和天文学方面都成绩斐然。1740 年,他进入了牛津大学深造,闭门苦读了 6 年。由于某些政治事件的原因,斯密不得不于 1746 年回到克考第。之后,他经常到爱丁堡讲演,内容涵盖法学、政治学、社会学和经济学。这时,斯密开始对政治经济学表现出了特殊的兴趣。

到了 18 世纪 50 年代,斯密就提出经济自由主义的基本思想。从 1751 年开始,斯密在格拉斯哥大学连续任教 12 年,先后讲授逻辑学和道德哲学(即社会科学),深受学生欢迎。在这段被他称为"一生中最幸福的时期"中,斯密参加了政治经济学俱乐部活动(被称为"俱乐部人"),而且,他每年总要到爱丁堡待上 2—3 个月,宣扬他的经济自由思想。他曾在讲演中说道:"应该让人的天性本身自然发展,并在其追求自己的目的和实施其本身计划的过程中给予他充分自由⋯⋯"

1759 年,斯密发表了他的第一部科学巨著《道德情操论》。这部著作标志着他的哲学和经济思想的形成。反封建的平等思想在他的学说中占据显著地位,他否定了宗教道德和"天赋道德情操论",而代之以另一种抽象原则——"同情心"。在《道德情操论》创作过程中,内在的兴趣和时代的需要(发展格拉斯哥工商业)使斯密沉湎于政治经济学的研究中。在 1762—1763 年的讲稿中,他提出了一系列出色的唯物主义思想,在讲稿的经济学部分中,已出现了在《国富论》中得到发展的思想萌芽。

1765—1766 年在法国巴黎期间,斯密批判性地借鉴重农主义学派,沿着英国传统的道路,在劳动价值论的基础上创立了自己的经济理论。同法国唯物主义伦理学的重要代表爱尔维修结识后,斯密又将其关于新伦理的思想用于政治经济学,创造了关于人的本性和人与社会相互关系的概念,这成为古典学派观点的基础。斯密通过"经济人"这一概念,提出了一个具有重大理论意义和实际意义的问题：关于人的经济活动的动因和动力问题。而"看不见的手"这一提法指出了客观经济规律的自发作用。斯密又把利己主义和经济发展自发规律相结合，提出了自然秩序这一概念。这是他放任主义政策的原则和目的。当他最后写作《国富论》之时，竞争和自由已成为他的经济学的基石，作为一条主线贯穿于整部《国富论》中。

1767 年春，斯密回到克考第开始写作。1776 年 3 月，《国民财富的性质和原因的研究》（即《国富论》）在伦敦出版，并被翻译成多种语言文字。斯密在著作中坚定地提出经济自由主义，重新定义了价值、劳动分工、生产过程、自由贸易、制度发展、天赋人权、政府的作用和资本的作用。书中提出的尖锐的社会、政治问题很快引起了广大读者的注意。斯密将其渊博的学问、深刻的洞察力和别具一格的幽默贯穿于这部著作中。《国富论》无疑是政治经济学史上最引人入胜的著作之一。当时一位有名的学者指出，这不仅是一篇经济专题论文，而且是"一本描述时代的非常有趣的书"。

斯密成名后，曾在海关工作，但大部分时间还是致力于精炼、修改他的这部著作。1790 年 7 月，斯密逝世于爱丁堡，享年 68 岁。

资料来源：《新帕尔格雷夫经济学大辞典》第 4 卷，经济科学出版社 1992 年版，第 384 - 404 页。

## 二、绝对优势理论的基本假设

在研究国际贸易时，经济学家常常将许多不存在直接关系和并不重要的变量假设为不变，并将不直接影响分析的其他条件尽可能地简化。绝对成本理论的基本假设主要有以下几项：

1. 世界上有两个国家，两个国家只生产两种可贸易产品。
2. 两种产品的生产都只有一种要素投入——劳动。
3. 两国在不同产品上的生产技术不同，存在着劳动生产率上的绝对差异。
4. 两国的生产要素（劳动）可以在国内不同部门间流动，但不能在国家之间流动。
5. 规模报酬不变。
6. 完全竞争市场。
7. 无运输成本。
8. 两国之间的贸易是平衡的。

## 三、绝对优势理论的基本内容

### （一）亚当·斯密对重商主义的批评

亚当·斯密并非提出自由贸易的第一人，在他之前，配第（W. Petty）、巴本（N. Barbon）、诺思（D. North）、休谟（D. Hume）等已有关于自由贸易的言论，他们的言论可被视为自由贸易理论的萌芽。但在亚当·斯密之前并无系统的关于自由贸易的理论，均为针对重商主义贸易保护而提出的一些要求贸易自由的政策主张，只有到了亚当·斯密，一种系统的自由贸易理论才在古典经济学的基础上建立起来。

亚当·斯密在《国富论》中，对重商主义进行了全面的理论清算，并在此基础上建立起了古典国际贸易理论的基本框架。亚当·斯密对重商主义的批评主要包括以下几个方面：

1. 对重商主义财富观的批评

亚当·斯密首先批评了重商主义将金银等贵金属同财富等同起来的错误财富观,认为"一个国家的财富并不仅仅由黄金和白银构成,还应该包括该国拥有的土地、房产和各种可供消费的商品"。开展海外贸易固然可以获得黄金和白银,但海外贸易更具意义的作用在于开拓国际市场,增强本国的生产能力,增加商品生产,进而增加"一个国家拥有的真正的财富"。由此可见,亚当·斯密已经正确地认识到了商品与货币的关系,其实就是一国所掌握的与别国交换商品的能力。

2. 对重商主义借贸易顺差聚敛财富观点的批评

亚当·斯密依据大卫·休谟提出的"硬币流量调整机制"的原理,批评重商主义者希望通过持续的贸易顺差聚敛金银财富的企图是一厢情愿、徒劳无益的。建立在货币数量论基础上的"硬币流量调整机制"认为,一国商品交换中,商品的一般价格水平恰为该国金银货币的存量同商品总量的比值。据此可以看到,倘若重商主义者真能如愿以偿地从海外贸易中取得大量金银,在社会商品总量不变的前提下,势必引起本国物价上涨。本国商品将丧失同外国商品竞争的价格优势。不仅本国的贸易顺差难以为继,还必须对外支付金银货币以弥补随之而来的贸易入超。

3. 对重商主义"零和游戏"规则的批评

亚当·斯密指责重商主义大力倡导的"零和游戏"是不能成立的。因为按照"天赋权力"的主张,各国都有权通过海外贸易获取利益。但若真是如此,"一国于贸易之所得,恰为他国于贸易之所失"的"零和游戏"规则就必须改一改了。其实说到底,重商主义的贸易理论根本就无所谓互利互惠可言,只是体现着重商主义者极端利己主义的心态。诚如斯密所批评的那样,"重商主义最为强调的与其说是财富,还不如说是强权"。贸易的真正经济基础只能是某种普遍的贸易利益,即"只要各国按照拥有的特定优势开展贸易,则双方通过这种自愿基础上的贸易,都能从中获取贸易利益"。正是因为"一国具有这种优势,另一国无此优势,后者向前者购买,总比自己制造有利",才使各国都普遍具备了参与国际贸易的动因。

4. 对重商主义贸易政策的批评

从"自由放任"的经济思想出发,亚当·斯密严厉批评了重商主义的保护贸易政策。大力倡导自由贸易,主张政府应该减少直至放弃对对外贸易的垄断与管制。因为在斯密看来,即便是在国际贸易领域中,那只神奇的"看不见的手"依然在冥冥中支配着人们的经济行为,对于如何通过对外贸易实现自身的经济利益,"每一个人从其所处的地位出发所能做出的判断,显然比任何政治家或法典制定者为他们做出的判断要高明得多"。政府只有改弦易辙,推行自由贸易的政策,才能加快本国生产与对外贸易的发展,并从中获取最大的贸易利益。

## (二) 绝对优势理论

在批评重商主义的同时,亚当·斯密提出了自己的国际贸易理论。绝对优势理论是亚当·斯密主张自由贸易的理论依据,在该理论的论述中,他提出了以下几个观点:

1. 绝对优势是国际分工和贸易的基础

亚当·斯密的绝对优势理论认为,国际贸易和国际分工的原因和基础是各国间存在的劳动生产率和生产成本的绝对差异。由于各国自然禀赋优势或获得性优势不同,生产同种商品中会有不同的劳动生产率,使一国生产某种商品的生产效率绝对高于或劳动成本绝对低于他国,各国生产具有绝对优势商品并进行交换,不仅会提高劳动生产效率,增加社会财富,而且对双方都有利。因此,斯密这个理论也称为绝对成本理论。

所谓绝对优势是指一国生产某种商品的劳动生产效率绝对高,从而劳动成本绝对低。在古典时期劳动被视为唯一的生产要素,劳动生产率的差异决定了生产成本的高低,而生产成本的高低又决定了价格差异。因此,绝对优势的衡量可从劳动生产率、生产成本和价格三方面着手。

亚当·斯密认为,每一个国家都有其适宜生产某些特定产品的绝对有利的生产条件,因而生产这些产品的成本绝对地低于他国。一般说,一国的绝对成本优势来源于两个方面:一是自然禀赋的优势。所谓自然禀赋的优势,指一国固有的自然条件以及各国的地理环境、土地、气候等,这是天赋的优势;自然条件决定了哪个国家最适宜生产什么。因此,亚当·斯密的分工理论也被叫作"地域分工理论"。二是获得性优势,是指通过接受教育与训练及生产实践等后天的活动获得的优势。一国如果拥有其中的一种优势,那么这个国家某种商品的劳动生产率就会绝对地高于他国,生产成本就会绝对地低于他国。

2. 绝对优势与贸易结构

绝对优势理论的贸易结构是分工生产并出口具有绝对优势的产品,不生产并进口具有绝对劣势的产品。

一个国家的贸易结构取决于自身拥有的生产某种产品的绝对优势,如果本国在食物生产上拥有绝对优势,在服装生产上具有绝对劣势,那么,它可以完全专业化于食品的生产,并向另一国出口食物、进口服装,以满足国民消费的需要。同时,另一国在服装生产上拥有绝对优势,那么,它可以完全专业化生产并出口服装、进口食品,以满足国民的消费需求。

3. 绝对优势与贸易利益

贸易利益是指一国或地区参加国际贸易而获得的经济利益,包括产出水平和社会福利水平的提高等,是资源在生产领域的更有效配置所得。绝对优势理论认为,如果各国按绝对优势进行生产和交换,贸易的结果是各国都能获益。

亚当·斯密认为,分工和贸易能提高劳动生产率,增加国民财富,其理由有三个:① 分工和专业化使劳动者的生产技巧不断提高。② 分工避免了在不同工作之间进行转移而造成的时间损失。③ 分工使专门从事某项作业的劳动者比较容易改良工具和发明器械。他以制针为例,指出在没有分工的情况下,由于制针需 18 种工序,让一个人去做每天最多生产 20 根针,甚至可能一根也做不出来;而分工后,每人每天最多可生产 4 800 根针,可见分工使劳动生产率提高了将近 240 倍。至于分工产生的原因,亚当·斯密认为是由交换引起的。人们为了追求个人利益,就要生产产品进行交换,由于个人所擅长的领域不同,就导致了分工的出现。

由于分工可以极大地提高劳动生产率,所以亚当·斯密认为,每个人都应该专门从事他最具有优势的产品的生产,然后再用这种产品和他人交换其他物品,这样对每个人都是最有利的。

亚当·斯密采用由个人和家庭推及整个国家的办法,论证了国际分工的合理性。他说,如果一件东西在购买时所花费的代价比家内生产时要小,就永远不会想在家内生产,这是每一位精明的家长都知道的格言。这种不同的个人之间的分工原则在不同的国家之间也是同样适用的。如果从其他国家购买一种商品所花的成本比在国内生产该产品的耗费要低,那么本国就不应该生产这种商品,而应当大量生产自己最具有优势的商品以换取货币,然后再购买这种商品,这样就比自己生产要便宜得多。亚当·斯密的分工理论是其主张自由贸易政策的理论基础。

亚当·斯密提出了剩余产品出口理论,即认为国际贸易是通过扩大市场规模为一国的过剩产品提供了出路。他假定一国在开展国际贸易之前存在着闲置的土地和劳动力,生产能力没有得到充分发挥,如果这些生产能力被充分利用的话,国内的产品就必然会发生剩余。而国际贸易正好给这种过剩的生产能力找到了出路,这些多余的资源可以用来生产剩余产品以供出口。这样,出口减少了国内的浪费和闲置,提高了国内的储蓄和投资,从而促进了经济增长。

### 4. 主张自由贸易政策

基于国际分工和贸易能给各国带来利益,亚当·斯密反对国家干预经济,主张自由贸易,认为自由贸易能够促进生产的发展和产量的增加。他认为,市场机制像一只"看不见的手"一样,能够自动调节人们通过自由贸易实现最大的贸易利益。各国只有在自由贸易与自由竞争的机制下,更加合理地利用本国生产优势进行国际分工,才能够使世界经济不断发展,并使各国在贸易中获益。

当然,说亚当·斯密是一个自由贸易论者,并不是说他反对任何形式的贸易保护。例如,他认为在下述两种情况下国家就可以适当地征收关税:一是为了保卫国家、保护国内某些民族工业;二是假如对某些国内生产的工业产品课征赋税,就应当对同类进口商品征收同等数量的关税,从而使彼此的负担相当,以体现公平竞争的原则。他认为高关税比低关税危害大,出口税比进口税危害大,对于出口商品应给予津贴和退税以奖励出口。另外,亚当·斯密认为,自由贸易是一种常态,如果一个国家长期实行贸易保护政策,当它开始实行自由贸易政策时就应当允许它有一个过渡期,要逐步地减小保护措施以进入正常状态,尽量减轻这一变化给经济正常发展带来的冲击等不利影响,否则有可能会造成工人失业和企业倒闭。

## 四、绝对优势理论的基本模型

下面利用两个国家、两种产品的贸易模型来说明亚当·斯密的绝对优势理论。假设:进行贸易的两个国家是美国、英国;两国都生产的两种产品是小麦、布匹。

1. 分工前,两国两种产品的生产情况如表 4-1 所示。

表 4-1　分工前两国两种产品的生产情况

| 国别 | 小麦 | | 布匹 | |
|---|---|---|---|---|
| | 劳动时间(天) | 产量(吨) | 劳动时间(天) | 产量(匹) |
| 美国 | 100 | 120 | 100 | 100 |
| 英国 | 150 | 120 | 50 | 100 |

表 4-1 显示,在国际分工发生以前,英美两国所使用的劳动时间各为 200 天,总数为 400天。两国小麦的总产量为 240 吨、布为 200 匹。

2. 按照绝对优势分工原则,两国进行劳动分工,美国专门生产小麦(美国在生产小麦方面具有绝对优势),英国生产布匹(英国在生产布匹方面具有绝对优势)。分工后两国的两种产品的生产情况如表 4-2 所示。

表 4-2　分工后的产品生产情况

| 国别 | 小麦 | | 布匹 | |
|---|---|---|---|---|
| | 劳动时间(天) | 产量(吨) | 劳动时间(天) | 产量(匹) |
| 美国 | 200 | 240 | | |
| 英国 | | | 200 | 400 |

表 4-2 显示,在国际分工发生以后,这两个国家所耗费的劳动时间仍为 200 天,小麦的总产量仍为 240 吨,但布匹的总产量增加到 400 匹,比过去增加了 200 匹。这就是国际分工的利益所在。

3. 在国际分工的基础上,两国实行自由贸易,美国以 120 吨小麦(100 天劳动)交换英国 200 匹布(100 天劳动),双方均获利。国际贸易前后的消费情况如表 4-3 所示。

表 4-3　贸易前后两国的消费情况

| 项目 | 美国 | | 英国 | |
|---|---|---|---|---|
| | 分工前 | 分工后 | 分工前 | 分工后 |
| 小麦(吨) | 120 | 120 | 120 | 120 |
| 布匹(匹) | 100 | 200 | 100 | 200 |

表 4-3 显示,国际分工和贸易发生前,美国国内的消费情况是 120 吨小麦和 100 匹布,国际分工和贸易发生后,美国国内的消费情况是 120 吨小麦和 200 匹布,比分工前多了 100 匹布;同样,英国国际分工前和国际分工后相比,也多消费了 100 匹布。这就是分工和贸易的好处。

## 五、对绝对优势理论的评价

### (一)绝对优势理论的贡献

亚当·斯密关于国际分工和国际贸易利益的分析基本上是正确的,而且第一次运用劳动价值论说明国际贸易的基础和利益所在,为科学的国际贸易理论的建立提供了一个良好的开端。亚当·斯密的绝对优势理论解释了产生贸易的部分原因,也首次论证了贸易双方都可以从国际分工与交换中获得利益的思想。国际贸易可以是一个"双赢"的局面,而不是一个"零和游戏"。亚当·斯密理论在 18 世纪英国当时的条件下,是有进步意义的。他的国际分工学说在今天,仍然具有重大的现实意义。

### (二)绝对优势理论的局限性

亚当·斯密的绝对优势理论的确描绘了一幅自由贸易的动人画卷,斯密的贸易理论,是在未作论证的情况下,假定国际贸易要求出口商品的生产具有绝对利益,那就是说,生产出口商品的产业用一定量的资本和劳动必须能生产出比任何一个对手都多的产品。斯密的那个"未作论证情况下的假定"就是著名的"斯密假定"(Adam smith's Assumption)。根据斯密假定,如果某个国家连一个具有绝对优势的产品都没有,处于全面的绝对劣势(Absolute Disadvantages),这个国家是否会在外界有力的竞争压力下被迫与世隔绝? 在这种情况下是否还应该进行贸易? 如果还进行贸易,是否存在普遍的贸易利益? 各国是否还应该坚持自由贸易的政策取向? 这样一系列尖锐的理论问题和实践问题都不能从亚当·斯密的绝对优势贸易理论中求得答案。

由此可见,亚当·斯密的贸易理论还只局限于对国际贸易实践中的某个特例展开的研究,带有极大的局限性,还不是一种具有普遍指导意义的贸易理论。

## 第二节　比较优势理论

### 一、比较优势理论产生的背景

大卫·李嘉图是英国著名的经济学家。李嘉图所处的时代,正好是英国资本主义原始积累完成、以机器生产逐步替代手工生产为标志的第一次产业革命的时代。这时,英国顺利完成由农业国向工业国的转型,并成为世界第一经济强国。

18 世纪 60 年代,英国完成工业革命后,生产力得以迅猛发展,很快成为了"世界工厂",需要进口大量的原材料并出口工业制成品。资产阶级地位也得到了不断巩固,但同地主阶级的利益冲突也日益激烈。1815 年,英国政府颁布了旨在维护地主阶级利益的《谷物法》。《谷物法》制定了高得惊人的谷物"法定价格",规定当国内谷物价格跌至"法定价格"以下时,禁止从国外进口谷物。昂贵的粮价增加了工业成本,提高了英国国内居民的买粮支出而减少了对于工业品的购买,而且使外国的粮食不能进入英国。各国也对从英国进口的工业制成品征收高额的关税,使英国工业品出口受阻。英国工业资产阶级的利益受到了严重损害。英国工业资产阶级和地主阶级围绕《谷物法》的存废问题,展开了激烈的斗争。工业资产阶级迫切需要从理论上论证废除《谷物法》的必要性和实行自由贸易的优越性。李嘉图的比较优势理论便在这一背景下应运而生了。

李嘉图作为工业资产阶级的代言人,以比较优势理论为武器,反对英国政府颁布的《谷物法》。比较优势理论最早是由托伦斯在他 1815 年出版的《论对外谷物贸易》一书中提出来的。李嘉图在 1817 年出版的《政治经济学及赋税原理》这本影响广泛的名著中,充分阐述了这个理论,并使其成为国际贸易理论的基础。

📖 小阅读

#### 大卫·李嘉图

大卫·李嘉图( David Ricardo,1772—1823 年)是古典政治经济学理论的完成者,古典学派的最后一名代表。他出生于伦敦一个犹太人家庭,14 岁时开始经商,后来,因为和一名异教徒结婚,被父亲赶出家门。他在伦敦交易所从事投机活动,26 岁时已经成为英国金融界的富有人物。此后,他开始进行科学研究,对数学、物理、化学和地质学都非常感兴趣。不久,他又对政治经济学发生了浓厚兴趣,钻研了《国富论》。1810—1820 年,是李嘉图最富有成就的时期。头5年，出版了《黄金的高价》等许多重要著作，对货币进行了深入研究，成为一名权威的货币理论家。后5年，集中精力写《政治经济学及赋税原理》一书，这本书成为他的代表作。1817年，该书出版，逐渐为人们认可，成为畅销书，曾多次再版。1819年成为国会议员，积极参加政治活动，要求实行选举改革.主张言论、结社和集会自由，反对宗教专制。1823年，因患耳炎突然病逝。李嘉图发展和完善了古典政治经济学，他的主要贡献是为价值学说和分配学说奠定了科学基础。他的学说代表了上升中的工业资产阶级的利益。例如，他提出了级差地租理论，认为不同的地方，由于发展水平、土地资源状况的不同，地租存在着差异，因此，应该进口谷物。他承认，资本主义生产关系是建立在各个阶级的利益互相对立的基础上的，但是，他坚持认为资本家和工人的对立从属于资本家和地主的对立。他还重视比较成本，他认为商业完全自由的制度下，各国必然把它的资本和劳动用在最有利本国的用途上。所以，因为英国的工业最发达，发展工业的比较成本最便宜，就应当发展工业；而其他农业国家只能发展农业，为英国等工业国家提供食物和市场。

资料来源：李蓉，《西方经济学说史》，南京大学出版社，2004年版

## 二、比较优势理论的基本假设

经济学家在进行经济分析时，通常需要通过一些假设条件使问题简化。李嘉图及其追随者们关于比较优势的分析使用隐含了以下假设，这些假设与绝对优势理论的基本假设基本相同。

1. 假定世界上只有两个国家，生产两种产品。这种分析方法被称为2（两个国家）×2（两种产品）模型。

2. 只有劳动一种要素，所有的劳动是同质的（homogeneous），没有熟练劳动和非熟练劳动的区别。

3. 生产成本不变。单位产品成本不因产量增加而增加，总是和生产单位产品所使用的劳动量成比例。

4. 运输成本为零。即不考虑运输、进入市场的费用。

5. 没有技术进步。这意味着技术水平是给定的、不变的，从而经济是静态的。

6. 物物交换。目的在于排除货币和汇率因素的影响。

7. 完全竞争市场。生产要素在国内自由流动，在国际间不能自由移动。

8. 生产要素始终处于充分就业。即没有闲置的资源，劳动力作为唯一生产要素得到充分利用。而且它们在国内是完全流动的，但在国际间则是完全不能流动的。

9. 国民收入分配不变。即贸易不影响一国国民的相对收入水平，这样有助于说明贸易对整个世界和对每一个个人都是有利的，可以直接衡量贸易利益。

## 三、比较优势理论的基本内容

### （一）比较优势理论的分工原则

大卫·李嘉图在其著作《政治经济学及赋税原理》中提出了比较优势理论，这是在亚当·斯密绝对优势理论基础上发展起来的。其分工原则是："两优相权取其重，两劣相权取

其轻"。比如,两国生产两种相同的产品,一国的成本均高于另一国,但高出程度不同,此时,两国仍可进行分工:成本均低的国家生产成本最低的商品,而成本均高的国家生产成本次高的商品。据此分工,在资本、劳动力总数不变的条件下,可使产品增加。两国通过交换,可均获其利,节约社会劳动。为此,他主张实行自由贸易政策。

### (二)比较优势理论的基本观点

亚当·斯密认为国际分工应按由于地域、自然条件不同形成的商品成本绝对差异而形成分工,即一个国家输出的商品一定是生产上具有绝对优势、生产成本绝对低于他国的商品。李嘉图发展了这个观点,他认为在国际分工—国际贸易中起决定作用的,不是绝对优势,而是比较优势(比较成本),并且把比较优势理论作为国际分工的理论基础。他还认为每个国家不一定要生产各种商品,而应集中力量生产那些利益较大或不利较小的商品,然后通过对外贸易交换,在资本和劳动力不变的情况下,生产总量将增加。如此形成的国际分工对贸易各国都有利。

比较优势的基本思想是,即使一国与外国相比,所有产品在生产上都存在劣势,但是仍然可以按照"两优取重,两劣取轻"的原则进行分工,生产并出口本国优势较大或劣势较小的产品,进口优势较小或劣势较大的产品,其结果会在资本与劳动力不变的情况下增加产出总量,使贸易各国均获其利。

## 四、比较优势理论的模型

作为古典政治经济学的重要人物,李嘉图与斯密一样主张自由贸易,认为国际贸易对所有的参与国都是有利的,因此,政府应该采取支持自由贸易政策或不干预的对外贸易政策。不过,李嘉图不是重复斯密关于自由贸易的好处,而是提出了更加系统的自由贸易理论。在斯密的理论中,鞋匠有制鞋的绝对优势,裁缝有做衣服的绝对优势,两者的分工比较明确。但假如两个人都能制鞋和做衣服,而其中一个人在两种职业上都比另一个人强,那么应该怎样分工呢?李嘉图对此做了举例说明。他假设有两个人都能制鞋和帽,其中一个人在两种职业上都比另一个人强一些,不过此人在制帽时只比另一个人强20%,而在制鞋时则强33%,此时该如何分工呢?李嘉图认为,两项都较强的人专门制鞋,而两项都较差的人专门制帽,这样对双方都有利。接着,李嘉图从个人推及到国家,举了一个现在已经成为经典的例子来说明他的国际分工与贸易观点。

李嘉图假定英国和葡萄牙都生产呢绒和葡萄酒,英国的情形是生产一单位呢绒需要100人一年的劳动;而如果要酿制一单位葡萄酒则需要120人劳动同样长的时间。因此,英国发现对自己有利的办法是输出呢绒以输入葡萄酒。葡萄牙生产一单位葡萄酒可能只需要80人劳动一年,而生产一单位呢绒却需要90人劳动一年。因此,对葡萄牙来说,输出葡萄酒以交换呢绒是有利的。虽然葡萄牙能够以90人的劳动生产呢绒,但它宁可从一个需要100人的劳动生产呢绒的国家输入。因为对葡萄牙来说,与其挪用种植葡萄的一部分资本去生产呢绒,还不如用这些资本来生产葡萄酒,因为由此可以从英国换得更多的呢绒。

李嘉图认为,在资本与劳动力在国际间不能自由流动的情况下,按照比较优势理论的原则进行国际分工,可使劳动配置更加合理,可增加生产总额,对贸易各国均有利,但其前提必须是完全的自由贸易。英国和葡萄牙生产一单位呢绒和葡萄酒所需的劳动量如表

4-4 所示。

**表 4-4 英、葡分工前生产一单位酒和呢绒所需的劳动量**　　　　　　　　人/年

| 国别 | 呢绒 | 葡萄酒 |
|---|---|---|
| 葡萄牙 | 90 | 80 |
| 英国 | 100 | 120 |

按照斯密的绝对优势理论,在上述情况下,英、葡两国之间不会发生贸易。这是因为葡萄牙生产两种产品的成本耗费都比英国少,即它在这两种商品的生产方面都具有绝对优势;英国则相反,它不能提供任何一种可以比葡萄牙更便宜的产品。但是,李嘉图认为,即使在上述情况下,两国之间仍然能够进行对双方有利的贸易活动。

李嘉图认为,对葡萄牙来说,与其用 90 天生产一单位的呢绒,不如用 80 天生产一单位的酒去交换英国的一单位的呢绒,因为能节约 10 天劳动时间,如果把这 10 天也用来生产酒,一定得到更多的酒;而对英国来说,与其用 120 天时间生产一单位酒,还不如用 100 天劳动时间生产一单位呢绒去交换葡萄牙的一单位的酒,这样可以节省劳动时间 20 天,如果把这 20 天用于生产呢绒,一定得到更多的呢绒。

李嘉图首先计算了两个国家生产两种产品的劳动成本比例,结果表明,对于葡萄牙来说,呢绒的劳动成本比例为 90/100 =0.9;酒的劳动成本比例为 80/120 =0.67。也就是说,葡萄牙两种产品成本都比英国低,呢绒成本为英国的 0.9,酒的成本为英国的 0.67,两相比较,酒的成本相对于英国更低,因而优势更大。对英国来说,其在两种产品的生产成本上都比葡萄牙高,呢绒的劳动成本比例为 100/90=1.1,酒的劳动成本比例为 120/80 = 1.5,两相比较,呢绒的生产成本相对低一些,因而具有相对优势。

接着,李嘉图根据"两优取其重,两劣取其轻"的分工原则指出,葡萄牙应分工生产酒,英国应分工生产呢绒,这样,两国都能从国际分工中获得好处。分工后两国的生产情况如表4-5所示。

**表 4-5 英、葡分工后两种产品的产量**　　　　　　　　单位

| 国别 | 呢绒 | 葡萄酒 |
|---|---|---|
| 葡萄牙 |  | (80+90)/80=2.125 |
| 英国 | (100+120)/100=2.2 |  |

由表 4-5 可见,分工后,英国专门生产呢绒,即把生产酒的时间也用来生产呢绒,共生产了 2.2 单位;葡萄牙专门生产酒,共生产了 2.125 单位。可见,产品总量比分工前增加了,呢绒增加了 0.2 单位,酒增加了 0.125 单位。尽管两国总的劳动量投入没有增加,但是由于实行国际分工,世界总产出增加了,这再一次证明了分工对于提高劳动生产率的作用。

最后,李嘉图还指出,国际贸易可以使分工导致的产量的增加转变为各国消费水平的提高,当然这还取决于交易条件。按照李嘉图的假定,两种商品的国际交换比例为1:1。据此,如果葡萄牙以 1.1 单位的酒与英国 1.1 单位的呢绒相交换,那么两国国内消费量的变化情况如表4-6所示。

表 4 - 6　英、葡相互交换后拥有的产品数量　　　　　　　　　　单位

| 国别 | 呢绒 | 葡萄酒 |
|---|---|---|
| 葡萄牙 | 1.1 | $2.125-1.1=1.025$ |
| 英国 | $2.2-1.1=1.1$ | 1.1 |

由表 4 - 6 可以看出,两国在交换后,英国得到 1.1 单位呢绒和 1.1 单位酒,葡萄牙得到 1.1 单位呢绒和 1.025 单位酒,两国两种产品的消费量都比分工前的消费量增加了。可见,按照"两优取重,两劣取轻"的原则分工和交换,对两国都是有利的。

### 五、对比较优势理论的评价

#### (一)比较优势理论的贡献

1. 比较优势理论在历史上起过进步作用。它为自由贸易政策提供了理论基础,推动了当时英国资本积累和生产力的发展。在这个理论影响下,1846 年,英国废除了《谷物法》。这是 19 世纪英国自由贸易政策所取得的最伟大的胜利。因此,比较优势理论在 19 世纪加速社会经济发展方面所起的作用是不容置疑的。

2. 李嘉图的比较优势理论较圆满地解决了开展国际贸易的一般基础,比斯密的绝对优势理论更具普遍意义。李嘉图认为,即便一国在两种商品生产上均处于绝对劣势,另一国在两种商品生产上均处于绝对优势,两国间仍可开展国际分工和国际贸易,并且双方都能从中获得利益。这说明,不仅发达国家之间可以进行自由贸易,发达国家与欠发达国家之间也可以进行自由贸易。

#### (二)比较优势理论的不足

1. 比较优势理论的假设前提过于苛刻,不符合国际贸易的实际情况。

2. 比较优势理论不能解释当今主要发生在发达国家之间的国际贸易。

3. 按照比较优势理论,在自由贸易条件下,贸易双方都可获利。所有国家都应积极实行自由贸易,但实际中,各国都在不同程度实行保护主义。

4. 比较优势理论的分析方法属静态分析。李嘉图提出了诸多假设作为其论述的前提条件,从而把多变的经济状况抽象成静止的状态,与现实有一定的差距。

5. 比较优势理论未能揭示出国际商品交换所依据的规律,即价值规律的国际内容。认为等量劳动相交换的原则在国家间贸易时行不通,对商品的交换比例,即国际贸易理论中的"贸易条件"问题也缺乏研究。

## 第三节　相互需求理论

### 一、相互需求理论产生的背景

约翰·斯图亚特·穆勒是英国经济学界的重要人物,李嘉图的追随者,也有人称他是"最后一个古典主义者"。1848 年,他出版了其代表作《政治经济学原理》。在这本书中,他论述了

他的"相互需求理论"(或如其自称的"相互需求方程式")。

相互需求理论的产生是与当时英国资产阶级争取自由贸易运动相联系的,是对李嘉图比较优势理论的补充和发展。亚当·斯密的国际贸易理论批判了重商主义的理论谬误,揭示了贸易天生的互利互惠性质,第一次将贸易理论建立在了科学的基础之上。大卫·李嘉图成功跳出了"斯密假定"的陷阱,论证了参加国际贸易的国家以具有相对优势的产品进行交换,各方都会获得贸易利益。但无论是斯密还是李嘉图都没有解决贸易双方利益的具体分配问题,特别是没有解决进出口商品交换比例应如何确定的问题。

李嘉图逝世后,英国经济学界展开了一场关于关税报复问题的辩论。拥护自由贸易的R.托伦斯在论战中提出,国际交换条件(指国际价值)并不决定于生产成本,而决定于供求原理。约翰·穆勒在R.托伦斯观点的基础上,针对李嘉图留下的这种贸易利益划分问题,创立了相互需求理论,从而补充和发展了比较优势理论。

## 📖 小阅读

### 约翰·穆勒

约翰·穆勒(John Stuart Mill,1806—1873),1806年5月出生于伦敦的彭顿维尔,英国著名改良主义经济学家,李嘉图国际贸易学说的著述者与补充者,是历史学家、经济学学家詹姆斯·穆勒(James Mill,1773—1836)之子。穆勒是其父在弗期西斯·普莱斯(Francis Place)和耶利米·边沁(Jeremy Bentham)的指点和帮助下成长起来的,从孩提时期其父即授以严格教育,3岁学希腊文,8岁习拉丁文。在少年时代已熟读大量哲学、社会科学、自然科学名著。13岁时已完成相当于大学的学业,并开始攻读政治经济学。13岁时,在父亲的指导下,他开始阅读李嘉图的《政治经济学及赋税原理》和亚当·斯密的《国富论》。其父与李嘉图交往甚密,小穆勒常到李嘉图家当面受教。1820年14岁时去法国,颇受萨伊(Say Jean - Baptiste,1767—1832)和圣西门(Claude Henride Saint Simon,1760—1825)的影响。

1823年在其父供职的东印度公司任低级职员,他在那里工作36年,直到1958年英国政府最终接管印度政府为止。早在1824年即为《威斯敏斯特评论》撰稿人,《伦敦评论》主编。1865—1868年期间任威斯敏斯特区的国会议员。1844年出版《政治经济学中若干未解决的问题》,1848年出版《政治经济学原理》,还出版过《论自由》、《逻辑体系》等书,也是著名哲学家。1873年在阿维尼翁去世。

资料来源:约翰·伊特韦尔,默里·米尔盖特,彼得·纽曼,《新帕尔格雷夫经济学大辞典》(第三卷),经济科学出版社1996年版,第500-510页

## 二、相互需求理论的内容

### (一)穆勒的相互需求理论的基本内容

穆勒认为国际贸易可以带来巨大的贸易利益,包括直接利益和间接利益。直接利益在于利用国际分工以实现资源的最合理使用和输入本国进行生产所必需的短缺原材料或机器设备。对外通商在经济上和道德上的间接利益要比直接利益更大。一方面是国际贸易扩大了一

国的市场范围,实现更广泛的分工以及享受世界技术进步的成果,从而提高劳动生产率,并且可以促进新的经济理念的形成;另一方面是国际贸易可以传播文化知识、思维方式来促进经济发展,营造一个和平的国际环境,为各国经济发展提供一个良好的外部条件。

穆勒完全赞成李嘉图的比较优势理论,认为"有些商品自己是完全可以生产出来的,为什么也要进口呢? 这是因为从国外进口比自己生产便宜"。正是基于这样一个"真正的原因","尽管英国同波兰相比在毛呢和玉米生产上都具有优势,英国还是应该用它生产的毛呢交换波兰的玉米;尽管葡萄牙同英国相比可以用较少的劳动与资本生产棉花,英国还是应该用它的棉花交换葡萄牙的葡萄酒"。各国"进口其优势最小的商品可以使他们把更多的资本和劳动用于生产其优势最大的商品"。

与亚当·斯密和大卫·李嘉图强调供给对于贸易的作用不同,约翰·穆勒对需求在对外贸易中的作用给予了充分关注。

穆勒认为,一个国家可以从国际贸易中获得两大利益:第一,国际贸易可以使一个国家获得它自己完全不能生产的那些商品,因而提高该国的总体消费水平和社会福利。第二,国际贸易可以使全世界各个国家的生产力都得到更为有效的利用。约翰·穆勒提出了一个明显不同于前人的结论,他认为,"对外贸易唯一的直接利益寓于进口之中,通过进口,一个国家得到了要么它自己不能生产的商品,要么它必须耗费更多资本和劳动才能获得、而它本来可以用耗费较少成本生产出来的东西与之交换而来的商品"。"对外贸易唯一的直接利益寓于进口之中",这是穆勒区别于斯密和李嘉图的一个重要的理论观点,也是穆勒相互需求原理的基础。

穆勒对贸易理论的一个重要贡献是他提出了决定国际商品的价值法则,即相互需求理论。穆勒认为国际价值是受国际间需求均衡规律支配的,而国内贸易的商品价值则取决于该商品的生产费用,两者是不相同的。"外国商品的价值,取决于国际交换的条件",也即进口商品的价值取决于为了换取该项进口所需出口的商品的数量。而这种"国际交换的条件",即贸易条件,又取决于贸易双方对对方商品的需求强度和需求弹性。

具体地说,两国商品交换比率恰好是进口国在这种比率下愿意接受的商品数量等于出口国在这种比率下愿意提供的商品数量。如果 A 国对 B 国商品的需求强度越大,那么 B 国商品的国际价格会越高,这样 B 国相对于 A 国,从国际贸易中获利就相对较大。反之,B 国的获利就会相对较小。

### (二)国际交换比例的上下限

李嘉图在研究比较优势理论时,只是假定了一个两国之间的商品交换比例,但对于为什么是这个比例却没有进一步说明。穆勒对这一问题进行了分析,穆勒认为,这一比例(国际交换比例)与各国国内的交换比例不同,但是有着密切的联系,即两国的国内交换比例构成了国际交换比例的上下限。对此,穆勒进行了举例说明。表 4-7 为两国等量劳动投入所产出的产品产量。

表 4-7 两国等量劳动投入所产出的产品产量

| 项目 | 英国 | 德国 |
|---|---|---|
| 毛呢(码) | 10 | 10 |
| 亚麻布(码) | 15 | 20 |

　　从表 4-7 可以看出,在相同的劳动时间内,英国可以生产毛呢 10 码或亚麻布 15 码;德国可以生产毛呢 10 码或亚麻布 20 码。如果没有对外贸易,英国国内毛呢与亚麻布的交换比例为 10∶15,德国国内的交换比例为 10∶20。

　　英国和德国在生产亚麻布时,同样多的投入,德国比英国多生产 5 码亚麻布;而两国在毛呢生产上,同样的投入得到相同的产出。可以看出,德国在两种产品的生产上具有优势,而英国在两种产品的生产上具有劣势。但是,两者相比,德国生产亚麻布的优势程度较大,英国生产毛呢的劣势程度较小。于是,根据比较优势原则,两国在这两种产品的生产上分别形成专业化:英国专业化地生产毛呢并出口,德国专业化地生产亚麻布并出口。

　　在进行国际贸易时,毛呢与亚麻布的国际交换比例是怎么样的呢? 如果毛呢与亚麻布的国际交换比例是 10∶15,则英国同过去完全一样,德国将获得全部利益;如果毛呢与亚麻布的国际交换比例是 10∶20,则德国同过去完全一样,英国将获得全部利益;这两种情况下,两国就不会开展国际分工和对外贸易。如果毛呢与亚麻布的国际交换比例介于 10∶15 与 10∶20 之间,则利益将由两国分享,国际贸易可以发生。例如,如果 10 码毛呢可以交换 18 码亚麻布,则英国从每 15 码中可以得到 3 码的利益,德国从 20 码中可以节省 2 码。

　　穆勒用国际交换比例的上下限来说明国际贸易条件的范围,国际交换比例的上下限是由贸易国双方的国内交换比例来决定的。这就是说,两国互利性的贸易条件必定处在由两国的国内交换比例所确定的上下限之间,"10 码毛呢不能与 20 码以上的亚麻布相交换,也不能与 15 码以下的亚麻布相交换,但是可以按它们的中间数相交换。"

　　现在再通过一个例子进一步说明贸易条件的上下界限。假定美国和英国都生产小麦(W)和呢绒(C),分工前,美国国内小麦和呢绒的交换比例是 2∶1,英国国内小麦和呢绒的交换比例是 0.5∶1。根据比较优势进行国际分工,美国生产并出口小麦,英国生产并出口呢绒,然后两国进行交换,两国的交换比例的上下限如图 4-1 所示。

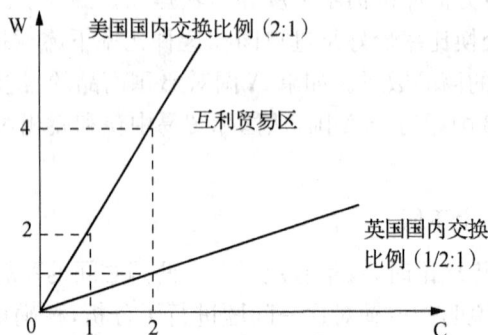

图 4-1　贸易条件的上下限[①]

　　如图 4-1 所示,这两个国家的国内交换比例决定了两国贸易条件的上下界限。只要贸易条件在这个界限内,贸易才可能发生,两国才都能分享贸易利益,超出这一界限,贸易就不会发生。

---

　　①　王秋红.国际贸易学[M].北京:清华大学出版社,2010

## （三）国际贸易利益的分配

根据比较优势理论,国际贸易会给参加贸易的各国带来利益,但是,贸易利益是如何在两国之间进行分配的呢? 穆勒对此进行了分析。穆勒认为,国际贸易利益的大小取决于国际交换比率上下变动范围的大小,两国国内交换比率间的差异越大,可能获得的贸易利益也越大。这种贸易利益在各贸易国间分配的多寡,则决定于具体的交换比率,即均衡贸易条件。而均衡贸易条件又取决于贸易国各自对对方产品需求的相对强度。一国对他国产品的需求越是强烈,其贸易条件就会越是不利;反之亦然。现在仍然通过英国和美国的例子进一步说明贸易条件的界限,图 4-2、图 4-3 表明了这种关系。

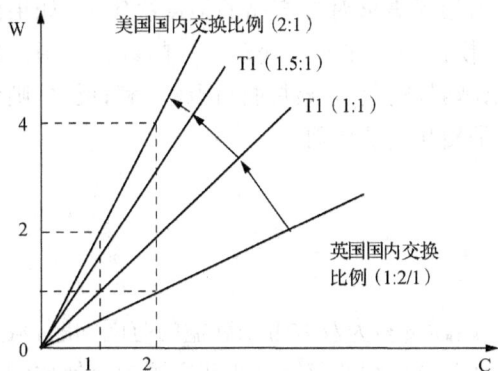

图 4-2 贸易条件与贸易利益分配①

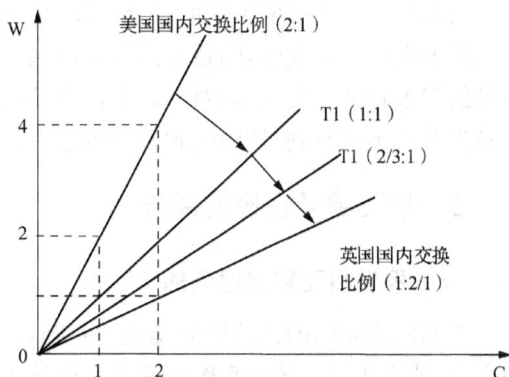

图 4-3  贸易条件与贸易利益分配②

图 4-2、图 4-3 显示,两国的国际交换比例线越是接近对方国内交换比例线,或贸易条件线越是靠近对方国内交换比例线,本国分享的贸易利益比重就越大;两国的国际交换比例线越是靠近本国国内交换比例线,或贸易条件线越是靠近本国国内交换比例线时,本国分享的贸易利益比重就越小。

穆勒不仅说明了贸易条件决定于两国的相互需求状况,而且还进一步说明了相互需求状况对贸易利益的影响。

穆勒认为,国际交换比率取决于对方对本国产品的需求,两国对两种产品的进口需求决定了产品的相对价格。在国际贸易中,可以把出口视为对对方的供给,把进口视为本国的需求。穆勒将这种情况称为"相互需求"。商品的市场价格是由供求双方的力量共同决定的,市场价格也会自行调整,以使供求相等。因此,商品的国际交换比率就是由两国相互的需求来决定,并且将确定在双方各自对对方产品的需求相等的水平上。

国际交换比率除了取决于相互需求之外,还取决于该国可以从国内消费的本国商品的生产中抽出多少资本。外国对该国商品的需求较之该国对外国商品的需求越大,以及该国为生产出口产品所能抽出的资本较之外国为生产该国需要的产品所能抽出的资本越少,则交易条件就对该国越有利,也就是说,该国用一定数量的本国商品,就可以交换得较多的外国商品。

综上所述,在两国间的贸易中,一国所获利益的大小取决于交易条件靠近哪国家的国内交

---

①  王秋红. 国际贸易学〔M〕. 北京:清华大学出版社,2010

②  王秋红. 国际贸易学〔M〕. 北京:清华大学出版社,2010

换比例,即靠近上限还是下限。国际商品交换比例越接近于本国国内交换比例,对本国越不利;反之,越接近于对方国内交换比例,对本国越有利。而交易条件是靠近上限还是下限,则是由两国的相互需求强度所决定的。简而言之,穆勒是用相互需求强度的大小来解释贸易条件的变动的。

### (四) 相互需求法则

约翰·穆勒利用贸易双方的相互需求状况来说明贸易条件的确定与变动,提出了相互需求方程式。基本含义是,两个国家产品的交换比例必须等于两国相互需求对方产品总量的比例。

两国贸易条件或两国间商品交换比例是由两国相互需求对方产品的强度决定的,如果两国的需求强度发生变化,则贸易条件或两国间的交换比例必然发生变动。一国对另一国出口商品的需求越强,而另一国对该国出口商品的需求越弱,则贸易条件对该国越不利;反之,则贸易条件对该国越有利,该国的贸易利得越大,这就是相互需求法则。

## 三、相互需求理论的评价

### (一) 穆勒相互需求理论的贡献

穆勒以李嘉图的比较优势理论为基础,解决了国际贸易为双方带来利益的范围问题,从这点上看,他发展完善了李嘉图的理论。他认为,贸易双方得利的范围介于双方国内交换比例的上下限之间,超出这个客观界限,就会有一方利益受损并退出交易,使得国际贸易无法进行下去。穆勒在贸易双方利益分配问题上的论述,使得比较成本学说成为更加完整的理论。这也被人们称作是穆勒理论的一个“重大贡献”。

穆勒相互需求理论的分析方法有所创新。穆勒理论与李嘉图理论在分析方法上是不相同的。李嘉图理论是以两国生产单位产品所花费的劳动量不同为出发点的,是一种“比较(劳动)成本”的分析方法;而穆勒理论则是以两个国家相等的劳动投入量生产出不同的产品量为出发点的,是一种“比较利益”的分析方法,即把成本固定,比较各国生产各种产品利益的大小。因而,西方经济学家也称穆勒理论为“比较利益论”。

### (二) 穆勒相互需求理论的不足

#### 1. 穆勒没有坚持李嘉图的劳动价值论

根据劳动价值论,商品价格的决定因素是劳动所创造的价值,而不是商品的供求数量。穆勒却强调双方商品的供求关系,他认为,本国商品的价值决定于商品的劳动成本,而外国商品的价值则决定于为了得到这些商品所必须支付给外国的本国商品的数量。也就是说,外国商品的价值决定于国际交换比例,而国际交换比例则决定于相互需求强度,这实际上脱离了劳动价值论。

#### 2. 穆勒的相互需求理论有循环论证之嫌

穆勒的相互需求理论是以国际收支平衡为前提来论证贸易条件即国际交换比例,而国际交换比例是由相互需求决定的;反过来,相互需求的数量又是由国际交换比例决定的,这显然陷入了某个循环论证之中。另外,相互需求理论没有说明贸易收支平衡是从短期来看还是长期来看的平衡,如果是短期平衡,那显然不符合条件。如果是长期平衡,则有存在循环推论问题,因为,贸易条件本身就是决定一国国际收支状况的一个重要因素,相互需求理论以国际收支平衡为前提来论证贸易条件,显然不合适。

3. 穆勒的相互需求理论用相互需求强度决定贸易条件是有缺陷的

相互需求理论只能运用于经济规模相当、双方的需求都能对市场价格产生显著影响的两个国家。如果两个国家经济规模较悬殊,小国的相对需求强度远远小于大国的相对需求强度,这样,小国就只能是价格的接受者.大国就可以利用其在进出口需求方面的强大影响力,使贸易条件朝着有利于本国的方向变动。

4. 穆勒的国际需求法则缺乏充分的说服力

因为它的假定前提是物物交换下的供给等于需求,实际上各国的出口和进口不是同时进行,而是彼此分离的。

# 本章小结

1. 亚当·斯密的绝对优势理论认为,国际贸易和国际分工的原因和基础是各国间存在的劳动生产率和生产成本的绝对差异。各国生产具有绝对优势的产品并进行交换,不仅会提高劳动生产率,增加社会财富,而且对于交易的双方都会有利。

2. 大卫·李嘉图的比较优势理论认为国际贸易和国际分工的原因和基础是各国间存在的劳动生产率和生产成本的相对差异。各国生产具有比较优势的产品并进行交换,同样不仅会增加社会财富,而且交易双方也都能获得利益。"两利相权取其重,两弊相权取其轻"是国际贸易中比较优势的基本原则。

3. 约翰·穆勒认为,均衡贸易条件决定于进行贸易的两个国家各自对对方产品的相对需求强度。外国对本国商品的需求强度越是大于本国对外国商品的需求强度,贸易条件越是接近于外国国内的两种商品的交换比例,这个比例对本国越是有利。

# 复习思考题

1. 简述亚当·斯密的绝对优势理论。
2. 试述大卫·李嘉图比较优势理论的主要内容并对其进行评价。
3. 用图表分析按绝对优势理论分工后的利益所得。
4. 用图表分析按比较优势理论分工后的利益所得。
5. 简述穆勒相互需求理论的基本内容及其局限性。
6. 根据穆勒的相互需求理论,互惠贸易的范围如何确定? 贸易利益如何分配?

# 第5章

## 新古典贸易理论

### 知识目标

（1）了解新古典贸易理论的形成与发展；
（2）掌握 H－O 要素禀赋理论产生的背景、主要内容并能对其进行客观评价；
（3）熟悉"里昂惕夫之谜"及其解释。

### 能力目标

能够运用本章所学 H－O 理论分析现实生活中世界各国之间进行贸易的可能。

**引导案例**

#### 中国外贸正迈入质变大门

2001 年中国加入世界贸易组织（WTO）之后，我国的经济出现突飞猛进的增长，其背后的关键原因在于，我们向外资打开国门，通过发挥本国的要素禀赋优势（劳动力优势）成功嵌入到全球价值链之中，迅速崛起成为加工贸易大国。然而，在全球市场竞争日趋白热化的今天，各国都在努力提升本国的产业竞争力，一个国家在全球价值链中的位置不可能是一成不变的，想要在激烈的市场竞争中胜出，中国就必须不断努力向全球价值链的高端跃升。另一方面，2008 年金融危机爆发之后，我国在高速经济增长过程中累积的一些结构性问题开始显现，人口红利消失，劳动力成本增加，投资过度，产业竞争力不足，这些问题相互影响，形成了恶性循环，中国经济已经进入必须进行转型升级的关键"换档期"和新常态。

资料来源：华夏时报

## 第一节　要素禀赋理论

### 一、新古典贸易理论的形成与发展

随着资本主义生产关系的出现以及工业革命的发生，资本成为一种越来越重要的生产要素。19 世纪末 20 世纪初，以瓦尔拉斯、马歇尔为代表的新古典经济学逐渐形成。与古典经济学不同，新古典经济学家认为在生产中有至少两种甚至两种以上的要素投入。当然，从以"劳动价值论"为基础的古典经济学过渡到新古典经济学不仅仅只是要素投入数量上的变动，其基本分析框架也从单一要素投入发展为一个多种产品多种要素的总体均衡体系。在新古典经济学的框架下,对国际贸易进行分析的新古典贸易理论也随之产生。20 世纪 30 年代,瑞典经济学家伯尔蒂尔·俄林(Bertil Ohlin)在其《区域贸易和国际贸易》一书中,提出了要素禀赋理论(Factor Endowment Theory),开始了新古典贸易理论的探索和发展。

与古典贸易理论相比,新古典贸易理论的发展主要表现在以下两个方面。一方面,新古典贸易理论是在两种或两种以上生产要素的框架下分析产品的生产成本。在古典贸易理论中,只有一种要素投入,厂商不能选择要素,产品成本完全由该要素的生产率(投入产出率)和价格决定。而要素的生产率及其价格都是给定的,是由产品产量以外的因素决定的外生变量。但在新古典贸易理论中,有两种或两种以上的要素投入,不同产品生产所使用要素的比例不同,甚至生产同种同量的产品也可以采用不同的要素组合。要素的生产率不再固定,而是取决于产品生产中对要素比例的选择,并受要素供给的约束。要素价格也已不再是外生变量,而是与产品价格相互决定相互影响的内生变量。

另一方面,新古典贸易理论运用总体均衡的方法分析了国际贸易与要素变动的相互影响。国际贸易不仅影响贸易参加国的产品市场的价格,而且影响各国要素市场的价格:产品价格和要素价格的变动在影响一国生产和消费的同时,也引起了各要素之间收入的再分配。而要素在国内各部门间的流动或要素储备比例的变动也会反过来影响生产和贸易模式。

在建立新古典国际贸易理论体系方面的主要贡献者有埃利·赫克歇尔、伯尔蒂尔·俄林和保罗·萨缪尔森等。

## 二、要素禀赋理论产生的背景

19 世纪最重大的历史事件就是马克思主义的诞生。马克思和恩格斯在批判继承古典劳动价值理论的基础上,创立了科学的劳动价值论。为了同马克思主义经济学相对抗,资产阶级学者纷纷放弃了古典劳动价值理论。这种倾向在贸易理论领域集中表现为重新构建比较优势赖以建立的基础。

要素禀赋理论承认比较优势是国际贸易产生的现实基础,但却脱离古典劳动价值论的理论轨道,另辟“蹊”径,用各国的生产要素自然禀赋取代各国在商品生产与贸易中的劳动投入,开拓了国际贸易理论研究的“新”路子。因此,要素禀赋理论一经创立,就在国际经济学界广为传播,被普遍接受,并奉为经典,成为现代国际贸易理论的主流以及之后国际贸易理论诸多流派的重要理论渊源。

另外,赫克歇尔—俄林理论的产生始于对斯密和李嘉图贸易理论的质疑。在斯密和李嘉图的模型中,技术不同是各国在生产成本上产生差异的主要原因。可是,到了 20 世纪初,各国尤其是欧美之间的交往比较频繁,技术的传播已不是一件非常困难的事。许多产品在不同国家的生产技术非常接近甚至相同,但为什么成本差异仍然很大? 而且,在现实生活中,斯密和李嘉图贸易理论只能部分地解释贸易产生的原因,有些贸易现象它是无法解释的。比如,加拿大向美国出口木材产品,不是因为加拿大木材产品的劳动生产率高于美国,而是在人口稀少的加拿大,人均森林面积高于美国。由此可知,各国的比较优势还受各国国内各种资源和生产技术之间相互作用的影响。当时一些学者试图用资源禀赋差异来解释贸易产生原因,其中代表性的人物是瑞典经济学家赫克歇尔和俄林,人们称该理论为要素禀赋理论,也叫赫克歇尔—俄林模型,简称 H-O 模型。

📖 小阅读

### 赫克歇尔

　　赫克歇尔于 1879 年生于瑞典斯德哥尔摩的一个犹太人家庭。1897 年起,在乌普萨拉大学学习历史和经济,并于 1907 年获得博士学位。毕业后,他曾任斯德哥尔摩大学商学院的临时讲师;1909—1929 年任经济学和统计学教授。此后,因他在科研方面的过人天赋,被学校任命为新成立的经济史研究所所长。他成功地使经济史成为瑞典各大学的一门研究生课程。

　　他对经济学的贡献主要是在经济理论上的创新和在经济史研究方面引入了新的方法论——一种定量研究方法。他在经济理论方法方面最重要的贡献是他最著名的两篇文章:《外贸对收入分配的影响》和《间歇性免费商品》。1919 年发表的《外贸对收入分配的影响》是现代赫克歇尔—俄林要素禀赋国际贸易理论的起源。它集中探讨了各国资源要素禀赋构成与商品贸易模式之间的关系,并且,一开始就运用了总体均衡的分析方法。他认为,要素绝对价格的平均化是国际贸易的必然结果。他的论文具有开拓性的意义,其后,这个理论由他的学生俄林进一步加以发展。《间歇性免费商品》(1924)一文提出的不完全竞争理论,比琼·罗宾逊和爱德华·张伯伦的早了 9 年。文中还探讨了不由市场决定价格的集体财富(即所谓的公共财物)的问题。

　　在经济史方面,赫克歇尔更享有盛名。主要著作有,《大陆系统:一个经济学的解释》、《重商主义》、《古斯塔夫王朝以来的瑞典经济史》、《历史的唯物主义解释及其他解释》、《经济史研究》等。赫克歇尔通过对史料提出更广泛的问题或假定,进行深入的批判性研究,从而在经济史和经济理论两方面架起了桥梁,并把两者有机地结合起来。他是瑞典学派的主要人物之一。

### 俄　林

　　俄林于 1899 年 4 月生于瑞典南方的一个小村子克利潘(Klippan)。他 1917 年在隆德大学获得数学、统计学和经济学学位。1919 年在赫克歇尔的指导下获得斯德哥尔摩大学工商管理学院经济学学位。1923 年在陶西格(Taussing)和威廉斯(Williams)的指导下获得哈佛大学文科硕士学位。1924 年在卡塞尔(Cassal)的指导下获得斯德哥尔摩大学博士学位。1925 年任丹麦哥本哈根大学经济学教授,5 年后回斯德哥尔摩大学商学院任教,1937 年在加利福尼亚大学(伯克利)任客座教授。俄林最为著名的工作是他对国际贸易理论的现代化处理,并由此获得 1977 年的诺贝尔经济学奖。

　　他的研究成果主要表现在国际贸易理论方面,1924 年出版《国际贸易理论》,1933 年出版其名著,即美国哈佛大学出版的《区间贸易和国际贸易论》,1936 年出版《国际经济的复兴》,1941 年出版《资本市场和利率政策》等。俄林受他的老师赫克歇尔关于生产要素比例的国际贸易理论的影响,并在美国哈佛大学教授威廉斯的指导下,结合瓦尔拉斯和卡塞尔的总体均衡理论进行分析论证,在《区间贸易和国际贸易论》中最终形成了他的贸易理论。因此,俄林的国际贸易理论又被称为赫克歇尔—俄林理论。

　　资料来源:《新帕尔格雷夫经济学大辞典》,经济科学出版社 1992 年版,第 2 卷第 666－667 页;第 3 卷第 747－749 页

### 三、要素禀赋理论相关概念

要素禀赋理论以生产要素、要素价格、要素密集度、要素密集型产品、要素禀赋、要素丰裕程度等概念表述和说明，掌握这些概念是理解要素禀赋理论的关键。

1. 生产要素和要素价格

生产要素(factor of production)是指生产活动必须具备的主要因素或在生产中必须投入或使用的主要手段。通常指土地、劳动和资本这三个要素，加上企业家的管理才能共四个要素，也有人把技术知识、经济信息当作生产要素。要素价格(factor price)则是指生产要素的使用费用或要素的报酬，如土地的租金、劳动的工资、资本的利息、管理的利润等。

2. 要素密集度和要素密集型产品

要素密集度(factor intensity)指产品生产中某种要素投入比例的大小，如果某种要素投入比例大，则称该要素密集程度高。根据产品生产所投入的生产要素中所占比例最大的生产要素种类不同，可把产品划分为不同种类的要素密集型产品(factor intensity commodity)。例如，生产小麦投入的土地占的比例最大，便称小麦为土地密集型产品；生产纺织品劳动所占的比例最大，则称之为劳动密集型产品；生产电子计算机资本所占的比例最大，则称之为资本密集型产品。以此类推。在只有两种产品(X 和 Y)、两种要素(劳动和资本)的情况下，如果 Y 产品生产中使用的资本和劳动的比例大于 X 产品生产中的资本和劳动的比例，则称 Y 产品为资本密集型产品，而称 X 产品为劳动密集型产品。

3. 要素禀赋和要素丰裕程度

要素禀赋(factor endowment)是指一国拥有各种生产要素的数量。要素丰裕(factor abundance)是指在一国的生产要素禀赋中某要素供给所占比例大于别国同种要素的供给比例，而相对价格低于别国同种要素的相对价格。

衡量要素的丰裕程度有两种方法：一种方法是以生产要素供给总量衡量，若一国某要素的供给比例大于别国的同种要素供给比例，则该国相对于别国而言，该要素丰裕；另一种方法是以要素相对价格衡量，若一国某要素的相对价格(某要素的价格和别的要素价格的比率)低于别国同种要素相对价格，则该国该要素相对于别国丰裕。以总量法衡量的要素丰裕只考虑要素的供给，而以价格法衡量的要素丰裕考虑了要素的供给和需求两方面，因而较为科学。

### 四、要素禀赋理论的基本假设条件

要素禀赋理论基于一系列简单的假设前提，包括以下九个主要方面：

1. 假定只有两个国家、两种产品、两种生产要素(劳动和资本)(这一模型称 2×2×2 模型)，这一假设目的是为了便于用平面图说明理论。

2. 假定两国的技术水平相同，即同种产品的生产函数相同。这一假设主要是为了便于考察要素禀赋，从而考察要素价格在决定两国相对产品价格中的作用。

3. 假定 X 产品是劳动密集型产品，Y 产品是资本密集型产品。

4. 假定两国在两种产品的生产上规模经济利益不变，即增加某产品的资本和劳动使用量，将会使该产品产量以相同比例增加，即单位生产成本不随着生产的增减而变化，因而没有规模经济利益。

5. 假定两国进行的是不完全专业化生产，即尽管是自由贸易，但两国仍然继续生产两种产品,这意味着两国都不是很小的国家。

6. 假定两国的消费偏好相同,若用社会无差异曲线反映,则两国的社会无差异曲线的位置和形状相同。

7. 在两国的两种产品、两种生产要素市场上,竞争是完全的。这是指市场上无人能够购买或出售大量产品或生产要素而影响市场价格,也指买卖双方都能掌握相等的交易资料。

8. 假定在各国内部,生产诸要素是能够自由转移的,但在各国间生产要素是不能自由转移的。这是指在一国内部,劳动和资本能够自由地从某些低收入地区、行业流向高收入地区、行业,直至各地区、各行业的同种要素报酬相同,这种流动才会停止。而在国际间,却缺乏这种流动性。所以,在没有贸易时,国际间的要素报酬差异始终存在。

9. 假定没有运输费用,没有关税或其他贸易限制。这意味着生产专业化过程可持续到两国产品相对价格相等为止。

### 五、要素禀赋理论的主要内容

要素禀赋理论的主要内容是一国的比较优势由要素禀赋决定,要素禀赋不同是国际贸易产生的根本原因。一国应生产和出口较密集使用其丰裕要素的产品,进口较密集使用其稀缺要素的产品。

#### (一)要素禀赋不同是国际贸易产生的根本原因

俄林认为,同种产品在不同国家的相对价格差异是国际贸易的直接基础,而价格差异则是各国生产要素禀赋不同导致要素相对价格不同决定的,所以要素禀赋不同是国际贸易产生的根本原因。

俄林在分析和阐述要素禀赋时有着以下严密的逻辑思路:

1. 产品价格的国际绝对差异是国际贸易产生的直接原因。产品价格的国际绝对差异是同种产品用同种货币在不同国家的价格差异,这是国际贸易产生的利益驱动力。在没有运输费用的假设前提下,从价格较低的国家输出产品到价格较高的国家是有利的。

2. 产品价格的国际绝对差异是由生产要素相对价格的差异决定。在各国生产技术相同因而生产函数相同的假设条件下,各国要素相对价格的差异决定了各国产品相对价格存在差异。

3. 要素相对价格的差异由要素相对供给不同决定。俄林认为,在要素的供求决定要素价格的关系中,要素供给是主要的。在各国要素需求一定的情况下,各国不同的要素禀赋对要素相对价格产生不同的影响:相对供给较充裕的要素的相对价格较低,而相对供给较稀缺的要素的相对价格较高。因此,国家间要素相对价格差异是由要素相对供给或供给比例不同决定的。

4. 各国产品价格比例不同是国际贸易产生的必要条件。商品价格的国际绝对差异是国际贸易产生的直接原因,但并不充分,还需具备一个必要条件,即交易双方的国内价格不同。也就是说,必须符合比较成本优势的原则。如 A、B 两种产品在美国和日本两国内价格之比是 1∶2 和 3∶6,价格比例相同,此时不存在比较优势,不会产生国际贸易。因此,国际贸易产生的必要条件是两种产品在各自国内的价格比例必须是不同的。

#### (二)要素禀赋与贸易模式

在各国生产要素存量一定的条件下,一国将生产和出口较密集使用其丰裕要素的产品,进口较密集使用其稀缺要素的产品。因为,一个国家生产和出口那些大量使用本国供给丰富的生产要素的产品,价格就低,因而有比较优势;相反,生产那些需大量使用本国稀缺的生产要素的产品,价格就高,出口就不利。各国应尽可能利用供给丰富、价格便宜的生产要素,生产廉价产品输出,以交换别国价廉物美的产品。简言之,劳动力丰富的国家出口劳动密集型产品,进口资本密集型产品;相反,资本丰富的国家出口资本密集型产品,进口劳动密集型产品。例如,澳大利亚、新西兰等国家土地资源丰富而劳动力、资本相对较少,于是地租便宜,而工资和利息相对较高,出口的产品如小麦、羊毛等便充分利用了资源供给比较优势。

### (三)要素价格均等化理论

要素价格均等化理论进一步论述了两国在发生贸易之后,两国之间的资源禀赋将会发生怎样的变化。

要素价格均等化理论是指国际贸易使各国的生产要素价格趋于相等。要素禀赋不同的两个国家,通过交换要素密集度不同的产品,在一定程度上替代了要素的流动,从而使两个国家要素禀赋的差异有所缓和。贸易的结果使贸易各国生产要素价格趋于均等化。

H-O 理论认为,国际贸易最终会使所有生产要素在所有地区都趋于相等。同时,俄林认为生产要素价格完全相同几乎是不可能的,这只是一种趋势。萨缪尔森通过严密的数学论证,对生产要素价格均等化命题进行了重要的补充,丰富和发展了要素禀赋理论。萨缪尔森在 1941 年发表的《实际工资和保护主义》和 1948 年发表的《国际贸易与要素价格均等化》以及 1953 年发表的《一般均衡中的要素价格和产品价格》等文章中进行了数学推导,证明生产要素价格完全均等是必然的。不仅相对产品价格,而且生产要素价格都是完全均等的,即国际贸易将使贸易各国劳动要素价格工资率相等、资本要素价格利率相等、资源要素价格资源报酬率相等。因此,要素价格均等化定理,又被称之为 H-O-S 定理。

## 六、要素禀赋理论的评价

要素禀赋理论从资源丰富度的角度上来解释国际贸易产生的原因,被认为是现代国际贸易的理论基础。要素禀赋理论在继承了传统的古典比较优势理论的基础上,又有了新的发展。

1. 在各国参与国际贸易、专业化生产的依据上,要素禀赋理论比李嘉图的比较优势理论更为深入和全面。李嘉图的比较优势理论是建立在各国劳动生产率差异基础上的,而要素禀赋理论中各国间生产同一产品的成本差异是由各国不同的要素禀赋造成的。生产要素禀赋理论对李嘉图的比较优势理论无论在理论上还是实践应用范围上都是一个极大的扩展。必须承认,土地、劳动力、资本、技术等状况在决定各国的对外贸易上起着重要作用。

2. 要素禀赋理论比李嘉图的比较优势理论更符合现实。李嘉图的比较优势理论是以单一要素为分析前提的,而生产要素禀赋理论把商品生产由一种要素的投入扩展为两种要素的投入,认为单一的劳动是无法生产产品的,更加符合经济现实,对后人从更广阔的角度研究国际贸易问题具有极大的启迪作用。

3. 要素禀赋理论正确地指出了生产要素在各国对外贸易中的重要地位。要素禀赋理论从资源丰富度上来解释国际贸易的原因,又通过要素价格均等化定理来分析国际贸易对经济结构的影响。在各国对外贸易竞争中,土地、劳动力、资本、技术等要素起着重要的作用,对于一国如何利用本国资源优势参与国际分工具有积极的意义。

4. 要素禀赋理论为资源小国积极参与国际分工和贸易提供了理论依据。要素禀赋理论关于国际贸易可以代替生产要素流动、弥补要素禀赋差异的观点,对于各个国家特别是资源小国参与国际分工和国际贸易、实现经济发展具有重要的指导意义。这也被国际经济发展的现实所证实。

但是,要素禀赋理论也有一定的不足:

1. 要素禀赋理论将生产要素视为同质的假定与经济事实不相符合。在实际生产过程中,同样的生产要素并非具有同等的生产能力,如熟练工人与非熟练工人绝不能相提并论。

2. 要素禀赋理论强调静态结果,忽视了技术因素的作用。要素禀赋理论关于技术水平相同的假定,忽视了技术因素在国际贸易中的作用,与经济现实也不相符合。很多国家参与国际贸易不一定是资源禀赋的差异,特别是"二战"后的国际贸易模式中,技术的差异或经济规模的不同都是产生国际贸易的原因。

3. 要素禀赋理论与当代发达国家间贸易迅速发展的实际情况不符。按照要素禀赋理论,国际贸易应发生在要素禀赋不同和需求格局相异的工业国家与初级产品生产国之间。但当代贸易的一个特点却是,大量贸易发生在要素禀赋相似、需求格局接近的工业国之间,而发达国家同发展中国家间的贸易发展却比较缓慢。

# 第二节　"里昂惕夫之谜"及其解释

## 一、"里昂惕夫之谜"

"二战"后,在第三次科技革命的推动下,世界经济迅速发展,国际分工和国际贸易随之迅猛发展,贸易产品结构和地区分布发生了很大变化,传统的国际贸易理论显得愈来愈脱离实际,于是引起经济学家们对包括要素禀赋论在内的已有学说的怀疑,并促成他们对一些理论模式的检验。1953年开始,里昂惕夫挑起了经济学界针对要素禀赋理论的大论战。通过检验,里昂惕夫提出了要素禀赋论的反论——里昂惕夫之谜,又称为"里昂惕夫悖论"。

## 📖 小阅读

### 瓦西里·里昂惕夫

瓦西里·里昂惕夫(Wassily Leontief,1906—1999),1906年8月5日生于列宁格勒(今圣彼得堡),是一个知识分子家庭的独子。最初他在列宁格勒大学学习,1925年在该校获社会学硕士学位,并获该校的"优秀经济学家"称号。以后又求学于柏林大学,并于1928年获哲学博士。在攻读博士学位期间,他成为基尔大学的经济研究人员。他在基尔工作了3年,其中有一年曾出任民国南京政府铁道部顾问。1931年他前往美国,成为美国经济研究所的工作人员。几个月后,他接受了哈佛大学的任命,从此他在哈佛度过了44个春秋。

在此期间,他发明了投入-产出分析法,这种方法的发明和应用使他赢得了世界性声誉。他从1931年开始研究投入产出分析,1936年8月在《经济学和统计学评论》上发表了《美国经济制度中投入产出数量关系》一文,这篇文章是世界上有关投入产出分析的第一篇论文,它标志着投入-产出分析的诞生。由于里昂惕夫在投入产出分析方面的贡献,他于1973年获得第五届诺贝尔经济学奖。

他曾获得过多种荣誉:1970年当选为美国经济协会会长,1975年接受了纽约大学的教授职位,不久又出任该校经济分析学院院长。里昂惕夫于1999年去世。

资料来源:约翰·伊特韦尔,默里·米尔盖特,彼得·纽曼.新帕尔格雷夫经济学大辞典(第三卷).北京:经济科学出版社,1996:177-179

按照要素禀赋理论,一个国家应该出口密集使用本国丰裕生产要素所生产的产品,进口密集使用本国稀缺生产要素所生产的产品。里昂惕夫对此进行验证,得出资本丰裕的美国出口的劳动密集型产品多于进口的劳动密集型产品,进口的资本密集型产品又大于出口的资本密集型产品。这个结论违背了要素禀赋理论,因此称之为"里昂惕夫之谜"。

美国是一个资本丰富而劳动力稀缺的国家,按照要素禀赋理论,美国应出口资本密集型产品,进口劳动密集型产品。为了检验要素禀赋理论,1953年,里昂惕夫用投入-产出分析法对1947年美国200个行业进行分析,把生产要素分为资本和劳动两种,然后选出具有代表性的一揽子出口品和一揽子进口替代品,计算出每百万美元的出口商品和每百万美元进口替代商品所需要的国内资本和劳动量及其比例,如表5-1所示。

表5-1 1947年美国每百万美元出口商品和进口替代商品对国内资本和劳动的需求

| 项 目 | 出口商品 | 进口替代商品 |
| --- | --- | --- |
| 资本(美元/年) | 2 550 780 | 3 091 339 |
| 劳动力(人/年) | 182.313 | 170.004 |
| 人均年资本量(美元) | 13 991 | 18 184 |

资料来源:美国哲学学会会刊(The American Philosophical Society),1953年9月第97卷522页

里昂惕夫的研究发现,美国进口替代商品的资本密集程度反而高于出口商品的资本密集程度(约高出30%),因而得出与要素禀赋论相反的结论:"美国之所以参加国际分工是建立在增减劳动密集型生产专业化的基础上,而不是建立在资本密集型生产专业化基础上的。换言之,这个国家是利用对外贸易来节约资本和安排剩余劳动力的,而不是相反。"里昂惕夫的惊人发现引起了经济学界的极大关注,被称为"里昂惕夫之谜"。里昂惕夫1956年又利用投入-产出法对美国1951年的贸易结构进行第二次检验(如表5-2所示),检验结果与第一次是一致的,谜仍然存在。

表5-2 1951年美国每百万美元出口商品和进口替代商品对国内资本和劳动的需求

| 项 目 | 出口商品 | 进口替代商品 |
| --- | --- | --- |
| 资本(美元/年) | 2 256 800 | 2 303 400 |
| 劳动力(人/年) | 173.91 | 167.81 |
| 人均年资本量(美元) | 12 977 | 13 726 |

资料来源:里昂惕夫,《要素比例和美国的贸易结构:理论经验再分析》经济学统计学季刊1956年11月第38期

里昂惕夫的结论是"二战"以后首次对传统的国际贸易理论的严峻挑战。这对经验性与理

论性研究起了巨大的促进作用,它暗示了劳动熟练程度和技术水平等要素对比较优势的形成和国家对外贸易的重要作用;同时,它促使经济学家们更有兴趣、更热心、积极地去寻求能正确解释国际贸易产生的相关基础理论。

"里昂惕夫之谜"激发了其他经济学家对其他国家的贸易格局的类似研究,以检验要素禀赋理论。1971 年,美国经济学家罗伯特·鲍德温(Robert Baldwin)收集了美国 1962 年的贸易数据进行研究,发现出口商品的资本密集程度比进口竞争商品的低 27%,得出了与里昂惕夫相同的结论。

日本两位经济学家建元正弘(M. Tatemoto)和市村真一(S. Ichimura)1959 年使用了与里昂惕夫相类似的研究方法对日本的贸易结构进行分析发现,从整体上看,日本这个劳动力丰裕的国家,输出的主要是资本密集型产品,输入的则是劳动密集型产品。但从双边贸易看,日本向美国出口的是劳动密集型产品,从美国进口的是资本密集型产品;日本出口到不发达国家的则是资本密集型产品。之所以出现这种情况,建元和市村认为,是因为日本资本和劳动的供给比例介于发达国家与不发达国家之间,日本与前者贸易在劳动密集型产品上占有相对优势,而与后者的贸易则在资本密集型产品上占有相对优势。因此,就日本的全部对外贸易而言,建元和市村的结论支持"里昂惕夫之谜",但在双边贸易上,他们的结论则支持了要素禀赋理论。

原民主德国两位经济家 W. 斯托尔帕(W. Stolper)和 K. 劳斯坎普(K. Roskamp)对原民主德国的贸易研究表明,该国出口商品相对于进口商品是资本密集型的。由于原民主德国大约 3/4 的贸易是与东欧其他国家进行的,而这些国家相对于原民主德国而言是资本贫乏的国家。所以斯托尔珀和劳斯坎普的结论与要素禀赋论是一致的。

1961 年,加拿大经济学家 D. F. 沃尔(D. F. Wahl)分析了加拿大与美国的贸易发现,加拿大出口商品为相对资本密集型,因为加拿大的大部分贸易与美国进行,而美国是个相对于加拿大而言资本丰富的国家,所得结论与"里昂惕夫之谜"一致,而与 H－O 理论相悖。

## 二、对"里昂惕夫之谜"的不同解释

"里昂惕夫之谜"不仅促成了一些类似的研究工作,也引起了经济学家们对这一个"谜"作出了不同解释。归纳起来,对"谜"的产生主要有以下几种具有代表性的解释。

### (一) 劳动效率说

劳动效率说又称人类技能说和劳动熟练说,最先是里昂惕夫提出的,后来由美国经济学家 D. B. 基辛(D. B. Keesing)加以发展,用劳动效率和劳动熟练或技能的差异来解释里昂惕夫之谜和影响进出口商品结构的理论。

里昂惕夫认为各国的劳动生产率是不同的,1947 年美国工人的生产率大约是其他国家的三倍,因此,在计算美国工人的人数时应将美国实际工人数乘以三。这样,按生产效率计算的美国工人数与美国拥有的资本量之比,较之于其他国家,美国就成了劳动力丰富而资本相对短缺的国家,所以它出口劳动密集型产品,进口资本密集型产品,与要素禀赋理论提示的内容是一致的。但是,一些人士认为里昂惕夫的解释过于武断,一些研究表明实际情况并非如此。例如,美国经济学家克雷宁(Krelnin)经过验证,认为美国工人的效率和欧洲工人相比,最多高出 1.2—1.5 倍。因此,他的这个论断,通常不为人们所接受。

后来,美国经济学家基辛对这个问题进一步加以研究。他根据 1960 年美国人口普查资

料,将美国企业人员概括为熟练劳动和非熟练劳动两类,并将这种分类应用到包括美国在内的
14 个国家 1962 年对外贸易情况的分析中去。根据他的计算,美国出口产品使用的熟练劳动
比例,比替代进口产品所使用的熟练劳动比例要高,并且美国出口产品使用熟练劳动比例在这
14 个国家当中也是最高的。由此,基辛得出这样的结论:美国拥有大量的技术熟练工人,这是
美国的优势所在;它出口的产品并非劳动密集型产品,而是技术密集型产品。这样看来,"里昂
惕夫之谜"也就不存在了。

在赫克歇尔-俄林的模型中,生产要素被简单地分为劳动、资本或土地,而并没有将这些要
素再进一步作细分。事实上,同一要素之间会有很大的不同。就劳动而言,劳动熟练程度的高
低在各国之间也像在个人之间那样有很大区别。同样,不同产品生产中所需要的劳动投入也
是不同的,在很多情况下甚至是不可相互替代的。

### (二) 人力资本说

在里昂惕夫之后,一些经济学家如 P. B. 凯南(P. B. Kenen)、罗伯特·鲍德温(Robert
Baldwin)、基辛等在要素禀赋理论的框架下引入人力资本这一因素,认为里昂惕夫计量的资本
只包括物质资本,而忽略了人力资本。国际贸易产品生产所需的资本应包括人力资本。人力
资本是指所有能够提高劳动生产率的教育投资、工作培训、保健费用等开支。人力资本的投
入,可提高劳动技能和专业知识水平,促进劳动生产率的提高。由于美国投入了较多的人力资
本,而拥有更多的熟练技术劳动力,因此,美国出口产品含有较多的熟练技术劳动。如果把熟
练技术劳动的收入高出简单劳动的部分算作资本并同物质资本相加,经过这样处理之后,美国
仍然是出口资本密集型产品。这个结论是符合要素禀赋理论的,"里昂惕夫之谜"也就消失了。
但这种解释的困难在于,人们很难准确地获得人力资本的真正价值以及相关数据。

### (三) 贸易壁垒

要素禀赋理论假设两国之间没有关税或影响国际贸易自由进行的其他壁垒,然而在现实
经济生活中,自由贸易是很难实现的,各国政府为了本国的利益建立起各种关税和非关税贸易
壁垒,其目的是为了减少进口,刺激国内进口替代品的生产。

"里昂惕夫之谜"的产生也有可能是美国贸易保护的结果。美国经济学家罗伯特·鲍德
温提出了用贸易壁垒解释"里昂惕夫之谜"的观点。他认为,要素禀赋理论的假设前提是自由
贸易,但在现实中几乎所有的国家(包括美国)都存在一定程度的贸易保护,尤其在战后初期。
美国保护程度较高的是劳动密集型产品。根据鲍德温的计算,如果剔除美国对进口设置的贸
易壁垒,1947 年进口产品中的资本和劳动比率将比里昂惕夫计算的比率低 5%。

克拉维斯(Kravis)在 1956 年的研究中发现,美国受贸易保护最严密的产业就是劳动密集
型产业,这就影响了美国的贸易模式,降低了劳动密集型产品的进口。也就是说,如果美国实
行自由贸易政策,美国应大量进口劳动密集型商品,但由于其实施贸易保护政策,使得本应大
量进口的劳动密集型商品减少了进入美国市场的机会。因此,如果是自由贸易,美国就会进口
比现在更多的劳动密集型商品,或出口更多的资本密集型产品,"里昂惕夫之谜"就有可能
消失。

### (四) 自然资源说

美国学者 J. 凡涅克(J. Vanek)在 1959 年的一篇论文中提出了以自然资源的稀缺解释

"里昂惕夫之谜"的论点。凡涅克认为,在要素禀赋理论中,只考虑了两种生产要素:资本和劳动,而忽略了自然资源要素,如土地、矿藏、森林、水资源等。该学说认为,由于许多贸易产品是资源密集型的,而自然资源要素与资本要素具有一定的替代性。如果生产某种商品的自然资源不足,就会投入较多的资本(先进设备等)。例如,美国的进口品中初级产品占 60%—70%,而且这些初级产品大部分是木材和矿产品,自然资源密集程度很高,把这类产品划归资本密集型产品无形中加大了美国进口产品的资本与劳动的比率,使"谜"产生。同时,美国的出口产品中可能消耗了大量的自然资源,它们的开采、提炼与加工均投入了大量的资本,如果加入这部分资本投入量,"里昂惕夫之谜"就有可能消失。

里昂惕夫在 1956 年测算的 1951 年的数据中,在减去了 19 种自然资源密集型产品后,出口产品与进口产品的资本和劳动比率由 0.96 上升到 1.14,虽然"谜"并未消失,但比例已经大大下降。鲍德温对凡涅克的观点也进行了验证,研究结果表明,在美日之间、美欧之间的贸易不存在"谜"的现象,而在美加之间、美国与发展中国家之间的贸易中,美国进口的自然资源比重较大,因而出现了"谜"的现象。鲍德温在 1971 年研究 1962 年数据时,在剔除自然资源产品后,出口产品与进口产品的资本和劳动比率由 0.79 上升到 0.96,尽管没有完全消除"里昂惕夫之谜",但在程度和比例上已经下降了许多。这从另一方面说明,某些自然资源产品同资本密集型产品的确存在着替代关系。美国自然资源商品进口具有资本密集型的特点,这就在美国的进口贸易中加大了资本密集型商品的份额,从而导致"谜"的产生。

### (五) 要素密集度逆转说

在要素禀赋理论中,假设要素密集度不会发生逆转,即 X 产品总是劳动密集型的,Y 产品总是资本密集型的。但在现实中,要素密集度可能发生逆转。要素密集度逆转是指同一种产品在劳动丰裕的国家是劳动密集型产品,在资本丰裕的国家又是资本密集型产品的情形。例如,小麦在美国由于资本相对丰裕,可以用资本密集(机械化)的方式生产;而中国由于劳动力相对丰裕,则可以用劳动密集(手工作业)的方式生产。在这种情况下,可能会出现要素密集度逆转的情形:美国出口 A 产品,该产品在别的国家是资本密集型的,但在美国是劳动密集型的;同时,美国进口 B 产品,该产品在外国是劳动密集型的,而在美国是资本密集型的。里昂惕夫在计算美国出口产品的资本和劳动比率时,用的都是美国的投入产出数据。对于美国进口的产品,他用的也是美国生产同类产品所需的资本和劳动比率而不是这一产品在出口国国内生产时实际使用的资本和劳动比率。这样一来,就有可能出现美国进口资本密集型产品、出口劳动密集型产品的情况。因此,存在要素密集度逆转时,要素禀赋理论并不成立。

在现实中,要素密集度是会发生逆转的,即当劳动的相对价格提高(工资提高),美国进口竞争部门会用相对便宜的资本替代相对昂贵的劳动,由于资本替代劳动的能力很大,或者说进口竞争部门较之出口生产部门有很高的资本替代劳动的替代弹性,致使该部门生产的产品由劳动的相对价格提高前的劳动密集型产品变成之后的资本密集型产品,从而会有美国出口劳动密集型产品、进口资本密集型产品的结果。

生产要素密集度逆转在现实中出现的概率有多大? 这又是一个实证检验的问题。经济学家 H. G. 格鲁贝尔(H. G. Grubel)在 1962 年对 19 个国家的 24 个行业进行了统计分析,发现有五个行业存在有生产要素密集度的逆转。B. S. 明哈斯(B. S. Minhas)在 1962 年发表的研究结果表明,有大约 1/3 的研究样本中出现了生产要素密集度逆转的情况。明哈斯的研究结果受到了里昂惕夫的质疑,他认为明哈斯的数据来源有偏差,在纠正了这些偏差之后,生产要素密集度逆转的情况只剩下 8%。经济学家鲍尔(Ball)对明哈斯的研究结果重新进行了检验,其结果也认为要素密集度逆转的情况在现实中很少发生。因此,试图通过要素密集度逆转对"谜"进行的解释没有很强的说服力。

### 三、"里昂惕夫之谜"及其解释的评价

里昂惕夫对要素禀赋理论的检验和里昂惕夫之谜的发现,对"二战"后国际贸易理论的发展具有开创性的意义。

首先,推动了战后国际贸易理论的新发展。"里昂惕夫之谜"是传统国际贸易理论发展史上的一个转折点,"里昂惕夫之谜"发现后,引导经济学家们把过去忽视了的因素引入国际贸易理论的研究中,它引发了人们对第二次世界大战以后国际贸易新现象、新问题的探索,推动了战后国际贸易理论的新发展。"里昂惕夫之谜"引发的各种学说以及由此展开的对里昂惕夫的投入-产出法及要素禀赋理论进行的更为广泛而全面的讨论,弥补了要素禀赋理论的不足,增强了要素禀赋理论的现实性和对战后国际贸易实践的解释能力,推动了战后国际贸易理论的新发展。里昂惕夫投入-产出分析法对美国贸易结构的计算分析,开辟了用统计数据全面检验贸易理论的道路。

其次,"谜"和"谜的解释"说明,要素禀赋理论已不能对战后国际贸易的实际作出有力的解释,因为战后科学技术、熟练劳动力在生产中的作用日益加强,已构成一个非常重要的生产要素,在这种条件下,如果把生产要素仅仅归结为资本、土地、劳动,则很有可能得出不正确的结论。

第三,国际经济学界关于"谜"与要素禀赋理论旷日持久的论战是以对要素禀赋理论前提进行修正而结束的。当今西方传统国际贸易理论中居主导地位的仍然是以比较优势为核心、经过修正的要素禀赋理论,它被誉为西方传统国际贸易理论的基石之一,但其对现实世界的解释范围已越来越小。

## 本章小结

1. 要素禀赋理论是由赫克歇尔和俄林提出的,后经萨缪尔森等人不断发展完善。赫克歇尔-俄林理论的核心观点是,要素禀赋的相对差异决定着国际分工的形态和国际贸易的流向,各个国家生产和出口密集使用本国丰裕要素的产品,进口密集使用本国稀缺要素的产品。

2. 要素价格的均等化是要素禀赋理论的一个重要内容。赫克歇尔-俄林-萨缪尔森定理指出了国际贸易会通过产品价格的均等化导致要素价格的均等化,从而影响一国的收入分配格局。

## 复习思考题

1. 简述要素禀赋理论的基本内容并对其进行评价。
2. 简述"里昂惕夫之谜"。
3. 简述经济学者们对"里昂惕夫之谜"的解释。

4. 假设仅有劳动和土地两种生产要素，A 国拥有 600 万英亩土地和 200 万个劳动力，B 国有 200 万英亩土地和 50 万个劳动力。如果劳动力占甲产品生产总成本的 80%，占乙产品生产总成本的 20%，那么：

（1）哪个国家为资本充裕的国家？哪个国家为劳动充裕的国家？甲产品和乙产品分别是哪种要素密集型商品？

（2）哪个国家会出口甲产品？哪个国家会出口乙产品？为什么？

# 第6章

# 当代国际贸易理论

## 知识目标

（1）系统了解和掌握当代国际贸易理论的演进和各种理论的产生背景、代表人物、代表作及其主要论点，并能对每种理论做出客观评价；

（2）掌握技术差距理论的主要内容以及产品生命周期各阶段的特点；

（3）掌握产业内贸易理论的产生和发展；产业内贸易的理论解释；

（4）掌握国家竞争优势的决定因素。

## 能力目标

通过本章内容的学习，使学生能运用所学理论理解现实中的贸易现象。

### 引导案例

#### 意大利瓷砖业的发展

到 20 世纪 90 年代，意大利一直是世界屋顶和地面瓷砖的主要生产国和出口国，其产量占世界总产量的 30%，出口占 60%，这源于该国生产工艺的高超。意大利的生产主要集中于北部小城萨索罗周围的爱尼里亚——罗马涅大区，该区有几百家瓷砖生产公司和釉料、磁漆、瓷砖设备等辅助行业的公司，在世界上的密集度最高。

意大利瓷砖业发展的一个重要原因在于该国的地中海式气候，因为瓷砖需要在温暖的天气里慢慢晾干。此外，意大利有使用天然石料的传统，使得意大利人均瓷砖使用量全球第一。而第二次世界大战后的重建带来建筑业的繁荣，导致对瓷砖的需求旺盛，使得 20 世纪 50—60 年代萨索罗地区的生产厂家剧增，1962 年达到 102 家。

除需求旺盛外，瓷砖企业的生产成本低也是一个原因。瓷砖制造商为争取到零售渠道而激烈竞争。零售商需要成本低、质量高、外观美的瓷砖，这迫使生产企业必须在技术、设计上不断创新模仿。20 世纪 70 年代，意大利瓷砖业日趋成熟，第二次世界大战后的国内需求旺盛期过后，生产出现过剩。于是它们转而开拓国际市场，特别是北美市场。在国际市场上，它们比西班牙和德国的对手生产率更高、成本更低、设计更好，90 年代意大利的瓷砖国际市场份额是西班牙的 2 倍。

资料来源：张二震、马野青，《国际贸易学》，第 2 版

## 第一节 动态国际贸易理论

从李嘉图的比较优势理论到要素禀赋理论,都从不同角度阐述了贸易的好处和原因。但是这些理论大多是静态地分析贸易,无法解释一些贸易现象。例如,有许多产品先是由发达国家生产并出口,其他国家进口。过了一段时间后,原来的进口国开始生产并出口这些产品,而最初出口的发达国家反而成为进口国。以汽车为例,美国最早是主要的生产和出口国,现在则大量从日本进口汽车。最近几年,韩国和马来西亚又成为重要的汽车出口国了。如何解释这种进口主体随着时间的变化而变动的现象呢?

20 世纪 60 年代,美国的经济学家 M. U. 波斯纳(M. U. Posner)和弗农通过对农产品技术变化及其对贸易格局的影响分析,提出了技术差距理论和产品生命周期理论,从动态的角度上分析了贸易格局的变化。

### 一、技术差距理论

#### (一)技术差距理论的产生

技术差距理论(Technological Gap Theory),又称技术差距模型(Technological Gap Model),是把技术作为独立于劳动和资本的第三种生产要素,探讨技术差距或技术变动对国际贸易影响的理论。由于技术变动包含了时间因素,技术差距理论被看成是对 H-O 理论的动态扩展。

技术差距理论产生于 1961 年,代表人物为美国学者 M. U. 波斯纳(Michael U. Posner),他在《国际贸易与技术变化》一文中,提出了国际贸易的技术差距模型。该理论认为,技术实际上是一种生产要素,并且实际的科技水准一直在提高,但是在各个国家的发展水准不一样,这种技术上的差距可以使技术领先的国家具有技术上的比较优势,从而出口技术密集型产品。随着技术被进口国的模仿,这种比较优势消失,由此引起的贸易也就结束了。

#### (二)技术差距理论的主要观点

技术差距理论认为,工业化国家之间的工业品贸易,有很大一部分是以技术差距的存在为基础进行的。通过引入模仿滞后的概念来解释国家之间发生贸易的可能性。在创新国和模仿国的两国模型中,创新国一种新产品成功后,在模仿国掌握这种技术之前,具有技术领先优势,可以向模仿国出口这种技术领先的产品。随着专利权的转让、技术合作、对外投资或国际贸易的发展,创新国的领先技术流传到国外,模仿国开始利用自己的低劳动成本优势,自行生产这种商品并减少进口。创新国逐渐失去该产品的出口市场,因技术差距而产生的国际贸易量逐渐缩小,最终被模仿国掌握,技术差距消失,以技术差距为基础的贸易也随之消失。

波斯纳在分析这一过程中,提出了需求滞后、反应滞后、掌握滞后和模仿滞后的概念。在图 6-1 中,横轴表示时间,纵轴上方表示创新国生产和出口数量,下方表示模仿国生产和出口数量。$T_0$ 为创新国开始生产的时间,$T_1$ 为模仿国开始进口的时间,$T_2$ 为模仿国开始生产的时间,$T_3$ 为模仿国开始出口的时间,$T_0-T_1$ 为需求滞后,$T_0-T_2$ 为反应滞后,$T_2-T_3$ 为掌握滞后,$T_0-T_3$ 为模仿滞后。

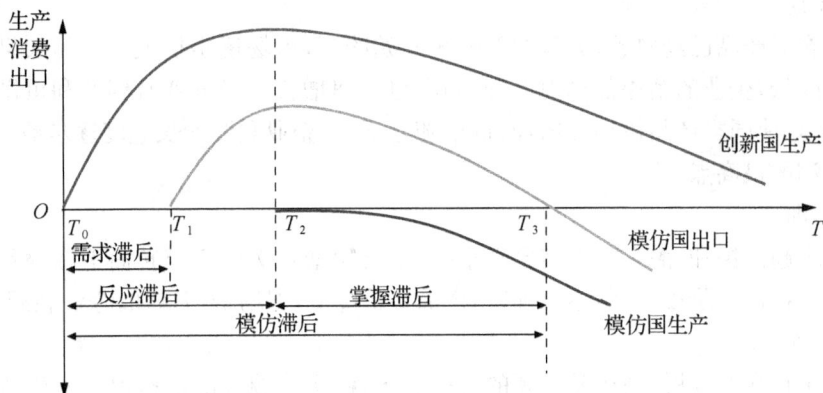

**图 6 - 1　技术差距理论图形**

1963 年,哥·登·道格拉斯(Gordon Douglas)运用模仿滞后的概念,解释了美国电影业的出口模式。即一旦某个国家在给定产品上处于技术领先的优势,该国将在相关产品上继续保持这种技术领先的优势。1966 年,盖·瑞·胡佛鲍尔(G. C. Hufbauer)利用模仿滞后的概念,解释了合成材料产业的贸易模式。即一个国家在合成材料出口市场的份额,可以用该国的模仿滞后和市场规模来解释。当他按照各国的模仿滞后对国家进行排序时发现,模仿滞后短的国家最新引进新合成材料技术,并开始生产和向模仿滞后长的国家出口,随着技术的传播,模仿滞后长的国家也逐步开始生产这种合成材料,并逐步取代模仿滞后短的国家的出口地位。对技术差距理论的经验研究,支援了技术差距论的观点,即技术是解释国家贸易模式的最重要的因素。

## 二、产品生命周期理论

### (一) 产品生命周期理论及模型

产品生命周期理论是美国哈佛大学教授雷蒙德·弗农(Raymond Vernon)1966 年在其《产品周期中的国际投资与国际贸易》一文中首次提出的。随后,威尔斯(Wells)和赫希哲(Hirsch)又对其进行了发展和完善。该理论是将周期理论和国际贸易理论相结合,从动态的角度分析国际贸易的产生和国际贸易的利益。

产品生命周期(product life cycle)简称 PLC,是产品的市场寿命,即一种新产品从开始进入市场到被市场淘汰的整个过程。弗农假设参与贸易的国家有三类:第一类是技术创新国,如美国等,它们是技术、知识与资本充裕型国家;第二类是工业发达国家,如西欧、日本,它们是资本充裕型国家;第三类是发展中国家,它们是劳动充裕型国家。

典型的产品生命周期一般可分为四个阶段,即介绍期、成长期、成熟期和衰退期。

1. 介绍(导入)期

新产品投入市场,便进入介绍期。此时,顾客对产品还不了解,只有少数追求新奇的顾客可能购买,销售量很低。为了扩展销路,需要大量的促销费用,对产品进行宣传。在这一阶段,由于技术方面的原因,产品不能大批量生产,因而成本高,销售额增长缓慢,企业不但得不到利润,反而可能亏损。产品也有待进一步完善。

**2. 成长期**

这时顾客对产品已经熟悉，大量的新顾客开始购买，市场逐步扩大。产品大批量生产，生产成本相对降低，企业的销售额迅速上升，利润也迅速增长。竞争者看到有利可图，纷纷进入市场参与竞争，使同类产品供给量增加，价格随之下降，企业利润增长速度逐步减慢，最后达到生命周期利润的最高点。

**3. 成熟期**

市场需求趋向饱和，潜在的顾客已经很少，销售额增长缓慢直至转而下降，标志着产品进入了成熟期。在这一阶段，竞争逐渐加剧，产品售价降低，促销费用增加，企业利润下降。

**4. 衰退期**

随着科学技术的发展，新产品或新的代用品出现，将使顾客的消费习惯发生改变，转向其他产品，从而使原来产品的销售额和利润额迅速下降。于是，产品又进入了衰退期。

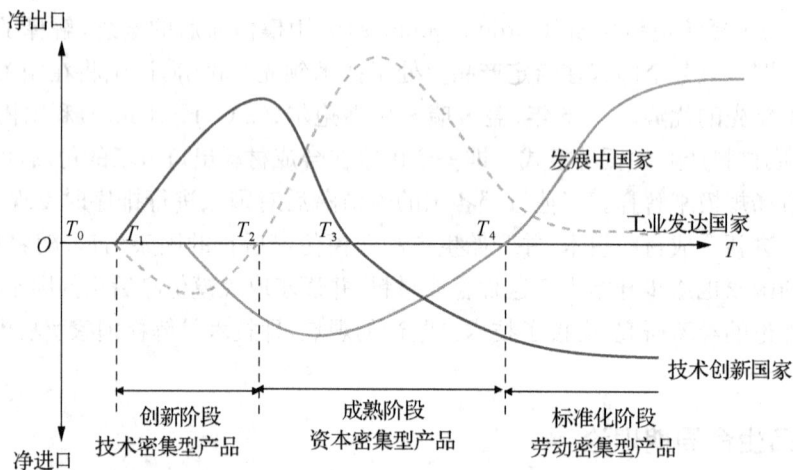

图 6-2　国际贸易中产品生命周期的动态变化

## （二）国际贸易中产品生命周期的动态变化

产品生命周期理论是一个动态理论，其动态含义表现在以下两个方面：

**1. 生产要素的动态变化**

工业制成品的生产要素随着生命周期不断变化。在新产品生命周期的不同阶段，制造新产品所投入的要素比例是变动的。在导入期，产品的设计尚须改进，工艺流程尚未定型，需要大量的科技人员和熟练工人，产品属于技术密集型。到了成熟期，产品已经定型，只需要投入资本购买机器设备，产品由技术密集型转向资本密集型。进入标准化阶段，产品和工艺流程已经标准化，劳动熟练程度不再重要，价格竞争成为能否占领市场的关键。

**2. 贸易国比较利益的动态转移**

根据产品生命周期各阶段的要素密集型的特点，比较优势将发生国与国之间的转移。就不同类型的国家而言，在产品生命周期的不同阶段的比较优势是不同的。美国工业先进，科技力量雄厚，国内市场广阔，在开发新产品方面具有比较优势。其他发达国家拥有较为丰富的科研力量和较强的科技实力，在生产某些产品方面具有比较优势。这些国家一方面可以把处于生命周期早期阶段的产品出口到欠发达国家，另一方面又可以把处于后期阶段的产品出口到比他们发达的国家。发展中国家半熟练劳动资源丰富,在生产标准化产品上具有比较优势。因此,一种产品在它的生命周期的运动过程中,比较优势是从一种类型的国家转向另一种类型的国家的。

产品生命周期理论结合了市场营销和传统的国际贸易理论等,运用了动态分析方法,从技术创新和技术传播等角度分析了国际分工的基础和国际贸易格局的演变,对第二次世界大战后的制成品贸易模式和国际直接投资做出了令人信服的贡献。它考虑了生产要素密集度的动态变化、贸易国比较利益的动态转移,对落后国家利用直接投资和劳动力成本优势发展本国的制造业,具有积极的指导意义。

## 第二节 产业内贸易理论

### 一、产业内贸易理论的产生和发展

自 20 世纪 60 年代以来,国际贸易实践中出现了许多新趋向,工业国家之间的许多贸易活动用传统的比较优势理论无法予以适当的解释,主要体现在世界贸易绝大部分是在要素禀赋相似的工业化国家之间进行的,且大部分贸易是产业内贸易,即相似产品的双向贸易。这种新的贸易倾向显然不能用传统的国际贸易理论来解释,而需要对其理论框架进行扩展或重构。于是一批经济学家从贸易实践出发,利用新的分析工具,尤其是借鉴了产业组织理论的重要模型,对国际贸易理论进行了新的发展,提出了产业内贸易理论。

产业内贸易理论的发展经历了 20 世纪 70 年代中期以前的经验性研究和 20 世纪 70 年代中期以后的理论性研究两个阶段。20 世纪 70 年代中期以前,西方学者的研究主要集中在实证研究上,佛得恩(Verdoorn)、密切里(Michaely)、巴拉萨(Balassa)、小岛清(K. Kojima)等对产业内贸易理论做了大量的实证研究。20 世纪 70 年代中期,西方学者格鲁贝尔(Grubel)和劳埃德(Lloyd)、格雷(Gray)、戴维斯(Devtes)、P. 克鲁格曼等许多经济学家对产业内贸易进行了大量的理论研究,使产业内贸易理论日趋丰富、成熟。其中格鲁贝尔和劳埃德合著出版了《产业内贸易》一书,认为技术差距、研究与开发、产品的差异性可能导致产业内贸易。

### 二、产业内贸易的含义与特点

#### (一)产业内贸易的含义

产业内贸易又称差异化产品理论,是指发生在同一产业内差异性产品的贸易,即一国在出口某种产品的同时又进口同类产品,如日本既出口汽车又进口汽车。按照国际商品标准分类方法的规定,相同类型的商品是指至少属于同章、同类和同组的商品,同时出现在一国的进出口项目中。产业内贸易主要是相对于产业间贸易而言的,产业间贸易是指发生在不同产业间的完全不同的产品进出口,如发展中国家出口纺织品、进口汽车就是产业间贸易。

#### (二)产业内贸易的特点

一般来说,产业内贸易具有以下几个特点:

第一,产业内贸易是同类产品的贸易,而产业间贸易是不同产品的贸易;

第二，产业内贸易的产品是双向流动，而产业间贸易基本上是单向流动的；

第三，产业内贸易的产品具有多样化特点。这些产品中既有资本密集型产品，也有劳动密集型产品，既有高技术产品，也有标准技术产品；

第四，产业内贸易的商品必须具备两个条件：一是消费品能够相互替代，二是在生产中需要相近或相似的生产要素投入。

### 三、产业内贸易形成的原因

#### （一）差异性产品的存在

传统国际贸易理论假设各国生产的产品是同质的，国际市场是完全竞争的市场。产业内贸易理论认为，工业产品不完全是同质的。如日本的丰田汽车公司和美国的福特汽车公司都生产轿车，但丰田汽车和福特汽车在品质、性能、耗油量和款式上都存在差别，因此，它们生产的是差异性产品，而不是同质产品。大多数工业产品市场是垄断竞争市场，其产品为差异性产品：一方面，产品由于类似而有一定的替代性，从而相互竞争；另一方面，产品又有各自的特征，相互间不能完全替代，又使产品具有一定的垄断性。

#### （二）规模经济作用

激烈竞争使同类产品的生产企业在竞争中优胜劣汰，为降低成本，拥有比较优势，企业不断深化专业化生产，扩大规模，从而获得经营上的规模效益，最后造成一国的大型企业只生产少数几个规格产品的格局。

#### （三）由比较优势决定

H-O理论表明要素禀赋形成的比较优势决定了产业间贸易模式，而差异性产品的规模经济生产决定了产业内贸易模式；要素禀赋差别越大的国家之间的产业间贸易越多，要素禀赋越接近的国家之间的产业内贸易越多；产业间贸易反映了先天的比较优势，产业内贸易反映了后天的比较优势。可见，即使是产业内贸易也是以比较优势为基础的，规模经济所产生的比较优势和产业内部的国际分工已成为发达国家之间工业产品双向贸易的基础。

正是由于不完全竞争市场上差异性产品的大量存在、专业化市场的规模经济性和比较优势的作用，才在各国间产生了巨额的产业内贸易现象。

### 四、产业内贸易的衡量

一般用产业内贸易指数来测量某个产业或某一国家的产业内贸易程度。产业内贸易指数（Index of Intra-industrial Trade, IIT）是用来测度一个产业的产业内贸易程度的指数，即一国某产业内贸易额占该产业进出口总额的比例。目前最广泛使用的产业内贸易的测算方法是由格鲁贝尔和劳埃德于1975年提出的格鲁贝尔-劳埃德指数（GL指数）。用公式可以表示为：

$$IIT = 1 - |X - M|/(X + M)$$

注：式中：$X$ 和 $M$ 分别表示某一特定产业或某一类商品的出口额和进口额，并且对 $X-M$ 取绝对值。

$IIT$ 的取值范围为 $[0,1]$，$IIT=0$ 时，表示没有发生产业内贸易；$IIT=1$ 时，表明产业内进口额与出口额相等；$IIT$ 值越大说明产业内贸易程度越高。

应当指出的是,产业部门的划分不同,所计算出的产业内贸易程度也是不同的。一般来说,产业部门划分越细,产业内贸易指数一般会越小,而产业部门划分越粗,产业内贸易指数就越大。

## 五、产业内贸易的理论解释

### (一) 同质产品的产业内贸易

通常同质产品的贸易形式都属于产业间贸易,但在下列几种情况中会发生产业内贸易。

1. 两国边境的交叉型产业内贸易

产品的单价低而运输成本高,消费者愿意就近获得。在石料、钢铁、木材和玻璃等建筑材料的贸易中,运输费用占据了总成本的很大部分,由于使用者处于两国边境,所以有时国外的生产地比国内的生产地距离要近,如果两国之间不限制这类产品的进出口,那么使用者便会从离自己较近的国外生产地购买产品,而不从距离较远的国内生产地购买。

2. 季节性贸易

有些产品的生产和市场需求具有一定的季节性,因此国家为了满足国内需求矛盾也会形成产业内贸易。例如,欧洲一些国家之间为了相互解决用电高峰期而进行的电力进出口,另外,一些果蔬的季节性进出口也属于此类。

3. 转口贸易和复出口贸易

转口贸易是指先从一国进口产品,再将其出口到第三国。这样,转口国的进口项目和出口项目中就出现了同类产品,在统计上构成了产业内贸易。不过由于转口产品既非由本国生产或加工,也非由本国消费,所以许多学者认为对转口国来说转口贸易不能视为产业内贸易。

4. 倾销

在不同国家生产同样产品的企业,为了占领更多的市场,有可能在竞争对手的市场上倾销自己的产品,从而形成产业内贸易。

5. 跨国公司的内部贸易

跨国公司的内部贸易也称为公司内贸易,指的是母公司与子公司或者子公司与子公司之间产生的国际贸易。由于统计上常常将零部件、中间产品以及加工产品都视为同样的产品,因此跨国公司的内部贸易也会形成产业内贸易。

同质产品贸易只要加入运输成本等因素的分析,都仍然可以用 H-O 理论加以解释说明。因此,差异产品贸易分析是产业内贸易理论的主要内容。

### (二) 差异产品的产业内贸易

1. 差异产品的类型

差异产品可以分成三种:水平差异产品、技术差异产品和垂直差异产品。不同类型的差异产品引起产业内贸易的动因也不相同,分为水平差异、技术差异和垂直差异。

(1) 水平差异是指由同类产品的形态属性进行不同组合而产生的差异。烟草、服装、化妆品等行业普遍存在着这类差异。两个原因导致了水平差异产品进入产业内贸易:第一个原因是,由于消费者的需求是多种多样的,这要求同类产品具有多个品种,当不同国家的消费者对彼此不同品种的产品产生相互需求时,就出现了产业内贸易。另一原因是由于产业内专业化的出现。所谓产业内专业化,是指发生在同一产业内部十分细致的专业化分工。由于水平差异产品主要通过各种广告促销手段来吸引消费者,因此往往需要扩大生产规模。生产规模的扩大使产业内专业化出现,随之产生了产业内贸易。

（2）技术差异是由于技术水平提高所带来的差异,也就是新产品的出现带来的差异。从技术的角度看,是产品的生命周期导致了产业内贸易的产生,技术先进的国家不断地开发新产品,技术后进的国家则主要生产那些技术已经成熟的产品,因此在处于不同生面周期阶段的同类产品间产生了产业内贸易。

（3）垂直差异就是产品在质量上的差异。由于国家间经济水平不同或是国家内部个人收入存在着差异,所以不同的消费者需要不同档次的产品,这种对产品档次的需求差异导致了产业内贸易的产生。为了满足不同层次的消费需求,高收入水平的国家就有可能进口中低档产品来满足低收入阶层的需求;同样,中低收入水平的国家也可能进口高档产品满足国内高收入阶层的需求。

2. 同质产品和差异产品都会产生国际贸易,产品的差异性是产业内贸易的基础

产品的差异性可以使不同生产者的产品满足不同消费层次、消费偏好的需求,从而形成不同生产者的优势地位,在此基础上产生产业内贸易。

## 第三节　国家竞争优势理论

### 一、国家竞争优势理论产生的背景

竞争优势理论的产生是以美国国际经济地位的变化为背景的。在第二次世界大战后的20年里,美国经济实力强盛,遥遥领先于世界其他国家。但此后,由于其他西方国家经济的快速增长,美国各项经济指标在世界经济中的比重不断下降。20世纪70年代以来,欧洲共同市场的形成和势力壮大,以及日本的崛起,都对美国在国际经贸中的地位构成严峻挑战。美国在国际市场上的竞争优势严重削弱,就连新兴工业化国家都在夺取美国在世界市场的份额。到了20世纪80年代,世界经济贸易领域的竞争进一步加剧,美国对外贸易逆差和国际收支赤字有不断增大之势。在这种情况下,怎样才能保持昔日的竞争优势,必然成为美国朝野都关注的问题,波特的理论正是适应这一客观要求而产生的。

20世纪八九十年代,美国哈佛大学商学院教授迈克尔·波特(Michael E. Porter)相继出版了《竞争战略》(1980)、《竞争优势》(1985)、《国家竞争优势》(1990)三部著作,分别从微观、中观和宏观三个层面较为系统地论述了"竞争"(企业竞争、产业竞争、国家竞争)问题,系统地提出了竞争优势理论。该理论试图归纳国际贸易新理论中各派提出的观点,被认为是对贸易理论一个重要的综合和发展,它较为全面和综合地阐述了国际竞争力的主要来源,从而对国际贸易的解释更具统一性和说服力,并形成了一个新的理论框架雏形。

### 二、国家竞争优势和决定因素

"国家竞争优势模型"的基本观点是,一国的国内经济环境对企业开发其竞争优势有很大影响,其中影响最大、最直接的因素有四项:生产要素、需求条件、相关与支持产业,以及企业战略、结构与同业竞争。除了这四种主要影响因素外,还有两个重要变量可能对国家竞争优势

产生重要影响,即机会和政府。波特认为,政府行为和偶然事件在国家竞争优势的创造中也是重要的,但只是辅助性的、次要的。该模型又可称为"波特机制"或"钻石模型"、"钻石体系"。这些因素的每一个都可单独发生作用,但又同时对其他因素产生影响,各个因素结合成一个有机体系,共同决定着国家的竞争优势。

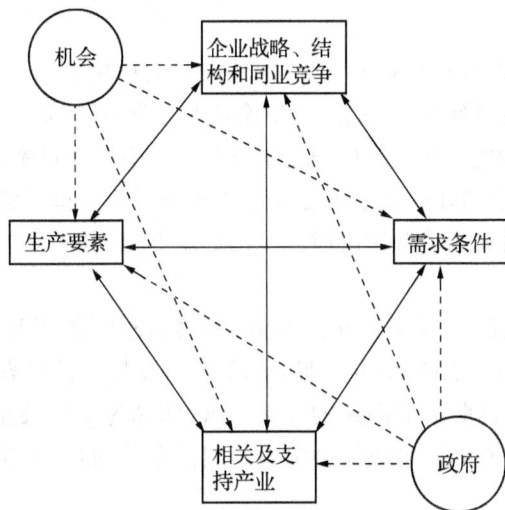

图 6 - 3   波特的钻石模型

## (一) 生产要素

波特将生产要素划分为初级生产要素和高级生产要素,初级生产要素是指天然资源、气候、地理位置、非技术工人、资金等,高级生产要素则是指现代通信、信息、交通等基础设施,以及受过高等教育的人力、研究机构等。波特认为,初级生产要素重要性越来越低,因为对它的需求在减少,而跨国公司可以通过全球的市场网络来取得(当然初级生产因素对农业和以天然产品为主的产业还是非常重要的)。高级生产要素对获得竞争优势具有不容置疑的重要性。高级生产要素需要先在人力和资本上大量和持续地投资,而作为培养高级生产要素的研究所和教育计划,本身就需要高级的人才。高等级生产要素很难从外部获得,必须自己来投资创造。

从另一个角度,生产要素被分为一般生产要素和专业生产要素。高级专业人才、专业研究机构、专用的软硬件设施等被归入专业生产要素。越是精致的产业越需要专业生产要素,而拥有专业生产要素的企业也会产生更加精致的竞争优势。

一个国家如果想通过生产要素建立起产业强大而又持久的优势,就必须发展高级生产要素和专业生产要素,这两类生产要素的可获得性与精致程度也决定了竞争优势的质量。如果国家把竞争优势建立在初级与一般生产要素的基础上,它通常是不稳定的。

波特同时指出:在实际竞争中,丰富的资源或廉价的成本因素往往造成没有效率的资源配置,另一方面,人工短缺、资源不足、地理气候条件恶劣等不利因素,反而会形成一股刺激产业创新的压力,促进企业竞争优势的持久升级。一个国家的竞争优势其实可以从不利的生产要素中形成。

根据推测,资源丰富和劳动力便宜的国家应该发展劳动力密集的产业,但是这类产业对大幅度提高国民收入不会有大的突破,同时仅仅依赖初级生产要素是无法获得全球竞争力的。

### (二) 需求条件

国内需求市场是产业发展的动力。国内市场与国际市场的不同之处在于企业可以及时发现国内市场的客户需求,这是国外竞争对手所不及的,因此波特认为全球性的竞争并没有减少国内市场的重要性。

波特指出,本地客户的本质非常重要,特别是内行而挑剔的客户。假如本地客户对产品、服务的要求或挑剔程度在国际间数一数二,就会激发出该国企业的竞争优势,这个道理很简单,如果能满足最难缠的顾客,其他客户的要求就不在话下。如日本消费者在汽车消费上的挑剔是全球出名的,欧洲严格的环保要求也使许多欧洲公司的汽车环保性能、节能性能处于全球一流水平。美国人大大咧咧的消费作风惯坏了汽车工业,致使美国汽车工业在石油危机的打击面前久久缓不过神来。

另一个重要方面是预期性需求。如果本地的顾客需求领先于其他国家,这也可以成为本地企业的一种优势,因为先进的产品需要前卫的需求来支持。德国高速公路没有限速,当地汽车工业就非常卖力地满足驾驶人对高速的狂热追求,而超过 200 公里乃至 300 公里的时速在其他国家毫无实际意义。有时国家政策会影响预期性需求,如汽车的环保和安全法规、节能法规、税费政策等。

### (三) 相关与支持产业

对形成国家竞争优势而言,相关和支持产业与优势产业是一种休戚与共的关系。波特的研究提醒人们注意“产业集群”这种现象,一个优势产业不是单独存在的,它一定是同国内相关强势产业一同崛起。以德国印刷机行业为例,德国印刷机雄霸全球,离不开德国造纸业、油墨业、制版业、机械制造业的强势。美国、德国、日本汽车工业的竞争优势也离不开钢铁、机械、化工、零部件等行业的支持。有的经济学家指出,发展中国家往往采用集中资源配置,优先发展某一产业的政策,而孤军深入的结果就是牺牲了其他行业,重要的产业也无法一枝独秀。

本国供应商是产业创新和升级过程中不可缺少的一环,这也是它最大的优点所在,因为产业要形成竞争优势,就不能缺少世界一流的供应商,也不能缺少上下游产业的密切合作关系。另一方面,有竞争力的本国产业通常会带动相关产业的竞争力。

波特指出,即使下游产业不在国际上竞争,但只要上游供应商具有国际竞争优势,对整个产业的影响仍然是正面的。

### (四) 企业战略、结构与同业竞争

波特指出,推进企业走向国际化竞争的动力很重要。这种动力可能来自国际需求的拉力,也可能来自本地竞争者的压力或市场的推力。创造与持续产业竞争优势的最大关联因素是国内市场强有力的竞争对手。波特认为,这一点与许多传统的观念相矛盾,例如一般认为,国内竞争太激烈,资源会过度消耗,妨碍规模经济的建立;最佳的国内市场状态是有两到三家企业独大,用规模经济和外商抗衡,并促进内部运作的效率化;还有的观念认为,国际型产业并不需要国内市场的对手。波特指出,在其研究的十个国家中,强有力的国内竞争对手普遍存在于具有国际竞争力的产业中。在国际竞争中,成功的产业必然先经过国内市场的搏斗,迫使其进行改进和创新,海外市场则是竞争力的延伸。而在政府的保护和补贴下,放眼国内没有竞争对手

的"超级明星企业"通常并不具有国际竞争能力。

## （五）机会

机会是可遇而不可求的，机会可以影响四大要素发生变化。波特指出，对企业发展而言，形成机会的可能情况大致有几种：基础科技的发明创造；传统技术出现断层；外因导致生产成本突然提高（如石油危机）；金融市场或汇率的重大变化；市场需求的剧增；政府的重大决策；战争。机会其实是双向的，它往往在新的竞争者获得优势的同时，使原有的竞争者优势丧失，只有能满足新需求的厂商才能有发展"机遇"。

## （六）政府

波特指出，从事产业竞争的是企业，而非政府，竞争优势的创造最终必然要反映到企业上。即使拥有最优秀的公务员，也无从决定应该发展哪项产业，以及如何达到最适当的竞争优势。政府能做的只是提供给企业所需要的资源，创造产业发展的环境。

政府只有扮演好自己的角色，才能成为扩大钻石体系的力量，政府可以创造新的机会和压力，政府直接投入的应该是企业无法行动的领域，也就是外部成本，如发展基础设施、开放资本渠道、培养信息整合能力等。

从政府对四大要素的影响看，政府对需求的影响主要是政府采购，但是政府采购必须有严格的标准，扮演挑剔型的顾客（在美国，汽车安全法规就是从政府采购开始的），采购程序要有利于竞争和创新。在形成产业集群方面，政府并不能无中生有，但是可以强化它。政府在产业发展中最重要的角色莫过于保证国内市场处于活泼的竞争状态，制定竞争规范，避免托拉斯状态。波特认为，保护会延缓产业竞争优势的形成，使企业停留在缺乏竞争的状态。

## 相关链接

### 海门叠石桥家纺产业集群

海门家纺产业集群的背景——海门市家纺产业主要分布在三星、德胜、天补、三和、海门等乡镇，依托叠石桥国际家纺城形成。地处海门、通州两市交界处的叠石桥，当地群众素有从事家纺品生产的历史。改革开放以后，叠石桥家纺业发展驶入了快车道，家纺的品种款式由小到多，生产企业由弱到强，经营规模由小到大，生产设备由落后到先进，辐射面由狭到宽，形成了生产规模化、分工社会化、设备智能化、产品系列化和营销国际化的格局。海门市政府先后投入10亿多元，对市场进行六次扩建、改造，目前叠石桥已形成绣品城、家纺城、商贸城、名品广场等四大经营区域，拥有5 000多个摊位和2 000多个精品门店，营业面积达到30多万平方米，日人流量3万人次，并形成了与之相配套的物流中心、研发中心、信息中心和餐饮娱乐业等。在叠石桥市场的带动下，从事家纺产业的人员覆盖周边三个县市10多个乡镇，人数20多万，生产的产品包括被套、被罩、床单、窗帘、被子、凉席、帐子等，不但畅销全国，还远销30多个国家和地区。2005年，叠石桥家纺市场成为全国同类行业中规模最大、品种最全、交易额最高、市场前景最为看好的市场。

### 三、国家竞争优势的发展阶段

波特的国家竞争优势理论特别强调各国生产力的动态变化,强调主观努力在赢得优势地位中所起的作用。他将一国优势产业参与国际竞争的过程分为四个依次递进的阶段。

#### (一)要素驱动阶段

在要素驱动阶段,基本要素上的优势是竞争优势的主要源泉。产业竞争主要依赖于国内自然资源和劳动力资源的拥有状况,具有竞争优势的产业一般是那些资源密集型产业。在这一阶段,产业技术水平层次较低。一国在生产要素上拥有的优势,如廉价的劳动力和丰富的资源,类似于比较优势理论。

#### (二)投资驱动阶段

在投资驱动阶段,竞争上的优势主要取决于资本要素,大量投资可更新设备、扩大规模,进而增强产品的竞争力。产业竞争依赖于国家和企业的技术创新愿望和技术创新能力,具有竞争优势的产业一般是资本密集型产业。在这一阶段,相关和支持产业还不够发达,产品的生产主要依赖于国外的技术和设备。一些产业的技术水平虽然有可能较高,但产业整体技术水平仍然落后于世界先进水平。

#### (三)创新驱动阶段

在创新驱动阶段,竞争优势主要来源于企业的创新。产业竞争依赖于国家和企业的技术创新愿望和技术创新能力,具有竞争优势的产业一般是技术密集型产业,如高新技术产业或被高新技术产业改造过的传统产业。在这一阶段,企业能够在广泛的领域成功地进行市场竞争,并实现不断地技术升级;一些率先进入技术创新驱动阶段的产业,不断实现新的升级,并向其他产业扩散,进而形成一系列产业以及产业群的横向扩展能力,即通过建立企业或拓展业务形成新的产业发展领域;越来越多的企业进入高水平的服务业,高水平的服务业占据越来越高的国际地位。

#### (四)财富驱动阶段

在财富驱动阶段,产业竞争依赖于已获得的财富,投资者、经理人员和个人的动机转到了无益于投资、创新和产业升级的方面;企业回避竞争,更注重保持地位而不是进一步增强国际竞争力,实业投资下降,有实力的企业试图通过影响政府政策来保护自己。在这一阶段,产业竞争力逐渐衰弱。

### 四、国家竞争优势理论的评价

波特的"国家竞争优势理论"是当代国际经济学理论的重大发展,对国际贸易理论的发展做出了重要的贡献。

#### (一)弥补了其他国际贸易理论的不足

波特认为,一国在生产要素方面的比较优势有利于它建立国家竞争优势,而一国国家竞争优势的建立才能获得持久的比较利益。这种国家竞争优势才应该是国际贸易理论的核心。

#### (二)发展了传统国际贸易理论对于在要素基础上形成优势的静态观点

该理论深化了对要素竞争优势的认识,如在要素基础上形成的竞争优势是动态变化的,要素上的劣势也能够产生国家竞争优势,要素创造比要素禀赋对于一国的竞争优势来说重要得多。

### （三）充分反映了竞争的丰富内涵

波特的竞争优势由两大因素决定:成本优势和差异性优势,其分析包括细分市场、差异化产品、技术差异和规模经济、质量、特色、新产品创新和成本优势等,而大多数贸易只注意到成本,对质量和差异化产品等方面未引起足够重视。

### （四）强调国内因素对于竞争优势的重要性

传统的贸易理论对于国内需求状况、相关与支持产业及国内竞争等因素对于其竞争优势影响的认识,要么被认为很小,要么被忽视。而波特非常肯定地认为,国内因素与竞争优势之间存在因果关系。国内需求的增长、国内需求的结构、相关与支持产业的发展情况和国内竞争强度等都对一国竞争优势有着决定性影响。国内因素对于竞争优势的作用往往是国外的同类因素取代不了的。波特的理论观点弥补了传统理论的不足,也被实践所证实。

### （五）在当代国际贸易分工中具有重要的现实意义

伴随着当今经济的一体化到全球化,国际分工日益深入,国际竞争日益激烈,在这种竞争中,任何一个国家不再可能依靠基于禀赋条件的比较优势赢得有利的国际分工地位,而只有通过竞争优势的创造,才能提高自己的竞争力,增进本国人民的福利。波特强调加强国家竞争优势的扶持和培育,这对于发展中国家竞争优势的发展无疑具有积极的指导意义。

总之,国家竞争优势理论不仅对当今世界经济和贸易格局进行了理论上的归纳总结,而且对国家未来贸易地位的变化提供了具有一定前瞻性的预测。

## 第四节　其他国际贸易新理论

国际贸易理论经历了以亚当·斯密、大卫·李嘉图等人为代表的古典主义阶段和以俄林为代表的新古典主义阶段。在这些传统理论盛行之际,国际贸易出现了许多新的现象。如20世纪60年代以来,发达国家之间的贸易量大大增加,占世界贸易量的2/3以上;国际贸易中同类产品之间的贸易量大大增加,这些现象用传统理论无法解释等等。经济学家开始用新的方法来研究国际贸易问题,创立了新的国际贸易学说。

### 一、规模经济理论

#### （一）规模经济的含义

规模经济最早可追溯至英国人马克西和西尔伯斯对汽车工业规模经济的研究。是指随着规模的扩大,产出的增加超过投入的增加,单位产品成本下降,收益递增。在规模经济条件下,随着生产规模的扩大,总产量增加的速度超过了要素投入的增加速度,这意味着平均成本下降,生产效率提高。

根据企业平均成本下降的原因,规模经济可以分为外部规模经济和内部规模经济两种情况。其中,外部规模经济是指当整个行业规模扩大、产量增加时,该行业的各个企业平均生产成本下降。主要原因有,产业规模的扩大能更好地利用交通运输、通信设施、金融机构、资源条件等良好的行业环境,获得外部规模经济。内部规模经济是指由于企业自身产出量的增加而导致的平均成本的下降。主要原因有:能够充分发挥各种生产要素的效能,更好地组织企业内部的劳动分工和生产专业化,提高固定资产的利用率,取得内部规模经济。

## 📖 小阅读

### 规模经济案例——格兰仕微波炉

1993年,格兰仕由轻纺业掉头转向家电业,专攻微波炉。1995年,格兰仕以中国市场25.1%的占有率夺得了行业的桂冠。1999年,启动1 200万台年产规模的微波炉生产基地,跃升为全球最大专业化微波炉制造商。

目前,格兰仕微波炉每年的产销量为2 000万台,平均每人1天生产3台,而其竞争对手一般生产规模为每人3天生产1台,格兰仕的生产效率是其9倍。规模经济效应使得格兰仕微波炉的单位成本急剧下降,从而导致微波炉价格下降。20世纪90年代初,一台微波炉的价格高达3 000—4 000元,相当于普通职工几个月的工资。格兰仕进入微波炉行业的12年间,微波炉价格降到了每台300—400元,降幅90%以上,这也是格兰仕规模经济对中国广大消费者的巨大贡献。

### (二)规模经济与国际贸易

1. 规模经济是国际贸易的基础

当某个产品的生产出现规模报酬递增时,随着生产规模的扩大,单位产品的成本会发生递减从而形成成本优势,这会导致该产品的专业化生产和出口,这样,产业内部的分工和贸易就形成了。

2. 规模经济对贸易的双方均有利

在存在规模经济的条件下,以此为基础的分工和贸易会通过提高劳动生产率、降低成本使产业达到更大的国际规模并从中获利,参与分工和贸易的双方均能享受到规模经济的好处。

下面以一个例子说明存在规模经济时专业化分工和贸易对贸易国的好处。设甲乙两国都生产轿车,每个国家的生产规模和国内需求都是50万辆。如果两国的生产技术相同,轿车生产具有规模经济效应,产出与投入的关系如表6-1:

表6-1 轿车的产出与投入关系

| 规模(万辆) | 平均成本(万元) |
| --- | --- |
| 50 | 80 000 |
| 100 | 60 000 |

如果两国的厂商各自为本国市场生产,总成本为(50+50)×80 000=8 000 000(万元);如果由一个厂商为两个国际提供轿车供给,总成本为(50+50)×60 000=6 000 000(万元),共节约成本2 000 000万元。这2 000 000万元通过市场机制,或者转化为厂商利润,或者转化为两国的消费者剩余。总之,如果不考虑这个利益如何分配,专业化生产总能够为两国带来更大的福利。这样,规模经济产生的成本下降使分工和交换为两国带来更大的福利。

### （三）内部规模经济与国际贸易

具有内部规模经济的一般是资本密集型或知识密集型行业。内部规模经济之所有会出现，是由于企业所需特种生产要素的不可分割性和企业内部进行专业化生产造成的。采用大规模生产技术的制造业可以使用特种的巨型机器设备和流水生产线，进行高度的劳动分工和开发工作，从而可以大幅度降低成本，获得利润。对于研究与开发费用较大的产业来说，规模经济的实现是至关重要的。如果没有国际贸易，这类产业可能就无法生存。只有在进行国际贸易的情况下，产品销售到世界市场上去，产量得以增加，企业才能最终实现规模经济下的生产。

### （四）外部规模经济与国际贸易

外部规模经济出现的主要原因是整个产业集中在一个地理区域内，有利于形成专业化的供应商，培育共同的劳动力市场，有利于知识外溢，使得整个产业的生产效率得以提高，所有企业的平均成本下降。

外部规模经济同样会影响国际贸易。当存在外部规模经济时，由外部规模经济带来的成本优势能使该国成为商品出口国。

## 二、需求偏好相似理论

### （一）需求偏好相似理论的产生

1961 年，瑞典经济学家林德（Staffan B. Linder）在《论贸易和转换》一书中提出了需求偏好相似理论，也称为重叠需求理论。林德从需求方面研究国际贸易的起因，认为两国之间贸易关系的密切程度是由两国的需求结构与收入水平决定的。

1. 相关假设

要素禀赋理论及此前的理论都假设两国的需求偏好相同，甚至不考虑需求因素，这一假设与现实有明显的差距。事实上，需求是变化的，而且各国的需求偏好是不同的。为此，林德放松条件，并进一步规定：

（1）假设在一国之内，不同收入阶层的消费者偏好不同，收入越高的消费者越偏好奢侈品，收入越低的消费者越偏好必需品；

（2）假设世界不同地方的消费者收入相同，则其偏好相同。

2. 关于要素禀赋论

林德认为要素禀赋理论只强调了供给方面的因素，它只适用于以工业品交换初级产品的贸易，即主要发生在工业发达国家和土地或劳动资源丰富的发展中国家之间的贸易，而不适用于工业品之间的贸易。他认为，影响工业制成品生产和贸易的主要因素是国内外市场的需求，所以工业制成品贸易的起因和格局应从需求方面来解释。

### （二）需求偏好相似理论的基本观点

1. 一种产品是否生产首先取决于国内市场的有效需求

一国生产者总是会优先发展具有国内需求的产品，并且就新产品的发明而言，国内需求是必需的。因此，一种产品若想成为出口产品，首先必须是本国消费或投资生产的产品，有国内需求的产品才会是该国具有最大相对优势的产品。

**2. 两国需求结构越相似，两国之间的贸易量越大**

如果两国的需求结构完全一致，一国所有可能进出口的产品也就是另一国所有可能进出口的产品。

**3. 代表性需求和重叠需求是各国间部门内贸易产生的又一动因**

所谓代表性需求，是指社会上已经大量存在的需求，而且随着国民收入的上升，该类需求呈扩大趋势，如发达国家中大部分家庭对汽车的需求。所谓重叠需求，是指人均收入水平接近的国家对某种产品需求档次相同部分的需求。

**4. 人均收入水平是影响一国需求结构的最主要因素**

人均收入水平的差异是贸易的潜在障碍。人均收入水平低的国家对消费品的需求主要集中于生活必需品，当收入增加时，人们会增加对生活必需品的需求。人均收入水平高的国家在其收入增加时，人们增加的是对奢侈品的需求，而对生活必需品的需求则增加较少甚至下降。所以，一国虽然拥有具有比较优势的产品，但如果他国由于收入水平较低而对此产品无需求，则两国间不会发生国际贸易。

**5. 该理论主要适用于工业产品或制成品**

因为初级产品的贸易是由自然资源的禀赋不同引起的，所有初级产品的需求与收入无关。即使生产国缺少对初级产品的国内需求，它也可能成为出口品，在收入差异很大的国家间进行贸易。而制成品的国际贸易在人均收入水平相近的国家之间比在人均收入差异大的国家之间更加频繁。

### （三）需求偏好相似理论的评价

需求偏好相似理论从需求的角度阐述了产业内贸易发展的原因，因而是对比较优势理论的一个补充；林德的需求偏好相似理论对于解释第二次世界大战后迅速发展的发达国家之间的贸易做出了积极的贡献。

当然，需求偏好相似理论也有不足：（1）一国国内的生产首先应满足国内市场需求这样的假设受到当代理论界的挑战；（2）国内消费结构与国内产业结构之间的密切联系随着经济全球化及国际市场的开放而弱化。林德的理论观点意味着一个国家进口商品和出口商品往往具有许多共同特征，但实际上，在要素相似的情况下，产品的差异仍然反映在占主导地位的产业内贸易中。

## 三、运输成本、环境标准与国际贸易

在前面所有假设中，都含有运输费用为零的假设，现取消这一条件，考察运输成本对国际贸易的影响。运输成本既会影响进出口商品的价格，也会影响其他产业的地理布局。另外，环境标准对产业选址、国际贸易也会产生一定的影响。

### （一）运输成本对国际贸易的影响

运输成本是指产品从一国运至另一国所产生的所有费用，包括运输费、装卸费、保险费等。当一种商品在贸易前的价差超过运输成本时，就会发生国际贸易。

如果按照运输成本与价差的关系来划分的话，可把商品与劳务分为可贸易商品与劳务、非贸易商品与劳务两种。可贸易商品与劳务是指在两国间的价差大于其运输成本的商品与劳务；非贸易商品与劳务是指两国间的价差小于其运输成本的商品与劳务。由于地理位置的差异,在某个地方来自国内外的商品价格可能产生很大的差别。例如,在 A 地,来自国外的进口商品更便宜;而在 B 地,国内的商品更便宜。于是就会产生一国在 A 地进口一种商品,而同时在 B 地出口同一种商品的现象。一般而言,非贸易商品与劳务的价格由国内供求情况决定,而贸易商品与劳务的价格则是由国际市场供求状况决定的。

### (二)环境标准对国际贸易的影响

环境标准是指各国政府所能允许的,对该国的空气、水域、土壤等环境对象排污的最高水平。环境标准的差异会影响到国际贸易,主要表现在以下几个方面:

#### 1. 环境标准的差异可使贸易模式发生逆转

环境标准各国不同,它的差异造成产品的环保成本不同,使得标准严格的国家产品的竞争力受到损害,而标准不严格的国家生产的产品竞争力更强,从而造成比较优势在这两类国家之间转换:某种产品的进口国将变成出口国,出口国变成进口国。

#### 2. 环境标准的差异会影响国际直接投资流向

环境标准低的发展中国家可能以此作为资源禀赋和生产要素优势,吸引发达国家污染严重的企业投资;而发达国家的企业为保住市场份额,也愿意转移到发展中国家去生产。

第二次世界大战后,随着国际贸易的不断深化,各种国际贸易理论逐步丰富和完善起来,尽管研究的角度不尽相同,但如何使一国扬长避短、获得最佳效益,一直是国际贸易理论研究的核心课题。

## 本章小结

1. 里昂惕夫对 H-O 模型进行了投入产出检验,得出了与要素禀赋理论完全相反的结论,被称为"里昂惕夫之谜"。对此有很多不同的解释,较有代表性的有劳动力异质说、人力资本说、贸易壁垒、自然资源说、要素密集逆转说等。

2. 技术差距理论和产品生命周期理论从技术在不同国家的传递角度来说明国际贸易产生的原因,很好地解释了随着技术差距的变化,贸易国在贸易模式方面的改变。产品生命周期理论说明了比较利益是一个动态的发展过程,它会随着产品生命周期的变化从一种类型的国家转移到另一种类型的国家,因而不存在一国能永远具有比较优势的产品。

3. 产业内贸易理论解释了战后大量存在的产业内贸易情况。产业内贸易理论从产品差异方面解释了其发生的原因。该理论既是对传统国际贸易理论的批判,又是对传统国际贸易理论的补充。

4. 波特试图超越传统的比较优势观点,提出国家竞争优势理论。他在针对产业如何在竞争中获得优势进行深入研究后,提出一国兴衰的根本在于该国在国际竞争中是否赢得优势,而国家竞争优势取得的关键又在于国家是否具有适宜的创新机制和充分的创新能力。

5. 规模经济分为外部规模经济和内部规模经济,规模经济的存在可使资源和生产技术水平大致相同的国家之间发生贸易。林德的需求偏好相似理论从需求方面研究国际贸易的起因,认为两国之间贸易关系的密切程度是由两国需求结构与收入水平决定的。运输成本和环境标准对国际贸易也有影响。

**复习思考题**

1. 说明技术差距理论的主要内容。
2. 说明产品生命周期理论各个阶段的特点及其与国际贸易的关系。
3. 什么是产业内贸易？它有哪些特点？
4. 按照国家竞争优势理论，一国的竞争优势是由哪些因素决定的？
5. 为什么需求偏好相似理论能从需求方面解释产业内贸易产生的原因？
6. 运输成本是如何影响国际贸易的？
7. 为什么说环境标准的差异会影响国际贸易？

# 第 7 章

# 保护贸易理论

## 知识目标

(1) 了解重商主义和保护关税理论的基本思想内容和贸易政策；
(2) 掌握幼稚工业保护理论产生的背景、主要内容并能对其进行评价；
(3) 掌握凯恩斯对外贸易乘数理论产生的背景及主要内容；
(4) 了解中心外围论和战略性贸易政策理论的产生背景、主要内容。

## 能力目标

能够运用本章所学幼稚工业保护理论分析其对发展中国家有何指导意义。

### 引导案例

#### 美国的助动车保护

助动车是最早在美国进行商业化生产的。自 1901 年以来,美国国内有 150 家生产厂家,但由于进口产品的大量涌入,到 1978 年,国内只剩下一家厂家,即 Harley-Davidson 公司。该公司主要生产汽缸量在 1 000 cc 以上的助动车,而小缸量的助动车则主要是进口产品,占据了国内市场大量份额。1982 年,该公司向美国国际贸易协会申请予以进口限制。经调查后,发现进口品已对该公司造成了实质性损害,因此在 1983 年决定实施关税配额,对超过配额以上的进口品实施较高的关税,其实施的前提是该公司将提高其生产效率,并开发生产排量在 800—1 000 cc 的小型助动车。也就是在这一产品范围内,可以被称为幼稚产业。保护的效果是明显的,美国市场进口品的占有率从 80 年代早期的 60%—70% 下降到 1984 年的 31%。Harley-Davidson 公司改变了经营战略,降低了成本并提高了质量。与此同时,出口量也增加了。因此,这种暂时性的保护措施是卓有成效的。

资料来源:沈建荣,《从美国的助动车案例看我国的幼稚工业保护》

## 第一节　重商主义

### 一、重商主义产生的背景

重商主义(Mercantilism)是欧洲资本原始积累时期代表商业资产阶级利益的一种经济思想和政策的体系,它出现于 14 世纪末 15 世纪初,流行于 16—17 世纪,衰落于 18 世纪。这是封建社会末期商业资产阶级和封建专制国家为了追求金银财富而在理论和政策上的反映。

　　15世纪末16世纪初是西欧封建制度瓦解和资本主义制度产生的时期。当时资本主义已经开始萌芽,商品生产不断发展,资本主义生产关系正在逐渐成熟。商业和商业资本的发展,进一步促进了封建自然经济的崩溃和商品生产的增长。重商主义的经济思想就是这一时期经济政策的反映。

　　重商主义的形成与货币资本的积累有关,在当时的历史条件下,货币资本的积累实际上就是金银财富的积累。15世纪开始的地理大发现,为新兴的资产阶级积累大量的金银财富提供了重要契机。在新大陆,殖民主义者大肆劫掠当地土著人和王室的金银财富,并利用土著人直接开采金银矿。另外,地理大发现也为推动对外贸易的迅速发展起到了积极的作用,随着新大陆的发现,原有的市场扩大了,新的市场被开辟,促进了国内市场的统一和世界市场的形成,这又为财富的进一步积累创造了更好的条件。

　　但是,随着贸易的繁荣,商人阶层与地主阶层的矛盾日益尖锐起来。从本质上来看,商业资本追求的是增值了的货币财富,为了实现这一目的,就必须发展贸易。在国内,要求消除封建割据、关卡林立的状态;在国外,要求有一个强有力的政府保护对外贸易的顺利进行。于是,商业资本家支持统治者建立高度集中的中央集权制度来维持他们的国内和国际贸易,统治者也需要从商人那里得到收入用于支持庞大的军队和宫廷的开支。在这种历史条件下,重商主义首先作为一种国家经济政策出现了。

## 📖 小阅读

### 托马斯·孟

　　托马斯·孟(Thomas Mum,1571—1641)出生于伦敦的一个商人家庭,早年从商,成为英国的大商人。1615年担任东印度公司的董事,后又任政府贸易委员会的常务委员。孟是英国重商主义的集大成者,贸易差额理论的提出者。

　　1621年,托马斯·孟发表了《论英国与东印度的贸易,答对这项贸易常见的各种反对意见》一书,论述东印度公司输出金银买进东印度地区的商品,再转卖到别国去,所换回的金银比运出的多得多。1630年,孟把该书改写为《英国得自对外贸易的财富,或我们的对外贸易差额是我们财富的尺度》。在他死后,由他的儿子于1664年出版。在这一著作中,商业资本的成熟经济思想得到了系统和充分的阐述,斯密在他的《国民财富的性质和原因的研究》一书中,曾称这一著作"不仅成为英格兰而且成为其他一切商业国家的政治经济学的基本准则"。马克思写道,该书"在一百年之内,一直是重商主义的福音书。因此,如果说重商主义具有一部划时代的著作,那么这就是托马斯·孟的著作"(《马克思恩格斯全集》第20卷,第253页)

资料来源:王秋红,《国际贸易学》

## 二、重商主义的基本思想

　　英国是当时经济最发达的国家,重商主义发展得也最为成熟。"重商主义"这个名称也是由英国经济学家亚当·斯密最早使用的,虽然如此,重商主义思想却主要是由一些大商人、律师、政府官员等通过处理实际的贸易、工业、航运和行政工作提出来的。

　　重商主义是 15—17 世纪代表商业资本利益的经济思想和政策体系。重商主义认为金银是财富的唯一代表,获得财富的途径则是对外贸易顺差,因而主张国家干预经济活动,"奖出限入",追求顺差,使货币流入国内,以增加国家财富和增强国力。

　　重商主义对贸易的研究主要集中在如何进行贸易上,重商主义者的这些思想实际上只是反映了商人的目标,或者说只是从商人眼光来看待国际贸易的利益,因此,这种经济思想被称为"商人主义"或"重商主义"。这些思想包括以下一些内容:

### (一) 金银是唯一财富

　　金银是财富的唯一代表,攫取金银的活动是创造财富的唯一活动,国家的一切经济活动和经济政策,其目的都是为了获取金银。

### (二) 对外贸易顺差是增加金银的源泉

　　在重商主义者看来,国内贸易的结果只是社会财富在不同集团的再分配,而对外贸易可以使本国从国外获得金银货币从而使国家致富。因此,只有对外贸易才是获得和增加货币的源泉,而要从对外贸易中获得货币,关键是保持国家贸易的顺差,即在国际贸易中坚持"多卖少买"的原则,造成对外贸易顺差,使国家有金银货币的净收入。

### (三) 早期重商主义和晚期重商主义

　　重商主义可以分为早期和晚期两个阶段,两个阶段的基本思想是相同的,区别主要在于对获取金银货币有不同的看法和主张。

　　1. 早期重商主义

　　早期重商主义阶段约从 15 世纪到 16 世纪中叶,其代表人物包括法国的安徒生·德·孟克列钦、英国的约翰·海尔斯(John hales)和威廉·斯塔福(Willian Stafford)。威廉·斯塔福的观点最具有代表性,其所著《对我国同胞某些控诉的评述》一书,集中体现了重商主义的经济思想。

　　早期重商主义主张每一笔交易都要有顺差,使货币流入,禁止货币输出,称为"货币差额论"。早期的重商主义者把防止货币外流视为对外贸易政策的指导原则。强调绝对的贸易顺差,他们主张多卖少买或不买,不允许任何一笔交易出现逆差,认为出口越多,从国外输入的货币就越多。主张采取行政手段,控制商品进口,禁止货币输出以积累货币财富。

　　2. 晚期重商主义

　　晚期重商主义盛行于 16 世纪下半期到 18 世纪,代表人物是英国的托马斯·孟,在他的著作《英国得自对外贸易的财富》中,全面系统地阐述了重商主义的思想。

　　晚期重商主义允许一定时期贸易逆差,但长期和总体贸易要顺差,允许适量货币输出,称为贸易差额论。与早期重商主义不同,晚期重商主义重视的是长期的贸易顺差和总体的贸易顺差。晚期重商主义,认为在一定时期内的贸易逆差是允许的,只要最终的贸易结果能保证顺差,保证货币最终流回国内就可以。

　　但总体来说,无论是早期还是晚期,重商主义都没有一个完整的思想体系,他们都主张限制进口,对国际贸易的研究很有局限性。

## 三、重商主义的贸易政策

　　重商主义实行的是典型的贸易保护主义政策,主张国家干预对外贸易,实行"奖出限入"政策,集中地体现为政府对贸易活动,尤其是对同殖民地之间贸易的高度垄断和管制,其中不少政策迄今仍被许多国家使用。其政策主张具体表现在以下四个方面:

### (一) 货币政策

早期的货币差额论主张通过立法禁止金银输出。到了晚期重商主义阶段,货币政策有所放宽,准许输出适量货币,以期获得更多的货币。

### (二) "奖出限入"政策

在出口方面,由于原料价格低廉,加工后产品增值,价格提高,所以重商主义主张出口制成品代替出口原料,阻止原料和半成品的输出。实行"奖励出口"政策,国家奖励在外国市场上出售本国商品的商人。在进口方面,不仅禁止奢侈品输入,对一般制成品的进口也严加限制,因为奢侈品、工业制成品价格昂贵,进口这些商品要输出大批金银,影响货币积累。

### (三) 关税保护政策

重商主义把关税作为扩大出口、限制进口的重要手段之一。具体做法是对进口的制成品课以重税,对进口的原材料免税;对出口的制成品减免关税,以支持和鼓励本国制成品的生产和出口。

### (四) 鼓励发展本国工业政策

重商主义者认为,保持贸易顺差的关键在于本国能够更多地出口竞争力强的工业制成品,这就需要大力发展本国工业。为此,各国都制定鼓励发展工业的政策措施,如奖励生育人口,以增加劳动力的供应,实行低工资政策,降低成本,以利于出口竞争;高薪聘请外国工匠;禁止技术工匠移居国外和工具设备的出口,以保持本国的出口优势;向生产者发放贷款并提供各种优惠条件。

## 四、对重商主义的评价

重商主义的贸易思想和政策在历史上有一定的进步作用。

1. 重商主义的思想和政策,促进了资本主义的原始积累和欧洲各国工业生产的发展。

2. 重商主义重视货币、追求贸易顺差,强调国家干预对外贸易、推行"奖出限入"措施以及鼓励发展出口工业等政策措施至今仍对国际贸易有重要影响,具有一定的现实意义。

3. 重商主义提出的许多重要概念,为后人研究贸易理论与政策打下基础,尤其是关于贸易的顺差、逆差,进一步发展到后来的"贸易平衡"概念。重商主义关于进口出口对国家财富的影响意义深远,对后来的凯恩斯的国民收入决定模型亦有启发。

重商主义贸易思想存在着明显的错误。

1. 把经济活动局限于流通领域。认为流通过程特别是对外贸易是财富和价值增值的源泉,而忽视了生产领域创造财富的重要性,未能真正揭示财富产生和积累的源泉。

2. 重商主义的财富观是错误的,它把货币(金银)当作唯一的财富,建立在这种财富观基础上的理论,只研究如何从国外得到金银,没能进一步探索国际贸易产生的原因,以及能否为参加国带来利益,没有认识到国际贸易对促进各国经济发展的意义。

3. 重商主义只用静止的观点看待世界资源,不仅认为只有金银才是财富,而且认为金银是固定的、有限的,这是一种形而上学的观点。

4. 重商主义者错误地认为国际贸易是一种"零和游戏"。一方得益必定使另一方受损,出口获得财富,而进口减少财富。这种思想的根源是他们只把货币当作财富而没有把交换所获得的产品也包括在财富之内,从而把双方的等价交换看作一得一失。

## 第二节　幼稚工业保护理论

### 一、幼稚工业保护理论产生的背景

近代保护贸易理论的代表性成果——幼稚工业保护理论(Infant - industry Argument)出现于 18 世纪末的美国与德国,它的产生同美德经济发展的现实密切相关。1760 年英国首先开始工业革命,并于 1846 年开始实行自由贸易政策,而此时,美国和德国在 19 世纪初才逐渐完成国家独立或统一任务,并进入工业革命时期,它们的生产力发展较英国落后。由于英国出口的廉价商品严重威胁着美国与德国民族工业的生存,美、德客观上要求实行保护贸易。美国的汉密尔顿和德国的李斯特正是适应这一客观要求,提出了代表当时资本主义发展较迟的美、德工业资产阶级利益的保护贸易理论。李斯特早年在德国提倡自由贸易,自 1825 年到美国以后,受汉密尔顿保护贸易思想的影响,并亲眼目睹美国实施保护贸易政策的实效,乃转而提倡贸易保护。李斯特的幼稚工业保护理论受启发于汉密尔顿,但远较汉密尔顿的思想更为深刻和系统,故后人称李斯特为贸易保护理论的真正鼻祖。李斯特在其著作《政治经济学的国民体系》(1841)中,以批判英国自由贸易理论(即比较优势理论)为契机,全面论述了幼稚工业保护的思想。该著作对德国的国民思想和政策走向产生了巨大的影响,并被翻译成英、法等文字而在西方广泛流行。

📖 **小阅读**

#### 弗里德里希·李斯特

弗里德里希·李斯特(Friedrich List,1789—1846)是德国 19 世纪上半叶著名的经济学家和社会活动家,历史学派的直接先驱者,保护贸易理论的倡导者,生于一个鞋匠家庭。他 17 岁考任德国公务员,1817 年被聘为杜宾根大学教授,1820 年当选国会议员,1825 年因抨击时政流亡美国,任当地德文报纸主编,常在宾夕法尼亚工业促进协会会刊发表论文,后汇聚成书出版,即《美国政治经济学大纲》。1830 年入美国籍,曾任美驻莱比锡,汉堡领事。1832 年以美国驻莱比锡领事身份回国,后因参与全德关税同盟继续遭受迫害。1846 年赴英,鼓吹保护贸易政策,最后自杀身亡。李斯特的主要经济学著作有《美国政治经济学大纲》(1827)、《政治经济学的国民体系》(1841)、《德国政治经济学的国民统一》(1846)等,以《政治经济学的国民体系》为其代表作。

*资料来源:阎国庆,《国际贸易:理论与政策》*

## 二、幼稚工业保护理论的主要内容

李斯特的幼稚工业保护理论是以生产力理论为基础,以经济发展阶段理论为依据,以英国、荷兰、西班牙等国家兴衰史为佐证,猛烈地抨击古典学派自由贸易学说,从而建立起的一套以保护关税为核心,以阶段保护为特点的,为落后国家提供保护贸易政策依据的国际贸易理论体系。

### (一)生产力论

李斯特幼稚工业保护理论的基础是生产力理论,他认为生产财富的能力比财富本身更重要。生产力是决定一个国家兴衰存亡的关键所在,一个国家只有生产力提高了,才能获得更多的财富。

李斯特批评李嘉图的比较优势理论只看重财富本身的增长而忽视了一国生产财富能力的增长。按照比较优势进行贸易,尽管在短期内落后国家能够获得一些贸易利益,但从长远来看,生产财富力却不能得到应有的发展。就德国而言,从国外进口廉价商品,表面看似乎合算,但长此下去,德国的民族工业就不可能得到扶持和发展,只会长期处于落后和依附外国的困境中,生产力水平就无法提高;经过一段时间的保护,德国的工业就会得到充分的发展,生产力水平就会提高,商品的价格也会降低,甚至低于国外进口商品的价格,这样长期收益就可以补偿短期损失而且有余。因此,李斯特认为生产力是决定一个国家兴衰存亡的关键问题,这里的生产力应是国家综合生产力,而国家综合生产力中最有决定意义的是国家的工业生产力。

### (二)经济发展阶段论

李斯特批评古典自由贸易理论忽视了各国经济发展的不同阶段,他指出各国经济的发展必须经历五个阶段,即原始未开化时期、畜牧时期、农业时期、农工业时期和农工商时期。

李斯特认为,处于不同经济发展阶段的国家应实行不同的对外贸易政策:处于农业阶段的国家应实行自由贸易政策,以利于农产品的自由输出,并自由输入外国的工业产品,以促进本国农业的发展,并培育工业化的基础;处在农工业阶段的国家,由于本国已有工业的发展,但并未发展到能与外国产品相竞争的地步,故应实施保护关税制度,使它不受外国产品的冲击;而农工商阶段的国家,由于国内工业产品已具备国际竞争能力,国外产品的竞争威胁不再存在,故应实施自由贸易政策以享受自由贸易的最大利益,刺激国内产业进一步发展。

李斯特提出上述主张时,认为英国已达到第五个阶段,法国处在第四个阶段与第五个阶段之间,德国和美国均处在第四个阶段,葡萄牙和西班牙则处在第三个阶段。因此,李斯特根据其经济发展阶段论,认为德国在当时必须实行保护贸易政策。

### (三)国家干预论

李斯特反对古典自由贸易理论的自由放任,主张国家干预经济。李斯特认为,一国经济的增长、生产力的发展,不能仅仅依靠市场机制的自发调节,而必须借助于国家的力量对经济进行干预和调节。他以英国为例,进一步证明了其理论的正确性。他指出,英国工商业已经相当发达,固然可以实行自由贸易政策,但英国工商业能够迅速发展的根本原因还是当初政府的扶植政策,德国正处于类似英国发展初期的状况,所以应实行国家干预下的保护贸易政策。

### （四）幼稚工业保护理论的政策主张

**1. 保护的对象**

虽然李斯特主张落后国家实行保护贸易，但不是保护所有的产业，李斯特提出保护贸易政策的对象是幼稚工业，即新兴的、面临国外强有力竞争的并具有发展前途的工业。他不主张保护所有的工业，并具体指出：农业一般不需要保护，因为工业发展以后，农业自然跟着发展；无强有力的外国竞争者的幼稚工业不需要保护；有强有力的外国竞争者的幼稚工业需要保护。

**2. 保护的目的**

保护的目的主要是为了保护国内市场以促进国内生产力的发展。这与早期的重商主义的保护贸易目的很不相同。重商主义限制进口，鼓励出口，其目的是为了积累金银财富；而李斯特所主张的保护贸易目的则是为了提高创造财富的生产力。

**3. 保护的手段**

以关税作为保护国内工业的主要手段，即用关税壁垒措施挡住国外具有较强竞争力的商品进入国内市场，以确保国内相同行业的发展。在关税措施上，李斯特主张采用递增关税的方法，认为突然征收过高的关税会割断原来存在的各国之间的商业联系，会对国内市场造成过大的冲击，反而对本国的生产发展不利。所以，关税应逐步地加以提高。

**4. 保护的程度**

区别不同对象给予不同程度的保护。保护关税的税率可以高到实际上等于完全禁止进口，也可以低到只对进口量稍加限制。对国内需求量大、对国计民生有重大影响的制成品征收高关税严格限制进口；对高档奢侈消费品征收较高关税并限制进口；而对复杂的机器设备、技术等征收较低的关税或免税鼓励进口。

**5. 保护的时间**

保护的时间不宜过长，最多为 30 年。在此期限内，如果受到保护的产业还发展不起来，表明其不适宜成为保护对象，就不应再予以保护。换言之，保护贸易不是保护落后的低效率。

**6. 保护的最终归向**

保护关税并不是永久性的政策，它随着国内工业国际竞争力的逐渐提高而逐渐降低乃至取消。他认为，禁止性与长期性关税会完全排除外国生产者的竞争，但助长了国内生产者不思进取、缺乏创新的惰性。如果被保护工业生产出来的产品，其价格低于进口同类产品且能与外国竞争时，应当及时取消关税保护；当国家的物质与精神力量达到相当强盛时，应实行自由贸易政策。

## 三、对幼稚工业保护理论的评价

李斯特的幼稚工业保护理论既有积极的一面，也存在一定缺陷，这两个方面都对后来的西方经济理论和各国贸易政策的制定产生着重要的影响。

### （一）进步意义

1. 建立了贸易保护完整的理论体系。李斯特发展了重商主义和汉密尔顿的保护贸易理论，以生产力理论为基础，充分论证了落后国家实行贸易保护的必要性、阶段性、动态性，并提出了相关的政策建议，从而建立了贸易保护完整的理论体系，也确立了贸易保护理论在国际贸易理论中的地位。

2. 幼稚工业保护理论具有理论上的合理性,幼稚工业保护理论在现实中有着广泛的影响力,世界贸易组织也以该理论为依据,列有幼稚产业保护条款。该条款允许一国为了建立一个新工业或者为了保护刚刚建立不久、尚不具备竞争力的工业采取进口限制性措施,对于被确认的幼稚工业可以采取提高关税、实行进口许可证、征收临时进口附加税的方法加以保护。

3. 对德国工业经济发展起到了重要的推动作用。李斯特的保护贸易理论及政策不仅对德国当时工业资本主义的发展起了极大的促进作用,使德国在很短时间内赶上了英、法等发展较早的资本主义国家,而且为经济比较落后的国家制定了一条比较切合实际的国际贸易发展道路。在李斯特保护贸易理论政策的影响下,1879 年,俾斯麦改革关税制度,对钢铁、纺织品、化学品征收高额进口税;1898 年又一次修正关税法,使德国成为欧洲的高度保护贸易国家之一。这些保护手段使德国用机器生产代替了手工劳动,用现代的生产代替了宗法制的生产。

4. 对发展中国家外贸政策的制定起到了积极的影响作用。李斯特主张保护的对象是将来有前途的幼稚工业,对国际分工和自由贸易利益也予以承认。而且,他主张保护贸易是过渡手段,自由贸易是最终目的。这种观点对于今天一些发展中国家发展民族经济仍具有重要的参考价值。

（二）缺陷

1. 很难准确界定幼稚工业。正确地选择保护对象是保护幼稚工业政策成败的关键,那么,如何判断哪一种幼稚工业是具有前途的呢? 实践证明,由于没有一种客观标准,许多国家在选择保护对象时,因为技术上的判断错误或出于某种政治或其他利益的考虑,选错了保护对象,保护了一些永远长不大的幼稚工业,造成了严重的损失。

2. 通过限制进口的手段来保护幼稚工业还可能付出社会代价,即推迟接受和普及先进技术和知识所造成的损失,尤其是在大多数欠发达国家处于幼稚阶段的新兴工业或高科技工业领域。最明显的例子是对电子计算机工业的保护。为保护国内幼稚的电子计算机工业,一些国家对国外的电子计算机实行进口管制。结果是在发达国家计算机已普及到家庭的电子时代,这些国家的电子计算机仍因价格昂贵而使大多数人望而却步。与彩电、冰箱等不同,计算机不是一般的消费品,它的普及价值是整个社会生产效率的提高和先进技术的外溢与普及,限制计算机进口,保护的只是一个行业,拖延的是整个社会的进步,其损失是远远超过所得的。

此外,李斯特保护幼稚工业理论还存在一些明显缺陷,如对生产力这个概念理解不深,对影响生产力发展的各因素的分析也较混乱,所提出的"经济部门为依据划分经济发展阶段的基础"等观点不够严谨和科学。

# 第三节　超保护贸易理论

## 一、超保护贸易理论产生的历史背景

1936 年,英国经济学家凯恩斯出版了其代表著作《就业、利息和货币通论》(The General Theory of Employment Interest and Money),为当代宏观经济学理论奠定了基础。在西方1929—1933 年经济大危机以前,凯恩斯是一个自由贸易论者。当时,他否认保护贸易政策会有利于国内的经济繁荣与就业。在大危机以后,凯恩斯改变立场.转而推崇重商主义,他认为重商主义保护贸易政策确实能够保护经济的繁荣,扩大就业,从而系统地提出了他的超保护贸易理论(Super - protective Trade Policy)的思想。

其后,出现了一大批凯恩斯主义经济学家,对凯恩斯理论进行补充、发展和完善,形成了就业、国民收入、总供给、总需求等为研究对象,以总量分析为特征的系统的宏观经济理论。其中,贸易保护主义理论占有非常重要的地位。凯恩斯没有全面系统论述国际贸易的专门著作,但他和他的弟子有关国际贸易方面的观点与论述却为对外贸易政策,尤其是超保护贸易主义政策提供了重要的理论根据。

1936 年,凯恩斯出版了他的主要代表作《就业、利息和货币通论》。在这本著作中,凯恩斯批判了传统经济贸易理论,以有效需求不足为基础,以国家对于经济生活的干预为政策目标,把对外贸易与有效需求理论结合在一起,从而形成了凯恩斯的超保护贸易理论。

## 📖 小阅读

### 约翰·梅纳德·凯恩斯

约翰·梅纳德·凯恩斯(John Maynard Keynes,1883—1946),英国经济学家,凯恩斯主义创始人,1883 年出生于英格兰的剑桥。

凯恩斯原是一个自由贸易论者,直至上世纪 20 年代末仍信奉传统的自由贸易理论,认为保护主义对于国内的经济繁荣与就业增长一无可取。甚至 1929 年同瑞典经济学家俄林就德国赔款问题论战时,还坚持国际收支差额会通过国内外物价水平的变动,自动恢复平衡。1936 年其代表作《就业、利息和货币通论》(The General Theory of Employment, Interest and Money,简称《通论》)出版时,凯恩斯一反过去的立场,转而强调贸易差额对国民收入的影响,相信保护政策如能带来贸易顺差,必将有利于提高投资水平和扩大就业,最终导致经济繁荣。因此,凯恩斯极力鼓吹贸易顺差,并提出应尽力扩大出口。凯恩斯关于乘数理论及贸易顺差的分析,后经英国学者哈罗德和美国学者马赫洛普等人的论证而发展为对外贸易乘数理论。

除《通论》外,凯恩斯另外两部重要的经济理论著作是《论货币改革》(A Tract on Monetary Reform,1923)和《货币论》(A Treatise on Money,1930)。这两部著作是其研究货币理论的代表作。

资料来源:百度百科

## 二、超保护贸易理论的主要内容

### (一) 批评古典自由贸易理论,主张国家干预对外经济,利用贸易顺差保持国内充分就业

凯恩斯认为,20 世纪 30 年代,由于大量失业存在,自由贸易理论"充分就业"的前提条件已不存在。凯恩斯认为,古典国际贸易理论只用"国际收支自动调节机制"来证明贸易顺差、逆差的最终均衡过程,但忽视了国际收支在调节过程中对一国国民收入就业的影响。他认为,贸易顺差对一国对外贸易有利,而贸易逆差则有害。他认为贸易顺差能增加国民收入,扩大就业,而贸易逆差则会减少国民收入,加重失业。因此,凯恩斯极力鼓吹贸易顺差,反对逆差,积

极主张国家干预活动,采取各种手段和保护措施,减少进口,以扩大出口的方式形成对外贸易顺差,促进国内经济发展。

凯恩斯认为,失业产生的主要原因是社会的有效需求不足。保持贸易顺差可以增加有效需求,解决失业问题,促进经济繁荣。因此凯恩斯积极主张对经济生活进行全面干预,实行贸易保护政策,改变国际收支状况,提高一国国民收入。

### (二)凯恩斯的外贸乘数理论

#### 1. 投资乘数理论

乘数理论最早由英国经济学家卡恩提出,凯恩斯将其运用到投资领域,提出了投资乘数理论,用来说明投资对就业和国民收入的影响,所谓投资乘数理论,是指投资增加所引起国民收入的增加是投资的倍数。其含义是,新增加的投资引起对生产资料需求的增加,从而使从事生产资料生产的人们(工人、企业主)收入增加;收入的增加引起对消费品需求的增加,又引起从事消费品生产的人们收入的增加……如此反复下去,其结果是,由此增加国民收入总量会等于原增加投资量的若干倍。

#### 2. 凯恩斯的外贸乘数理论

凯恩斯主义者把乘数理论运用到对外贸易领域,进一步论证了对外贸易与国内就业及国民收入的关系,建立了对外贸易乘数理论。所谓对外贸易乘数理论,是指出口增加引起的国民收入的增加是出口的倍数。其含义是,当本国投资生产的商品出口时,从国外得到了货币收入,首先会使出口商品的产业部门收入增加,消费也随之增加,对生产资料和生活资料的需求也相应增加,从而必然会引起其他产业部门生产的增长、就业的增加和收入的增加,如此连锁反应、反复进行下去,收入的增加量将为出口增加量的若干倍,国家就可以从贸易顺差中解决国内经济危机和失业问题。

凯恩斯主义者认为,一国的出口和国内投资一样,属于"注入",有增加国民收入的作用;而一国的进口与国内储蓄一样,属于"漏出",有减少国民收入的作用。为此,只有当贸易出超或国际收支顺差时,对外贸易才能增加一国的就业量,提高一国国民收入量,此时,国民收入的增加量将为贸易顺差的若干倍。用公式表示为:

$$\Delta Y = [\Delta I + (\Delta X - \Delta M)] \times K$$

式中:$\Delta Y$——国民收入数量;$\Delta I$——投资增量;$\Delta X$——出口增量;$\Delta M$——进口增量;$K$——乘数。

在 $\Delta I$ 与 $K$ 一定时,如果贸易顺差越大,$\Delta Y$ 越大;反之,如果贸易存在逆差时,则 $\Delta Y$ 要缩小。因此,一国贸易顺差越大,对本国经济发展作用越大。由此可见,凯恩斯及其追随者的对外贸易乘数理论为保护贸易提供了理论根据。

### 三、对超保护贸易理论的评价

#### (一)超保护贸易理论的意义

1. 从理论上看,凯恩斯主义的国际贸易理论在一定程度上揭示了对外贸易与国民经济发展之间的内在规律性,具有一定的科学性。不可否认,为了追求顺差而扩大出口,通过前后连锁的作用,能够促进有关部门经济收益的增加。在国际经济日益全球化的现代经济中,一国经济发展对世界其他国家经济的辐射作用也是客观存在的。乘数理论就是反映这种相互联系的内在规律之一。只要条件具备,成熟的经济机制作用就会直接或间接地影响到经济增长。

2. 从方法论上看,把经济学的分析从微观扩展到宏观是一种进步。传统的贸易理论侧重要素分析、价格分析和利益分析等,因而属于微观经济分析。凯恩斯及其后来者应用乘数理论,注意将贸易流量与国民收入流量结合起来,分析出口额的增加对国民收入倍数的促进作用,从而将贸易问题纳入宏观分析的范围,这在贸易理论上是一种突破。

3. 对外贸易乘数理论表明,如果一国存在闲置的社会资源,那么通过出口净额的增加将使国民收入倍增。因此,一国应努力扩大出口,把扩大出口所增加的收入较多地利用于国内消费;同时,减少进口,扩大贸易顺差,确实有助于增加国内的就业机会,活跃市场促进经济发展。

4. 从实践上看,出口贸易的增加对国民收入的提高是非常重要的,日本"贸易立国"政策的成功和"亚洲四小龙"以出口为主导带动经济起飞的实绩完全证实了这一点,因而重视对外贸易乘数理论的研究是有现实意义的。

### (二) 对外贸易乘数理论的局限性

但是,对外贸易乘数理论在实际运用中也有其自身的局限性:

1. 贸易顺差与国内通货膨胀的矛盾。如果国内已处于充分就业状态,则出口的继续扩大意味着总需求的进一步增加,从而将出现过度需求,引发通货膨胀。出口增加所引起的总需求增加与投资所引起的总需求增加不同,投资增加虽然也会引发需求膨胀,甚至通货膨胀,但经过一段时间后,增加投资所形成的新生产能力会增加供给,可以在一定程度上抵消过度需求。而出口增加所形成的过度需求本身并不能形成生产能力,可能会引起通货膨胀。出口增加引发的相关投资的增加,应按投资增加的逻辑展开分析。

2. 贸易顺差引起的国内价格上升与出口持续增加产生矛盾。如上所述,一国国内若已处于充分就业状态,则出口的继续扩大意味着总需求的进一步增加,从而将出现过度需求,会推动生产资料价格上涨,从而削弱了本国商品的国际竞争力,除非采取抵消生产资料价格上涨的措施,否则出口的继续增加将难以为继。事实上,充分就业的前提在大多数国家都不存在。

3. 各个国家贸易顺差与世界进口值增加的矛盾。对外贸易乘数作用的发挥还必须以世界进口值的增加为前提。假定世界总进口值不变,那么要扩大出口,就必须降低出口商品的价格,而降低商品价格会导致出口商品生产企业承包的利润下降而不愿增加出口。所以,只有在世界总进口的值不断增加的条件下,才能使一些国家继续扩大出口,并通过出口增加来提高本国的国民收入水平和扩大就业机会。

## 第四节　其他保护贸易理论

### 一、中心—外围理论

#### (一) 产生的背景

20 世纪 50 年代,拉美、非洲的殖民地、半殖民地国家纷纷取得了政治上的独立,同时致力于发展民族经济。然而,这些国家民族经济的发展受到了旧的国际经济秩序,尤其是旧的国际分工体系的严重阻碍。1950年,阿根廷经济学家劳尔·普雷维什(Raul Prebisch)根据他的工作实践和对发展中国家经济发展问题的深入研究,站在发展中国家的立场上,提出了"中心——外围"理论。

劳尔·普雷维什是阿根廷经济学家,被誉为"发展经济学"的十大先驱之一,1981年获得第一届"第三世界基金奖"。他曾任阿根廷财政部长、农业财政问题顾问、中央银行总裁和联合国拉丁美洲经济委员会执行书记、贸易与发展会议秘书长等职。他的代表作是1950年出版的《拉丁美洲的经济发展及其主要问题》一书。

### (二)"中心—外围"理论的主要内容

#### 1. 国际经济体系分为中心和外围两部分

古典学派等研究国际贸易时将世界视为一个整体,李斯特考察国际贸易时强调国家的重要性,普雷维什则将世界经济体系分为中心和外围两个部分来探讨国际贸易问题。

普雷维什认为,国际经济体系在结构上分两部分:一部分是由发达国家构成的中心国家(Central Countries);另一部分是由广大发展中国家组成的外围国家(Peripheral Countries)。中心和外围在经济上是不平等的:中心是技术的创新者和传播者,外围则是技术的模仿者和接受者;中心主要生产和出售制成品,外围则主要从事初级品生产和出口;中心在整个国际经济体系中居于主导地位,外围则处于依附地位并受中心控制和剥削。在这种国际经济贸易关系下,中心国家主要享有国际贸易的利益,而外围国家则享受不到这种利益。这是造成中心国与外围国经济发展水平差距加大的根本原因。

#### 2. 外围国家贸易条件不断恶化

普雷维什用英国60多年(1876—1938)的进出口价格统计资料推算了初级产品和制成品的价格指数之比,以说明主要出口初级产品的外围国和主要出口工业品的中心国的贸易条件的变化情况。推算的结果表明,外围国家的贸易条件出现长期恶化的趋势,此即著名的"普雷维什命题"。若以1876—1880年间外围国家的贸易条件为100,到1936—1938年外围国家的贸易条件已降到64.1,说明20世纪30年代与19世纪70年代相比,外围国家的贸易条件恶化了35.9。

普雷维什认为,外围国家贸易条件恶化是由以下原因造成的:第一,技术进步利益分配不均。如上所述,科技发明往往发生于中心国家,而这些发明直接用于中心国家的工业发展。外围国家由于自身工业技术基础等条件的限制和中心国家的限制措施而几乎享受不到世界科技进步的利益,只能充当长期向中心国家提供初级产品的角色。按理说,中心国家因技术进步的作用使其出口的制成品劳动生产率应比外围国家出口的初级产品劳动生产率提高更快,因而制成品价格降幅应比初级产品价格降幅大。但随着中心国家技术进步和工业发展,企业家的利润和工人的收入不断提高,而且提高的幅度大于劳动生产率提高的幅度,加之工业品价格具有垄断性,工业品价格非但不下降反而上涨。而外围国家的收入增长低于劳动生产率提高的幅度,而且初级产品垄断性较弱,价格上涨缓慢,价格下降时又比工业品降得更快。所以,外围国家的初级产品贸易条件必然恶化。第二,工业制成品和初级产品需求的收入弹性不同。一般来说,工业制成品需求的收入弹性比初级产品需求的收入弹性大。随着人们收入的增加,对工业品的需求会有较大的增加,因而工业品的价格就会有较大程度的上涨。相反,随着人们收入的增加,对初级产品的需求增加较小,因而对初级产品价格不会有很大的刺激作用,使初级产品价格上涨很小,甚至下降。所以,以出口初级产品为主的外围国家的贸易条件存在长期恶化趋势。第三,中心和外围工会的作用不同。中心国家的工人有强大的工会组织,在经济高涨时,可以迫使雇主增加工资,经济萧条时,可以迫使雇主不降或少降工资,因而使工业品价格维持在较高水平上。而外围国家工会组织不健全,力量薄弱,没有能力控制或影响工资,经济繁荣时期工资上升不大,萧条时期工资大幅度下降,因而使外围国家初级产品价格较低。

3. 外围国家必须实行工业化,独立自主地发展民族经济

普雷维什基于对国际经济体系的中心—外围的划分和对旧的分工体系、贸易格局下外围国家贸易条件长期恶化的分析,提出了外围发展中国家必须实行工业化的主张。他认为,外围国家应该改变过去把全部资源用于初级产品的生产和出口的做法,充分利用本国资源,努力发展本国的工业部门,逐步实现工业化。他根据拉丁美洲各国的实际情况,提出了进口替代工业化的发展战略,即采取限制工业品进口的措施,努力发展本国工业,使工业品逐步达到自给自足,改变工业品依靠从中心国进口的局面。随着世界经济形势的变化和拉美国家经济的发展,他又进一步提出了出口替代的发展战略,即大力发展本国工业品出口,改变出口商品结构,由以出口初级产品为主向出口工业品为主转变。这样外围国家的工业品不仅能够满足本国的需要,而且可以向中心国家出口,使外围国家的工业更趋成熟。

为了实现工业化,普雷维什主张外围国家实行保护贸易政策。他认为,在一个相当长的时期内,保护政策是发展中国家工业所必需的。在出口替代阶段,为了鼓励制成品出口,除了实行保护关税政策外,还应有选择地实行出口补贴措施,以增强发展中国家的制成品在世界市场上的竞争力。普雷维什指出,外围国家的保护政策与中心国家的保护政策性质不同。外围国家的保护是为了发展本国工业,有利于世界经济的全面发展;而中心国家的保护是对外围国家的歧视和扼制,不仅对外围国家不利,于整个世界经济发展也是不利的。因此,他呼吁中心国对外围国放宽贸易限制,减少对外围国工业品的进口歧视,为外围国的工业品在世界市场上的竞争提供平等的机会。

20 世纪 60 年代后,鉴于世界工业品市场竞争激烈和中心国在世界市场上的垄断优势对外围国发展工业品出口极其不利的状况,普雷维什主张发展中外围国家建立区域性共同市场,开展区域性经济合作,以便相互提供市场促进发展中国家间的经济发展。

### (三)中心—外围论简评

1. 中心—外围理论的积极意义

普雷维什作为发展中国家的代言人,从发展中国家的利益出发,对国际贸易问题进行了开拓性的探讨,为国际贸易理论宝库增添了新的内容,其中包含了科学的成分。

(1)普雷维什的"中心—外围"理论对发展中国家的国际贸易理论作了开拓性研究。他从发展中国家的利益出发,对当代国际分工体系和国际贸易体系中存在的发达国家控制与剥削发展中国家的实质进行了深刻的分析,从理论到实践揭示了发达国家与发展中国家之间的不平等关系,丰富了国际贸易理论宝库。

(2)为发展中国家打破旧的经济秩序、争取建立新的经济秩序提供了思想武器。普雷维什的中心—外围论为第二次世界大战后世界经济秩序提供了思想武器。普雷维什的中心—外围论对第二次世界大战后世界经济格局的分析是正确的,它使发展经济学家对第二次世界大战后国际经济关系的不平等认识上升到一个新高度,为发展中国家打破旧的经济秩序,争取建立新的经济秩序提供了思想武器。

（3）普雷维什关于发展中国家实施进口替代战略的观点，对第二次世界大战后拉丁美洲和其他发展中国家的经济发展具有积极的指导意义。

2. 中心—外围理论的局限性

（1）对发展中国家初级产品贸易条件日趋恶化原因的解释有局限性。

实际上，发达国家长期以来对本国初级产品实行贸易保护政策也是发展中国家初级产品贸易条件逐渐恶化的主要原因之一。中心—外围理论从发达国家工会组织对产品价格的影响、技术进步利益分配不均及需求收入弹性对收入转移的分析等方面出发来解释发展中国家贸易条件日趋恶化的原因，这就使它具有理论上的局限性。实际上，造成初级产品贸易条件恶化的原因，除了国际分工格局不合理、初级产品需求弹性外，还在于发达国家长期实行的保护本国初级产品生产的贸易政策，人为地压缩了对发展中国家初级产品的需求。此外，初级产品的技术含量低、加工程度低、附加价值低和替代品增加，以及发达国家对初级产品自给的重视和世界经济周期的影响等，都促成了发展中国家贸易条件的恶化。

（2）未对传统自由贸易理论造成发达国家与发展中国家贸易利益分配不均的原因做出根本性的揭示。

普雷维什不赞成传统的贸易利益分配观点，认为这是在为旧国际经济秩序下发达国家攫取发展中国家财富进行辩护，但是并未对此以"比较优势"理论为核心的传统自由贸易理论造成发达国家与发展中国家贸易利益分配不均的原因作出根本性的揭示，在理论分折上不够全面。

## 二、战略性贸易理论

### （一）战略性贸易理论产生的历史背景

传统的国际贸易理论是以完全竞争的市场和规模收益不变的假设为前提的，在这些条件下得出了自由贸易政策是一国的最佳选择的结论，任何政府介入都会降低本国和世界总的福利水平。然而，现实情况远非如此。在许多产业中，少数几家大的企业垄断着几乎整个国际市场上某些产品的生产，在这些产业中就存在着垄断竞争的情形。由于市场的不完全竞争性导致了企业可以取得垄断利润，而垄断利润如何在这些企业之间进行分配，则是一个相当复杂的问题。

20世纪70年代中期以来，世界产业结构和贸易格局发生了重大变化，高科技和知识经济的影响越来越重要，一些西方经济学家看到现实世界与传统的国际贸易理论相背离，提出了战略性贸易理论（Strategic Trade Theory）。战略性贸易理论之所以称之为"战略性"，是因为这种政策旨在改变国内外垄断企业之间的竞争性关系，使得本国垄断企业在国际市场的竞争中处于优势地位，并且国内经济获得利益。那么，政府的战略贸易政策是如何实现这种利润转移呢？一个重要条件就是规模经济。由于规模经济存在于相关产业中，政府可以运用贸易政策对这些产业进行扶植，扩大本国企业的生产规模，使本国企业在国际贸易中处于优势地位。

### （二）战略性贸易政策理论的概念及产业选择标准

1. 战略性贸易政策理论的概念

所谓战略性贸易政策理论，是指一国政府在不完全竞争和规模经济的条件下，利用生产补贴、出口补贴，以及保护国内市场等贸易政策来扶植本国战略性产业的成长，增强其在国际市场上的竞争力,占领他国市场,获取规模报酬和垄断利润的贸易理论。

战略性贸易政策理论之所以称为"战略性",是因为政府在制定贸易政策时会把对手国的反应考虑在内。布兰德将战略性贸易政策解释为能够决定或改变企业间战略关系的贸易政策,而企业间的战略关系是说企业间相互依存,一方的决策效果受其他企业决策的影响。

实施战略性贸易政策,政府起着关键的作用,必须有一个尽可能信息完备、决策独立、干预有力的政府。理所当然,在战略性贸易理论中,政府在干预作用被提升到前所未有的地位。那么,政府的贸易战略是如何实现这种利润转移的呢? 一个重要条件就是规模经济。由于不完全竞争和规模经济存在于相关产业中,政府可以运用贸易政策对这些产业进行扶植,扩大本国企业的生产规模,使本国企业在国际贸易中处于优势地位。

2. 战略或目标产业的确定

战略性产业的选择主要基于以下原则:① 具有广泛外部经济效应的产业;② 具有巨大内部规模经济的产业;③ 具有巨大外部规模经济的产业;④ 可能取得出口垄断地位的产业;⑤ 重要的尖端的研发性产业。

从以上战略性产业的选择标准来看,战略性贸易政策是保护那些影响深远的高新技术产业和重要的基础工业部门。战略性贸易政策对这些产品的扶植,不仅仅是单纯追求这些产业自身的发展,同时还要利用这些产业的外部效应。

战略性贸易政策要取得成功,仅靠选择的产业具有以上特征是不够的,还需要政府有完全的信息和准确的判断,对保护成本和收益有准确预期;受保护的企业能够长期保持垄断地位,该产业具有很高的进入壁垒,能够保持寡占的市场结构;其他国家不会采取报复式的保护等。

**(三)战略性贸易政策的理论基础**

战略性贸易政策的理论由两种理论构成:一是由詹姆斯·A·布兰德和巴巴拉·J·斯本塞提出的利润转移理论;二是由 A. 马歇尔(A. Marshall)提出的外部经济理论。这两种理论为政府干预贸易提供了依据。

1. 利润转移理论

利润转移理论认为,在不完全竞争特别是寡头垄断市场上,寡头企业可以凭借其垄断力量获得超额利润,在与这类国际寡头垄断竞争中,一国政府可以通过出口补贴帮助本国企业夺取更大市场份额,或以关税迫使外国企业降低价格,或以进口保护来促进出口,从而实现由外国利润向本国的转移,增加本国的福利。由于该理论认为政府干预性的贸易政策可以将利润从他国转移到本国来,因此称其为"利润转移"理论。

2. 外部经济理论

外部经济理论认为,某些企业或产业能够产生巨大的外部经济,促进相关产业的发展。若某一产业的社会效益高于其个体利益,即具有外部经济效应。但由于这些外部经济效益不能被这些企业占有,这些企业或产业就不能发展到社会最佳状态。如果政府能对这些企业或产业提供适当的帮助和支持,使该产业不断地获取动态递增的规模效益,并在国际竞争中获胜,企业所获得的利润会大大超过政府所支付的补贴,而且该产业的发展还能通过技术创新的溢出推动其他产业的发展,以获得长远的战略利益。

**(四)对战略性贸易理论的评价**

战略性贸易理论作为新保护贸易理论的一部分,有其积极的方面:

第一,它是以20世纪80年代发展起来的不完全竞争和规模经济理论为基础的,是国际贸易新理论在贸易领域的反映和体现。

第二,战略性贸易理论是从现实经济生活中普遍存在的不完全竞争的市场状况中提炼出来的,试图设计出适宜于产业内贸易的干预政策,以改变扭曲的竞争环境,因而具有一定的积极意义。

第三,战略性贸易理论广泛借鉴和运用了产业组织理论与博弈论的分析方法和研究成果,是国际贸易理论研究方法上的突破。

但另一方面,战略性贸易理论也有许多不完善甚至消极的方面:一是战略性贸易理论未就政府的贸易干预补贴给出任何通用的解决方法。二是战略性贸易理论的实现依赖于一系列严格、苛刻的限制条件。三是战略性贸易理论背弃传统的自由贸易,采取进攻性的保护措施,劫掠他人的市场份额和经济利益,容易成为贸易保护主义者加以曲解和滥用的口实,恶化全球贸易环境。因此,许多经济学家都指出,必须正确把握战略性贸易理论,不可片面夸大或曲解其功效。

## 本章小结

1. 重商主义是15—17世纪代表商业资产阶级利益的经济思想和政策体系。重商主义认为金银是财富的唯一代表,获得财富的途径则是对外贸易顺差,因而主张国家干预经济活动,"奖出限入",追求顺差,使货币流入国内,以增加国家财富和增强国力。

2. 李斯特提出保护幼稚工业理论,主张在利用关税政策发展本国工业时,对不同的产品采取不同的关税税率,以保护本国将来有前途的幼稚工业,促进生产力的发展。李斯特对国际分工和自由贸易利益予以承认,并且主张保护贸易是过渡手段,自由贸易是最终目的。

3. 凯恩斯的超保护贸易理论是发达国家在战后为了保住自身原有优势而制定保护贸易政策的依据,它建立在凯恩斯的有效需求理论和投资乘数理论的基础上,认为出口就如同国内投资一样对国民经济具有"注入"的效果,会增加有效需求,进而提高就业水平,并且还会对国民收入有倍增效应。

## 复习思考题

1. 重商主义的基本观点是什么? 早期重商主义和晚期重商主义有什么区别?
2. 试述幼稚工业保护理论产生的背景、主要观点及对发展中国家的指导意义。
3. 试述超保护贸易理论的主要内容。
4. 试述中心—外围理论的基本观点。
5. 试述战略性贸易政策理论的主要内容。

# 第三篇　国际贸易政策与措施

# 第 8 章

## 国际贸易政策

### 知识目标

(1) 了解国际贸易政策的含义、内容、类型和制定依据；

(2) 掌握国际贸易政策的演变；

(3) 理解二次世界大战后发展中国家进口替代和出口导向政策；

(4) 掌握 20 世纪 90 年代以来发达国家对外贸易政策的发展趋势。

### 能力目标

能运用本章所学知识理解现实中各个国家执行各种贸易政策的背景和理论依据。

**引导案例**

#### 八家拉美国家钢协要求贸易保护，抵制中国钢材进口

阿根廷、巴西、智利、哥伦比亚、墨西哥、秘鲁等八家拉美国家的钢铁协会，联名发表公开信要求政府立即采取措施保护本国钢铁行业，尤其反对来自中国的钢材的进口。签署公开信的钢协包括拉美钢协、阿根廷钢铁部、巴西钢协、拉美钢协智利分会、哥伦比亚钢厂委员会、墨西哥钢铁行业部、秘鲁金属行业国家社会委员会等。公开信明确提出，中国国有钢厂享有政府补贴，违反世界贸易组织的规则，并威胁拉美成千上万的岗位和国内钢铁行业发展。

资料来源：生意社

## 第一节　国际贸易政策概述

对外贸易政策是各国在一定时期对进出口贸易进行管理的原则、方针和措施的总称，属于上层建筑的一部分。它对外服务于一国的对外经济和政治总政策；对内为发展经济服务，并随着国内外的经济和政治关系的变化而变化。对外贸易政策从世界范围考察，即国际贸易政策。

对外贸易政策包括政策主体、政策客体、政策目标、政策构成和政策措施等几方面。政策主体即政策的制定者和实施者，一般来说是指各国政府和主管贸易事务的机构；政策客体或政策对象就是贸易政策规范、指导、调整的贸易活动和从事贸易活动的企业、机构和个

人;政策目标是政策内容制定的出发点;对外贸易政策一般由总贸易政策、进出口商品政策和国别地区贸易政策;构成政策手段即为实现既定的政策目标和实施政策内容时所采用的对外贸易措施。

## 一、国际贸易政策的目的与构成

### (一)国际贸易政策的目的

各国制定对外贸易政策的目的有如下几方面:

1. 保护本国市场

可以通过各种措施,如关税、非关税、技术性贸易壁垒和反倾销等措施适度地限制进口,保护本国市场,现今世界贸易保护的措施出现多样化趋势。

2. 扩大国外市场

采取各种措施,如出口信贷、出口退税、出口补贴等措施提高本国产品的国际市场竞争力,促进出口。

3. 优化本国产业结构

通过引进外资,引进国外先进的技术知识和生产技术,提高管理水平;通过对外贸易政策调整,优化本国的产业结构,提高企业的竞争力,实现利润最大化。

4. 积累发展资金

通过扩大出口,取得外贸顺差,增加外汇收入,增加国家财政收入,为本国经济发展提供资金。

5. 为本国的对外政策服务,维护和发展同其他国家和地区的政治、经济关系

贸易政策在调整、改善、巩固与其他国家和地区的经济与政治关系方面起着重要作用。一国贸易政策的选择必须考虑国际环境,即世界贸易体制的发展与影响、联合国的各种决议的实施和与贸易伙伴之间的经济和政治关系。

### (二)国际贸易政策的构成

各国对外贸易政策一般由以下几方面内容构成:

1. 总贸易政策

总贸易政策是从整个国民经济出发,结合本国在世界经济格局中所处的地位而制定,在一个较长时期内实行的政策。例如,实施保护贸易政策或比较开放的自由贸易政策。它是各国发展对外经济关系的基本政策,是整个对外贸易政策的立足点。

2. 进出口商品政策

它是各国在本国对外贸易总政策的基础上,根据经济结构和国内外市场的供求状况而制定的政策。其基本原则是对不同的进出口商品实行差别对待,主要体现在关税的税率、计税价格和课税手续等方面的差异。

3. 国别、地区贸易政策

国别、地区贸易政策是根据总贸易政策,以及本国与其他国家或地区的政治、经济关系需要而制定的国别或地区贸易政策,在不违反国际规则的前提下,对不同国家采取不同的外贸策略和措施。规定差别关税税率和差别优惠待遇是各国国别政策的基本做法。

### 二、国际贸易政策的制定和执行

#### (一) 对外贸易政策的制定

各国对外贸易政策的制定与修改是由国家立法机构进行的。立法机构在制定和修改对外贸易政策及有关规章制度前,征询各个经济集团的意见,各经济集团向政府提出各种建议,直至派人参与制定或修改有关对外贸易政策的法律草案。最高立法机构所颁布的对外贸易政策,既包括较长时期内对外贸易政策的总方针和基本原则,又规定某些重要措施以及给予行政机构的特定权限。

#### (二) 对外贸易政策的执行

1. 对外贸易法规

为落实对外贸易政策,世界各国都通过对外贸易立法把贸易政策具体化,成为国家法律的组成部分。内容通常包括设立外贸法的目的,管理贸易的机构、权限(包括国家元首或政府首脑的权限),进出口货物、服务和技术的许可,外贸经营条件和应遵守的规定等。

2. 主管贸易事务的机构和相关机构

各国都设立了主管贸易事务的机构,如美国的商务部和我国的商务部。美国商务部成立于 1913 年 3 月,根据法律,美国商务部对外的主要职责是促进国家的对外贸易,防止来自国外的不公平贸易竞争,提高美国企业在世界经济中的竞争力。美国商务部下设多个局和办公室,其中下设的出口管理局负责国家对外贸易的管理。

我国的商务部既主管国内商务又主管对外贸易。其承担对外经济贸易职能主要有:拟订对外贸易和国际经济合作的发展战略、方针、政策;起草对外贸易、国际经济合作和外商投资的法律法规,制定实施细则、规章;研究制定进出口商品管理办法和进出口商品目录,组织实施进出口配额计划,确定配额、发放许可证;拟订和执行进出口商品配额招标政策;拟订并执行对外技术贸易、国家进出口管制以及鼓励技术和成套设备出口的政策;组织开展国际经济合作和对外援助;负责组织和协调反倾销、反补贴、保障措施及其他与进出口公平贸易相关的工作;研究提出并执行多边、双边经贸合作政策,负责处理多双边经贸事务;承担中国与世界贸易组织相关的事务等。此外,商务部还负责管理境内外各种交易会、洽谈会等各种贸易和投资促进活动;负责我国驻世界贸易组织代表团、驻外经济商务机构以及有关国际组织代表机构的人员选派、管理和队伍建设、指导进出口商会和有关协会、学会的工作。

负责管理贸易事务的其他机构还有商检机构、贸易促进会等。

3. 海关

海关是国家行政机构,是国家机构的一个组成部分,是设置在对外口岸的进出口监督管理机关。海关一般设置在沿海口岸和陆地边境,海关的基本职责是,对进出国境的货物、旅客行李和运输工具等进行监督管理,征收关税和依法由海关征收的其他税费,查禁走私,办理其他海关业务等。

### 三、国际贸易政策的基本类型

自对外贸易产生与发展以来,各国的对外贸易政策因各自的经济体制、经济发展水平及其产品在国际市场上的竞争力的差异而采取不同的形式,但是对外贸易政策基本形式有两种类型,即自由贸易政策和保护贸易政策。

### (一) 自由贸易政策

自由贸易政策是指国家对贸易活动不加以直接干预或少加以直接干预,国家取消对商品进出口和服务贸易的限制和障碍,取消对本国商品出口和服务贸易的各种特权和优待,使商品、服务和生产要素在国家之间自由流动,在国内外市场进行公平的自由竞争。

### (二) 保护贸易政策

保护贸易政策是指政府广泛利用各种措施对商品进口和服务进行限制,保护本国市场免受外国商品和服务的竞争,并对本国商品出口和服务给予优惠和补贴,以增强本国产品和服务的国际市场竞争力。国家对于贸易活动进行干预,其目的是保护本国市场,扩大出口市场。保护贸易政策是一系列干预贸易的各种政策措施的组合。

## 四、国际贸易政策的历史演变

国际贸易学是一门历史悠久且不断发展的学科。它经历了贸易理论和政策的一系列发展阶段。其中包括重商主义的贸易保护、比较利益下的自由贸易、生产力理论下的保护幼稚工业、凯恩斯主义条件下的超保护贸易,第二次世界大战后的贸易自由化,以及 20 世纪 70 年代中期以后,在新贸易理论下的新贸易保护政策和战略贸易政策。

资本主义生产方式准备时期,为促进资本的原始积累,西欧各国广泛推崇重商主义,实施强制性的贸易保护政策,通过限制货币(贵重金属)出口和扩大贸易顺差的办法扩大货币或财富的积累,其中英国实行得最为彻底。

资本主义自由竞争时期,资本主义生产方式占据统治地位,世界经济进入商品资本国际化阶段。在这一阶段由于欧美各国经济发展水平不同,出现两种类型的贸易政策。一种是在 18 世纪经济最发达的英国,其率先实行自由贸易政策;另一种是在资本主义相对落后的美国、德国,他们于 19 世纪先后推出了以保护幼稚工业为目标的保护贸易政策。但是总的看来 19 世纪到 20 世纪第一次世界大战以前,自由贸易政策是对外贸易政策的主流。

在两次世界大战之间,由于垄断加强,资本输出占据统治地位,在 1929—1933 年经济大危机的冲击下,自由贸易发展受阻。英国放弃了自由贸易政策,主要资本主义国家开始推行带有垄断性质的超保护贸易政策。

第二次世界大战以后,随着世界经济的恢复和发展,国际分工在广度和深度方面迅猛发展,战后发达国家在美国主导下于 1947 年建立了关贸总协定,推动了世界范围的贸易自由化。第二次世界大战以后的自由贸易与战前的自由贸易相比已发生重大的变化,自由贸易的范围已从一国向一个地区或世界范围转变,政府政策行为也从一国政府的行为逐步转向超国家的国际经济组织的行为,贸易自由化对象的范围也从过去的局限于货物贸易向服务贸易、要素贸易领域拓展,进入大贸易范畴。

20 世纪 70 年代中期后,由于两次经济危机的爆发,在经济衰退的影响下,出现结构性失业,使市场问题趋于尖锐,以美国为首的发达国家转向采取新贸易保护政策和战略贸易政策,抑制了贸易自由化的进程。尽管自由贸易被 20 世纪 70 年代末期新贸易保护主义所打断,但自由贸易的大方向并没有就此改变,而是在环境条件稍有改善后,得到了更深程度和更广范围的发展。20 世纪 80 年代中后期以来,由于世界经济政治关系的深刻变化、各国经济相互依赖的加强,在世界范围内,特别是发达国家,开始推行协调管理贸易政策。

从世界经济贸易发展史看,国际贸易政策是随着世界经济发展的周期和经济贸易大国竞争力的变化而变化的。因此,在不同的历史时期,不同的国家在贸易政策的选择上并不一致,自由化的程度和保护程度也均不相同。而且,同一个国家在不同时期往往实行不同的对外贸易政策;在同一时期的不同国家,也往往实行不同的对外贸易政策。

## 第二节　自由贸易政策的演变

自亚当·斯密以来,主流经济学所一再倡导的贸易政策均带有自由放任的色彩。自由贸易政策产生于 18 世纪经济最发达的英国,从 19 世纪到第一次世界大战以前,成为对外贸易政策的主流;在两次世界大战期间,自由贸易发展受阻。战后随着世界经济的恢复与发展,自由贸易政策又重新被推到前台,成为大多数国家一致推举的贸易政策与做法,成为发达国家起主导作用的贸易政策。第二次世界大战后,1948 年 1 月关贸总协定生效,贸易政策总的发展趋势是自由化的,虽然中间有些停滞,但自由贸易的大方向并没有就此改变,而是在环境条件稍有改善后,自由贸易得到更深程度和更广范围的发展。随着 1995 年世界贸易组织的建立,加上经济全球化进程的加快,贸易自由化成为世界各国贸易政策的主流。

但是,在国家存在的前提下,世界市场与国内市场存在很大的差别,对外贸易涉及国家、阶层和国民的各种利益,因此,完全意义上的自由贸易政策是不存在的。现实的自由贸易政策是指国家取消和减少对进口贸易的限制和障碍,取消和减少对本国出口商品的各种特权和优惠。

### 一、自由竞争时期的自由贸易政策

#### (一)英国自由贸易政策的产生

18 世纪中叶至 19 世纪末,资本主义进入自由竞争时期。英国自 18 世纪中叶开始产业革命,"世界工厂"的地位逐步建立并日益巩固。一方面,英国工业的发展要求从国外进口廉价的工业原料和粮食,以降低工资和提高利润;另一方面,英国的产业革命早于其他国家,工业制成品物美价廉,具有强大的国际竞争力。因而,此时重商主义的贸易保护政策便成为英国经济发展和英国工业资产阶级对外扩张的一大障碍。在这种状况下,成长起来的英国工业资产阶级迫切要求废除重商主义保护贸易政策,实行自由贸易政策。

#### (二)英国自由贸易的胜利

英国新兴的工业资产阶级经过长期不懈的努力和不断的斗争,最后终于使自由贸易政策在英国取得胜利,具体表现在以下几个方面:

　　1. 废除谷物法

禁止或不鼓励谷物进口的法规可以追溯到 15 世纪。1815 年的谷物法尤为重要,其目的在于禁止进口,直到国内价格达到一定水平,以此来鼓励国内生产,因而该谷物法成为消费者、中产阶级制造商及出口商猛烈攻击的目标。

1833 年英国棉纺织业资产阶级组成"反谷物法同盟",而后又成立全国性反谷物法同盟,展开声势浩大的反谷物法运动。经过斗争,终于使国会于 1846 年通过废除谷物法的议案,并于 1849 年生效。马克思评价说:"英国谷物法的废除是 19 世纪自由贸易所取得的最伟大的胜利。"

**2. 废除航海法**

航海法是英国限制外国航运业竞争和垄断殖民地航运业的政策。从 1824 年起逐步废除。到 1854 年,英国的沿海贸易和殖民地贸易、航运全部对外开放,至此,重商主义时代制定的航海法全部废除。

**3. 降低关税**

19 世纪初,英国有关关税的法令多达 1 000 项以上。1825 年英国开始简化税法,废止旧税率,建立新税率;关税税率逐步降低,纳税商品数目减少。进口纳税项目从 1841 年的 1 163 种减少到 1853 年的 466 种,1862 年的 44 种,直至 1882 年的 20 种。所征收的关税全部是财政关税,税率大大降低。

**4. 取消特权公司**

在 1813 年和 1814 年分别废止了东印度公司对中国和印度的贸易垄断权,从此对中国和印度的贸易开始开放给所有的英国人。

**5. 改变殖民地贸易政策**

在 18 世纪,英国对殖民地的航运享有特权,殖民地的货物输入英国享受特惠关税的待遇。在英国大机器工业建立以后,英国不怕任何国家的竞争,所以对殖民地的贸易开始逐步采取自由放任的态度。1849 年航海法被废止后,殖民地已可以对任何国家输出商品,也可以从任何国家输入商品。通过关税法的改革,废止了对殖民地商品的特惠税率,同时准许殖民地与外国签订贸易协定,殖民地可以与任何外国建立直接的贸易关系,英国不再加以干涉。

**6. 与外国签订带有自由贸易色彩的贸易条约**

1860 年签订了英法"科伯登"条约。根据这一条约,英国降低对法国的葡萄酒和烧酒的进口关税,并承诺不再禁止煤炭出口。法国则保证对从英国进口的一些制成品征收不超过 30% 的从价税。"科伯登"条约是第一个以自由贸易精神签订的一系列贸易条约,列有最惠国待遇条款。在 19 世纪 60 年代英国就缔结了 8 个类似的条约。总之,从 1815 年到 19 世纪 70 年代是自由贸易政策蓬勃发展时期,尽管各国情况有所不同,但各国都从自由贸易中获得经济利益。在自由贸易政策的影响下,国际贸易迅速增长。

## 二、战后贸易自由化( 20 世纪 50 年代至 70 年代初期)

### (一) 战后贸易自由化的产生

第二次世界大战后到 20 世纪 70 年代初,国际分工进一步深化,世界政治经济力量重新分化组合。美国的实力空前提高,强大的经济实力和膨胀的经济,使其既有需要又有能力冲破当时发达国家所流行的高关税政策。日本和西欧战后为了经济的恢复和发展,也愿意彼此放松贸易壁垒,扩大出口。20 世纪 60 年代后,随着经济全球化程度加速向深度和广度发展,相继出现了贸易全球化、生产全球化、资本国际化,跨国公司迅速兴起,迫切需要一个自由贸易环境以推动商品和资本流动。正是在这一历史条件下发达资本主义国家的对外贸易政策先后出现了自由化倾向。

### (二) 战后贸易自由化表现

贸易自由化是指国家之间通过多边或双边的贸易条约与协定,削减关税,抑止非关税壁

垒,取消国际贸易中的障碍与歧视,促进世界货物和服务的交换与生产的过程。战后贸易自由化主要表现有以下几方面:

1. 在关贸总协定成员范围内大幅度地降低关税

1947 年到 20 世纪 70 年代中期,在关税与贸易总协定的主持下,举行了八轮多边贸易谈判,各缔约方的平均进口最惠国关税税率已从 50％左右降低到 5％以下。

2. 区域性集团内部取消了关税

欧洲经济共同体(现为欧洲联盟)实行关税同盟,对内取消关税,对外减让关税,使关税大幅度下降。

3. 经济贸易集团给予发展中国家或其他有关国家优惠关税待遇

欧共体通过与非洲、加勒比和太平洋地区的发展中国家签订《洛美协定》,单方面提供关税减免待遇。除此之外,欧共体还同地中海沿岸的一些国家、阿拉伯国家、南亚联盟等国家和地区缔结了类似的协定。此外,一些经济集团也以签订优惠贸易协定的方式给予周边国家和发展中国家以优惠关税待遇。

4. 通过普惠制的实施,发达国家对来自于发展中国家的产品普遍给予减免关税待遇

在发展中国家的努力下,1968 年第 2 届联合国贸易与发展会议上,通过了普惠制决议,发达国家对来自发展中国家和地区的制成品和半制成品的进口给予普遍的、非歧视的、非互惠的关税优惠。

5. 降低或撤销非关税壁垒

在非关税减让方面,发达国家不同程度地放宽了进口数量限制,扩大进口自由化,增加自由进口的商品;放宽或取消外汇管制,实行货币自由兑换,促进了贸易自由化的发展。

**(三) 战后贸易自由化的特点**

第二次世界大战后至 20 世纪 70 年代的贸易自由化特点:① 是在战后资本主义经济迅速增长的基础上发展起来的;② 是一场范围更广的贸易自由化运动,而不像以往仅局限于欧洲;③ 美国成为战后贸易自由化积极的倡导者与推动者;④ 主要是通过各种国际性经贸组织在世界范围内进行的;⑤ 它存在于新的历史条件下,并且是有选择性的。具体表现为:发达国家间的贸易自由化超过它们对发展中国家和社会主义国家的自由化,区域性经贸集团内部的自由化超过集团对外的自由化等。

第二次世界大战后的贸易自由化与资本主义自由竞争时期的自由贸易政策的性质不同,表现在以下两个方面:① 两种贸易政策的经济基础不同。第二次世界大战后的自由贸易政策反映了世界经济和生产力发展的内在要求,是生产国际化、资本国际化、国际分工纵横发展及跨国公司迅猛发展的产物。而早期的自由贸易政策建立在资本主义自由发展的基础之上,反映了工业资产阶级的要求。② 第二次世界大战后自由贸易政策往往与保护贸易政策相结合。如区域经济集团内部贸易自由化超过对集团以外国家的贸易自由化。而早期的自由贸易政策则不具有这种综合性和区域性。

**(四) 战后贸易自由化作用评价**

1. 第二次世界大战后贸易自由化推进了世界经济和贸易的高速发展。

2. 第二次世界大战后贸易自由化确立了各国贸易政策发展的总趋向。

3. 第二次世界大战后贸易自由化为国家贸易、经济可通过协商、协调获得发展提供了先例。

## 第三节　保护贸易政策的演变

保护贸易政策始于15～16世纪西欧资本原始积累时期的重商主义,重商主义提出了通过保护贸易政策保持顺差,以实现资本积累的政策主张;在资本主义自由竞争时期的19世纪,美国和德国出现了发展幼稚工业的保护贸易政策;在两次世界大战期间,在1929—1933年经济大危机的冲击下,传统的保护贸易政策演变为流行的超保护贸易政策;在20世纪70年代以后经济衰退的影响下,发达国家出现了新贸易保护主义和战略贸易政策。

### 一、资本主义生产方式准备时期的贸易保护政策

16—18世纪是资本主义生产方式准备时期,也是西欧各国开始开辟世界市场的时期。在这一时期内,为了促进资本原始积累,西欧各国在重商主义的影响下,纷纷推行强制性的贸易保护政策。重商主义的政策主张主要包括:

1. 主张实行由国家管制的对外贸易政策,比如对金银货币实行管制、国家实行对外贸易的垄断;

2. 实行"奖出限入"的政策,鼓励出口、限制进口,最大限度地实现贸易顺差,以积累财富;

3. 管制本国工业,实行鼓励和扶持幼稚工业的政策,如大力发展制造业和加工业、禁止熟练技工和机器设备输出、鼓励增加人口等;

4. 实行保护关税政策,对进口商品课以重税,如1667年法国把从英国和荷兰进口的呢绒税率提高了一倍,以阻止这些产品的进口。

### 二、资本主义自由竞争时期的贸易保护政策

在资本主义自由竞争时期,国际贸易政策的基调是自由贸易。但由于各国工业发展水平不同,一些经济发展起步较晚的国家——美国与德国先后实行了贸易保护主义政策。

美国是后起的资本主义国家。产业革命进行比较晚,工业基础薄弱,其工业品无法与英、法等国竞争,因此新兴的北方工业资产阶级要求实行贸易保护。当时,美国的第一任财政部长汉密尔顿代表工业资产阶级利益,提出了与自由贸易学说相对立的保护贸易学说,主张实行保护关税制度。汉密尔顿的保护贸易措施主要包括:向私营工业发放政府信用贷款,为其提供发展资金;提高进出口商品关税,避免外国工业品的竞争;限制重要原料出口,免税进口国内急需的原材料;限制机器设备出口,建立联邦检查制度,保证和提高制造品质量等。美国实行该政策后于1890年工业产值超过农业产值,并超过英国,跃居世界首位。

19世纪初,德国工业发展水平远比英法落后,德国受到英法两国自由贸易政策的冲击,大量廉价商品涌入德国市场。此时摆脱外国自由竞争的威胁,保护和促进德国工业的发展,成为德国工业资产阶级的要求。1870年德国取得普法战争胜利后,不断加强对原工业和新建工业的保护。19世纪末,德国成为实行高度保护贸易的国家之一。

### 三、两次世界大战之间的超保护贸易政策

19世纪末20世纪初,资本主义发展进入了垄断阶段。这一时期,很多国家都完成了产业

革命,经济实力迅速增强,世界市场竞争激烈,两次严重的世界经济危机又使资本主义国家的商品销售发生严重困难。此时各国为了垄断国内市场并争夺国外市场,先后走上了贸易保护主义的道路。这一时期的贸易保护政策与以往有明显的不同,带有显著的侵略性与扩张性,即通常所说的超保护贸易政策。

与第一次世界大战前贸易保护主义相比,超保护贸易政策有以下特点:

1. 保护对象扩大了。超保护贸易政策不但保护幼稚工业,而且更多地保护国内高速发展或出现衰落的垄断工业。

2. 保护目的变了。超保护贸易不再是培养自由竞争能力,而是巩固和加强对国内外市场的垄断。

3. 保护转入进攻性。以前贸易保护主义是防御性地限制进口,超保护贸易主义是要在垄断国内市场的基础上对国内外市场进行进攻性的扩张。

4. 保护的阶级利益从一般性的工业资产阶级利益转向保护大垄断资产阶级的利益。

5. 保护措施多样化,不仅有关税,还有其他各种各样的"奖出限入"措施。

## 四、20 世纪 70 年代中期至 80 年代的新贸易保护主义

20 世纪 70 年代中后期,在贸易自由化的总趋势下,贸易保护主义重新抬头,出现了新贸易保护主义。新贸易保护主义是指 20 世纪 70 年代以后国际贸易领域中形成的以非关税壁垒为主的贸易保护主义。新贸易保护主义没有一个统一、完整的理论体系,较多的是实用主义色彩。支持新贸易保护主义的主要理论观点有:新贸易保护主义可以改善国内市场扭曲、改善贸易条件、维护高水平工资、增加国内生产和就业、反倾销、改善贸易收支或国际收支、维护知识产权、作为报复手段与谈判手段、保护国家安全和生态环境、支持战略产业的发展等。

### (一) 新贸易保护主义的特点

新贸易保护主义不同于 20 世纪 30 年代的旧贸易保护主义。其特点如下:

1. 被保护的商品品种不断增加

在 20 世纪 70 年代世界经济危机的冲击下,被保护的商品从传统工业产品、农产品延伸到高精尖产品和服务部门。工业品的保护范围从纺织品、鞋、陶瓷等"敏感性产品"扩展到钢铁、彩电、汽车、计算机、数控机床等。在服务贸易领域,一些发达国家在开业申请、投资比例、收益汇回等方面作出保护性限制。

2. 非关税壁垒取代关税措施成为限制进口的主要手段

经过战后关贸总协定的多轮谈判,发达国家的关税总体水平已降至较低水平,正常关税已起不到保护的作用。因此,发达国家更多地采取非关税措施限制商品进口,非关税壁垒在西方各国贸易政策中的作用日益明显。非关税壁垒不断增高,其措施已从 20 世纪 70 年代末的 800 多种增加到 80 年代中期的 1 000 多种。西方国家为抵制发展中国家劳动密集型产品的进口,主要采取数量限制和"反倾销"等措施,并且越来越倾向于滥用技术性贸易壁垒和绿色壁垒。1980—1985 年,发达国家的"反倾销"案多达 283 起,涉及 44 个国家。不容置疑,在西方发达国家未来的外贸政策中,单纯的关税措施和非关税措施都会相应减少,但各种新型的更灵活和更隐蔽的非关税壁垒会不断出现,并成为贸易政策的主体。

3. 贸易保护的重点从限制进口转向鼓励出口

各国政府在加强非关税措施限制进口以保护国内市场的同时,还设法从经济上和组织上

鼓励本国产品的出口。在经济方面,通过采取出口信贷、出口信贷担保、出口补贴、外汇倾销等措施,促进本国商品的出口。在组织方面,发达国家广泛设立各种出口促进机构和组建中介组织,以协助本国厂商扩大出口。此外,双边和多边贸易谈判与协调成为扩展贸易的重要手段。

4. 贸易保护日益法律化、制度化

通过加强贸易法规的规定,把贸易保护法律化。20世纪70年代后,美国的经济地位受到德国和日本的挑战,《1974年贸易法》的出台显示了这一时刻美国对实施不公平待遇的国家进行的报复。《1988年综合贸易与竞争法》授权美国政府对贸易对手不合理或不公平的贸易可采取必要的行动,以减少国内产业的压力,从而加强了美国政府对外贸易调控的合法性。该法案包括了所谓"超级301条款"和"特别301条款"。前者授权美国贸易代表办事处对世界上美国认为"自由贸易"方面做得不够的国家和地区提出名单和报告,并在规定的时间内通过"谈判"迫使其采取符合美国要求的开放措施,否则将对其进行报复;后者授权美国贸易代表办事处,对未适当有效保护其知识产权的国家以及未给予依赖知识产权的美国企业公平进入市场机会的国家进行调查和考虑实施报复。美国根据其"301条款",对来自国外的"不公平"贸易活动采取单边贸易制裁,事实上形成了对世界贸易规则的挑战,严重损害了世界贸易组织的权威性,也因此增加了世界贸易组织争端案例的数量和争端解决的复杂性。美国的保护贸易措施反过来遭到其他国家的报复,使贸易保护主义更加蔓延与扩张。

5. 新贸易保护主义带有明显的歧视性

这种歧视包括国别歧视和区域歧视两方面。就国别歧视而言,非关税措施都是针对特定国家的,如发达国家相对发展中国家具有技术优势,因此他们大量运用严苛的技术标准限制发展中国家的产品对其出口。就区域歧视而言,传统贸易保护主义以国家贸易壁垒为基础,而新贸易保护主义趋向区域性贸易壁垒,即由一国贸易保护演变为区域性贸易保护,利用区域贸易组织保护成员方利益,通过歧视性的政策和集体谈判的方式,将非成员国的贸易排除在区域之外。作为欧盟前身的欧洲经济共同体的贸易政策就是一个典型。欧共体通过关税同盟与共同的农业政策对外筑起贸易壁垒,使西欧工业品和农产品市场逐渐对外封闭。北美自由贸易区的建立则标志着美国由片面的全球自由贸易退到强调"互惠"的区域自由贸易的市场上。

### (二) 新贸易保护主义产生的原因

新贸易保护主义形成于20世纪70年代中期,其产生的主要原因有以下几方面:

一是战后资本主义国家经历了两次经济危机,经济出现严重衰退,陷入高通货膨胀、高失业率"两高一低"的滞胀困境。就业压力增大,市场问题日趋严重。因此,以国内市场为主的产业垄断资产阶级和劳工团体纷纷要求政府采取保护贸易措施,致使贸易保护在世界自由贸易进程中再度兴起。

二是各工业国外贸发展不平衡。最为典型的是美国,随着其他发达国家经济的恢复和发展,美国的经济地位在相对下降,在世界工业生产、贸易、外汇储备中的比重不断下降,特别是美国的贸易逆差迅速上升,其主要工业产品如钢铁、汽车、电器等不仅与日、西欧等国家开展的激烈竞争,甚至面临一些新兴工业化国家以及其他出口国的竞争威胁。在这种情况下,美国一方面迫使拥有巨额贸易顺差的国家开放市场,另一方面则加强对进口的限制;因此,美国成为新贸易保护主义的重要策源地。

三是贸易政策的相互影响。随着经济全球化的快速发展,国家之间经济相互依存程度不断提高,美国率先采取贸易保护政策措施,这势必会产生连锁反应,其他国家纷纷效仿和进行报复,致使新贸易保护主义得以蔓延和扩张。

### (三) 新贸易保护主义的影响

1. 新贸易保护主义的政策与做法带有明显的歧视性、排他性。它保护着国内缺乏竞争力的产业,降低了资源配置效率,同时限制和扭曲了国际贸易商品的正常流向,降低了国际贸易增长速度。

2. 新贸易保护主义严重损伤了发展中国家的经济贸易利益,导致发展中国家的纺织服装、鞋、玩具等劳动密集型产品出口受阻,出口收入锐减,造成一些发展中国家经济增长减速,甚至有些发展中国家出现债务危机。

3. 发达国家没有获得预期的保护政策效果,发达国家对进口严格限制,在给发展中国家带来严重损害的同时自身的经济贸易利益也蒙受损失,其直接结果就是导致国内生产成本和最终产品价格的上升,进一步影响着国内产品的价格竞争力,也影响着社会福利。如英国在签订第二个多种纤维协定之后,服装零售价格平均上涨 20%。

### 相关链接

#### 贸易保护主义升级拖累全球经济

发达经济体与新兴经济体之间的产业竞争加剧是前者对后者采取贸易保护措施的一个新的重要原因。为重塑产业竞争优势,发达经济体采取贸易保护措施的动机大大增强。

全球贸易预警组织发布的报告显示,从 2012 年 6 月至 2013 年 5 月一年的时间里,各国共采取了 431 项贸易保护措施。发达经济体仍然是发起贸易保护措施的主要国家,在 431 项措施中,8 国集团就占据了 131 项。贸易保护措施涉及的金额越来越大,影响范围也呈扩大之势。欧盟委员会分别于 2013 年 9 月和 11 月启动对中国光伏产品的反倾销和反补贴调查,涉及中国企业对欧盟出口金额高达 210 亿欧元,被业内人士称为欧盟历史上涉案金额最大的“双反”案件。除欧盟外,美国也加大了对新兴经济体的贸易保护措施。2013 年 4 月 1 日,美国农业部宣布修订联邦政府采购指定生物产品指南,要求联邦政府采购更多美国生产的生物产品。这一措施可以看作是“购买美国货”的延续,带有明显的贸易保护主义色彩,涉及 15 个国家,既包括中国、墨西哥、韩国等新兴市场国家,也包括法国、德国等发达国家。

全球经济复苏进程放缓是近期贸易保护主义升级的一个重要原因。全球经济复苏放缓导致各国的出口贸易受到抑制并进一步拖累经济复苏,在这种情况下,有的国家接连采取了一些以邻为壑的贸易保护措施。国际金融危机后,发达经济体的实体经济受到重创,同时它们也逐渐意识到仅仅依靠虚拟经济无法持续支撑经济的健康发展。为提振本国经济,增加就业岗位,美国等发达经济体纷纷提出“再工业化”战略。“再工业化”主要是通过政府的介入,不但要增加工业特别是制造业在整个经济中的比重,而且着重于增强制造业的国际竞争力。发达经济体一方面不断巩固和强化其在传统产业上的优势,另一方面努力在新兴产业寻找新的竞争优势。为重塑产业竞争优势,发达经济体采取贸易保护措施的动机大大增强。由于发达经济体在行业发展和产品标准方面一直走在世界前列,这使其更容易通过诸如安全、卫生、技术等手段采取贸易保护措施。

贸易保护主义会限制新兴经济体的产业发展与升级。贸易保护措施本质上是一种为了保护本国相关行业免受国外竞争压力而对相关进口产品设定高关税、进口配额或其他减少进口额的经济政策，通过实行贸易保护措施，极大地削弱外国厂商在本国市场的竞争力。国外被施加贸易保护主义措施的行业或厂商要么由于关税提高使生产成本被迫增加，要么由于配额造成出口减少，在这种情况下，这些行业或厂商生产规模将会有所降低，规模效益下降造成其生产成本进一步上升，企业利润大幅下滑。如果这些行业或厂商未能开拓其他国际市场，或者进行大规模的本土销售，整个行业可能大规模萎缩，大批厂商被迫退出，整个行业发展受到抑制。如果受到贸易保护主义冲击的行业恰恰是该国重点发展的新兴产业，将会对该国的产业结构调整与升级产生负面影响。

贸易保护主义造成新兴经济体对外出口下降，影响其经济发展。长期以来，对外贸易一直是新兴经济体经济增长的重要引擎，在国际金融危机的冲击下，发达经济体的需求下降，而贸易保护主义则令新兴经济体的对外出口雪上加霜，从而影响其经济增长。

贸易保护主义的回潮和升级无疑对国际贸易的回升态势造成阻碍，并会使全球贸易的形势更加严峻，进一步拖累全球经济复苏的进程。

贸易保护主义害人害己。在当前经济全球化的背景下，各国经济彼此融合、相互依赖，一国对另一国的贸易保护措施在影响他国经济的同时也会影响本国经济，如果招致对方的贸易反击，则会令情况更加恶化，进一步延长全球经济的复苏进程。

资料来源：中国财经报

## 五、保护贸易政策的理论依据

### （一）重商主义

保护贸易理论的渊源首先可以追溯到重商主义。重商主义认为金银是财富的唯一代表，获得财富的途径则是对外贸易顺差，因而主张国家干预经济活动，"奖出限入"，追求顺差，使货币流入国内，以增加国家收入和增强国力。

### （二）保护幼稚工业理论

落后国家必须保护国内工业的最有力依据是汉密尔顿的保护关税理论和李斯特的保护幼稚工业理论，是近代保护贸易政策系统性理论的代表。汉密尔顿的保护关税理论，主张实行贸易保护关税制度，扶持本国工业特别是制造业的发展。李斯特早年在德国提倡自由贸易，自1825年出使美国以后，受汉密尔顿保护贸易思想的影响，于1841年出版的《政治经济学的国民体系》一书，提出了保护幼稚工业理论。

### （三）超保护贸易理论

1936年，凯恩斯出版了他的主要代表作《就业、利息和货币通论》一书，提出了对外贸易乘数理论。认为出口增加所引起国民收入的增加是出口的倍数。因此凯恩斯积极主张国家对经济生活进行全面干预，实行贸易保护政策，改变国际收支状况，提高一国国民收入。

### （四）中心—外围理论

普雷维什1950年出版的《拉丁美洲的经济发展及其主要问题》一书，提出了中心国和外围国在经济交换和利益分配上是不平等的,发展中国家初级产品的贸易条件出现长期恶化的趋势。外围国家应实行保护贸易政策,实行工业化,独立自主地发展民族经济。

### (五)战略性贸易政策理论

战略性贸易政策理论认为一国政府在不完全竞争和规模经济的条件下,应利用生产补贴、出口补贴以及保护国内市场等贸易政策来扶植本国战略性产业的成长,增强其在国际市场上的竞争力,占领他国市场,获取规模报酬和垄断利润。

## 第四节　第二次世界大战后发展中国家的对外贸易政策

发展中国家发展对外贸易的目的是为了发展本国经济。从发展中国家的经济基础来看,严重缺乏竞争力。为了巩固政权与发展经济,积极参与国际竞争,发展中国家纷纷走上发展工业的道路,并且配以适合的经济发展战略。发展中国家的对外贸易政策形成于经济发展战略之上,故带有十分强烈的"战略"色彩。

### 一、初级外向战略与出口鼓励政策

初级外向战略是一种通过扩大初级产品的出口促进经济发展的贸易战略。一些工业发展处于初级阶段的发展中国家,由于其在自然资源方面的有利条件,历史上曾是发达国家的原料产地。为了实现工业化的经济模式,这些发展中国家往往扩大具有相对比较优势的自然资源产品的出口,以赢得的外汇换回工业生产所需的技术设备。另一方面,20世纪60—70年代的西方工业国家正以扩大生产规模的方式来谋求工业的发展,具体表现在对矿物原料和农业原料的需求不断增加。于是,大量的外国资本流入矿产资源丰富的发展中国家,并用以从事矿产开采;或是流入自然气候条件优越的国家用以发展种植业,然后将生产的工农业原料输入到国内进行加工。所以,外国资本的流入为发展中国家初级产品扩大出口提供了条件。初级产品出口的扩大,使这些发展中国家财政收入和外汇收入增加,扩大了进口能力,促进了国内需求的全面增长,也使相应的服务业或辅助性部门得到了发展,为实现工业化的目标提供了一定的基础条件。

但是,初级外向型外贸政策是发展中国家在特定条件下不得不实施的贸易政策,这种政策的有效性受到许多条件的限制,它的局限性和弊端在实践中日益明显。首先,国际市场初级产品的需求和价格极不稳定,初级产品的需求和价格受世界经济周期性波动的影响很大,这就使发展中国家的贸易收支和财政收支极不稳定,初级产品的贸易条件日趋恶化,使发展中国家难以实现经济的稳定增长。其次,实施该政策,工业品的需求通过进口满足,把初级产品生产可能带来的一系列工业加工过程输出到国外,从而不利于本国工业的发展。另外,为扩大由初级产品出口发展起来的生产部门或地区,变成为发达国家跨国公司剥削落后国家的领地。因此,实施该政策在一段时期内很难从不稳定性、单一性和依赖性的畸形经济中走出来。

发展中国家所采取的初级外向战略实际上是一种出口鼓励政策,它所鼓励的是初级产品的出口。由于发展中国家缺乏资金、技术,因此为了创造条件扩大出口,其提供优惠吸引外资和技术流入,利用外资开发资源产品,是实现初级外向型贸易战略的重要政策措施。为了避免初级产品出口的不稳定性,还采取了相应的政策组合,包括国家垄断初级产品的购销和出口,实行伸缩性的外汇制度、滑动的出口税,建立国际商品协定和产品多样化等。

## 二、进口替代战略与保护贸易政策

进口替代战略(Import‐Substitution Strategy)是指通过发展本国的工业,实现用本国生产的产品逐步替代进口,满足国内需求,以期节约外汇,积累经济发展所需资金的战略。

进口替代战略有一定的理论基础。20世纪60年代中期,阿根廷经济学家劳尔·普雷维什认为,整个世界可以分为两类国家,一类是处于"中心"地位的经济发达的国家,另一类是处于"边缘"地位的发展中国家。边缘国家是中心国家经济上的附属,为中心国家的经济增长服务。中心国家通过不等价交换,剥削边缘国家的利益,使发展中国家本身难以发展。因此,发展中国家应该摆脱这种不合理的国际分工体系,走独立自主的经济发展道路。

采取进口替代战略的另一个理由是,某些国家存在二元经济结构。所谓二元经济是指在一个发展中国家内,比较先进的、资本密集型且工资水平相对较高的工业部门和传统的落后农业并存的经济结构。二元经济的一般特点如下:(1)比较先进的工业部门的劳动生产率比其他部门高;(2)工业部门的高产出率使该部门的工资率明显地高于其他部门;(3)尽管工资率较高,工业部门的资本报酬率相对较低;(4)工业部门的资本密集度高于其他部门,与其他发展中国家的工业部门有相近的生产设备;(5)城市中的高工资与大量失业并存。正因如此,发展中国家的企业家集团希望在政府的保护下,排挤来自先进国家的竞争,垄断地占领本国市场。同时整体经济发展水平的落后又需要本国的工业部门带动国民经济的发展。

进口替代工业化大体可以分为两个阶段。第一个阶段是,用国内生产的非耐用消费品代替进口的同类产品。一般情况下,发展中国家比较容易进入这个阶段,而且成功的把握也比较大。因为,发展非耐用消费品的生产避开了重工业发展需要大量资金的难题;另一方面,这些产品的技术含量比较低,可以进行较小规模的生产,且对劳动力的素质要求不高。所以从比较利益的角度看,工资水平相对较低的发展中国家能够以较低成本生产出这类产品,进而代替同类的进口产品。这个工业包括纺织品原料、服装、鞋类以及其他劳动密集型的产品生产行业。进口替代的第二个阶段是用国内生产的耐用消费品、重工业产品和化工产品代替进口品,一般而言,进入这一阶段需要发展中国家有一定的工业基础。进入过程要么是从第一阶段的过渡,要么是利用该国的"二元经济"结构作为其第二阶段起步的基础。

选择进口替代战略并且取得成功的国家具有这样几点特点:首先该国的国内市场比较大。较大的国内市场可以为其工业的发展提供较有保障的市场,以便使这些行业迅速实现规模经济,比较快地成长起来。其次选择进口替代战略的国家国内拥有一定的自然资源和丰富的劳动力供应。第三是"二元经济"。因为二元经济可以为工业发展奠定基础,也为现代工业的发展提供了相对廉价的劳动力。作为发展中国家要保证进口替代战略的成功,需要采取一系列的对外贸易政策措施,以保证本国工业的发展。这些政策包括:对进口的关税壁垒、非关税障碍以及外汇管制,高估本国货币对外价值等。

采取保护贸易政策的指导思想是通过保护本国的优势工业,为本国现代工业的发展创造条件。有关关税和非关税壁垒的作用,将在后面的章节中作比较详尽的分析。外汇管制就是要通过限制本国居民使用外汇,从而限制商品的进口,或是提高进口成本。而高估本国货币对外价值则是为了使进入的外国资本折成较少的本国货币量,从而促使外国企业增大投资规模。

由此可见,发展中国家进口替代战略选择需要与各国的具体条件相结合,并要有一系列的政策措施保证其贯彻。

### 三、出口替代战略与出口鼓励政策

出口替代战略(Export‐Substitution Strategy)有时又被称为出口异向型战略,是指发展中国家在对外贸易中所采取的积极鼓励出口,发展本国在国际上有竞争能力的工业品,代替传统的初级产品出口的一种政策策略。其目的主要是扩大市场,实现规模经济,推动企业经济效益的提高,加快工业化步伐,促进整个国民经济发展。第二次世界大战后,特别是 20 世纪 60 年代末 70 年代初,许多发展中国家从初级外向过渡到制成品出口的次级外向,并顺利运用该战略取得了成功,促进了工业化的发展。

实行该战略的发展中国家按其经济结构和工业化进程,可分为三种类型:原出口初级产品的国家加强对初级产品的加工出口;发展中国家的大国,借用进口替代期间建立起来的工业基础,扩大出口生产;发展中国家的小国和地区,主要发展面向出口的劳动密集型的装配加工工业。实行该政策的发展中国家在对外贸易中更强调出口的作用,在政策上对出口部门给予明确的扶持,并且为了支持出口,进口限制较为松动,因此出口在国民经济中占有较高的比重,并对经济增长有明显的带动作用。发展中国家可采取如下措施实现此项战略:放松贸易保护,积极鼓励出口;优先提供外汇,制定合理汇率;对出口企业减免所得税、营业税等,以刺激对出口企业的投资;给外国投资者提供各种优惠和方便,吸引外资,以解决资金不足和技术缺乏问题等。

由于出口替代性贸易政策对国际市场的依赖性较强,因此它存在一定的风险。首先是市场风险。国际市场的波动会迅速传递到国内,影响国民经济的稳定发展。其次是承受金融风险:一是来自于本币贬值引发的国内通货膨胀,二是由于引进资金可能产生的对外债务的增加导致的债务危机。第二次世界大战后中南美洲国家都经历了这一痛苦阶段。

以上三种不同类型的外贸政策,从不同的角度促进了本国的工业化发展。这 3 种贸易战略既有各自的特点,相互之间又存在着继承性、连续性和交叉性等统一的一面。到 20 世纪 80 年代和 90 年代,发展中国家的对外贸易政策表现出其内涵的复杂性,即已能反映政策制定者在制定贸易政策的过程中不再是孤立地运用某一战略,而是根据不同时期、不同地区、不同产业的特殊性,采取以一种战略为主、综合运用的策略,使对外贸易政策成为促进国民经济持续稳定地发展、增强综合国力的重要手段。

## 本章小结

1. 对外贸易政策是各国在一定时期内对进口贸易和出口贸易所制定的政策,是一个国家的经济政策与对外政策的重要组成部分。伴随着经济发展的不同阶段,对外贸易政策也先后经历了重商主义、自由贸易、保护贸易、超保护贸易、贸易自由化和新贸易保护主义的演进历程。国际贸易在自由贸易和保护贸易两种最基本贸易政策的交替演进中不断发展,并呈现出向着贸易自由化终极目标迈进的趋势。对于一个国家来讲,应该根据经济的发展和需要,在不同的时期采取不同的贸易政策和措施。

2. 自由贸易和保护贸易是两种基本的对外贸易政策。自由贸易政策是既不鼓励出口也不限制进口,国家基本采取不干预的贸易政策;保护贸易政策则是既鼓励出口又限制进口,政府通过"奖出限入"措施实施广泛干预的对外贸易政策。

　　3. 二次世界大战以后,发展中国家纷纷走上独立的道路,在对外贸易政策上也采取了符合本国经济发展阶段的初级外向型贸易政策、进口替代型贸易政策和出口导向型贸易政策。

## 复习思考题

　　1. 对外贸易政策的目的是什么?

　　2. 一国制定对外贸易政策的主要依据有哪些?

　　3. 简述国际贸易政策的历史演变。

　　4. 请对两次世界大战期间的超保护贸易政策与 19 世纪的保护贸易政策进行比较。

　　5. 战后的新贸易保护主义对国际贸易的发展产生了怎样的影响?

　　6. 简述发展中国家的贸易政策类型有哪些?

# 第 9 章

# 关税措施

## 知识目标

(1) 了解关税的概念、作用,熟知关税的类别;

(2) 掌握关税的征收方法和关税的保护程度;

(3) 能够运用图形分析关税的经济效应。

## 能力目标

能够运用所学关税知识具体分析我国出口商品近年在国外遭受双反调查的状况及应对措施。

### 2013 年 1 月 1 日起越南将上调蔗糖进口税

越南财政部公布自 2013 年起将糖进口税由目前的 15% 调至最高上限 40%。报道称,自 2013 年 1 月 1 日起,未加香料和色素的粗糖优惠进口税率由 15% 上调至 25%,税则号 17·01项下其他各类糖的进口税率均由目前的 15% 上调至 40%。越财政部表示,上调税率一方面是基于 2012 年的糖产量供过于求,预测 2012—2013 榨季糖产量将达 150—160 万吨,与越国内需求相比将大量过剩。另一方面,也是保护和鼓励越国内蔗糖生产行业的发展,鼓励本国糖的消费。

资料来源:中国市场秩序网

对外贸易政策是各国政府从本国某种利益的角度出发,对本国对外贸易活动采取的政策措施,一国可以采取干预对外贸易活动的政策,也可以采取不干预对外贸易活动的政策。当一国采取干预对外贸易活动的政策时,该国贸易政策措施主要可以分为两大类:关税措施和非关税措施。这些政策措施的实施不仅会对本国产生影响,而且会对其贸易伙伴乃至整个世界产生影响。本章着重讨论关税措施及其经济效应。

## 第一节 关税概述

### 一、关税的含义

关税(customs duties tariff)是进出口商品经过一国关境时,由政府设置的海关向进出口商所征收的税收。

　　关税的征收是通过海关来执行的。海关是设立在关境上的国家行政管理机构,是贯彻执行本国有关进出口政策、法令和规章的重要部门,其职责是依照国家法令,对进出口货物、货币、金银、行李、邮件、运输工具等进行监督管理、征收关税、查禁走私货物、临时保管通关货物和统计进出口商品等。征收关税是海关的重要任务之一。

　　关境是指海关所管辖和执行有关海关各项法令和规章制度以及海关征收关税的领域,它又称关税领域。货物只有在进出关境时才被视为进出口货物而征收关税。一般情况下,一国的海关在其本国国境内实施统一的贸易法令与关税法令,此时,一国关境与国境是一致的。但在下面两种情况下关境与国境不一致:① 当一个国家在本国国境内设立了自由港、自由贸易区、出口加工区等经济特区,虽在国境之内,但从征收关税的角度看,却在关境以外,这时关境小于国境;② 如果几个国家缔结成关税同盟,对内取消一切贸易限制,对外建立统一的关税制度,成员国只对来自和运往非成员国的货物进出共同关境时征收关税,参加关税同盟的国家的领土即成为统一的关境,这时关境大于国境。

### 相关链接

#### 宁波海关

　　中华人民共和国宁波海关是国家设在宁波口岸的进出境监督管理机关,是直属于国家海关总署领导的正厅(局)级直属海关。监管区域为宁波市行政区及其海域,是一个以海运货物监管为主,业务门类齐全的综合性海关。下辖现场业务处、驻经济技术开发区办事处、驻余姚办事处、驻慈溪办事处、驻鄞州办事处等5个派驻机构,以及镇海海关、保税区海关、北仑海关、大榭海关、象山海关、机场海关等6个隶属海关。宁波海关坚持"依法行政,为国把关,服务经济,促进发展"的海关工作16字方针和"政治坚强、业务过硬、值得信赖"的队伍建设12字要求,按照《中华人民共和国海关法》和其他有关法律、法规,负责宁波口岸进出境货物、运输工具监管,进出境人员行李物品验放,同时办理征收关税和其他税费,查缉走私,编制海关统计等海关业务。

　　宁波口岸是全国最繁忙的口岸之一,宁波海关也是全国任务最繁重的海关之一。改革开放以来,宁波海关主动适应区域经济发展需要,不断深化业务改革,加强队伍建设,不断完善和改进自身工作,有力地维护了宁波口岸正常的进出口秩序,各项工作保持了快速发展势头,主要业务指标在海关系统内位居前列,为宁波经济特别是开放型经济发展做出了贡献。

### 小思考

举例说明什么情况下关境大于国境?什么情况关境大于国境?

### 二、关税的性质和特点

1. 关税具有强制性、无偿性和固定性

关税与其他国内税一样,具有强制性、无偿性和固定性。强制性是指关税是由海关凭借国家权力依法征收,纳税人必须无条件缴纳;无偿性是指海关代表国家单方面从纳税人方面征收,而国家无须给予任何补偿;固定性是指关税是由海关根据预先制定的法律与规章加以征收,海关与纳税人双方都不得随意变动。

2. 关税是一种间接税

税收可以分为直接税和间接税两类。直接税以纳税人的收入和财产作为征税对象,由纳税人依法缴纳并直接承担,税赋不能转嫁他人。关税属于间接税,关税主要征收对象是进出口商品,其税负是由进出口商先行垫付,而后把它作为成本的一部分计入进口商品的价格,最终可以将关税负担全部或部分转嫁给消费者。

## 小阅读

### 免税店

免税店指经海关总署批准,由经营单位在中华人民共和国国务院或其授权部门批准的地点设立符合海关监管要求的销售场所和存放免税品的监管仓库,向规定的对象销售、供应免税品的企业。免税商店供应对象主要有因公出国人员、远洋海员、华侨、外籍华人、港澳台同胞、出国探亲的中国公民及在国内的外国专家等。

经海关批准的,设立在机场、港口、车站和边境口岸的,向已办完出境手续和尚未办理入境手续的出入境旅客销售免税进口商品的场所(商店)。免税店进口的商品应存放在海关指定的场所,免纳进口各税,并接受海关监管,且定期向海关办理售出货物的核销手续。进境旅客在免税店所购得的商品,是否应纳税由海关按规定办理核放。除上述出入境旅客外,免税店一般不得将其免税商品售予其他人或转为内销。

3. 关税的税收主体是进出口商,客体是进出口货物

在税法中,征税涉及税收主体与客体。税收主体是指在法律上承担纳税的自然人和法人,也称纳税人。当商品进出国境或关境时,进出口商根据海关规定向当地海关交纳关税,他们是纳税人,是税收主体;税收客体(即课税对象)是进出口商品。

## 三、关税的作用

随着国际贸易的发展,不同种类的关税对于不同的国家或地区和不同的商品分别具有不同的作用。总的来说,关税的作用大致可概括为以下几个方面:

1. 增加国家财政收入

海关征收关税后即上缴国库,成为国家财政收入。但是随着社会经济的发展及贸易自由化的推进,关税在财政收入中的比重和作用逐渐降低。这种以增加财政收入为目的而征收的关税称为财政关税。

2. 保护本国产业和国内市场

通过征收进口关税,增加进口商品的成本,提高其在本国市场的销售价格,削弱其在本国市场的竞争力,以保护本国同类产业或相关产业,保护本国企业的竞争力和市场占有率。通过低税、免税和退税来鼓励商品出口,并通过征收较高关税防止自然资源的大量外流,保证本国国内市场的供应。这种以保护本国的产业和国内市场为目的而征收的关税称为保护关税。

## 相关链接

### 财政部王伟：保护发展不保护落后

　　上个世纪90年代,鉴于当时我国汽车工业正处于成长时期,为脱离幼稚产业的阶段,国家从各个方面对汽车产业给予了强有力的支持,这其中,与汽车产业政策相呼应,对汽车实行了高关税保护,当时,轿车整车的进口关税一度高达300%,同时还实现了严格的进口配额的非关税措施控制,世界汽车产业发展的实践表明,关税保护对汽车产业的发展无疑是十分重要的,但保护也要适度,要通过关税的壁垒效应为产业搭建必要的生存和发展空间,要合理确定关税水平,让产业在一定的竞争压力下寻求生存之路,强身壮体,尽快成长,不至于在高关税壁垒的遮挡下长期处于低效率状态,迟迟不能形成与国际竞争的能力。一句话,就是要保护发展,但不保护落后。

　　正是基于这种理念,中国在入世之前就开始自主降低汽车的关税,到中国入世之前,我国乘用车整车进口关税税率已由三位数降至两位数,但税率水平仍相对偏高,达到70%—80%。2001年入世后,我国严格履行入世承诺,充分利用在谈判中争取到的宝贵的四年过渡期,采取渐进方式逐年降低汽车进口关税,2001年到2006年7月1日,我国汽车及其零部件平均进口关税水平由31.7%降低到13.4%,其中整车平均税率由45.7%降低到了18.9%,降幅达59%,包括小轿车、越野车及小型客车在内的乘用车关税税率由70%—80%降低至了25%,货车关税由15%—50%降低到了6%—25%,汽车平均零部件进口关税降低至10.4%,降幅达55%。经过多次降税,目前我国汽车产品关税水平已大幅度降低,在世界发展中国家中处于中低水平,在严格履行入世承诺,逐步降低汽车及其零部件进口关税的同时,近几年,我国对国内生产和国内产品不能满足要求的用于汽车生产的关键件实行了比最惠国税率更为优惠的税率,自2001年以来先后对40多项进口产品实行了较低的进口关税,其中包括高效发动机、变速器、涡轮增压器、燃油喷射装置、专用汽车底盘等。

　　2011年,平均关税为7.2%,这一措施为增强国产汽车的品质、性能、尽快提高竞争力提供了积极作用,形成了良性局面的形成。

资料来源:网易汽车

　　3. 关税是执行对外贸易政策的重要手段之一,它能够起到调节进出口贸易的作用

　　在出口方面,可以通过低税、免税来鼓励商品出口。在进口方面,可以针对不同的商品制定不同的关税税率,以便对不同商品的国内市场实施不同程度的保护或鼓励不同商品的进口以满足国内的需求,以及针对不同的国家或地区实施不同的关税税率,以实施不同国别地区贸易政策。

　　4. 通过关税调节贸易差额

　　当贸易逆差过大时,提高关税以限制商品进口,达到缩小贸易逆差的目的;当贸易顺差过大时,可通过减免关税来扩大进口,缩小贸易差额,并缓和同有关国家的贸易摩擦与矛盾。

　　5. 关税成为对外关系的重要手段

　　关税既是争取对外友好贸易往来的手段,也是对外进行经济斗争、反对贸易歧视、争取在平等互利基础上进行贸易合作的武器。实施关税优惠政策,可以改善国际关系,实行关税壁垒

和差别歧视待遇可以限制从对方国家进口,并在对外谈判中施加压力,迫使对方让步。

# 第二节 关税种类

各国关税的种类繁多,可按照不同的划分标准进行分类。

## 一、按照征税商品的流向分类

按照征税商品的流向,关税可以分为进口税、出口税和过境税。

### (一)进口税

进口税(import duty)是指外国商品进入一国关境时或者从自由港、出口加工区、保税仓库进入国内市场时,由海关根据海关税则对本国进口商所征收的一种关税。

各国进口税税率的制定是基于多方面因素的考虑,从有效保护和经济发展出发,对不同商品制定不同的税率。一般来说,大多数国家的关税结构是,进口商品加工程度越高,进口税率越高,即工业制成品税率最高,半制成品次之,原料等初级产品税率最低甚至免税。对于进口国国内紧缺而又急需的商品予以低关税甚至免税,而对国内能够大量生产的商品或奢侈品征收高关税。

进口税是关税中最重要的税种,也是保护关税的主要手段。通常所说的关税壁垒,主要是指征收进口税。一国对进口商品征收高额关税,可以提高其成本,削弱其竞争力,起到保护国内市场和生产的作用。关税壁垒是一国推行保护贸易政策所实施的一项重要措施。进口税还是一国进行贸易谈判时迫使对方作出让步和妥协的重要手段。

### (二)出口税

出口税(export duty)是出口国家的海关在本国产品输出本国关境时,对本国出口商所征收的关税。从征收出口税来看,会使出口商品成本增加,这样势必提高出口商品的销售价格,削弱出口商品在国外的竞争能力,不利于扩大出口。所以,目前很少有国家征收。少数国家对在世界市场上已具有垄断地位的商品和国内供不应求的原料品酌量征收。但是,目前出口税仍然是各国执行外贸政策的重要手段。

征收出口税的目的主要有以下几个:

1. 对本国资源丰富、出口量大的商品征收出口税,以增加财政收入。一般来说,以财政收入为目的出口税税率都比较低,例如,拉丁美洲一些国家的出口税税率一般为 5%—10%。

2. 为了保证本国的生产,对出口的原料征税,以保障国内生产的需要和增加国外商品的生产成本,从而加强本国产品的竞争能力。为了保证本国生产和消费而对出口的原料征收出口税的税率都比较高,在极端的情况下,甚至可以征收禁止性关税。例如,瑞典、挪威对于木材出口征收较高的关税,以保护国内纸浆及造纸工业。

3. 控制和调节某些商品的出口流量,以保持在国外市场上的有利价格,防止"贫困的增长"。如果国内生产要素增长过快使得出口产品迅速增加,就有可能产生贫困化增长。这种增长不但会恶化贸易条件,甚至会使一个国家的经济状况恶化。在这种情况下,通过出口税控制出口,有助于防止出口增加导致效益下降的情况发生。如果是一个大国,那么征收出口税以控制出口数量,就会迫使国际市场价格上涨,从而改善该国的贸易条件。

4. 为了防止跨国公司利用"转移定价"逃避或减少在所在国的纳税,向跨国公司出口产品征收高额出口税,可以维护本国的经济利益。

我国历来采用鼓励出口的政策,但为了控制一些商品的出口流量,采用了对极少数商品征收出口税的办法。被征收出口税的商品主要有生丝、有色金属、铁合金、绸缎等。

### (三) 过境税

过境税(transit duty)亦称通过税或转口税,是指一国海关对通过其关境再转运第三国的外国货物所征收的关税,其目的主要是增加国家财政收入。过境税产生于资本主义生产方式准备时期,当时重商主义时期盛行于欧洲各国。19 世纪中叶以后,由于世界交通运输业的发展和各国在货运方面的激烈竞争,征收这种关税会直接影响本国货运业的发展,加上过境税对本国生产和市场没有影响,这种税的财政意义也不大,许多国家先后废除了过境税。

1947 年缔结的《关税与贸易总协定》第五条的过境自由,对过境、过境运输、过境税、过境费用及管理手续等方面作了规定,规定缔约方对通过其领土的过境运输,应免征关税、过境税和有关过境的其他费用,只收取运输费用以及因办理过境手续的手续费和行政服务费用。

## 二、按照征收关税的目的分类

征收关税的主要目的有两个:一是为了增加国家的财政收入;二是为了保护国内经济的发展。因此,按照征收关税的目的分类,关税可以分为财政关税和保护关税。

1. 财政关税

财政关税(revenue tariff)又称收入关税,是指以增加国家的财政收入为主要目的而征收的关税。为了达到增加财政收入的目的,在对进口商品征收关税时,必须具备三个条件:一是进口货物必须是国内不能生产的或者没有替代用品而必须从国外进口的;二是进口的货物在国内必须有大量消费;三是税率比较低或适中。

从征收财政关税方面来讲,财政关税税率的制定要考虑几个因素:国家财政收入的需要、本国消费者的负担能力、税率对对外贸易额产生的影响。这三个因素应当综合起来考虑,因为财政关税虽然是为了增加国家财政收入而征收的,但是税率不能过高,因为税率过高势必会导致商品价格的提高,从而加重消费者的负担,这样会引起对国内进口商品的需求量减少,从而引起进口量减少,反而达不到增加财政收入的目的。比较典型的财政关税是对进口烟草、酒、茶叶等所征收的关税。

2. 保护关税

保护关税(protective tariff)是指以保护国内生产和市场为主要目的而征收的关税,其主要特征是税率高。保护关税一般将进口商品关税税率定得较高,以致在征收关税后,进口商品的成本高于进口国国内同类商品的成本,这样才能达到有效保护国内生产和市场的目的。

各国一般都重视对保护关税政策的使用,对本国能生产并且能满足需要的产品,进口关税税率定得比较高;对国内有生产,但还满足不了需求,要进口一部分加以补充的商品,税率略高一些;而国内不能生产,又很需要的产品,关税税率就比较低,甚至会免税进口。

保护关税是实行贸易保护主义政策的国家所采取的重要措施。一些发达国家将原材料及半制成品税率定得比较低,而工业制成品的税率相对较高,对农业一般是采用保护关税。

在使关税发挥增加财政收入和保护国内生产与市场的作用的同时,如果制定很高水平的关税税率,在实际的海关管理中,还会出现走私问题。

### 相关链接

#### 海关规定:自用行李超 5 000 元需缴税

随着国外"打折季"的临近,喜欢到国外"扫货"的人们开始"蠢蠢欲动"。不过海关总署颁布的 54 号公告明确规定:自 2010 年 8 月 1 日起进境居民旅客携带超出 5 000 元人民币的个人自用物品,经海关审核确属自用的,海关对超出部分的个人自用进境物品征税,对不可分割的单件物品,全额征税。"一部 iPad 要征 1 000 元的税,我买来只有 4 000 多元。""5 000 元人民币的限额,一个大牌的包包也不止这个价吧?"……这让习惯了自用物品检查宽松的旅客对海关新规定的实施一下有点反应不过来,一时乱了阵脚。

其实进境居民旅客只能携带 5 000 元人民币以内的个人自用物品,并不是新规定,为什么会现在特别强调,并加强查验了呢? 对此,一位旅游业内人士分析认为,眼下很多大牌的化妆品、服饰网购、代购越来越盛行,就像"跑单帮"一样,赚取地区差价,对国内市场造成冲击,也造成了国家税收的损失。这大概是海关在现在"旧规重申"的主要原因。

### 三、按照差别待遇和特定的实施情况分类

按照差别待遇和特定的实施情况,关税可分为普通税、最惠国关税、特惠税、普惠税、差价税和进口附加关税。

#### (一)普通税

普通税(general tariff)又称一般关税,是指对与本国未签订任何关税互惠贸易条约的国家的原产货物征收的非优惠性关税。普通税率是最高税率,一般比优惠税率高 1—5 倍,少数商品甚至更高。目前仅有个别国家对极少数(一般是非建交)国家的出口商品实行这种税率,大多数只是将其作为其他优惠税率减税的基础。因此,普通税率并不是被普遍实施的税率。

与普通税不同的是优惠关税。优惠关税是指对来自特定国家的进口货物在关税方面给予优惠待遇,其税率低于普通税税率。它一般是在签订友好协定、贸易协定等国际协定或条约国家之间实施的,目的是增加签约国之间的友好贸易往来,加强经济合作。优惠关税主要包括最惠国关税、特惠税和普惠税。

#### (二)最惠国关税

最惠国关税是适用于那些彼此签订有双边或多边最惠国待遇协定国家(地区)之间的进出口商品的税率。如果甲国与乙国签订了最惠国待遇协定,则甲国从乙国进口的产品适用最惠国关税,若无此协定,则适用普通税。乙国也是如此。最惠国关税比普通税率低,两者税率差幅往往很大。例如,美国对玩具的进口征收最惠国税率为 6.8%,普通关税率为 70%。"二战"后,大多数国家或地区都加入了 GATT 及现在的 WTO,或签订了双边贸易条约协定,相互提供最惠国待遇,享受最惠国待遇下的关税,因此这种关税又被称为正常关税。

### （三）特惠税

特惠税（preferential duty）是指对来自特定国家或地区的进口商品给予特别优惠的低关税或免税待遇，其他国家不得引用最惠国原则要求享受优惠待遇。但它不适用于从非优惠国家或地区进口的商品，特惠税有的是互惠，有的是非互惠的。

特惠税最早开始于宗主国与其殖民地及附属国之间的贸易，其目的在于保护宗主国在其殖民地及附属国市场上的优势。最有影响的是《洛美协定》国家之间的特惠税，它是欧盟向参加协定的非洲、加勒比海和太平洋地区的发展中国家单方面提供的特惠关税。1975年，欧共体与非洲、加勒比地区和太平洋地区的46个发展中国家在西非国家多哥的首都洛美签订了为期五年的贸易和经济协定，被称为《洛美协定》。协定中在关税方面的优惠主要表现为：欧共体对于来自非洲、加勒比、太平洋地区的发展中国家的全部工业品和96％的农产品给予免税待遇。欧共体国家对这些发展中国家不作对等要求，即不要求给予反向优惠，所以这是一种非互惠的特惠税。《洛美协定》到期后一再延长，目前优惠提供国已发展为欧盟各国，享受优惠的非洲、加勒比、太平洋国家也增加到70多个。《洛美协定》执行的特惠税是目前世界上涉及商品范围最广、免税程度最大的特别优惠关税。

目前，中国对来自于世界最不发达国家和地区的一些商品实行特别优惠关税。

### （四）普遍优惠制

普遍优惠制（generalized system of preferences，GSP），简称普惠制，是发达国家对从发展中国家和地区进口的某些商品，特别是制成品和半制成品（包括某些初级产品）给予普遍的、非歧视的、非互惠的关税优惠待遇。

根据普惠制的决议，普惠制具有三项基本原则："普遍的"，即发达工业国应当对发展中国家出口的制成品和半制成品给予普遍的优惠关税待遇；"非歧视的"，即应使所有的发展中国家都无歧视、无例外地享受普惠制的优惠待遇；"非互惠的"，即工业发达国家应当单方面给予发展中国家以关税优惠待遇，而不要求发展中国家提供反向优惠。

普惠制实施的目标或宗旨是扩大发展中国家对于发达国家的工业制成品、半制成品的出口，增加发展中国家的外汇收入，促进发展中国家的工业化进展，加速发展中国家的经济增长率。

实行普惠制的国家在提供普惠制待遇时，都做了种种规定，在已有的16个普惠制方案中，主要的规定有以下几个：

1. 对受惠国家和地区的规定

按照普惠制的原则，给惠国应该对所有发展中国家或地区都无条件、无例外地提供优惠待遇。但是实际上，发展中国家能否成为普惠制方案的受惠国是由给惠国单方面确定的。因此，各普惠制方案大都有违普惠制的三项基本原则。给惠国从各自的政治、经济利益出发，制定了不同的标准，限制受惠国家和地区的范围。例如，美国公布的受惠国名单中，就不包括某些社会主义发展中国家、石油输出国成员、与美国的贸易中有歧视或敌对的国家等。

目前给予我国普惠制待遇的国家共38个：欧盟27国（比利时、丹麦、英国、德国、法国、爱尔兰、意大利、卢森堡、荷兰、希腊、葡萄牙、西班牙、奥地利、芬兰、瑞典、波兰、捷克、斯洛伐克、拉脱维亚、爱沙尼亚、立陶宛、匈牙利、马耳他、塞浦路斯、斯洛文尼亚、罗马尼亚、保加利亚）、挪威、瑞士、土耳其、俄罗斯、白俄罗斯、乌克兰、哈萨克斯坦、日本、加拿大、澳大利亚和新西兰。

美国也是给惠国,但是它没有给予中国普惠制待遇。

### 2. 对受惠商品范围的规定

一般农产品的受惠商品较少,工业制成品或半制成品只有列入普惠制方案的受惠商品清单,才能享受普惠制待遇。一些敏感性商品,如纺织品、服装、鞋类以及某些皮制品、石油制品等常被排除在受惠商品之外或受到一定额度的限制。

### 3. 对受惠商品减税幅度的规定

这里的关税削减幅度是指最惠国税率和普惠制税率之间的差额,即在最惠国税率基础上减免关税的幅度。由于多数普惠制方案对农产品实行减税,对工业品实行免税,所以一般工业品差幅较大,农产品差幅较小。

### 4. 对给惠国保护措施的规定

这是优惠提供国在实施普惠制方案时,为保护本国工业和制造商的利益而规定的措施,从各国的实践方面看,主要有以下几个:

(1)免责条款。这是指给惠国认为从发展中国家进口的受惠商品进口量增加到对本国同类商品或者有竞争关系的商品造成了严重损害,或者已经形成严重威胁时,保留对这种商品取消或者部分取消关税优惠的权利。这些产品不再享受普惠制关税优惠待遇。

(2)预定限额。给惠国对享受普惠制的工业产品数量事先规定一个限额,其形式有关税配额、最高限额、国家最高限额等。在受惠国的受惠商品进口量达到限额后,就不再给予普惠制优惠关税待遇。对于超过限额的进口商品,有的规定征收正常的进口税,有的加征高额关税或罚款。

(3)竞争需要标准。当给惠国从特定受惠国进口的特定产品超过规定的限额时,就认为这种产品在该国市场上具有竞争能力,从而取消这种产品的普惠制优惠待遇。

### 5. 对原产地的规定

为了确保普惠制待遇只给予发展中国家和地区生产和制造的产品,各给惠国制定了详细和严格的原产地规则。原产地规则是衡量受惠国出口产品能否享受给惠国给予减免关税待遇的标准。原产地规则一般包括三个部分:原产地标准、直接运输规则和书面证明书。所谓原产地标准,是指只有完全由受惠国生产或制造的产品,或者进口原料或部件在受惠国经过实质性改变而成为另一种不同性质的商品,才能作为受惠国的原产品享受普惠制待遇。所谓直接运输规则,是指受惠产品必须由受惠国直接运到给惠国。由于地理上的原因或运输上的需要,受惠产品可以经过他国领土转运,但必须置于过境国海关的监管下,未投入当地市场销售或再加工。所谓书面证明书,是指受惠国必须向给惠国提供由受惠国政府授权的签证机构签发的普惠制原产地证书表格,作为享受普惠制减免关税优惠待遇的有效凭证。

### 6. 毕业条款

一些给惠国按照自己的定义和标准,取消一些已经获得较强出口竞争力的发展中国家的普惠制待遇。毕业标准可分为产品毕业和国家毕业两种。当从受惠国进口某项产品的数量增加到对给惠国相同产品或直接竞争性产品的生产、制造商造成或可能造成威胁或损害时,给惠国则对该受惠国的该项产品完全或部分取消普惠制优惠关税待遇的资格,称之为产品毕业。一旦某发展中国家(地区)工业化程度和经济发展水平有了较大的提高,并且在国际贸易中显示出较强的出口竞争能力,在国际市场上占有较大份额时,给惠国则对该发展中国家(地区)完全取消受惠国资格,称之为国家毕业。

### 7. 普惠制的有效期

普惠制的实施期限为 10 年,经联合国贸易与发展会议全面审议后可延长。

普惠制的实施对于发展中国家和地区的出口扩大、工业化的进展和经济增长的确起到了促进作用,像"亚洲四小龙"在经济上所取得的成就,就是很大程度上得益于普惠制。

### (五) 差价税

差价税(variable levy)又称差额税,是当本国生产的某种产品的国内价格高于同类进口商品的价格时,为削弱进口商品的竞争力,保护本国生产和国内市场,对进口商品按照国内价格与进口价格之间的差额征收的关税。

差价税没有固定的税率,其税额随着国内外市场价格的变动而变动,差额是多少就征多少。也就是因为这一特点,差价税是一种滑动关税。征收差价税的目的是要把进口商品的价格随时抬高到国内同类商品的价格水平之上,使进口商品失去价格竞争优势,以保护国内的生产与市场。

差价税的典型表现是欧盟对进口农畜产品的做法。欧盟为了保护其农畜产品免受非成员国低价农产品竞争,而对进口的农产品征收差价税。欧盟在征收差价税时,按照下列步骤进行:首先,在共同市场内部按生产效率最低而价格最高的内地中心市场的价格为准,制定统一的目标价格(target price);其次,从目标价格中扣除从进境地运到内地中心市场的运费、保险费、杂费和销售费用后,得到门槛价格(threshold price)(或称闸门价格);最后,若外国农产品抵达欧盟进境地的 CIF 价格低于门槛价格,则按其间差额确定差价税率。

实行差价税后,进口农产品的价格被抬至欧盟内部的最高价格,从而丧失了价格竞争优势。欧盟则借此有力地保护了其内部的农业生产。此外,对使用了部分农产品加工成的进口制成品,欧盟除征收工业品的进口税外,还对其所含农产品部分另征部分差价税,并把所征税款用作农业发展资金,资助和扶持内部农业的发展。因此,欧盟使用差价税实际上是其实现共同农业政策的一项重要措施,保护和促进了欧盟内部的农业生产。

### (六) 进口附加税

进口附加税(import surtax)又称特别关税,是指进口国海关对进口的外国商品在征收进口关税的同时,出于某种特定的目的而额外加征的关税。就是说,把征收的正常进口税称为正税,额外加征的称为附加税。征收进口附加税是一种临时性的限制进口措施,又称为特别关税。进口附加税不同于进口税,在一国《海关税则》中并不能找到,也不像进口税那样受到世界贸易组织的严格约束而只能降不能升,其税率的高低往往视征收的具体目的而定。

实施这种措施的目的如下:① 应付国际收支危机,解决国际收支逆差,即当国际收支出现问题时,以这项措施促进进出口贸易平衡,从而解决国际收支逆差。② 抵制外国商品的低价倾销,即以此措施抵消外国商品的压价竞争的效果,防止对本国有关产业的冲击。③ 对某个贸易伙伴国实行贸易歧视或者报复政策。

进口附加税是限制商品进口的重要手段。对所有的或全部的进口商品加征进口附加税,在特定时期有较大的作用。例如,美国在 1971 年出现 80 多年以来的第一次贸易逆差时,国际收支恶化。为了应付这种情况,1971 年 8 月 15 日,当时的美国总统尼克松宣布实施"新经济政策",除了停止用美元兑换黄金以外,另外的重要措施之一就是对所有进口商品一律加征 10% 的进口附加税,以限制商品进口,改善国际收支。

　　一般来说,对所有进口商品征收进口附加税的情况较少,大多数情况是针对个别国家和个别商品征收进口附加税,这类进口附加税主要有反倾销税、反补贴税、紧急关税、惩罚关税和报复关税五种。

### 1. 反倾销税

　　反倾销税(anti-dumping duty)是对实行倾销的进口货物所征收的一种临时性进口附加税。其目的在于抵制商品倾销,保护本国产品的国内市场。因此,反倾销税税额一般按倾销幅度征收,由此抵消低价倾销商品价格与该商品正常价格之间的差额。通常由受损害产业提出请求或本国调查机构自主发起调查,本国政府调查机构对该项产品价格状况及产业受损害的事实与程度进行调查,确认是倾销时,即征收反倾销税。政府调查机构认为必要时,在调查期间,还可先对该项商品进口暂时收取相当于税额的保证金。如果调查结果倾销属实,即作为反倾销税予以征收;倾销不成立时,即予以退还。

## 相关链接

### 输美胶合板遭遇反倾销"大棒"

　　继今年 2 月对中国输美厨具征收"双反"关税,美国商务部近日又初裁对中国输美硬木胶合板征收最高 63.96% 的反倾销税。

　　美国商务部当日发布的公告显示,101 家中国企业将被征收 22.14% 的反倾销税,其余中国企业将被征收 63.96% 的反倾销税。

　　根据美国贸易救济案处理程序,初裁结果一经公布,所有涉案企业需向美国海关支付现金押金,其后美国商务部和国际贸易委员会定于今年 7 月和 8 月分别作出终裁,如果均为肯定性终裁,美国海关将正式开征反倾销税。

　　作为常见的家庭装修材料,硬木胶合板主要用于制造橱柜、铺设地板等。美国商务部的统计显示,2012 年中国对美出口总值达 7.48 亿美元,较 2011 年增加逾 1 亿美元。

资料来源:中国新闻网

### 2. 反补贴税

　　反补贴税(countervailing duty)是对直接或间接接受任何奖金或补贴的外国商品的进口所征收的一种进口附加税。凡进口商品在生产、制造、加工、买卖、输出过程中所接受的直接或间接的奖金或补贴均构成征收反补贴税的条件,不管这种奖金补贴是来自政府还是同业公会。反补贴税的税额一般按奖金或补贴数额来征收。反补贴税的目的在于增加进口商品价格,抵消国外竞争者得到奖励和补助产生的影响,削弱其竞争能力,使其在本国国内市场上不能进行低价竞争或倾销,从而保护本国的制造商。

　　为了有效地约束和规范补贴的使用,防止补贴对国际贸易带来的扭曲作用,世界贸易组织《补贴与反补贴措施协议》对反补贴税作了规定。根据《补贴与反补贴措施协议》,征收反补贴税必须证明补贴的存在及这种补贴与损害之间的因果关系。如果出口国对某种出口产品实施补贴的行为对进口国国内现有的工业造成重大损害或产生重大威胁,或严重阻碍进口国国内某一工业的新建时,进口国可以对该种产品征收反补贴税。反补贴税税额一般按奖金或补贴的数额征收,不得超过该产品接受补贴的净额,且征税期限不得超过五年。另外,对于接受补贴的倾销商品,不能既征收反倾销税,同时又征收反补贴税。

### 相关链接

#### 欧盟再掀华光伏业反补贴调查

中欧之间的光伏贸易战一波未平、一波又起。应欧盟太阳能玻璃协会(EU ProSun Glass)的申请,欧盟对原产于中国的太阳能玻璃进行反补贴立案调查。

由欧盟地区的行业巨头、德国 GMB 领衔的欧盟太阳能玻璃协会在向欧盟委员会提出的申诉中称,中国玻璃制造商在欧洲的份额已经从 2010 年的 8％提升至去年的 27％,并认为中国太阳能玻璃制造商在电力供应方面得到国家的"不正当补贴",从而能够以低于生产成本的价格在欧盟市场出售产品。这些企业要求欧盟对中国产太阳能玻璃征收 100％以上的关税。

这一围绕太阳能玻璃的纠纷已在欧洲太阳能行业内部引发反对意见。提供太阳能电池板安装服务的欧洲零售商表示,此举可能也会伤害欧洲自身,导致商品最终价格提高、伤害消费者并迫使各零售商裁员。

欧盟光伏玻璃市场规模在 2 亿欧元左右。据悉,太阳能玻璃是一种主要用于太阳能板的特种玻璃和关键部件,同时也是生产其他许多太阳能产品的重要部件。

资料来源:中国网

#### 3. 紧急关税

紧急关税(emergency tariff)是为消除在短时间内大量进口外国商品对国内同类产品生产造成重大损害和重大威胁而征收的一种进口附加税。当短期内外国商品大量涌入时,一般正常关税已难以起到有效的保护作用,因此需要借助税率较高的特别关税来限制进口,保护国内生产。如 2003 年 8 月 1 日至 2004 年 3 月 31 日,日本对牛肉和猪肉进口开征为期八个月的紧急关税,把冷藏牛肉的关税税率由 38.5％提高到 50％,同时对生猪屠宰后畜体进口的政府管理"门槛价"从每公斤 409.9 日元提高到 510.03 日元,切割肉块进口从每公斤 546.53 日元提高到 681.08 日元。由于紧急关税是在紧急情况下征收的,是一种临时性关税,因此,当紧急情况缓解后,紧急关税必须撤除,否则会受到别国的关税报复。

### 小阅读

#### 韩国特别紧急关税制度

特别紧急关税制度是指某些商品进口激增或进口价格下降,对生产同种或有竞争关系的商品的国内企业造成或可能造成严重损害时,通过提高该商品进口关税来限制进口以保护国内产业的做法。韩特别紧急关税制度主要依据 WTO《农业协定》以及《关税法实行令》。2008年 1—11 月,韩实际征收特别紧急关税商品 8 项,占指定敏感商品数(31 项)的 25.8％,征收金额达 8.7 亿韩元。

**一、韩特别紧急关税征收体系**

(一)进口物量征收标准:基准征收系数×最近 3 年平均进口量＋近期消费变化量。基准征收系数参照最近 3 年市场占有率,市场占有率越高,基准征收系数越低。商品市场占有率小于等于 10％时,基准征收系数 125％;市场占有率大于 10％小于等于 30％时,基准征收系数 110％;市场占有率大于 30％时,基准征收系数 105％。

（二）进口价格征收标准:商品进口价格（离岸价）未及基准征收价格的 90％时,适用该项特别紧急关税措施。

（三）物量和价格双重征收标准:满足物量和价格双重征收条件时,适用征收税率或税额中的较高部分。

**二、韩 2009 年农林产品特别紧急关税适用商品**

（一）以进口量为基准执行特别紧急关税的有:荞麦、绿豆、红豆、花生等 6 种商品。其中,绿豆和红豆进口量超过 33 851 吨时,将分别征收 810％、561％的关税;荞麦进口量超过 8 314 吨时,将征收 341％的关税;花生进口量超过 2 369 吨时,将征收 307％的关税。

（二）以进口价格为基准执行特别紧急关税的有:其他干绿豆、其他干红豆、小麦淀粉、花生、红参茶、水参、红参粉等 18 种商品。其中,其他干绿豆、其他干红豆每公斤价格降至 313 韩元（约合人民币 1.65 元）、288 韩元（约合人民币 1.51 元）时,将被征收特别紧急关税。小麦淀粉、花生每公斤价格分别降至 604 韩元（约合人民币 3.17 元）、638 韩元（约合人民币 3.35 元）时,将被征收特别紧急关税。水参每公斤价格降至 31 017 韩元（约合人民币 163 元）时,红参茶、红参粉每公斤价格降至 41 583 韩元（约合人民币 219 元）时,将被征收特别紧急关税。

（三）以进口量和进口价格双重基准执行特别紧急关税的有:其他干绿豆、其他干红豆、花生（含脱壳和未脱壳）、薏仁的其他加工品等 5 种商品。

4. 惩罚关税

惩罚关税（penalty tariff）是指出口国某商品违反了与进口国之间的协议,或者未按照进口国海关规定办理进口手续时,由进口国海关向该进口商征收的一种临时性的进口附加税。这种特别关税具有惩罚和罚款性质。比如某进口商以低价假报进口价格,一经发现,进口国海关将对该进口商征收特别关税作为惩罚。同时,惩罚关税有时还被作为贸易谈判的手段。例如,美国在与别国进行贸易谈判时,就经常扬言若谈判破裂就要向对方征收高额惩罚关税,以此逼迫对方让步。这一手段在美国经济政治实力鼎盛时期是非常有效的,然而,随着世界经济多极化、国际化等趋势的加强,这一手段日渐乏力,且越来越容易招致别国的报复。

5. 报复关税

报复关税（retaliatory tariff）是指一国为报复他国对本国商品、船舶、企业、投资或知识产权等方面的不公正待遇,对从该国进口的商品征收的进口附加税。通常在对方取消不公正待遇时,报复关税也会相应取消。然而,报复关税也像惩罚关税一样,易引起他国的反报复,最终导致关税战。

# 第三节　关税征收

## 一、关税的征收方法

关税的征收方法又称征收标准,是各国海关计征进出口商品关税的标准和计算的方法。

按照征税的标准划分,可以分为从量税、从价税、混合税、选择税四种。从量税和从价税是关税征收的两种基本方法,在此基础上,又使用混合税和选择税。征收关税的方法或者标准不同,计算税款的方法就不一样,征收关税的税额也就不同,所以在进出口时都要注意征收关税的方法或标准。

### (一) 从量税

从量税(specific duties)是以商品的重量、数量、长度、面积、体积和容积等计量单位为标准计征的关税。它的计算公式为

$$从量税额 \ = \ 商品计量单位数×每单位从量税$$

征收从量税的计量单位有数量、重量、容量、长度、面积、体积等。大部分国家是以商品的重量为单位征收从量税的。重量单位又分为毛重、净重和法定重量:毛重是指商品本身加内外包装的总重量;净重指商品本身的重量,不包括内外包装的重量;法定重量是指商品总重量扣除外包装后的重量。如果使用毛重计量关税,对于进出口商来说为了减轻税收负担,就必须注意商品包装的轻重,要求降低包装重量,从而降低毛重。

从量税的优点在于征税标准一定,而且征收手续比较简便;缺点在于税负不合理,同种类的货物不论等级高低,均征以同税率的关税,使得征税有失公平,而且其税额也不能随物价的变动而调整。征收对象一般是谷物、棉花等大宗产品和标准产品。对某些商品如艺术品及贵重物品(古玩、字画、雕刻、宝石等)则无法使用。

从使用从量税的方法计征关税的税负与关税的保护作用看,有一个值得注意的问题就是税负与价格变化的关系。税负与商品价格成反比例变动:如果进口商品的价格上涨,使用从量税的税负就相对减轻,价格下跌,税负加重。这就是说,如果进口商品价格上涨,关税的保护作用就会减弱。所以,当有通货膨胀、物价上涨的情况发生时,从量税就不能很好地发挥应有的保护作用。在工业生产还不十分发达、商品品种规格简单、税则分类也不太细的一个相当长时期内,西方国家普遍采用从量税的方法计征关税。第二次世界大战后,随着通货膨胀的出现,商品种类、规格日益繁杂,工业制成品贸易比重加大,征收从量税起不到关税保护作用,各国纷纷放弃了完全按从量税计征关税的做法,开始采用从价税计征关税。

### (二) 从价税

从价税(advalorem duties)是以进口商品的价格为标准计征的关税,其税率表现为货物价格的一定百分比。从价税是目前世界各国最常采用的征税方法,其计算公式为:

$$从价税额=商品价格总额×从价税率$$

使用从价税征收关税的关键问题是如何确定进出口商品的“完税价格”,完税价格是指由海关审定的作为计征关税的货物价格,它是决定税额多少的重要因素之一。目前世界各国所采用的完税价格标准很不一致,大体上可概括为以下三种:一是到岸价格(CIF),即以成本加运费、保险费价格作为征税标准;二是离岸价格(FOB),即以装运港船上交货价格作为征税标准;三是进口国官方价格作为征税标准。美国、加拿大等国采用离岸价格来估价,而西欧等国采用到岸价格作为完税价格。也有不少国家故意抬高进口商品完税价格,以此增加进口商品成本,把海关估价变成一种阻碍进口的非关税壁垒措施。

为了弥补各国确定完税价格的差异且减少其作为非关税壁垒的消极作用,世贸组织《海关

估价协议》,规定了六种海关估价的方法。估价优先采用的方法是以实际"成交价格"作为估价的主要依据。当实际成交价格不能确定时,其他估价方法依次为相同商品的成交价格、类似商品的成交价格、倒扣价格、计算价格和其他合理的方法。只有在第一种方法不能确定完税价格时,才能使用第二种方法,依此类推。

从价税的特点有以下几个:

1. 税负合理。同类商品质高价高,税额也高;质次价低,税额也低。加工程度高的商品和奢侈品价高,税额较高,相应的保护作用较大。

2. 由于从价税随着商品价格的升降而变化,所以在价格上升时,税额增加,保护作用大,价格下降时,税额减少,保护作用小。

3. 各种商品均可适用。

4. 从价税率按百分数表示,便于与各国之间进行比较。

5. 完税价格不易掌握,征税手续复杂,大大增加了海关的工作负荷。

采用从价税制时,完税价格不易掌握,征税手续复杂,大大增加了海关的工作负荷。目前单一使用从价税的国家并不太多,主要有阿尔及利亚、埃及、巴西、墨西哥等发展中国家。我国以从价税为主。由于从量税和从价税都存在一定的缺点,因此关税的征收方法在从量税和从价税的基础上,又产生了混合税和选择税。

### (三)混合税

混合税(mixed duties)又称复合税(compound duties),是在税则的同一税目中定有从量税和从价税两种税率,对某种进口商品采用从量税和从价税同时征收的一种方法。比如对酒征收 5%的从价税,另外每公升加征 1 美元的从量税。混合税计算公式为:

$$混合税额＝从量税额＋从价税额$$

混合税具体运用时可分为两种情况:① 以从量税为主加征从价税,即在对每单位进口商品征税的基础上,再按其价格加征一定比例的从价税;② 以从价税为主加征从量税,即在按进口商品的价格征税的基础上,再按其数量单位加征一定数额的从量税。

混合税常用于本身较重的原材料或耗用原材料较多的工业制成品的进口计税。混合税的优点是,当物价上涨时,所征税额比单一从量税多;物价下跌时,所征税额比单一从价税高,从而增加了关税的保护程度。其缺点是手续繁杂,征收成本高,从量税与从价税的比例难以确定。

### (四)选择税

选择税(alternative duties)是对同一种进口商品在税则中同时定有从价税和从量税两种税率,征税时由海关选择较高的一种计征的征收方法。

选择税有很大的灵活性,一般情况下选择税额较高的方法征收,在物价上涨时使用从价税,在物价下跌时,使用从量税,这样可以有效地提高进口货物的税收负担,削弱其竞争能力。但是如果属于国家鼓励进口的货物,就可以选择税额低的方法征收。

### (五)滑准税

滑准税是根据货物的不同价格适用不同税率的一种特殊的从价关税。它是一种关税税率随进口货物价格由高至低而由低至高设置计征关税的方法。一般来说,价格较高时税率较低,价格较低时税率较高,主要目的是稳定进口商品的国内价格。滑准税的特点是可保持实行滑准税商品的国内市场价格的相对稳定,而不受国际市场价格波动的影响。

1997年10月1日,我国开始对新闻纸实行滑准税。自2005年5月1日至2005年12月31日,对关税配额外报关进口的棉花按"有数量限制的暂定关税率"征收进口关税。

## 二、关税的征收依据

各国征收关税的依据是海关税则。

### (一)海关税则的概念

海关税则(customs tariff)又称关税税则,是一国对进出口商品计征关税的规章和对进出口应税与免税商品加以系统分类的一览表。

从内容上来看,海关税则一般包括两部分:一部分为海关征收关税的规章、条例和说明;另一部分为关税税率表。关税税率表的内容主要包括税号(tariff No. 或 heading No. 或 tariff item)、商品分类目录(description of goods)及税率(rate of duty)三部分。海关税则是关税制度的重要内容,是一个国家对外贸易政策和关税政策的具体体现,利用海关税则可以达到保护本国经济和实行差别待遇的目的。

税则中的商品分类,有的按商品加工程度划分,有的按商品性质划分,也有的把两者结合起来划分,按商品性质分成大类,再按加工程度分成小类。随着经济的发展,各国海关税则的商品分类越来越细,这不仅仅是由于商品日益增多而产生技术上的需要,更主要的是各国开始利用海关税则更有针对性地限制有关商品的进口和更有效地进行贸易谈判,将其作为实行贸易歧视的手段。

### (二)海关税则的分类

海关税则中的同一商品,可以用一种税率征税,也可以用两种或两种以上税率征税。

1. 根据关税税率栏目的多少,海关税则可分为单式税则和复式税则两种

(1)单式税则(single tariff)又称一栏税则,是指一个税目只有一个税率,即对来自任何国家(地区)的商品均以同一税率征税,没有差别待遇。目前只有少数发展中国家,如委内瑞拉、巴拿马、冈比亚等仍实行单式税则。

(2)复式税则(complex tariff)又称多栏税则,是指同一税目下设有两栏或两栏以上的税率,对来自不同国家的同种商品按不同的税率征税,实行差别待遇。其中,普通税率是最高税率,特惠税率是最低税率,在两者之间,还有最惠国税率、协定税率、普惠制税率等。这种税则有两栏、三栏、四栏不等。目前,大多数国家都采用复式税则,我国目前采用两栏税则,美国、加拿大等国实行三栏税则,而欧盟等国实行四栏税则。

目前,世界上绝大多数国家实行的是复式税则。

2. 根据海关税则中税率制定的不同,海关税则可分为自主税则和协定税则两种

(1)自主税则(autonomous tariff)又称国定税则,是指一国立法机构根据关税自主原则单独制定而不受对外签订的贸易条约或协定约束的一种税率。

(2)协定税则(conventional tariff)是指一国与其他国家或地区通过贸易与关税谈判,以贸易条约或协定的方式确定的关税税则,一般适用于有协定的商品。协定税则是在本国原有的固定税则以外,通过与他国进行关税减让谈判而另行规定的一种税率,因此要比固定税

率低。

根据现行的《中华人民共和国进出口关税条例》的规定,我国目前实施复式税则,对进口关税设置最惠国税率、协定税率、特惠税率、普通税率、关税配额税率等税率。

此外,依据进出口商品流向的不同,还可分为进口货物税则和出口货物税则。

### (三)海关税则的商品分类

由于各国海关在商品名称、定义、分类标准及税号的编排方法上存在差异,使得同一商品在不同国家的税则上所属的类别和号列互不相同,因而给国际贸易活动和经济分析带来很多困难。为了减少各国海关在商品分类上的矛盾,统一税则目录开始出现并不断完善,相继有联合国《国际贸易标准分类》、《海关合作理事会税则商品分类目录》和《商品名称及编码协调制度》等。

1.《国际贸易标准分类》

为了减少各国海关在商品分类上的矛盾,1950 年,由联合国统计局主持制定、联合国统计委员会审议通过、联合国秘书处颁布了《国际贸易标准分类》(Standard International Trade Classification,SITC),旨在统一各国对外贸易商品的分类统计和分析对比。SITC 采用经济分类标准,按照原料、半制成品、制成品顺序分类,并反映商品的产业来源部门和加工阶段。到 2006 年为止,该标准分类经历了四次修改,最近的一次修改为 SITC 修订 4 版(SITC Revision 4),于 2006 年 3 月联合国统计署第三十七届会议通过。该分类法将商品分为 10 大类、67 章、262 组、1 023 个分组和 2970 个项目。该标准第 1 位数表示商品的大类(0 到 9),第 2 位数字表示对产品的进一步分类,最详细的产品分类用 5 位数字表示。通常将 0—4 类初级产品归为资源密集型产品;第 6、8 类工业制成品归为劳动密集型产品;第 5、7 类工业制成品归为资本和技术密集型产品。

2.《海关合作理事会税则商品分类目录》

为了减少贸易各国在海关税则商品分类上的矛盾,欧洲关税同盟研究小组于 1952 年 12 月拟定了《关税税则商品分类公约》,并设立了海关合作理事会,制定了《海关合作理事会税则商品分类目录》(Customs Cooperation Council Nomenclature,CCCN)。因该税则目录是在布鲁塞尔制定的,故又称《布鲁塞尔税则目录》(Brussels Tariff No-menclature,BTN)。该目录的分类原则是以商品的原料组成为主,结合商品的加工程度、制造阶段和商品的最终用途来划分,把全部商品共分为 21 类(section)、99 章(chapter)、1 015 项税目号(heading No.)。前四类(1—24 章)为农畜产品,其余 17 类(25—96 章)为工业制成品。

税目号都用四位数表示,中间用圆点隔开,前两位数表示商品所属章次,后两位数表示该章项下的某种商品的税目号。例如,男用外衣属于第 61 章第 1 项,其税目号为 61·01。按分类目录解释规则的规定,税则目录中的类、章、项这三级的税目号排列及编制,各会员国不得随意变动;各国可在税目下加列子目,税则中商品分类之所以如此繁细,反映了商品种类增多,同时也是为了便于实行关税差别和贸易歧视政策,它是一国关税政策的具体体现。《海关合作理事会税则商品分类目录》在世界各国海关税则中得到了普遍使用。

CCCN 与 SITC 两种商品分类目录在国际上同时并存,由于对商品分类有所不同,虽然制定了相互对照表,但仍给很多工作带来了不便。

3.《商品名称及编码协调制度》

为了使这两种国际贸易商品分类体系进一步协调和统一,以兼顾海关税则、贸易统计与运输等方面的共同需要,20世纪70年代初,海关合作理事会设立了一个协调制度委员会。研究并制定了《协调商品名称及编码制度》(The Harmonized Commodity Description and Coding System,H. S.编码制度),又称《协调制度》(Harmonized System,HS)。该制度于1988年1月1日起正式实施。货物按其加工程度,依原材料、未加工产品、半成品和成品的顺序排列。例如,活动物在第一章,动物生皮和皮革在第41章,而皮鞋在第64章。章内和品目内也同样按此排序。《协调制度》将商品分为21类、97章,第97章留空备用,章以下设有1 241个四位数的税目,5 019个六位数的子目。其中1—24章为农副产品,25—97章为加工制成品。

《协调制度》的基础项目都用六位数字编码。六位数中的前四位数是协调制度的项目号(税目号),其中,前两位数表示商品所在的章,后两位表示该商品在章中所处的位置。项目以下,第五位数字为一级子目,表示该商品在项目中的位置,第六位数为二级子目,是一级子目的进一步细分。前四位与后两位之间用中圆点隔开。各国可以在子目之下增设分目。例如,税目为01·04是绵羊、山羊,前两位数表示该项目在第一章,后两位表示该商品为第一章的第四项。六位数的子目,即表示包括税目下的子目,例如5202为废棉;5202·10为废棉纱线。此外,为了使《协调制度》执行起来清楚、明确,《协调制度》有类、章的注释及项目和子目的注释,并在目录之首列有六条归类总规则,作为商品归类的指导。四位数字级的税目编号主要用于计税,五位数字及六位数字级的子目号主要用于海关统计。

关贸总协定(世贸组织)也以《协调制度》目录统计的数据作为关税减让谈判的基础。中国自1992年1月1日起正式实施以《协调制度》为基础编制的新的《海关进出口税则》和《海关统计商品目录》,并根据中国对外贸易商品结构的实际情况,在《协调制度》原六位编码的基础上增加了第七位和第八位编码,加列了1 832个七位数子目和282个八位数子目,共有6 250个税目。目前各国的海关统计,普惠制待遇等都按H. S.编码制度进行。

### 三、关税的征收程序

关税征收的程序即通关手续,又称报关手续,是指出口商或进口商向海关申报出口或进口,提交报关单和有关证明,接受海关的监督与检查,履行海关规定的手续。办完通关手续,结清应付的税款和其他费用,经海关同意,货物即可通关放行。

关税征收的程序通常包括货物的申报、查验、征税和放行4个基本环节。现以一般贸易货物的报关手续为例加以说明。

#### (一) 货物的申报

申报是指进出口货物的收发货人、受委托的报关企业,依照《海关法》以及有关法律、行政法规和规章的要求,在规定的期限、地点,采用电子数据报关单和纸质报关单形式,向海关报告实际进出口货物的情况,并接受海关审核的行为。进出口货物的申报应由经海关注册登记的报关员代表报关单位向海关办理。申报是办理进出口货物进出境通关手续的第一个环节,申报是整个进出境通关环节的基础,海关将根据进出口货物收发货人的申报,依据国家有关法律法规的规定,对申报的进出口货物进行审核、查验、征税、统计、放行,并对其中的申报不实等走私违规行为进行处罚。对进出口货物的报关单位而言,如实申报是申报环节的基本要求,如实申报是指报关单位应当保证申报内容的真实性、准确性、完整性和规范性,并承担相应的法律责任。具体有3个方面的要求,即在海关规定的时间、地点进行申报,按照海关规定的形式进行申报,按照实际进出口货物的情况向海关申报。进出口货物的收发货人只有履行如实申报的义务,才能够完成相应的通关义务,获取进出口货物的放行。

报关时应向海关递交下列单证:

1. 进(出)口货物报关单一式四份(减免税进口货物一式三份);出口退税货物增值税发票;退税专用报关单一份。

2. 对外贸易管理部门签发的进出口货物许可证和国家规定的其他批准文件。

3. 提货单、装货单和运单。

4. 外贸、工贸公司对外签订的外贸合同。

5. 发票。发票是海关确定征税价格的重要依据,要求真实,并注明货物价格运保费等。

6. 装箱单。单一品种、包装一致的件装或散装货物可免交。

7. 征免税证明文件、缓税证明书、免验证明文件等,这些文件要求事先申请并在报关时交验,否则造成征税或误验,责任在申报人。

8. 其他检验、检疫证明文件,原产地证,如商检、卫检、动植检等证明(在报关单上加盖检验、检疫印章亦可)。

9. 委托报关证明书等其他单据、文件。

### (二) 货物的查验

对进出口货物进行查验是《海关法》赋予海关的一项权力,也是为了保证海关对进出口货物实施监管必不可少的一项条件。海关查验是海关依据报关人提交的进出口货物报关单和相应申报单证,查实货物的基本情况,以确认实际进出口货物和所申报进出口货物相符,保证进出口活动的真实性、合法性的行为。海关查验的主要内容是为了确认进出境货物的物理或化学性质、货物状况、规格、数量、价格、原产地、存放场所、包装等是否与报关单证上所列一致。查验一方面是为了给有关海关管理工作提供依据,如为海关审价、征税工作提供具体资料;另一方面也可以预防和制止伪报、瞒报或申报不实等违法、违规行为。

### (三) 货物的征税

海关在审核单证和查验货物以后,根据《中华人民共和国关税条例》规定和《中华人民共和国海关进出口税则》规定的税率,对实际货物征收进口或出口关税。

进口税款用本国货币缴纳,如使用外币,则应按本国当时汇率折算缴纳。货物到达时,如发现货物缺失一部分,可扣除缺失部分的进口税。一般贸易货物的纳税义务人应自海关填发税款缴纳证的次日起七天内缴纳税款;逾期缴纳的,由海关征收滞纳金。一般贸易货物放行后,海关发现少征或漏征税款可在两年内追补;发现多征的,纳税人可在一年内要求海关退还。

### (四) 货物的放行

当一切海关手续办妥以后,海关即在提单上盖海关放行章以示放行,进口货物即可通关。货物到达后,通常进口商应在货物到达后所规定的工作日内办理通关手续。如果进口商想延期提货,则可在办理存栈报关手续后将货物存入保税仓库,暂时不缴纳进口税。在存放仓库期间,货物可再行出口仍不必缴纳进口税。如果运往该国内市场销售,则应在提货前办妥通关手续。货物到达后,进口商如果在规定的日期内未办理通关手续,海关有权将货物存入候领货物仓库,一切责任和费用均由进口商负责。如果存仓货物在规定期间内仍未办理通关手续,海关有权处理该批货物。

## 第四节  关税的经济效应

关税对进出口国(地区)的经济产生多方面的影响,这些影响都是关税的经济效应,如引起出口商品国际价格和国内价格的变动,引起进出口国(地区)在生产、分配、交换、消费等方面的调整。本节讨论小国及大国征收关税产生的经济效应。

### 一、关税对小国的经济效应

首先假定进口国为小国的情况下,运用局部均衡法来分析征收关税对于该国的经济效应。

国际经济学中所定义的"小国"不同于地理意义上的小国概念,它是指该国对外贸易在国际贸易中所占的比重非常之小,以至于其进出口数量的任何变化都不足以影响国际贸易价格条件,因而只能是国际市场上价格的接受者。因此,它所面对的外国出口供给曲线是一条完全弹性的曲线。

在图 9-1 中,曲线 $S$ 和 $D$ 分别表示小国国内进口竞争商品的供给和需求曲线,二者的交点 $E$ 为封闭经济的均衡点。$P_w$ 为国际市场价格,国内需求量为 $OQ_2$,但国内供给量只有 $OQ_1$,存在着需求缺口,因此应进口 $Q_1Q_2$ 数量的商品来满足这一超额需求。现在,假定小国政府对单位进口商品征收的关税为 $t$,这一关税会导致以下经济效应:

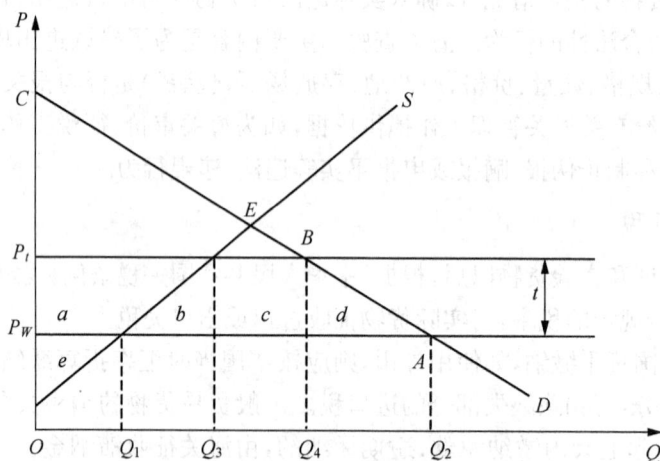

图 9-1  关税对小国的经济效应

1. 关税的价格效应

征税导致进口商品的价格提高到 $P_t=(P_w+t)$,图 9-1 中水平线 $P_t$ 代表征收关税后的国内价格,进口需求相应减少,这就是关税的价格效应。由于小国是国际市场价格的被动接受者,所以 $P_w$ 不会因小国进口需求的下降而发生变动。这样,征税导致的进口商品价格提高就全部表现为小国国内价格的上升,关税全部由该国消费者负担。

2. 关税的消费效应

征税使进口商品的国内市场价格提高,价格提高导致了需求量的减少(这里假定国内进口商品的需求价格弹性大于零），这就是关税的消费效应。在图 9-1 中，征税后，国内需求量从征税前 $OQ_2$，减少到 $OQ_4$，需求量减少对消费者产生不利的影响。征税前的消费者剩余为三角形 $ACP_w$ 的面积，征税后，消费者剩余减少到三角形 $BCP_t$ 的面积，所以消费者福利的损失为梯形 $ABP_tP_w(a+b+c+d)$ 的面积。

3. 关税的贸易效应

征税前，小国面对 $P_w$ 的国际市场价格，国内的需求量为 $OQ_2$，而国内的供给量仅为 $OQ_1$，故需进口 $Q_1Q_2$ 数量的进口商品来满足国内的超额需求。征税后，由于国内市场价格提高，国内的需求量缩减为 $OQ_4$，而国内的供给量增加为 $OQ_3$。相应地，进口数量减少到 $Q_3Q_4$，减少了 $Q_1Q_3+Q_4Q_2$ 的数量，这就是关税的贸易效应。

4. 关税的生产效应

征税前，对应于国际市场价格 $P_w$，国内生产为 $OQ_1$；征税后，国内价格由原来的 $P_w$ 上升至 $P_t$。由于价格提高，国内生产增加为 $OQ_3$，这就是关税带来的生产效应。国内生产者因征税而获得的利益可以用生产者剩余的变动来衡量。在图 9-1 中，征税前，生产者剩余为 $e$ 的面积；征税后，生产者剩余增加为 $a+e$ 的面积，梯形 $a$ 的面积即为征税后生产者福利的增加。

5. 关税的财政收入效应

关税的财政收入效应是指政府由于征收关税而增加的财政收入，它等于单位商品税额($t$)与进口量($Q_3Q_4$)的乘积，即图 9-1 中以长方形 $c$ 表示的面积。

6. 小国整体福利效应

以上分别说明了关税的各种经济效应，现在综合上述分析，考察关税对小国整体福利的影响。

(1) 国内收入重新分配的结果。征税引起国内价格上涨，使消费者剩余减少了 $a+b+c+d$ 的面积；国内产业由于受到保护，使生产者剩余增加了 $a$ 的面积；同时政府也从征税中获得了面积为 $c$ 的财政收入。其中，生产者和政府收入的增加部分($a$ 和 $c$)正是消费者剩余损失的一部分，这是关税引起的国内收入重新分配的结果，而并非是社会福利真正的损失或增加。

(2) 社会福利的净损失。但是，消费者剩余减少的另外两个部分 $b$ 和 $d$ 则不同，它们没有被任何社会成员所获得而白白损失掉了，因而是社会福利的净损失，或者可以说是关税带来的保护成本。其中，$b$ 的部分称为生产扭曲，它是由于 $Q_1Q_3$ 数量的商品在征税前由国外高效率的生产者生产，而征税后转由低效率的国内生产者提供所导致的资源配置上的效率损失；$d$ 的部分称为消费扭曲(consumption distortion)，它是由于关税提高了国内市场价格，使需求量减少了 $Q_4Q_2$ 所导致的资源闲置的消费损失。

(3) 关税的净福利效应＝生产者福利增加－消费者福利损失＋政府财政收入＝$a-(a+b+c+d)+c=-(b+d)$

## 二、关税对大国的经济效应

国际经济学中的"大国"是与"小国"相对的概念，它是指该国对外贸易在国际贸易中占有很大的比重，其进出口数量的变化能够影响国际市场价格。大国对进口商品征收关税，也会产生小国情况下的各种经济效应，与小国情况不同的是其关税所产生的价格效应和贸易条件效应。

### 1. 关税的价格效应

如果关税征收国是一个大国,其国内需求的变化足以影响国际市场价格。征税后,由于价格上涨,该国对进口商品的需求减少,从而引起国际市场价格下降。因此,征税后,国内市场价格等于征税后的国际市场价格 $P'_w$(低于征税前的国际市场价格 $P_w$)再加上关税 $t$。在这种情况下,征收的关税实际上由国内消费者和出口国共同负担:其中一部分通过提高国内市场价格由消费者负担;另一部分通过降低国际市场价格转嫁给出口国负担。

### 2. 关税的贸易条件效应

如果关税征税国是一个大国,那么除了上述各种影响外,关税还会产生贸易条件效应,因为在大国情况下,征收关税会降低国际市场价格,即征税国在国际市场上购买进口商品的价格要低于征税前的价格。如果出口商品价格不变,进口商品价格的下降便意味着其贸易条件的改善,即征税国在世界市场上用一单位的本国商品可以换取更多的进口商品。关税对大国的经济效应如图 9-2 所示。

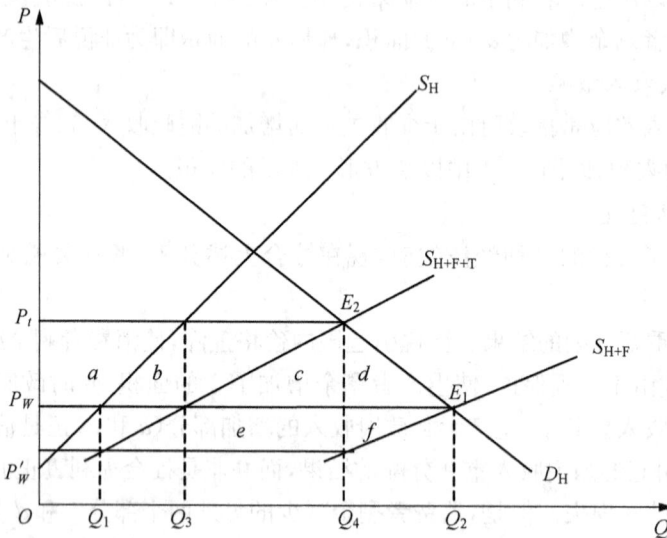

**图 9-2 关税对大国的经济效应**

在图 9-2 中,$S_H$ 为大国的国内供给曲线,$S_{H+F}$ 为国内供给曲线与外国出口供给曲线加总得出的总供给曲线。$D_H$ 为大国的国内需求曲线。$D_H$ 与 $S_{H+F}$ 的交点 $E_1$ 决定了征税前的国际市场价格为 $P_w$,此时国内生产者提供 $OQ_1$ 单位的商品,再从国外进口 $Q_1Q_2$ 单位的商品以满足国内 $OQ_2$ 单位的需求。

征税后,总供给曲线从原来的 $S_{H+F}$ 上移为 $S_{H+F+T}$。$S_{H+F+T}$ 与 $D_H$ 相交于 $E_2$ 点,决定了国内价格从原来的 $P_w$ 上升到 $P_t$,现在国内生产由 $OQ_1$ 增加到 $OQ_3$(关税的生产效应);国内需求相应减少,需求量从 $OQ_2$ 降为 $OQ_4$(关税的消费效应);进而导致进口量从征税前的 $Q_1Q_2$ 减少到征税后的 $Q_3Q_4$(关税的贸易效应)。由于大国需求量的变动会影响国际市场价格,使 $P_w$ 降至 $P'_w$,这样外国只能以 $P'_w$ 的价格向大国出口商品(关税的价格效应);征税后国际市场价格的下降对外国来说意味着其贸易条件的恶化,对征税国来说则意味着其贸易条件的改善,用一单位的本国商品可以换取更多的进口商品(关税的贸易条件效应);政府征收关税的收入则为单位商品税额×进口量 $Q_3Q_4$，即图 9-2 中($c+e$)的面积(关税的财政收入效应)。

在大国情况下，对应于相同的关税，征税后国内价格的上升幅度要小于小国国内价格的上升幅度。国际市场价格的下降部分地抵消了关税所引起的国内价格上升，减弱了关税对国内生产和消费的影响。在图 9-2 中，征税后的国际市场价格从 $P_W$ 下降为 $P'_W$，政府财政收入中面积为 $e$ 的部分表示征税国因贸易条件改善、向出口国转嫁了一部分税收负担而获得的额外收益。

综合以上分析，考察关税对大国整体的净福利影响。

关税的净福利效应＝生产者福利增加－消费者福利损失＋政府财政收入
$$=a-(a+b+c+d)+(c+e)=e-(b+d)$$

当 $e>(b+d)$ 时，进口国社会福利增加；$e<(b+d)$ 时，进口国社会福利减少。

## 第五节　关税保护度

世界各国出于保护国内生产和市场的目的，对不同的商品规定了不同的关税税率。因此，关税水平与保护程度的高低成了世界各国缔结贸易条约或协定谈判的主要内容。

### 一、关税水平

关税水平(tariff level)是指一个国家的平均进口税率，用以衡量或比较一个国家进口关税的保护程度。用关税水平可以大体衡量或比较一个国家进口税的保护程度，也是一国参加国际贸易协定进行关税谈判时必须解决的问题。在关税与贸易总协定以及世界贸易组织的关税减让谈判中，关税水平被作为削减关税的指标。关税水平的计算主要有两种：一种是算术平均法，另一种是加权平均法。

#### （一）算术平均法

算术平均法是以一国税则中所有税目中税率相加的总和，除以所有税目的总数，求出其税率的平均值，其计算公式为：

$$平均关税率＝\frac{所有税率之和}{所有税目数之和}$$

简单平均法是一国税则中各个税目的税率简单相加后再除以税目数。在这种方法中，不考虑每个税目实际的进口数量。由于税则中很多高税率的税目是禁止性关税，有关商品很少或根本没有进口，而有些大量进口的商品是零关税或免税的。进口数量不同的高税率、零关税税率共同参与简单的算术平均，显然不能如实反映一国的真实关税水平，因此在实践中很少使用。

#### （二）加权平均法

加权平均法是用进口商品的数量或价格作为权数进行平均。按照统计口径或比较范围的不同，又可分为全额商品加权平均法、有税商品加权平均法和商品取样加权平均法三种。

1. 全额商品加权平均法

全额商品加权平均法用一个时期内所征收的进口关税总金额占所有进口商品价值总额的

百分比计算,其计算公式为

$$关税水平 = \frac{进口税款总额}{进口总值} \times 100\%$$

在这种计算方法中,如果一国税则中免税的项目较多,计算出来的数值就偏低,不易看出有税商品税率的高低。

2. 有税商品加权平均法

有税商品加权平均法按进口税额占有税商品进口总值的百分比计算,这种计算方法比前一种方法相对合理一些,算出的数值比前一方法高一些,其计算公式为

$$关税水平 = \frac{进口税款总额}{有税商品进口总值} \times 100\%$$

这种计算方法能纠正上一种方法中免税项的干扰,但各国的税则并不相同,税则下的商品数目众多,且不尽相同,因而这种方法使各国关税水平的可比性相对减少。

3. 商品取样加权平均法

商品取样加权平均法即选取若干种有代表性的商品,按一定时期内这些商品的进口税总额占这些代表性商品进口总值的百分比计算,其计算公式为

$$关税水平 = \frac{若干种有代表性商品进口税款总额}{若干种有代表性商品进口总值} \times 100\%$$

这种计算方法可以在各国选取同样的代表性商品进行比较,能够比较客观地反映出各国的关税水平。

若各国选取同样的代表性商品进行加权平均,就可以对各国的关税水平进行比较。这种方法比全额加权平均法更为简单和实用。一般来说,上述方法计算出的百分比越大,说明该国的关税水平越高。关税水平越高,说明关税的保护程度就越强。

以上方法虽从不同的方面反映了关税的平均水平,但还不能完全表示关税保护的程度。对此,还必须了解关税保护率。

## 二、名义保护率和有效保护率

一般说来,关税水平的高低大体上可以反映一国的保护程度,但两者并不能完全画等号,因为保护程度还与关税结构等其他因素有关。对本国同类产业的保护程度通常用关税保护率来反映。关税保护率有名义保护率和有效保护率两种。

### (一)名义保护率

关税的名义保护率(nominal rate of protection,NRP)是指在某种进口商品进入关境时,海关根据海关税则所征收的关税税率。根据世界银行的定义,某一商品的名义保护率是指由于实行保护而引起的国内市场价格高于国际市场价格的部分占国际市场价格的百分比,其计算公式为:

$$名义保护率 = \frac{国内市场价格 - 国际市场价格}{国际市场价格} \times 100\%$$

由于在理论上,国内外差价与国外价格之比等于关税税率,因而在不考虑汇率的情况下,

名义保护率在数值上与关税税率相等。名义保护率的计算一般是把国外价格折合成本国价格进行比较,因而受外汇汇率的影响较大。在其他条件相同的情况下,名义保护率越高,对本国同类商品的保护程度就越强。名义保护率对保护完全由本国原材料生产的产品是适用的,但对用进口原料和中间产品生产的制成产品则不适用,因此要引入关税有效保护率概念。

## (二) 有效保护率

名义保护率只考虑对最终产品征收关税所产生的效果,如果对最终产品和原料、零配件和组装件等中间产品都征收关税,关税的实际保护效果同名义保护效果是不同的。有效保护率则是将用于最终产品生产的原料和中间投入上的关税因素考虑在内,分析关税对某类产品在生产过程中的净增值所产生的影响,使其成为比名义保护率更为准确的测定保护程度的方法。

在有效保护税率的研究方面,1955 年加拿大人巴伯(Barber)在其《加拿大关税政策》一书中首次提出了有效保护的概念。随后,巴拉萨、柯登(Corden)、约翰逊(Johnson)等一批从事国际经济研究的著名学者在这一领域进行了富有开拓性的研究。

### 1. 关税的有效保护率

关税的有效保护率(effective rate of protection,ERP),又称实际保护率,是指各种保护措施对某类商品在生产过程中的净增值所产生的影响。它是征收关税所引起的一种商品国内加工增加值同国外加工增加值的差额占国外加工增加值的百分比。有效保护率的计算公式为:

$$有效保护率 = \frac{国内加工增值 - 国外加工增值}{国外加工增值} \times 100\%$$

或

$$ERP = \frac{V' - V}{V} \times 100\%$$

式中:$ERP$——关税的有效保护率;$V'$——征收关税条件下的增值量;

$V$——自由贸易条件下被保护商品生产过程中的增值量。

试以服装工业为例。假定在自由贸易条件下,服装进口价格为 20 美元,生产服装的原料和中间产品(布、纽扣等)的国际价格分别为 10 美元,因此生产服装的增值量为 10 美元。如果对服装进口征收 40% 名义关税,则进口国市场价格提高到 28 美元,生产服装增值为 18 美元。因此,服装有效关税税率为(18 - 10)/10 × 100% = 80%。

### 2. 在原材料和中间产品进口情况下,关税有效保护率的计算

在实际生产中,一个产业部门的投入要素是多样的,因此,关税的有效保护率也可以采用如下的计算公式,即:

$$ERP = (T - Pt)/(1 - P)$$

式中,$T$——进口最终商品的名义关税税率;$t$——进口原材料和中间产品的名义关税税率;

$P$——进口原材料和中间产品在最终产品中所占的比重。

根据这一公式,有效保护率会出现以下几种情况:

(1) 当 $T > t$ 时,$ERP > T$。即当进口最终产品的名义关税率高于所用的进口原材料和中间产品的名义关税税率时,有效保护率大于最终产品的名义关税率。

假定一个国家服装的进口价格为 20 美元,生产服装的原料和中间产品(布、纽扣等)的价格为 10 美元,原料和中间产品在最终产品服装中所占比重为 50%。如果对服装进口征收 40% 的名义关税,对布、纽扣等原料和中间产品征收 10% 名义关税,则本国服装工业的有效保护率为:

$$ERP=(40\%-50\%\times10\%)/(1-50\%\times100\%)=70\%$$

(2) 当 $T=t$ 时,$ERP=T$。即当进口最终产品的名义关税率等于所用进口原材料和中间产品的名义关税税率时,则有效保护率等于最终产品的名义关税税率。

如果对布、纽扣等原料和中间产品征收与进口服装相等的名义关税税率时,则本国服装工业的有效保护率为:

$$ERP=(40\%-50\%\times40\%)/(1-50\%\times100\%)=40\%$$

(3) 当 $T<t$ 时,$ERP<T$,即当进口最终产品的名义关税率小于所用进口原材料和中间产品的名义关税税率时,则有效保护率小于最终产品的名义关税税率,甚至会出现负有效保护率。

如果对布、纽扣等原料和中间产品征收高于进口服装名义关税,如 50% 的名义关税,则有效保护率为:

$$ERP=(40\%-50\%\times50\%)/(1-50\%\times100\%)=30\%$$

如果对服装进口征收 20% 的名义关税,对布、纽扣等原料和中间产品征收 60% 的名义关税,则有效保护率为:

$$ERP=(20\%-50\%\times60\%)/(1-50\%\times100\%)=-20\%$$

由有效保护率的计算公式可以看出:当最终产品的名义税率高于原材料和中间产品的名义税率时,最终产品的有效保护率大于名义税率;当最终产品和中间产品的名义税率相同时,最终产品的有效保护率等于名义税率;当最终产品的名义关税税率低于原材料和中间产品的名义关税税率时,有效保护率小于名义保护率,甚至会出现负有效保护率。有效保护理论认为,对生产被保护产品所消耗的原材料和中间产品征收关税,会提高最终产品的成本,减少最终产品的增值,从而降低对最终产品的保护。因此,要使本国的产业得到更好的保护,需要制定一个合理的关税结构制度。

名义保护率与有效保护率的区别在于:名义保护率只考虑关税对某种产品国内市场价格的影响,它表明了关税导致的最终商品价格的增加量,因而名义关税率对消费者很重要;有效保护率则着眼于生产过程的增值,考察了整个关税制度对被保护商品在生产过程中的增加值所产生的影响,它不但注意了关税对产成品的价格影响,也注意了投入品(原材料或中间产品)由于征收关税而增加的价格,它表明了关税对进口竞争品生产者的保护程度,因而有效保护率对生产者很重要。因此,一个与进口商品相竞争产业中的企业,不仅要受到对进口商品征收关税的影响,而且要受到对所使用原材料和中间产品征税的影响。如果要对某种产业实行保护,不仅要考虑对该产业最终产品的关税率,而且要把整个关税结构与该产业的生产结构结合起来考虑,才能制定出相应的合理政策措施。

### 三、关税结构

关税对一国产品的保护程度,不仅取决于关税税率,还与关税结构有关。关税结构又称关税税率结构,是指一国关税税则中各类商品关税税率之间的相互关系。

关税结构的特征是关税税率随产品加工程度的加深而不断提高。这种关税结构现象称为升级或阶梯关税结构,或瀑布式关税结构。世界各国因其国内经济和进出口商品的差异,关税结构也各不相同。但一般都表现为:关税税率随产品加工程度的加深而不断提高,制成品的关税税率高于中间产品的关税税率,中间产品的关税税率高于初级产品的关税税率,这种随着国内加工程度加深关税税率不断上升的现象称为关税升级或瀑布式关税结构。

用有效保护理论可以很好地解释关税结构中的关税升级现象。有效保护理论说明,原料和中间产品的进口税率与其制成品的进口税率相比越低,对有关的加工制造业最终产品的有效保护率则越高。通过关税升级,一国可对制成品征收比其所用的中间投入品更高的关税,这样,对该制成品的有效保护关税率将大于该国税则中所列该制成品的名义保护率。

关税税率结构的调整是为了加强关税的调节机能,并使之更趋合理。调整应遵循以下原则:一是对初级产品和原材料实行低关税,且随加工程度的提高而提高税率;二是对制成品实行较高关税;三是对国内不能生产或生产不足,将来也不可能扩大生产的商品实行低关税;四是对国内有能力发展,但尚处于发展阶段的产品则征收高关税。

考察一国对某商品的保护程度,不仅要考察该商品的关税税率,还要考察对其各种投入品的关税税率,即要考察整个关税结构。了解这一点,对于一国制定进口税率或进行关税谈判都有重要意义。

### 本章小结

关税是进出口商品经过一国关境时,由政府设置的海关向进出口商所征收的税收。关税的税收主体是进出口商人,客体是进出口货物。关税的作用是增加政府收入、保护本国产业和国内市场;关税是执行对外贸易政策的重要手段之一,它能够起到调节进出口贸易的作用,通过关税可调节贸易差额;关税是对外关系的重要手段。关税的种类按照征收的对象和商品流向分为进口税、出口税和过境税;按照征税的目的分为财政关税和保护关税;按照差别待遇和特定的实施情况,关税可以分为进口附加税、差价税、特惠税和普遍优惠税等。

关税的征收方法又称征收标准,是各国海关计征进出口商品关税的标准和计算的方法,按照征税的标准划分,可以分为从量税、从价税、混合税和选择税四种。从量税和从价税是关税征收的两种基本方法,在此基础上,又使用混合税和选择税。

各国征收关税的依据是海关税则,海关税则又称关税税则,是一国对进出口商品计征关税的规章和对进出口应税与免税商品加以系统分类的一览表。关税征收的程序即通关手续,又称报关手续,是指出口商或进口商向海关申报出口或进口,提交报关单和有关证明,接受海关的监督与检查,履行海关规定的手续。办完通关手续,结清应付的税款和其他费用,经海关同意,货物即可通关放行。

征收关税将对进出口国的经济产生多方面的影响。如引起出口商品国际价格和国内价格的变动,引起进出口国在生产、分配、交换、消费等方面的调整。所有这些的影响都是关税的经济效应,它主要包括价格效应、贸易效应等几个方面。

关税会保护国内特定的行业,并会对一个国家的整体经济产生深远影响。但是必须强调,在考察关税对某行业的保护程度时,不仅仅要看名义保护率,还要看有效保护率。

世界各国因其国内经济和进出口商品的差异,关税结构各不相同,但一般表现为对原材料制定非常低或零名义税率,税率随产品加工程度的逐渐深化而不断提高,这就使得使用进口原材料生产的最终产品的有效保护率比名义保护率要大得多,这种关税结构现象称为关税升级或阶梯式关税结构。

## 本章小结

1. 关税是各国落实对外贸易政策的主要手段之一,自古有之。关税可以增加国家财政收入,调节进出口贸易结构和贸易方向,维护贸易关系等。

2. 在关税设置时,因纳税对象不同、征税目的不一、税率优惠差异,出现了各种形式的关税。其中影响较大的是进口关税,普遍优惠制下的关税和差别关税。

3. 各国征收关税的依据是海关税则和政府临时文件。海关税则变化的特点是税号排序按协调制度进行;计税方法很多,因制成品在国际贸易中占绝大比重,故从价税成为各国尤其是发达国家主要的计税标准。因贸易对象关系的不同,税则栏目向多栏发展。

4. 由于跨国公司的巨大发展,以及水平型国际分工和加工贸易的深化发展,关税的名义水平难以反映对产业保护的真实程度,因而加强了对关税有效保护率的研究。各国在设置关税或下调关税税率时,重视名义关税率下的有效保护率。

## 复习思考题

1. 说明关税的主要特点和作用。
2. 关税分成哪些类型?
3. 试比较从价税和从量税的不同特点和作用。
4. 什么是海关税则? 它可以分为哪几类?
5. 关税的实际保护率是如何计算的? 有何决策意义?
6. 简要说明征收关税的方法。
7. 简要说明关税对小国的经济效应。
8. 简要说明关税对大国的经济效应。

# 第 10 章

# 非关税措施

## 知识目标

（1）了解非关税壁垒形成的原因；掌握非关税壁垒的特点及其作用；

（2）掌握技术性贸易壁垒和绿色贸易壁垒的含义、特点、表现形式及最新发展趋势；

（3）掌握各种传统的非关税壁垒的含义、特点并能够分析区别。

## 能力目标

能够根据所学知识，分析绿色贸易壁垒、技术性贸易壁垒及其他形式的非关税壁垒对当前国际贸易的影响，并能够提出相应的应对措施。

### 引导案例

**美国环保局更新家用燃木取暖炉的性能标准**

美国环保局（EPA）修订了新的家用燃木取暖炉性能标准，并确定了新的家用液体循环加热器和空气加压炉的性能标准。EPA 决定不定下新的家用砖石取暖炉的性能标准，以便给砖石暖炉协会（Masonry Heater Association）更多时间修订检测方法、制订排放计算计划和另一套尺寸标注标准。

EPA 指出，上述最终规则能就新的家用燃木取暖炉达成多个目标，包括实施能反映最好减排体系的最新排放限量、取消众多家用燃木设备的豁免规定、适当提高测试方法，以及简化认证程序。

资料来源：厦门 WTO 工作站

尽管关税是一种非常有效的进口调节手段，但经过 GATT 八轮减让关税的多边贸易谈判和 WTO 的关税减让措施，工业发达国家之间的平均关税水平降到 3% 左右，发展中国家的平均进口关税也降到 10% 以下。关税减让使得国际贸易中的产品出口有效地避开了关税壁垒设置的障碍，关税作为限制进口的措施已经失去昔日的重要地位，各种非关税的进口调节手段，如进口配额制、技术性贸易壁垒、绿色贸易壁垒、外汇管制等越来越广泛地被各国尤其是发达国家所采用。

# 第一节　非关税壁垒概述

## 一、非关税壁垒的含义

非关税壁垒(Non-tariff barrier),又称非关税措施,指一国政府采取除关税以外的各种办法,对本国的对外贸易活动进行调节、管理和控制的一切政策与手段的总和,其目的是试图在一定程度上限制进口,以保护国内市场和产业的发展。

从历史上看,早在重商主义时期,限制和禁止进口的非关税性措施就开始盛行。1929—1933年大危机时期,西方发达国家曾一度高筑非关税壁垒,推行贸易保护主义。尽管如此,"非关税壁垒"这一术语是在关税与贸易总协定(GATT)建立以后才逐渐产生的。真正把非关税措施作为保护贸易政策的主要手段开始于20世纪70年代。

WTO多哈回合谈判正式提出非关税壁垒概念,并把其纳入重要谈判议题。确定多哈谈判议题内容的《多哈宣言》第16段提出,"通过有待议定的模式,旨在削减或酌情取消关税,包括削减或取消关税高峰、高关税和关税升级以及非关税壁垒,特别是针对发展中国家具有出口利益的产品"。

## 二、非关税壁垒的特点

在限制进口、保护国内市场方面,非关税壁垒虽然与关税的作用一致,但非关税壁垒却有很多关税措施所无法比拟的特性,这也是非关税措施得以大行其道的主要原因。非关税壁垒的主要特点如下:

### (一)灵活性和针对性

关税的制定,往往要通过一定的立法程序,要调整或更改税率,也需要一定的法律程序和手续,因此关税具有一定的延续性。而非关税措施的制定与实施,则通常采用行政程序,制定起来比较迅速,程序也较简单,能随时针对某国和某种商品采取或更换相应的限制进口措施,从而较快地达到限制进口的目的。

### (二)有效性

关税措施是通过征收关税来提高商品成本和价格,进而削弱其竞争能力,因而其保护作用具有间接性。而一些税措施如进口配额,预先限定进口的数量和金额,超过限额就直接禁止进口,这样就能快速和直接地达到关税措施难以达到的目的。

### (三)隐蔽性和歧视性

关税措施,包括税率的确定和征收办法都是透明的,出口商可以比较容易地获得有关信息。另外,关税措施的歧视性也较低,它往往受到双边关系和国际多边贸易协定的制约。但一些非关税措施则往往透明度差,隐蔽性强,而且有较强的针对性,容易对别的国家实施差别待遇。

### （四）双重性

双重性体现在新型非关税壁垒往往以保护消费者、劳工和环境为理由,名义上具有合理性,因为它倡导的口号并非保护贸易,而是保护人类和环境,迎合了当今社会的公众心理。同时,新贸易壁垒又往往以保护消费者、劳工和环境为由,对某些国家的产品进行有意刁难或歧视,这又是它不合理的一面。这些负面的东西有时甚至混淆是非,给国际贸易带来不必要的障碍。

### （五）争议性

非关税壁垒介于合理和不合理之间,不同国家和地区难以达成统一标准,容易引起争议,并且不易进行协调,以致成为国际贸易争端的主要内容,于是传统商品贸易大战被非关税壁垒大战所取代。

## 三、非关税壁垒的作用

西方发达国家越来越把非关税壁垒作为实现其政策目标的主要工具。非关税壁垒的作用主要表现在三个方面:一是作为防御性武器限制外国商品进口,用以保护国内陷入结构性危机的生产部门及农业部门,或保障本国资本家获得高额利润;二是在国际贸易谈判中以此逼迫对方妥协让步,以争夺国际市场;三是用作对他国的贸易歧视手段,甚至作为实现政治利益的手段。

发展中国家也越来越广泛地使用非关税壁垒措施,其目的在于:一是限制非必需品的进口,节省外汇;二是限制外国进口品的竞争力,保护民族工业和幼稚工业;三是发展民族经济,摆脱发达国家对本国经济的控制和剥削。由于发展中国家与发达国家经济发展水平的巨大差距,设置非关税壁垒有其合理性和正当性。为此,关贸总协定在"肯尼迪回合"中增加了"贸易与发展"部分,并陆续给予发展中国家更大的灵活性,允许其为维持基本需求和谋求优先发展而采取贸易保护措施。

# 第二节　传统的非关税壁垒

关于非关税壁垒,传统的分类方法是将其分为配额、金融控制、政府参与贸易、海关与海关手段及对产品的要求五大类。据统计,目前非关税壁垒措施大概有 2 500 多种。主要种类有以下 11 种:

## 一、进口配额制

### （一）进口配额制的含义

进口配额(Import Quota)又称进口限额,是指一国政府在一定时期(如一季度、半年或一年)内,对于某些商品的进口数量或金额加以直接限制。在规定的期限内,配额以内的货物准予进口,超过配额的货物则不准进口,或加征较高的关税甚至罚款以后才准许进口。早在重商主义时代,进口配额就被采用,当时是以贸易出超、聚积金银为目的。在上世纪 30 年代世界经济恐慌时期,物价大幅下跌,各国保护国内物价的措施均告失效,为了减少失业、改善国际收支及防止本国货币贬值,主要资本主义国家相继采用进口配额制,使配额成为各国限制进口的主要手段。限制进口的种类方面都有了扩大,主要针对某些"敏感性"或"半敏感性"商品,如纺织、服装、鞋类、钢材、汽车等。

### (二)进口配额制的种类

进口配额,又称进口限额。它是发达国家实行进口数量限制的重要手段之一,主要有两大类:

#### 1. 绝对配额

绝对配额是指在一定时期内,对某种商品的进口数量或金额规定一个最高数额,达到这个数额后,便不准进口。这种方式在实施中,有以下两种形式:

(1)全球配额。即属于世界范围的绝对配额,对来自任何国家或地区的商品一律适用,按进口商品的申请先后批给一定的额度,至总配额发放完为止,超过总配额就不准进口。全球配额并不限定进口的国别或地区,故配额公布后,进口商往往相互争夺配额。邻近的国家或地区依其优越地理因素,在竞争中居于有利地位。为了减少这种情况所带来的不足,一些国家采用了国别配额。

(2)国别配额。即在总配额内按国别和地区分配给固定的配额,超过规定的配额便不准进口。为了区分来自不同国家或地区的商品,在进口商品时进口商必须提交原产地证明书。实行国别配额可使进口国家根据它与有关国家或地区的政治经济关系分配给予不同的配额。例如,1987年底,我国与美国就纺织品贸易达成协定,使我国对美纺织品成衣出口年增长率,从1988年1月1日起4年内,由19%下降到3%。

#### 2. 关税配额

关税配额是指对商品进口的绝对数额不加限制,而对一定时期规定的关税配额以内的进口商品,给予低税、减税或免税待遇,对超过配额的进口商品征收高关税 、附加税或罚款。这种方式在实施中有以下两种形式:

(1)优惠性关税配额。即对关税配额内进口的商品给予较大幅度的关税减让,甚至免税;超过配额的进口商品征收原来的最惠国税。欧盟在普惠制实施中所采用的关税配额就属此类。

(2)非优惠性关税配额。即对关税配额内进口的商品征收原来正常的进口税,一般按最惠国税率征收;对超过关税配额的部分征收较高的进口附加税或罚款。例如,1974年12月,澳大利亚曾规定除男衬衫、睡衣以外的各种服装,凡是超过配额的部分加征175%的进口附加税。

另外,进口配额还可分为单边配额和双边配额。单边配额是进口国事先不与有关国家进行磋商而单方面确定限额;协议配额是指进口国和出口国或出口国的出口商通过协商而确定分摊的限额。采取单边配额通常会招致其他国家的不满并引起报复,相比之下,协议配额的方式则较为温和。

## 二、自愿出口限制

### (一)自愿出口限制的含义

自愿出口限制(Voluntary Restriction of Export)又称"自动出口配额制"(Voluntary

Export Quotas)也是一种限制进口的手段。是指出口国家或地区在进口国的要求或压力下，"自动"规定某一时期内(一般为五年)，某些商品对该国出口的数量或金额的限制，在限定的配额内自行控制出口，超过配额即禁止出口。其目的在于避免因这些商品出口过多而严重损害进口国生产者的利益，招致进口国采取严厉措施限制从该国的进口。自愿出口限制最早出现于 20 世纪 30 年代的美日纺织品贸易中。到了六七十年代，自愿出口限制被广泛采用，范围已从纺织、钢铁、小汽车扩大到彩电、电子元件和船舶等，甚至涉及一些农产品，如奶酪、苹果、肉类等。

自愿出口限制属于关贸总协定的"灰色区域"。所谓"灰色区域措施"(Gray Area Measures)是指关贸总协定中无明确适用条款，其法律地位不清楚，既不是合法的，也不是非法的贸易限制措施。自愿出口限制就是利用总协定不明确、不全面性的特点，采取双边的和不透明的隐蔽形式实行贸易限制，以避免总协定的监督。它是一种求助于量的限制措施，具有选择性、双向性和隐蔽性的特点。自动出口配额带有明显的强制性。进口国家往往以商品大量进口使其有关工业部门受到严重损害、造成所谓"市场混乱"为理由，要求有关国家对出口实行"有秩序增长"，自动限制商品的出口，否则就单方面强制限制进口。

### （二）自愿出口限制的形式

#### 1. 单方面自动出口限制

单方面自动出口限制，即由出口国单方面自行规定出口配额，限制商品出口。此种配额有的由出口国政府规定并予以公布，出口商必须向有关机构申请配额，领取出口许可证后才能出口，有的由出口国的出口厂商或同业公会根据政府的政策意向来规定。

#### 2. 协定自动出口限制

协定自动出口限制，即由进口国与出口国通过谈判签订自限协定或有秩序销售协定，在协定的有效期限内规定某些产品的出口配额，出口国据此配额实行出口许可证制，自动限制有关商品出口，进口国则根据海关统计来进行监督检查。作为非关税措施之一的自动出口限制严重阻碍了国际贸易发展。1986 年 9 月开始用乌拉圭回合的谈判把自动出口限制列为减少和取消非关税壁垒谈判的重要内容之一。谈判结果则导致对总协定第 19 条的修订，以限制自动出口限制的运用。

### （三）自愿出口限制协定的内容

自愿出口协定的内容日趋复杂，各种协定内容不尽相同，一般包括以下几个方面：

#### 1. 配额水平(Quota Level)

即规定有效期内各年度"自动"出口的限额。通常是以签约前一年的实际出口量为基础，商定协定第一年限额，并确定其他各年度的增长率。

#### 2. "自动"限制出口的商品分类和细目

早期"自动"限制商品的品种较少，分类较笼统。上世纪 70 年代以来，品种增多，分类也日趋复杂。如 1974—1977 年的日美纺织品协定中，将日输美的棉、化纤、毛三大类纺织品共分成六组 243 项，按组分别规定各自限额，对组内"特别项目"又规定个别限额。

#### 3. 限额的融通

即各种受限商品的限额相互之间适用的权限与数额问题，主要有两种融通做法：① 水平融通。是指同一年度内组与组、项与项之间在一定百分率内的融通使用。这种替换率一般在

1%—15%之间,有些品种禁止移用。② 垂直融通。是指同组同项水平在上下年度间的融通,即在协定中规定留用额(Carry-over)和预用额(Carry-in)。留用额指当年未用完的配额拨入下年度使用的额度和权限,预用额是指当年配额不足而预先使用下年度的额度的权限。留用额和预用额的规定一般都有一些限制条件。例如,留用额不得超过实际余额,某些项目的留用额只限于同类项目使用,某些特定商品规定较低的留用额,甚至禁止使用留用额;预用额必须在下年度配额中扣除,预用额不得超过5%。

4. 保护条款

指协定规定进口国方面有权通过一定的程序,限制或停止进口某些造成"市场混乱"或使进口国市场厂商受损害的商品。这实际上扩大了进口国限制进口的权限,发达国家在对外签订"自动"限制协定时,都力求订入这项条款。

### 三、进口许可证制

#### (一)进口许可证制的含义

进口许可证制(Import License System)是指进口国家规定某些商品进口必须事先领取许可证,才可以进口,否则一律不准进口。这种措施可控制进口货物的品种和数量,达到保护国内生产的目的。

进口许可证制具有两重性:一方面它的合理、适当使用对于维持一国的对外贸易秩序和经济发展具有积极的意义,如为国家贸易统计和国际收支平衡等目的而规定的许可证手续;另一方面它的滥用又会阻碍国际贸易正常流向,构成一种非关税壁垒。实行进口许可证制,不仅可以在数量和金额以及商品性质上进行限制,而且可以控制来源国国别和地区。也可以对国内企业实施区别对待,有些国家在发放许可证时往往对垄断大公司予以照顾。有的国家将进口许可证的发放与出口联系起来,以达到促进出口的目的。如法国,那些经营出口业务的商人或企业家就较容易获得进口绸缎及绸缎服装的许可证。获得进口许可证的商人可以将其转移给服装的专业进口商,而获取5%—15%的佣金。

#### (二)进口许可证制的种类

1. 有定额的进口许可证和无定额的进口许可证

根据进口许可证和进口配额的关系,可分为有定额的进口许可证和无定额的进口许可证。

有定额的进口许可证,即国家有关机构预先规定有关商品的进口配额,然后在配额的限度内,根据进口商的申请对每一笔进口货物发给进口商一定数量或金额的进口许可证。可见,这是一种将进口配额和进口许可证相结合的管理进口的方法,通过进口许可证分配进口配额。

另一种为无定额的进口许可证,即进口许可证不与进口配额相结合。即政府管理当局发放有关商品的进口许可证只是在个别考虑的基础上进行,而没有公开的配额数量依据。由于此种许可证没有公开的标准,在执行上具有很大的灵活性,起到的限制作用更大。

2. 公开一般许可证和特种进口许可证

按进口商品的许可程度,可分为公开一般许可证和特种进口许可证。

公开一般许可证(Open General License):又称公开进口许可证,或一般许可证或自动进口许可证。它对进口国别或地区没有限制,凡列明属于公开一般许可证的商品,进口商只要填写此证,即可获准进口。因此,从本质上讲,属于这类许可证的商品实际上属于"自由进口"的商品。

特种进口许可证(Specific License)：又称为非自动进口许可证。即进口商必须向有关当局提出申请，获准后才能进口。这种许可证适用于特殊商品以及特定的目的申请，如烟、酒、麻醉物品、军火武器或某些禁止进口物品。进口许可证直接受管理当局控制，并用以贯彻国别地区政策。进口国定期公布须领取不同性质进口许可证的商品项目，并根据需要加以调整。

## 相关链接

### WTO《进口许可证程序协定》

尽管"世贸组织"及其《关税及贸易总协定》极力推行全球贸易自由化，但一国作为调控其国际贸易重要措施的进口许可证制度并没有被全面禁止。"世贸组织"承认和允许各成员国可以实行进口许可证制度。为了推动全球贸易的自由化，"世贸组织"所能做的是制定一套调整各成员进口许可证申领程序的统一规范，以使各成员实行的进口许可证制度能公开、公平、便利，而不致被成员利用来充当阻止国际贸易自由化的壁垒。《许可证程序协定》(Agreement on Import Licensing Procedures)便是为了实现此目的而制定的一个公约性的协定。该协定分为总的原则、自动进口许可、非自动进口许可、其他规定四大部分。

资料来源：WTO网站

## 四、外汇管制

### （一）外汇管制的概念

外汇管制(Foreign Exchange Control)也称外汇管理，是指一国政府为平衡国际收支和维持本国货币汇率而对外汇进出实行的限制性措施。在中国又称外汇管理。是一国政府通过法令对国际结算和外汇买卖进行限制的一种限制进口的国际贸易政策。

外汇管制有狭义与广义之分。狭义的外汇管制指一国政府对居民在经常项目下的外汇买卖和国际结算进行限制。广义的外汇管制指一国政府对居民和非居民的涉及外汇流入和流出的活动进行限制性管理。

每个国家负责外汇管理的机构，一般都是政府授权的中央银行(如英国的英格兰银行)，但也有些国家另设机构，如法国设立外汇管理局担负此任。

## 相关链接

### 中国国家外汇管理局

国家外汇管理局是国务院部委管理的国家局，由中国人民银行管理，行政级别为副部级。内设 9 个职能司和机关党委，设置 4 个事业单位。在各省、自治区、直辖市、部分副省级城市设立 36 个分局(其中 2 个外汇管理部)，在部分地(市)设立 308 个中心支局，在部分县(市)设立 519 个支局。国家外汇管理局分支机构与当地中国人民银行分支机构合署办公。

#### （二）外汇管制的主要方式

**1. 数量性外汇管制**

所谓数量性外汇管制，是指国家外汇管理机构对外汇买卖的数量直接进行限制分配，旨在集中外汇收入，控制外汇支出，实行外汇分配，以达到限制进口商品品种、数量和国别的目的。一些国家实行数量性外汇管制时，往往规定进口商必须获得进口许可证后，方可得到所需的外汇。

**2. 成本性外汇管制**

所谓成本性外汇管制，是指国家外汇管理机构对外汇买卖实行两种以上汇率的复汇率制度，利用外汇买卖成本的差异，间接影响不同商品的进口，达到限制或鼓励某些商品进出口的目的。其作用是，根据出口商品在国际市场上的竞争力，为不同的商品规定不同的汇率以加强出口；根据保护本国市场的需要，为进口商品规定不同的汇率以限制进口等。

**3. 混合性外汇管制**

混合性外汇管制指同时采用数量性和成本性外汇管制对外汇实行更为严格的控制，以影响商品的进出口。

**4. 利润汇出限制**

利润汇出限制指国家对外国在本国经营获得的利润加以管制。例如，德国对美国石油公司在德国赚钱后汇给其母公司的利润按勒紧税征税，高达 60%。

### 五、进口押金制

进口押金制（advanced deposit），又称进口存款制。在这种制度下，进口商在进口商品时，必须预先按进口金额的一定比率和规定的时间，在指定的银行无息存入一笔现金，才能进口。这样就增加了进口商的资金负担，影响了资金的周转，从而起到了限制进口的作用。这是为防止投机、限制进口，维持国际收支平衡而采取的一种经济措施，又称"进口存款制"或"进口保证金"。

例如，意大利政府从 1974 年 5 月 7 日到 1975 年 3 月 24 日，曾对 400 多种进口商品实行进口押金制度。它规定，凡项下商品进口，无论来自哪一个国家，进口商必须先向中央银行交纳相当于进口货值半数的现款押金，无息冻结 6 个月。据估计，这项措施相当于征收 5% 以上的进口附加税。又如，巴西政府曾经规定，进口商必须先交纳与合同金额相等的为期 360 天的存款才能进口。

进口押金制对进口的限制有很大的局限性。如果进口商以押款收据作担保，在货币市场上获得优惠利率贷款，或者国外出口商为了保证销路而愿意为进口商分担押金金额时，这种制度对进口的限制作用就微乎其微了。

### 六、进口最低限价制和禁止进口

进口最低限价制就是一国政府规定某种进口商品的最低价格，凡进口货价低于规定的最低价格则征收进口附加税或禁止进口，以达到限制低价商品进口的目的。例如，规定钢材每吨最低限价为 320 美元，若进口时每吨为 300 美元，则进口国要征收 20 美元的附加税，以抵消出口国可能的补贴或倾销。

禁止进口(Prohibitive Import)当一些国家感到实行进口数量限制已不能走出经济与贸易困境时,往往颁布法令,公布禁止进口的商品名单,禁止这些商品的进口。例如,世界各国在发现疯牛病病毒之后,均禁止进口病毒发现地的出口牛肉。乳制品中发现二噁英时,各国对于乳制品也下达了禁止进口的命令。

**相关链接**

### 香港禁止进口多个地区禽肉和禽类产品

据中国香港特区政府网站消息,香港食物安全中心 8 日宣布,因应多个地区爆发亚型禽流感,即日禁止美国、加拿大和荷兰部分地区的禽肉和禽类产品进口,保障公众健康。

受影响地区包括美国明尼苏达州 Nobles County 和 Kandiyohi County,南达科他州 Beadle County,蒙大拿州 Judith Basin County;加拿大安大略省 Oxford County;荷兰 Noord - Brabant Province。

香港去年从美国进口约 26.7 万吨冰鲜、冷藏禽肉和约 5.3 亿只禽蛋;从荷兰进口约15 000 吨冷藏禽肉和约 1 230 万只禽蛋;从加拿大进口约 9 000 吨冷藏禽肉和约 158 万只禽蛋。

中心已就事件联络有关当局,并会继续密切留意世界动物卫生组织发出的关于上述地区爆发禽流感的消息,因应当地疫情发展,采取适当行动。

资料来源:人民网

### 七、国内税

国内税(International Taxes),是指在一国的国境内,对生产、销售、使用或消费的商品所应支付的捐税,一些国家往往采取国内税制度直接或间接地限制某些商品进口。这是一种比关税更灵活、更易于伪装的贸易政策手段。国内税通常是不受贸易条件或多边协议限制的。国内税的制定和执行是属于本国政府机构的权限,有时甚至是地方政府机构的权限。

国内税的目的在于增加进口商品的纳税负担,达到保护本国产品的竞争力,抵制进口商品的输入。例如,美国、日本和瑞士对进口酒精饮料所收的消费税都大于本国制品。

国内税各国有不同的名称,诸如周转税、零售税、消费税、货物税、营业税、销售税等。任何国家对进口商品不仅要征收关税,还要征收各种国内税。

### 八、进出口的国家垄断

#### (一) 国家垄断的含义

进出口的国家垄断(State Monopoly)也称国营贸易,是指对外贸易中,某些或全部商品的进出口由国家机构直接经营,或者把这些商品的经营权给予某些垄断组织。经营这些受国家专控或垄断商品的企业,称为国营贸易企业。该企业一般为政府所有,但也有政府委托私人企业代办的。

#### (二) 国家垄断的进出口商品种类

第一类是烟酒。由于可以从烟酒进出口垄断中取得巨大参政收入,各国一般都实行烟酒专卖。

第二类是农产品。对农产品实行垄断经营，往往是一国农业政策的一部分。这在欧美国家最为突出。

第三类是武器。武器关系国家安全与世界和平，自然要受到国家专控。

第四类是石油。石油是一国的经济命脉，因此，不仅出口国家，而且主要的石油进口国都设立国营石油公司，对石油贸易进行垄断经营。

### 九、歧视性政府采购政策

歧视性政府采购政策(Discriminatory Government Procurement Policy)又称为"购买国货政策"(Buy-national Policies)，是指一些国家通过法令或虽无法令明文规定，但实际上要求本国政府机构在招标采购时必须优先购买本国产品，从而导致对国外产品歧视与限制的做法。这种政策，实际上是歧视外国商品，起到了限制进口的作用。

主要发达国家都有相应的歧视性政府采购政策规定。如英国规定政府机构使用的通信设备和电子计算机必须是英国产品；日本也规定，政府机构使用的办公设备、汽车、计算机、电缆、导线、机床等不得采购外国产品；美国实行的"购买美国货法案"则规定，凡是美国联邦政府所要采购的货物，应该是美国制造的，或是用美国原料制造的。只有在美国自己生产的数量不够，或者国内价格过高，或者不买外国货就会损害美国利益的情况下，才可以购买外国货。为了达到限制进口的目的，美国国防部和财政部甚至常常采购比进口货贵50%的美国货。由于发达国家政府采购的数量非常庞大，因此，这是一种相当有效的限制进口的非关税壁垒措施。

为限制各成员运用歧视性政府采购政策限制进口，GATT 在东京回合多边贸易谈判中制定了《政府采购协议》，该协议现已成为世界贸易组织框架下的多边协议之一。

### 相关链接

#### 《政府采购协议》

长期以来，各国都将政府采购作为保护国内企业的重要措施，政府采购市场实行封闭管理。1947 年关贸组织制定的关贸总协议中，也没有将政府采购纳入国民待遇的适用范围。关贸组织直到 1979 年才将政府采购纳入贸易投资自由化谈判领域，并制定了《政府采购协议》(Government procurement Agreement)，简称 GPA。该协议为诸边协议，即由 WTO 成员自愿加入，当时只有少数发达成员国家加入协议。关贸组织随后对协议做多次修改，在 1993 年乌拉圭回合谈判期间形成了新《政府采购协议》，又称"1994 年协议"，也就是现在的协议，诸边性质不变。

GPA 分为正文和附录两大部分。正文为协议条款，包括目标、原则、范围、加入谈判程序、对发展中国家的特殊和差别待遇等，共 24 条。附录共有 4 大部分，附录一是各缔约方适用于本协议的市场开放清单，包括 5 个附件，即中央政府采购实体清单及门槛价(附件 1，略)、地方政府采购实体清单及门槛价(附件 2，略)、其他实体清单及门槛价(附件 3，略)、服务项目清单(附件 4，略)和工程项目清单(附件 5，略)；附录二至四为各缔约方发布政府采购信息的刊物清单，其中附录二为发布政府采购招标和中标信息的刊物名称，附录三为发布供应商信息的刊物名称，附录四为发布政府采购法律、法规、司法判决、采购程序等信息的刊物名称。

## 十、海关估价制度

海关估价制度(Customs Valuation System)是指一国在实施从价征收关税时,由海关根据国家的规定,确定进口商品完税价格,并以海关估定的完税价格作为计征关税的基础的一种制度。海关估价制度原本是海关为例征收关税而确定进口商品价格的制度,但在实践中它经常被用作限制进口的非关税壁垒措施。

进口商品的价格可以有很多确定方法,如成交价,即货物出售给进口国后经调整的实付或应付价格;外国价,即进口商品在其出口国国内销售时的批发价格;估算价,即由成本加利润推算出的价格;等等。不同计价方法得出的进口商品价格高低不同,有的还相距甚远。海关可以采用高估的方法进行估价,然后用征从价税的办法征收关税。这样一来,就可以提高进口商品的应税税额,增加其关税负担,达到限制进口的目的。有些国家根据某些特殊规定,提高某些进口商品的海关估价,来增加进口商品的关税负担,阻碍商品的进口,就成为专断的海关估价。在各国专断的海关估价制度中,以"美国售价制"最为典型。

## 十一、社会责任壁垒

### (一)社会责任壁垒的含义

社会壁垒是以保护劳动者和动物的权利为借口而采取的贸易保护措施,包括蓝色贸易壁垒(劳工标准壁垒)和动物福利壁垒。

蓝色壁垒是指进口国以保护劳动者工作环境和生存权利为借口,通过制定系列劳动法规、劳工标准等来实现本国利益最大化的贸易保护措施。近年来,许多发达国家为限制对发展中国家劳动密集型产品的进口,开始极力推行蓝色条款,SA8000 是蓝色条款的核心。从 2004年 5 月 1 日起,美国、欧盟等一些国家开始推行该认证标准。

动物福利壁垒是指进口国特别是发达国家利用经济水平、文化教育、道德标准方面的优势或影响力,依据本国相关法规,阻止进口国特别是发展中国家动物性商品的进口。越来越多的发达国家已经开始将动物福利与国际贸易紧密挂钩,将动物福利作为进口活体动物的一个重要标准。

**相关链接**

### SA8000

社会责任标准"SA8000",是 Social Accountability 8000 International standard 的英文简称,是全球首个道德规范国际标准。其宗旨是确保供应商所供应的产品,皆符合社会责任标准的要求。SA8000 标准适用于世界各地,任何行业,不同规模的公司。其依据与 ISO9000 质量管理体系及 ISO14000 环境管理体系一样,皆为一套可被第三方认证机构审核的国际标准。

SA8000 标准对企业的要求包括:

1. 不得使用或者支持使用童工。

2. 不得使用或支持使用强迫性劳动,也不得要求员工在受雇起始时缴纳押金或寄存身份证件。

3. 应尊重所有员工的结社自由和集体谈判权。

4. 反歧视原则。

5. 不得从事或支持体罚、精神或肉体胁迫以及语言侮辱。

6. 工作时间要严格遵守当地法律要求。

7. 企业支付给员工的工资不应低于法律或行业的最低标准。

8. 高级管理层应根据本标准制定公开透明、各个层面都能了解并实施、符合社会责任与劳工条件的公司政策。

9. 员工辞职需要提前一个月写出书面申请。


### (二) 社会责任壁垒产生的原因

社会责任壁垒产生的原因主要有以下 4 个方面：

1. 发展中国家过度利用劳动力成本优势

由于发展中国家技术比较落后，而且生产条件差，在国际市场竞争中整体处于劣势。为了降低产品的成本，提高产品在国际市场上的竞争力，他们必须在劳动力成本上创造一些优势。由于各国劳工工资水平、工作时间、劳动环境和安全卫生状况等条件存在差异，使劳工标准低的国家生产成本较低，在国际贸易中有相对比较优势。发达国家认为，发展中国家劳工标准低的成本优势必定造成向劳工标准高国家的"社会倾销"。因此，发达国家提出在国际贸易自由化的同时，应在贸易协议中制定出统一的国际劳工标准，并对达不到国际标准国家的产品进行限制。

2. 发达国家跨国公司追求高额利润

一些发达国家的公司看中发展中国家劳动力成本低，而且生产条件差的巨大优势，到发展中国家开办企业，让当地劳工在低工资水平和恶劣的生产环境下长时间工作。当这些情况被曝光，加上劳工组织抗议后，跨国公司不得不制定各自的社会责任守则。由于跨国公司间的社会责任守则存在差异，为了平衡和统一这些差异，由社会责任国际（SAI）制定了社会责任标准SA8000，而社会责任标准 SA8000 有可能成为社会贸易壁垒的最主要措施。目前全球大采购集团非常看重有 SA8000 认证企业的产品，这迫使很多企业投入巨大人力、物力、财力去申请与维护认证体系。

3. 各种国际公约和国际法律文件

国际上对劳工的权益问题的关注由来已久，相关的国际公约有 100 多个，国际劳工组织也详尽地规定劳动者权利和劳动标准问题。1993 年在新德里召开的第 13 届世界职工安全大会上，欧盟国家代表提出把人权、环境保护和劳动条件纳入国际贸易范畴，对违反者予以贸易制裁，促使其改善工人的经济和社会权利。此后在北美和欧洲自由贸促会区协议中也规定了只有采用同一劳动安全卫生标准的国家与地区才能参与贸易区的国际贸易活动。

4. 新贸易保护主义的抬头

近几年，主要发达国家经济增长乏力，国际市场上竞争关系发生变化，发达国家千方百计采取措施限制发展中国家产品，降低发展中国家产品在国际市场上的竞争力，非关税壁垒是他们常用的手段。随着传统贸易壁垒作用的减弱，新贸易保护主义者急于寻求新的手段以保护其国内产业。他们一方面修筑更高的非关税贸易壁垒，一方面掩饰其贸易保护主义的行为，使其贸易保护措施更"名正言顺",硬是把劳工权益与经济问题挂钩起来作为"社会条款",从而逐渐成为社会贸易壁垒。

# 第三节　技术性贸易壁垒

近年来,世界经济在高速发展的同时,也导致了一系列严重的资源和环境问题,引起了人们对资源、环境和自身健康状况的极大关注。加强环境保护、改善生存环境已成为世界各国的共识,这不可避免地会影响到各国所采取的贸易政策和措施。

## 一、技术性贸易壁垒的含义

所谓技术性贸易壁垒(technical barriers to trade,TBT)是指一些国家或地区打着进一步实现世界贸易组织的各项目标、加速国际标准化进程、推进认证评审制度的全球化、维护生态环境及消费者利益等旗帜,利用其所拥有的技术和资金优势,通过制定各种严格、复杂、苛刻而且多变的技术标准、技术规范和认证制度来达到阻止外国商品进入、保护本国市场的目的。它实际上是一些发达工业国家利用其技术上的优势,通过商品法规、技术标准的制定与实施、商品检验及认证工作,对商品进口实行限制的一种措施。

## 二、技术性贸易壁垒的特征

### (一)广泛性

从产品角度看,不但包括初级产品,而且涉及所有的中间产品和工业制成品,产品的加工程度和技术水平越高,所受的制约和影响也越显著。从过程角度看,则涵盖了产品的整个生命周期,从研究开发、生产、加工、包装、运输、销售到消费。从领域角度看,已从有形商品扩展到金融信息、环境保护等各个领域。从表现形式看,涉及法律、法令、规定、要求、程序等各个方面。

### (二)合法性

设立技术法规、标准及检验程序,主要是为了保护国家安全及消费者利益,因而有其合理的一面。WTO有关技术性贸易壁垒的协议并不否认各国技术性贸易壁垒存在的合理性和必要性,只是要求技术性贸易壁垒不应妨碍正常的国际贸易,不得具有歧视性。

### (三)隐蔽性

技术性贸易壁垒在实行贸易保护方面有很强的隐蔽性。一是技术性贸易壁垒在理论上对所有国家一视同仁,没有限定在某一国家,从而避免了进口配额、进口许可证等非关税措施额度在分配中存在的明显的不合理和歧视性问题;二是技术性贸易壁垒涉及面广、内容复杂、形式灵活多变,使出口国、出口商难以适应,其限制进口的目的是通过间接途径达到的。三是技术性贸易壁垒广泛地利用安全、卫生及环境标准作为限制进口的武器,很容易把人们的视线从贸易保护转移到人类健康和环境保护上,从而具有更强的隐蔽性。

### (四)复杂性

技术性贸易壁垒因其涉及的技术和适用范围的广泛性,使其比配额、许可证等其他非关税壁垒更为复杂，而 WTO 允许各国根据自身特点，如地理及消费习惯等制定与别人不同的技术标准，因此，要证明技术标准是否妨碍正常的国际贸易并不容易。

### （五）灵活性

不断发展的技术和技术性贸易壁垒形式的多样化，为灵活运用技术性贸易壁垒提供了条件，技术性贸易壁垒也较其他关税壁垒更容易实施。

## 三、技术性贸易壁垒的表现形式

### （一）技术法规

技术法规是指必须强制性执行的有关产品特性或其工艺和生产方法，包括适用的管理规定在内的文件，以及适用于产品、工艺或生产方法的专门术语、符号、包装、标志或标签要求。技术法规主要涉及劳工安全、环境保护、卫生健康、交通规则、无线电干扰、节约能源与材料等，也有部分是审查程序的要求。

### （二）技术标准

技术标准是指经公认机构制定标准的、规定非强制执行的、供通用或重复使用的产品或相关工艺和生产方法的规则、指南或特性的文件。目前，根据适用范围，技术标准主要分为国际标准、国家标准和行业标准。

### （三）质量认证和合格评定程序

质量认证和合格评定程序对于出口竞争能力的提高及进口市场的保护作用越来越突出。质量认证既能促进国际贸易的发展，也能成为国际贸易发展的障碍。如果一种质量认证体系能被各国接受，并能相互承认对方的检验结果，就将促进国际贸易的发展。目前，世界上广泛采用的质量认证标准是 ISO9000 系列标准。

### （四）卫生检疫标准

卫生检疫标准是指以人类健康为由对进口动植物及相关产品实施苛刻的卫生检验检疫标准，以限制或禁止商品进口的贸易措施。主要适用于农副产品及其制成品、食品、化妆品等。随着世界性贸易战和战略性贸易摩擦的加剧，发达国家更广泛地利用卫生检疫规定来限制商品的进口。

### （五）商品包装和标签的规定

商品包装和标签的规定主要是通过对包装标识进行强制性规定来达到限制或者禁止进口的目的，是技术壁垒的重要组成部分。主要发达国家在包装标识制度上都有明确的法规和规定，如美国对新鲜肉类、家禽、鱼类和果菜以外的全部进口食品强制使用新标签，食品中所使用的食品添加剂必须在配料标识中如实标明经政府批准使用的专用名称等。

### （六）信息技术壁垒

由于电子商务的迅速发展，有关电子商务的标准日益成为贸易技术壁垒。同时，随着电子数据交换（EDI）技术在发达国家的应用日趋广泛和成熟，一些国家开始强行要求以 EDI 方式进行国际贸易。

　　简言之,信息技术壁垒就是进口国从贸易方式上对出口国设置障碍,如以条形码为代表的物品编码标志系统、电子数据交换、电子商务、计量单位制等。 如 2003 年,美国商务部推荐纺织品标识体系应用的国家橡树林实验室开发的紫外荧光标签、微型条码和 DNA 三项技术,与保障措施配套使用,限制用我国生产的纱和布制成的纺织品和服装出口到美国。从中可以看出,信息技术壁垒日益凸现,实际上已经成为发达国家对发展中国家设置贸易障碍的借口。

### 四、技术性贸易壁垒的发展趋势

#### (一)保护对象和政策手段日益多样化

　　如商品包装标签规定的适用范围更加广泛,且这些规定内容繁琐、手续复杂,许多国家的出口产品为了符合进口国家的规定,不得不重新包装和改换商品标签,既费时又费工,增加了商品的成本,削弱了商品的竞争力,影响了出口市场的扩大。

#### (二)保护手段更难防范

　　这是因为技术密集型产品占世界总贸易额的比例进一步上升,贸易所涉及的各种技术问题变得更加复杂。高灵敏度技术的发展,给发达国家限制商品提供了快速、准确的手段;而消费者对商品的选择性加强,对技术要求不断提高,对款式变化日益敏感,对卫生、安全指标的要求更加严格,这些都会使出口企业越来越难以适应。

#### (三)各国技术标准日益复杂

　　各国在文化背景、生活习惯、维护人身健康、安全及生活环境等方面存在着不同的价值观念,各国工业化程度、科技发展水平和消费水平也存在着差异,由此造成各国技术法规和技术标准的差异,这些差异有时很大,使得出口国家很难适应,成为变相的贸易壁垒。此外,某些国家或厂商有意识地、有针对性地制定某些技术法规或技术标准,去限制其他一些国家或地区对本国的进口。如日本消费品安全法引用的强制实施的金属垒球棒 JIS 标准,通过对棒球材料的规定,长期把美国的铝制垒球棒挡在了日本的国门之外。

## 第四节　绿色贸易壁垒

### 一、绿色贸易壁垒的含义

　　绿色贸易壁垒(Green Trade Barriers,简称 GTBs),也称为环境贸易壁垒(Environmental Trade Barriers,简称 ETBs),是指在国际贸易活动中,进口国以保护自然资源、生态环境和人类健康为目的,通过颁布复杂多样的环境法规、条例,建立严格的环境技术标准,制定繁琐的检验、审批程序等方式对进口产品设置贸易障碍。

### 二、绿色贸易壁垒兴起的原因

　　绿色贸易壁垒的产生是新贸易保护主义和环境保护运动相结合的产物。

#### (一)环保主义思想的兴起是绿色贸易壁垒形成的驱动力

随着世界工业化的加速和经济的高速增长,资源和环境的破坏污染日益突出。这些问题的存在,直接影响到人类的生存和发展,引起了国际社会的广泛关注。因此,人们的消费行为和价值观念都发生了变化,越来越倾向购买绿色产品,对绿色产品的需求日益增长,这就为发达国家绿色贸易壁垒的形成提供了条件和基础。

### (二)传统的非关税壁垒越来越受到国际社会的谴责

各国为使本国的幼稚产业得到发展,夕阳产业减缓衰退,使具有规模经济的产业获取超额利润,都没有放弃过贸易保护。但是,随着关贸总协定和世界贸易组织的运行,随着关税水平不断降低,非关税壁垒受到更多的限制,传统的贸易壁垒的运用空间也越来越小。因此,发达国家为了自身的利益,开始寻求新的贸易保护措施,绿色贸易壁垒应运而生。

### (三)各国环境标准的差异

由于各国的生产力发展水平不同,经济所处的发展阶段不同,进行环境保护的能力和对环境质量的需求存在着很大的差异,各种环境问题在不同国家的严重程度也不尽相同,由此决定了不同国家的环境标准参差不齐,难以协调。

发达国家经过长期的经济发展,社会生产力和环境保护的意识远远高于发展中国家。虽然,发达国家环境标准的规定和实施非常严格,但对其产品竞争力的影响却微乎其微;而对于广大的发展中国家却产生了巨大的冲击。因此,为发达国家设置绿色贸易壁垒提供了借口,从而限制发展中国家产品的进口,达到了贸易保护的目的。

### (四)现行国际贸易规则和协定不完善,缺乏约束力

从国际范围来看,在GATT/WTO体制内的许多协议中均涉及环境与贸易的绿色条款。但是这些法律法规突出强调了各成员方的"环保例外权",条件仅限于"不造成不必要的障碍",其结果是很可能被滥用,尤其是很容易被贸易保护者滥用。发达国家有能力采用高于一般国际标准的措施,但是,发展中国家尚未达到国际标准,更无法高于国际标准,这就为一些国家设置苛刻的绿色壁垒提供了借口,并可借此达到限制从发展中国家进口、保护国内市场的目的。

## 三、绿色贸易壁垒的特征

### (一)名义上的合理性

绿色贸易壁垒是以保护世界资源、环境和人类健康为名,行贸易限制和制裁措施之实。现代社会人们对生存环境和生活质量的要求越来越高,会很自然地关注环境问题,对于那些可能对环境和健康带来危害的商品和服务表现出了高度敏感性。绿色贸易壁垒正是抓住了这一共同心理,使贸易保护在名义上和提法上有了巧妙的合理性。

### (二)形式的合法性

绿色贸易壁垒虽然属于非关税壁垒的范畴,但其不同之处在于绝大部分的非关税壁垒不是通过公开立法加以规定和实施的,而绿色贸易壁垒措施则是以一系列国际国内公开立法作为依据和基础。上世纪70年代以来,国际社会通过有关国际组织及国际会议先后制定了许多多边国际环保协议、规则。它们在形成国际环保习惯法以及对国际贸易造成冲击和影响方面,起着不可忽视的重要作用。

### (三)保护内容广泛性

绿色壁垒保护的内容十分广泛,它不仅涉及与资源环境保护和人类健康有关的许多商品

在生产和销售方面的规定和限制,而且对那些需达到一定的安全、卫生、防污等标准的工业制成品亦产生巨大压力,因此对发展中国家的对外贸易与经济发展具有极大的挑战性。同时,由于绿色贸易壁垒保护措施具有不确定性和可塑性,因此在具体实施和操作时,也很容易被某些发达国家用来对来自于发展中国家的产品随心所欲地加以刁难和抵制。

### (四)保护方式隐蔽性

与传统的非关税壁垒措施,如进口数量与配额等相比,绿色贸易壁垒具有更多的隐蔽性。首先,它不像配额和许可证管理措施那样,明显地带有分配上的不合理性和歧视性,不容易引起贸易摩擦。其次,建立在现代科学技术基础之上的各种检验标准不仅极为严格,而且繁琐复杂,使出口国难以应付和适应。例如,1995 年 4 月国际标准化组织开展实施"国际环境监察标准制度",许多国家利用此标准限制和拒绝产品进口。

### (五)技术要求相对性

在发达国家之间,环保技术水平比较接近,它们之间的贸易因环保问题导致的纠纷较少。而在发达国家与发展中国家之间,发达国家较高的环境标准和相应的管理措施,对发展中国家来说,往往是一道道难以逾越的绿色壁垒。

## 四、绿色贸易壁垒的表现形式

虽然绿色贸易壁垒纷繁复杂,但是总体包括如下 6 种主要形式:

### (一)绿色技术标准

绿色技术标准是进口国制定的严格的强制性环保技术标准,限制国外不符合标准的产品进口。这些标准都是根据发达国家较高的技术水平制定的,而发展中国家难以达到这样的标准,因而实质上构成了一道技术屏障。例如,20 世纪 90 年代以来,国际标准化组织实施了《国际环境监察标准制度》,要求企业达到 ISO9000 系列质量标准体系,1995 年又开始推行 ISO14000 环境管理系统。

### (二)绿色环境标志制度

绿色环境标志是一种粘贴或印刷在产品或其包装上的图形,以表明产品在生产加工或使用的各环节均符合环境保护要求,不危害人体健康,不污染环境。目前世界上有 50 多个国家实行环境标志制度,如德国的"蓝色天使"标志、日本的"生态标志"、欧盟的"欧洲环保标志"等等。

### (三)绿色包装和标签制度

绿色包装是指商品的包装可以节约能源,减少废弃物,用后易于回收再用或再生,易于自然分解。发达国家建立了一系列严格苛刻的包装法令法规。凭借这些法令法规,可以随意将它们认为包装不符合其标准的,尤其是来自发展中国家的进口商品拒之门外。该制度有利于环境保护,但同时大大增加了出口商的成本,也为发达国家制造绿色壁垒提供了借口。

### (四)绿色卫生检疫制度

目前发达国家所实施的各种检验检疫措施极为严格,名目繁琐复杂。他们对食品的安全卫生指标十分敏感,尤其对农药残余、放射性残余、重金属含量的要求日趋严格。WTO 通过的《卫生和动植物卫生措施协议》规定各成员国政府有权采取措施,保护人类和动植物的健康,确保人类健康免遭进口动植物携带疾病而遭受伤害。但是,发达国家却往往借口保护本国人民和动植物的生命健康,采用高于国际标准的本国标准。

### (五) 绿色补贴制度

为了保护环境和资源,各国政府采取干预政策,将环境和资源成本内在化。发达国家将严重污染的产业转移到发展中国家以降低环境成本,造成发展中国家环境成本上升。发展中国家的企业大多无力承担环境治理的费用,政府有时不得不给予一定的环境补贴,而发达国家却以这种补贴违反世贸组织反补贴协议为由征收反补贴税。

### (六) 环境附加税

环境附加税是发达国家保护环境、限制进口最早采用的手段,即对一些污染环境、影响生态的进口产品征收进口附加税,或者限制、禁止进口,甚至实行贸易制裁。例如,美国对原油和某些进口石油化工制品课征的进口附加税的税率比国内同类产品高出 3.5 美分/桶。

### 相关链接

*日本肯定列表制度*

"肯定列表制度"(Positive list system)是日本为加强食品(包括可食用农产品,下同)中农业化学品(包括农药、兽药和饲料添加剂,下同)残留管理而制定的一项新制度。该制度要求:食品中农业化学品含量不得超过最大残留限量标准;对于未制定最大残留限量标准的农业化学品,其在食品中的含量不得超过"一律标准",即 0.01 毫克/公斤。该制度将于 2006 年 5 月 29 日起执行。

资料来源:中华人民共和国商务部网站

## 第五节　知识产权贸易壁垒

### 一、知识产权贸易壁垒的含义

知识产权壁垒又称为知识产权保护壁垒,或知识产权贸易壁垒。它是在保护知识产权的名义下,对含有知识产权的商品,如专利产品、贴有合法商标的商品,以及享有著作权的书籍、唱片、计算机软件等实行进口限制;或者凭借拥有知识产权优势,超出知识产权法所授予的独占权或有限垄断权的范围,不公平或不合理地行使知识产权,实行"不公平贸易",从而阻碍了正常的国际贸易与国际投资。

当知识产权的排他性应用到跨国生产经营当中时,一国的知识产权保护政策就与进出口贸易联系起来了,于是成为各国重要的贸易政策之一。当知识产权固有的垄断性超出了合理的范畴,扭曲了正常的国际贸易时,就成为了知识产权贸易壁垒。

TRIPs 特别关注在与贸易有关的知识产权措施方面构成贸易壁垒的做法,并加以约束。它所规范的知识产权壁垒有:(1) 立法不完善,对 TRIPs 要求保护的某些知识产权缺乏法律规定,或其规定违反 TRIPs 的基本原则;(2) 行政执法程序繁琐、拖沓或费用高昂;(3) 司法救济措施不力,或剥夺当事方司法复审的请求权,未能给知识产权提供充分的保护。但以上条款主要是对没有给予知识产权足够保护的"壁垒"措施。

## 二、知识产权贸易壁垒的特点

### (一)主体的多样性

知识产权壁垒的构筑,除官方因素外,还有大量的是由市场主体或者非政府组织(Non - Government - Organization)自主完成。这样的知识产权壁垒有很多种,比较典型的有:占据行业龙头地位的企业制定或者几家龙头企业联合制定产品标准,并在标准内容中捆绑专利、商标等知识产权内容的行为;拥有大量知识产权的国际企业在发展中国家进行"知识产权圈地"和"专利休眠"行为;数个国际企业之间为打压行业内新兴企业,采取的专利交叉许可行为等。

### (二)涉法性

知识产权壁垒与国际知识产权协定及国内知识产权法律制度密切联系。知识产权壁垒没有传统贸易壁垒所具有的那种明显违背国际条约协定的特征,其构筑必须以国内、国际知识产权制度的存在为前提。换言之,知识产权壁垒是一种形式上"合法"的贸易壁垒。从法理的角度上讲,知识产权与一般商品不同,其客体不是实物而是权利,而权利之所以能够存在是因为有法律进行规制。TRIPs 协定是为了促进国际贸易特别是知识产权贸易的发展而确立的一个基本统一的世界知识产权保护标准。但是,对于发展中国家来说,此标准又超出了他们的能力范围。

### (三)主动性

在很多情况下,知识产权壁垒是由知识产权或者包含知识产权的商品的输出方主动采取的,这不但与传统贸易壁垒不同,也与其他技术性壁垒有所区别。知识产权壁垒除了具有阻止进口的功能之外,更重要的一点是能够主动出击,成为维护输出方出口的有力武器。

## 三、知识产权贸易壁垒的表现形式

### (一)由专利权和标识性权利构成的技术性贸易壁垒

由于各国经济及技术发展水平的差距,发达国家利用强大的技术优势制定了一系列技术标准,筑起了一道道技术壁垒。发展中国家为发展高新技术产业,往往要不可避免地向权利人支付高额的使用费,这极大地限制了高技术产品的自由流通。

### (二)知识产权保护的滥用

一是知识产权保护边境措施及临时措施的滥用。二是技术贸易中的"不公平"做法,包括技术贸易合同中的不公平条款和歧视性价格。三是网络著作权的滥用。

### (三)贸易的"内部化"和选择性投资

所谓贸易的"内部化",是指一些发达国家的跨国公司为保持其在高技术领域的垄断优势,其知识产权或含有知识产权的商品贸易具有强烈的内部化倾向。这种倾向具体表现为跨国公司的高技术或含有技术专利的商品、专有技术的商品且主要流向其拥有多数或全部股权的国外子公司。所谓"选择性投资",是指跨国公司在可能情况下,不将具有战略意义的专利与专有技术列入技术许可证贸易的范围,而是尽可能地利用这些技术,结成更高层次的战略联盟和合资合作关系或自己进行跨国投资以保持其在技术和产品上的领先地位。

### (四)对平行进口的严格限制

国际化的自由贸易衍生出的平行进口行为必然要与地域性独立管理的知识产权产生矛盾。所以,许多国家的法律条文在规定平行进口时,无论认为是侵权还是合法,多附有灵活条件。因此,平行进口很容易为发达国家的利益、个人的意志所左右,不可避免地产生滥用知识产权的问题。

## 四、知识产权贸易壁垒的发展趋势

### (一)知识产权保护将高度集成

发达国家一方面设立技术壁垒,要求进口国企业的产品要达到其设定的技术水平或技术标准,另一方面却把该标准水平下的技术申请了专利。实施的技术壁垒越来越多地以知识产权为支撑,或直接以知识产权构筑技术壁垒,特别在高新技术领域。

### (二)知识产权保护将越来越隐蔽

由于科技进步,检测设备、手段和方法更加先进,各国所采用技术壁垒的技术含量不断升级,对进口产品的要求越来越苛刻,已从个别限量指标发展成为名目繁多的限制或禁止指标体系。

### (三)影响及扩散效应越来越明显

知识产权壁垒的影响较之于一般壁垒更为广泛和深远。它具有明显的扩散性,往往产生连锁反应,由一个产品涉及相关的所有产品,从一国扩展到多国甚至全球。

### 相关链接

#### 《与贸易有关的知识产权协议》

《与贸易有关的知识产权协定》(Agreement on Trade - Related Aspects of Intellectual Property Rights 缩写 TRIPs)简称《知识产权协定》,是世界贸易组织管辖的一项多边贸易协定。《与贸易有关的知识产权协定》有七个部分,共73条。其中所说的"知识产权"包括:1. 著作权与邻接权;2. 商标权;3. 地理标志权;4. 工业品外观设计权;5. 专利权;6. 集成电路布线图设计权;7. 未披露的信息专有权。主要条款有,一般规定和基本原则,关于知识产权的效力、范围及使用标准,知识产权的执法,知识产权的获得、维护及相关程序,争端的防止和解决,过渡安排,机构安排、最后条款等。协定的主要内容是,提出和重申了保护知识产权的基本原则,确立了知识产权协定与其他知识产权国际公约的基本关系。

资料来源:国家知识产权局网站

# 第六节　非关税壁垒的发展趋势及其对国际贸易的影响

## 一、非关税壁垒的发展趋势

### （一）逐步由传统非关税措施向非传统非关税措施转变

第一，许多研究表明，目前国际贸易中受非议最多的非关税措施是：技术性贸易措施；海关及行政管理程序；市场准入中与竞争有关的限制性措施；进口许可；补贴；贸易救济措施等。其中，严格的技术标准，复杂的质量认证，名目繁多的包装、标识、卫生及环保等方面的要求构成了国际贸易的主要壁垒。

第二，无论是发达国家还是发展中国家，在使用非关税措施时都或多或少地遵循了由传统措施向非传统措施转移的同一发展趋势，这表明在选择贸易政策工具方面，各国已经拥有类似的模式。这些措施的实施将提高生产者和出口商的成本，极大抬高了市场准入的门槛。

第三，从总体看，受非关税措施影响的产品大多集中在劳动密集型、低附加值产品上，而这些都是与发展中国家利益密切相关的产品，这在一定程度上影响了发展中国家的出口竞争力。而在应对非关税壁垒的过程中，众多的发展中国家和最不发达国家成为最易受冲击的群体。

第四，绿色壁垒已经从技术壁垒中凸显出来。鉴于生态环境恶化对全球的影响，环境保护已成为一项必须履行的国际义务，加之"绿色"消费观念的发展，各国在环保标准及相关投入方面的差异，使绿色壁垒成为新的贸易壁垒，并成为广大发展中国家难以逾越的障碍。

第五，服务贸易壁垒的作用也日益重要。近年来，国际服务贸易的增长速度远远超过商品贸易增长速度，对各国经济的重要性更加突出，因此服务壁垒的采用也越来越多。

### （二）从经济影响向社会影响转变

以劳工标准壁垒为例，从国际贸易角度来说，劳动成本低廉的国家往往会在贸易中占有一定的优势，但可能由此出现两方面情况：一方面，出口可能违反既定的劳工标准，人为降低工资和生产成本，进行不公平的贸易；另一方面，进口国也许会迫于出口国竞争压力，对出口国施加压力，指责出口国违背劳工标准，从而形成贸易壁垒。针对中国，突出地表现在技术标准、环境要求、生态标准和劳工标准等，这些日益成为披着合法外衣的有选择的新的非关税壁垒，严重阻碍了世界特别是我国经贸的健康发展。非关税壁垒的形态不断多元化，涵盖范围的广泛化，导致其对国际贸易的影响更加深远。

**相关链接**

### 碳关税成国际贸易新壁垒 中国制造业面临考验

2009 年 6 月，美国众议院通过了《美国清洁能源与安全法》。按照该法案，从 2020 年起将针对来自不实施碳减排限额国家的进口产品征收"边境调节税"。其实，这就是碳关税。

从 2012 年开始，2 000 多家航空公司被纳入欧盟碳排放交易体系。只要飞机经过欧盟的天空，就必须为排放的温室气体付费。我国几十家航空公司均被纳入了征税范围。

法国从 2010 年 1 月 1 日起,针对法国国内企业和家庭征收碳税,同时还意欲借此推行碳关税。

根据世界银行的研究报告,如果碳关税全面实施,在国际市场上,中国制造可能将面临平均 26% 的关税,出口量因此可能下滑 21%。一旦实施,碳关税将成为某些国家狙击"中国制造"的利器。

资料来源:中国经济周刊

## 二、非关税壁垒对国际贸易的影响

### (一)对国际贸易发展的影响

一般说来,非关税壁垒对国际贸易发展起着重大的阻碍作用。在其他条件不变的情况下,世界性的非关税壁垒加强的程度与国际贸易增长的速度成反比关系。当非关税壁垒趋向加强,国际贸易的增长将趋向下降;反之,当非关税壁垒趋向缓和或逐渐拆除时,国际贸易的增长速度将趋于加快。

### (二)对商品结构和地理方向的影响

非关税壁垒还在一定程度上影响国际贸易商品结构和地理方向的变化。第二次世界大战后,特别是上世纪 70 年代中期以来,农产品贸易受到非关税壁垒影响的程度超过工业制成品,劳动密集型产品贸易受到非关税壁垒影响的程度超过技术密集型产品;同时,发展中国家或地区和社会主义国家对外贸易受到发达资本主义国家非关税壁垒影响的程度超过发达资本主义国家本身。这种情况在一定程度上影响着国际贸易商品结构与地理方向的变化,阻碍和损害着发展中国家和社会主义国家对外贸易的发展。

### (三)对进口国的影响

非关税壁垒和关税壁垒一样,起到限制进口、引起进口国国内市场价格上涨和保护本国的市场和生产的作用。进口数量限制等措施导致价格的上涨,成为进口国同类产品生产的重要"价格保护伞",在一定条件下起到保护和促进本国有关产品的生产和发展的作用。但是,非关税壁垒的加强使资本主义国家的人民付出了巨大的代价。

### (四)对出口国的影响

一般说来,进口国加强非关税壁垒,特别是实行直接的进口数量限制,固定了进口数量,将使出口国的商品出口数量和价格受到严重的影响,造成出口商品增长率下降、出口数量的减少和出口价格下跌。一般说来,发展中国家或地区蒙受非关税壁垒限制的损失超过了发达资本主义国家。在非关税壁垒加强的情况下,发达资本主义国家之间一方面采取各种措施鼓励商品出口;另一方面采取报复性和歧视性的措施限制对方商品进口,从而进一步加剧了它们之间的贸易摩擦和冲突。

## 本章小结

1. 国际贸易中存在着各种各样的非关税措施,自由贸易论者称之为非关税壁垒。非关税壁垒有灵活性、针对性、有效性、隐蔽性、歧视性、双重性等特点。

2. 非关税壁垒的名目、种类繁多,常见的有进口配额制、自愿出口限制、进口许可证、外汇管制、进口押金制、进口最低限价制、国内税、进出口的国家垄断、歧视性政府采购政策等等。

3. 技术性贸易壁垒、绿色贸易壁垒和知识产权贸易壁垒是三种典型的非关税壁垒,具有各自的特点和表现形式。由于其涉及面广,常常牵涉到各国国内的经济政策和对外政策,对国际贸易和有关的进出口国家都会产生一定的影响。

4. 非关税壁垒呈现新的发展趋势,逐步由传统非关税措施向非传统非关税措施转变,从经济影响向社会影响转变。非关税壁垒对国际贸易和有关的进出口国家都会产生影响。非关税壁垒对国际贸易的发展起着重大的限制作用,在一定程度上影响国际贸易商品结构和地理方向的变化。

## 复习思考题

1. 什么是非关税壁垒? 试比较关税壁垒与非关税壁垒对限制进口的作用。
2. 数量控制的非关税壁垒主要有哪些?
3. 简述自动出口配额制相对于进口配额制的特点。
4. 技术性贸易壁垒的含义、特点是什么?
5. 绿色贸易壁垒产生的原因是什么?
6. 什么是知识产权贸易壁垒? 试说明其特点及其表现形式。
7. 说明非关税壁垒的发展趋势。
8. 分析非关税壁垒对国际贸易的影响。

# 第11章

# 鼓励出口和出口管制措施

## 知识目标

(1) 了解鼓励出口的主要措施和出口管制的含义、原因和做法;
(2) 掌握倾销和出口信贷的作用;
(3) 熟悉自由贸易区和出口加工区的作用。

## 能力目标

能够运用所学理论知识分析现实生活中的贸易现象。

**引导案例**

### 买方信贷保证贸易顺利开展

韩国 A 公司欲从宁波 B 公司购买一套机器设备,价值 1 000 万美元。由于该设备金额较大,A 公司希望能先期支付货款 400 万美元,余款和利息 5 年内分批付清。但是 B 公司由于资金周转关系,希望 A 公司能一次性付清,双方为此进行了多次协商。最后,中国进出口银行在韩国某银行提供担保的情况下,统一以优惠利率贷款 600 万美元给韩国的 A 公司,但前提是这 600 万美元必须用来购买中国的该机器设备。B 公司同意了中国进出口银行的要求,贸易得以顺利进行。

## 第一节　鼓励出口措施

许多国家除了利用各种关税和非关税措施限制与调节外国商品的进口,还采取各种鼓励本国商品出口的措施,以扩大商品的出口。鼓励出口的措施是指出口国家的政府通过经济、行政和组织等方面的措施,促进本国商品的出口,开拓和扩大本国市场。各国鼓励出口的做法很多,本节主要从国家宏观经济政策方面来论述政府如何运用涉及财政、金融、汇率等各种经济手段和政策工具来鼓励出口。

### 一、出口信贷

#### (一) 出口信贷的概念

出口信贷(Export Credit)是一种国际信贷方式,是一国为了支持和扩大本国大型机械、成套设备、大型工程项目等出口,加强国际竞争力,对本国的出口给予利息补贴并提供信贷担保,旨在鼓励本国银行针对本国出口商资金周转的困难,或满足国外进口商对本国出口商支付货款需要的一种融资方式。

### (二) 出口信贷的特点

出口信贷相对于其他出口补贴方式而言,具有以下主要特点:

1. 目的限制性

出口信贷以出口项目为前提,以促进本国商品出口为目的,故贷款的全部或大部分必须用于购买提供贷款国家的出口商品。

2. 期限长期性

出口贷款以 1 年以上的中长期为主,为配合周转期长、成交金额大的出口项目的实施,出口国常常向本国出口商或国外进口商提供期限在 3—5 年或 5 年以上的对外贸易中长期贷款,给予资金融通,促进出口。

3. 利率优惠性

出口贷款的利率,一般低于相同条件资金贷的市场利率,利差由出口国补贴。

4. 金额受限性

出口信贷的贷款金额,通常只占买卖合同的 80% 左右,其余由进口厂商支付现金。

5. 信贷担保配合性

出口信贷的发放往往与出口信贷担保相结合。各国为鼓励出口,避免或减少信贷风险,一般都设立专门的政策性银行办理此项业务。

### (三) 出口信贷的主要类型

根据实施的方式,特别是贷款对象的不同,出口信贷可以分为卖方信贷和买方信贷。

1. 卖方信贷

卖方信贷(Supplier's Credit),指出口国银行向本国出口厂商即卖方提供的信贷。由出口厂商与银行签订贷款合同,一次成交金额大、交货期长的成套设备和船舶等运输工具的出口,进口方通常以延期付款的方式,一般要四五年,长的达七八年时间才能全部收回货款。卖方信贷就是银行直接资助出口厂商,向外国进口商提供延期付款,以利商品出口。

2. 买方信贷

买方信贷(Buyer's Credit)是出口国银行直接向进口国银行或进口厂商(即买方)提供的贷款。帮助解决进口厂商资金不足,不能立即付款的困难,以刺激国外消费者购买大型机器设备或成套设备。买方信贷是一种约束性贷款(Tied Credit),即所贷款项必须用于购买债权国的商品。

在出口信贷中,利用买方信贷较卖方信贷为多。从卖方信贷产生的历史看,出口商首先以赊销或延期付款方式出售设备,由于资金周转不灵,才由本国银行给以资金支持,即交易的开端首先由商业信用开始,最后由银行信贷加以补充与支持。最近 20 多年来,国际上金额大、期限长的大型项目及成套设备交易增加,而商业信贷本身存在的局限,使出口商筹措周转资金困难,因此,由银行直接贷款给进口商或进口方银行的买方信贷迅速发展起来。买方信贷属银行信贷,由于银行资金雄厚,提供信贷能力强,高于一般厂商,故国际间利用买方信贷大大超过卖方信贷。买方信贷还令出口商可以较早地得到货款和减少风险,进口厂商对货价以外的费用也比较清楚,便于其与出口厂商进行讨价还价。此外,对于出口方银行来说,贷款给国外的买方银行,要比贷款给国内企业风险更小,因银行的资信一般高于企业。另外,银行提供买方信贷,既能帮助出口厂商推销产品,加强银行对该企业的控制,又能为银行资金在国外的运用开拓出路。

由于出口信贷能有力地扩大和促进出口,因此西方国家一般都设立专门银行来办理此项业务,如美国进出口银行、日本输出入银行、法国对外贸易银行、加拿大出口开发公司等。这些专门银行除对成套设备、大型交通工具的出口提供出口信贷外,还向本国私人商业银行提供低利率贷款或给予贷款补贴,以资助这些商业银行的出口信贷业务。

我国也于1994年7月1日正式成立了中国进出口银行。这是一家政策性银行,其资金来源除国家财政拨付外,主要是中国银行的再贷款、境内发行的金融债券和境外发行的有价证券,以及向外国金融机构筹措的资金等。其任务主要是对国内机电产品及成套设备等资本品货物的进出口给予必要的政策性金融支持,从根本上改善我国出口商品结构,以促进出口商品结构的升级换代。

## 相关链接

### 欧盟挑战中国出口信贷政策

欧盟委员会负责贸易的委员德古赫特近日发表声明称,有证据表明中国出口信贷政策导致欧盟企业在一系列主要领域中丢掉生意。自今年初始,欧委会与“商业欧洲”(Business Europe)一同收集中国政府以优惠条件向中国企业提供出口信贷、从而导致欧盟企业遭受不公平竞争损失的证据。此调查已持续近五个月。“商业欧洲”的调查结论相对保守,还没有实际证据能够表明该政策构成对出口商的补贴,或是违反世界贸易组织(WTO)的相关规定。“商业欧洲”是欧洲最有影响力的商业游说组织之一,代表了34个欧洲国家的2 000万家企业。其国际事务部主任阿德里安·范·登霍文(Adrian van den Hoven)接受记者采访时称,目前仅收到企业投诉,但并不能做出是否确实存在补贴的判断。代表商界利益的“商业欧洲”之所以保守,是因其获得除欧盟之外的其他中国出口市场相关有效信息比较匮乏。阿德里安·登霍文对本报透露,因此欧委会正在与美国合作,共同收集证据。

资料来源:21世纪经济报道

## 二、出口信贷国家担保制

### (一) 出口信贷国家担保制的含义

出口信贷国家担保制(Export Credit Guarantee System),就是国家为了扩大出口,对于本国出口商或商业银行向国外进口商银行提供的信贷,由国家设立的专门机构出面担保。当外国债务人由于政治原因(如进口国发生政变、革命、暴乱、战争以及政府实行禁运、冻结资金或限制对外支付等),或由于经济原因(如进口商或借款银行因破产倒闭无力偿付、货币贬值、通货膨胀等)而拒绝付款时,这个国家机构即按照承保的数额给予补偿。这项措施是国家替代出口商承担风险,是扩大出口和争夺国外市场的一个重要手段。

### （二）出口信贷国家担保制的种类

#### 1. 政治风险

由于进口国发生政变、战争、暴乱，以及政府采取禁运、冻结资金、限制对外支付等政治原因致使货物无法入境，货款无法收回或正常收回，货币无法兑换等原因所造成的损失，可给予补偿，这种风险的承保金额一般为合同金额的 85%～95%。

#### 2. 经济风险

进口商或借款银行破产无力偿还，货币贬值或通货膨胀等经济原因致使合同无法履行，货款无法收回，出口收入减少等原因所造成的损失，可给予补偿，这种风险的承保金额一般为合同金额的 70%～80%。为了扩大出口，有时对于某些出口项目的承保金额达到 100%。

### （三）担保的对象

#### 1. 对出口厂商的担保

出口厂商输出商品时所需的短期或中长期信贷均可向国家担保机构申请担保。有些国家的担保机构本身不向出口厂商提供出口信贷，但可为出口厂商取得出口信贷提供有利条件。例如，有的国家采用保险金额的抵押方式，允许出口厂商所获得的承保权利，以"授权书"方式转移给供款银行而取得出口信贷，这种方式使银行提供的贷款得到安全保障，一旦债务人不能按期还本付息，银行可直接从担保机构得到补偿。

#### 2. 对银行的直接担保

通常银行所提供的出口信贷均可申请担保。这种担保是担保机构直接对供款银行承担的一种责任。有些国家为了鼓励出口信贷业务的开展和提供贷款安全保障，往往给银行更为优厚的待遇。

## 三、出口补贴和出口退税

### （一）出口补贴

出口补贴（Export Subsidies）又称出口津贴，是一国政府在商品出口时给予出口厂商的现金补贴或财政上的优惠，目的在于降低出口商品的价格，加强其在国外市场的竞争力。

政府对出口商品提供补贴的范围非常广泛，但不外乎两种基本方式。

#### 1. 直接补贴

直接补贴，是指政府在商品出口时，直接付给出口商的现金补贴，主要来自财政拨款。其目的是未来弥补出口商品国内价格高于国际市场价格所带来的亏损，或者补偿出口商所获利润率低于国内利润率所造成的损失。直接补贴包括价格补贴和收入补贴两种形式。

#### 2. 间接补贴

间接补贴，是指政府对某些商品的出口给予财政上的优惠，以降低出口商品的成本，提高出口商品的价格竞争力，以便更有力地打进国际市场。如退还或减免出口商品所缴获的销售税、消费税、增值说、所得税等国内税，对进口原料或半制成品加工再出口给予暂时免税或退还已缴纳的进口税，免征出口税，对出口商品实行延期付税、减低运费、提供低息贷款，以及对企业开拓出口市场提供补贴等。

### （二）出口退税

主要是通过退还出口货物的国内已纳税款来平衡国内产品的税收负担，使本国产品以不含税成本进入国际市场,与国外产品在同等条件下进行竞争,从而增强竞争能力,扩大出口创汇。出口退税的条件:(1)必须是增值税、消费税征收范围内的货物;(2)必须是报关离境出口的货物;(3)必须是在财务上作出口销售处理的货物;(4)必须是已收汇并经核销的货物。

## 四、倾销措施

### (一)商品倾销

商品倾销(Dumping),是指以远低于国际市场价格、国内批发价格,甚至低于生产成本的价格,向国外抛售商品,从而打击竞争者,占领市场的一种手段。从表面上看,低于成本销售会使出口厂商蒙受经济损失。但实际上,倾销的这种损失不仅可以通过各种途径得到补偿,甚至可以获得更高的利润。例如:① 以国内垄断高价补偿国外低价销售损失的"空间倾销";② 通过倾销击败竞争者、占领市场后,以垄断高价补偿倾销时期的损失的"时间倾销";③ 接受国家组织的出口补贴来补偿倾销亏损。倾销必须以高筑关税为前提,否则难以获得国内垄断高价的超额利润。

实行商品倾销的具体目的在不同情况下有所不同。有时是为了打击或摧毁竞争对手,以扩大和垄断其产品销路;有时是为了建立新的销售市场;有时是为了阻碍当地同种产品或类似产品的生产和发展,以继续维持其在当地市场上的垄断地位;有时是为了推销过剩产品,转嫁经济危机;有时是为了打击发展中国家的民族经济,以达到经济上、政治上控制的目的。

按照倾销的具体目的,商品倾销可分为三种。

1. 偶然性倾销(sporadic dumping)。这种倾销通常是因为销售旺季已过,或因公司改营其他业务,在国内市场上不能售出"剩余货物",而以较低的价格在国外市场上抛售。

2. 间歇性或掠夺性倾销(intermittent or predatory dumping)。这种倾销是以低于国内价格甚至低于生产成本的价格在国外市场销售商品,挤垮竞争对手后再以垄断力量提高价格,以获取高额利润。

3. 持续性倾销(persistent dumping),又称长期性倾销(long-run dumping)。这种倾销是无限期地、持续地以低于国内市场的价格在国外市场销售商品。

20世纪70年代以来,持续性倾销日益增多。其之所以能够存在和维持,一般来说必须具备三个条件:① 出口商品生产企业在本国市场上有一定的垄断力量,在很大程度上可以决定价格的形成。② 本国与外国的市场隔离,不存在倒买倒卖的可能性。③ 两国的需求价格弹性不同,出口国需求价格弹性低于进口国需求价格弹性。当这些条件成立时,企业就有可能通过在国内市场索要高价,而向外国购买者收取较低的价格,使利益最大化。

商品倾销由于实行低价策略,必然会导致出口商利润减少甚至亏损。这一损失一般可通过以下途径得到补偿:① 采用关税壁垒和非关税壁垒措施控制外国商品进口,防止对外倾销商品倒流,以维持国内市场上的垄断高价。② 出口国政府对倾销商品的出口商给予出口补贴,以补偿其在对外倾销商品中的经济损失,保证外汇收入。③ 出口国政府设立专门机构,对内高价收购,对外低价倾销,由政府负担亏损。如美国政府设立的农产品信贷公司,在国内高价收购农产品,而按低于国内价格一半的价格长期向国外倾销。由此引起的农产品信贷公司的亏损则由政府财政给予差额补贴。④ 出口商在以倾销手段挤垮竞争对手、垄断国外市场后,再抬高价格,以获得的垄断利润来弥补以前商品倾销的损失。实际上,采取上述措施,往往不仅能够弥补损失,而且还会带来较高利润。

### 相关链接

#### 阿根廷对华自行车及其零部件反倾销复审调查作出终裁

　　2015 年 5 月 12 日,阿根廷经济与公共财政部发布第 328/2015 号决议,决定结束对原产于中国的自行车(南共市税号为:87120010,规格为 10、12、14、16 和 20 英寸,24 和 26 英寸含及不含变速器)反倾销复审调查,并维持 2008 年 11 月 13 日第 615/2008 号决议设定的 FOB 出口最低限价措施。对自行车零部件产品(南共市税号为:87149100)结束复审调查,维持 2009 年 2 月 17 日第 43/2009 号决议设定的 3.02 美元/公斤的 FOB 出口最低限价措施。上述决议有效期为 5 年。

资料来源:商务部贸易救济调查局网站

### (二)外汇倾销

　　外汇倾销(Exchange Dumping),是指一国降低本国货币对外国货币的汇价,使本国货币对外贬值,从而达到提高出口商品价格竞争力和扩大出口的目的。外汇倾销是向外倾销商品和争夺国外市场的一种特殊手段。

　　然而,外汇倾销不能无限制和无条件地进行,必须具备一定的条件才能起到扩大出口和限制进口的作用。

　　第一,本国货币对外贬值的幅度大于国内物价上涨的程度。本国货币对外贬值,必然引起进口原料和进口商品的价格上涨,由此带动国内物价普遍上涨,使出口商品的国内生产价格上涨。当出口商品价格上涨幅度与货币对外贬值幅度相抵时,因货币贬值而降低的出口商品外汇标价会被因生产成本增加引起的该商品的国内价格上涨所抵消。由于货币对外贬值可以使出口商品的外汇标价马上降低,而国内物价上涨却有一个时滞,因此外汇倾销必须在国内价格尚未上涨或上涨幅度小于货币贬值幅度的前提下进行。由此可见,外汇倾销所起作用的时间是有限制的,或者说外汇倾销的作用是暂时的。

　　第二,其他国家不同时实行同等程度的货币贬值和采取其他报复性措施。换言之,外汇倾销措施必须在国际社会认可成不反对的情况下方能奏效。

　　第三,不宜在国内通货膨胀严重的背景下贸然采用。一国货币的对内价值与对外价值是互为联系、彼此影响的。一国货币汇价下跌(即对外价值下跌)迟早会推动其对内价值的下降,从而给已经严重的通货膨胀局面火上浇油。

　　由于外汇倾销的实质是降低出口商品的外汇标价以换取出口数量的增加,从而达到增加外汇收入的目的。因此,外汇倾销实际上使同量出口商品所能换回的进口商品数量减少,贸易条件趋于恶化。这就是说,外汇倾销可以推动商品出口大量增加,并不等于出口额必然随之增加。另外它有时甚至会引起国内经济的混乱,出现得不偿失的结果。

# 第二节　经济特区措施

## 一、经济特区的定义和特点

### （一）经济特区的定义

许多国家或地区为了促进经济和对外贸易的发展，采取了建立经济特区的措施。经济特区（Economic Zone）是指一个国家或地区在其关境以外所划出的特殊经济区域。在这个经济区域内，建筑或扩建码头、仓库、厂房等基础设施并实行免除关税等优惠待遇，以吸引外国企业从事贸易与出口加工工业等业务活动。经济特区的目的是促进对外贸易发展，鼓励转口贸易和出口加工贸易，繁荣本地区和邻近地区的经济，增加财政收入和外汇收入。

### （二）经济特区的特点

一般来说，经济特区具有以下几方面特点：① 以扩大出口贸易、开发经济和提高技术水平为目的；② 有一个开放的投资环境；③ 具有一定的基础设施；④ 具有良好的社会经济条件；⑤ 具有良好的自然条件。

## 二、经济特区的基本类型

经济特区作为实行特殊开放经济政策的特殊区域，由于设置的目的、规模、组织形态和功能等不同，存在不同的类型。

### （一）自由港或自由贸易区

自由港（Free Port）或自由贸易区（Free Trade Zone）是划在关境以外的一个区域，对进出口商品全部或大部分免税，并且准许在港内或区内进行商品的自由储存、展览、加工和制造等业务活动，以促进地区经济及本国对外贸易的发展。虽然，自由贸易区本身是对进出口的双向鼓励，但多数国家在本国设立自由贸易区的目的是为了促进出口。

一般来说，自由港或自由贸易区可以分为两种类型：一是把港口或设区所在的城市都划为自由港或自由贸易区，如中国香港就是自由港。在中国香港，除了个别商品外，绝大多数商品可以自由进出，免征关税，甚至允许外国商人在那里兴办工厂或企业。二是把港口或设区所在城市的一部分划为自由港或自由贸易区。例如，德国汉堡自由贸易区是由汉堡市的两部分组成的，划在卡尔勃兰特航道以东的归自由港，划在卡尔勃兰特航道以西的几个码头和邻近地区是汉堡自由贸易区。这个自由贸易区位于港区的中心，外国商品只有运入这个区内才能享有免税等优惠待遇，不受海关监督。

**相关链接**

*中国（上海）自由贸易试验区*

中国（上海）自由贸易试验区，是中国政府设立在上海的区域性自由贸易园区，位于浦东境内,属中国自由贸易区范畴。2013 年 9 月 29 日中国(上海)自由贸易试验区正式成立,面积 28.78 平方公里,涵盖上海市外高桥保税区、外高桥保税物流园区、洋山保税港区和上海浦东机场综合保税区等 4 个海关特殊监管区域。2014 年 12 月 28 日全国人大常务委员会授权国务院扩展中国(上海)自由贸易试验区区域,将面积扩展到 120.72 平方公里。

扩展区域包括陆家嘴金融片区、金桥开发片区和张江高科技片区。其中,陆家嘴金融片区,共 34.26 平方公里,东至济阳路、浦东南路、龙阳路、锦绣路、罗山路,南至中环线,西至黄浦江,北至黄浦江。金桥开发片区,共 20.48 平方公里,东至外环绿带,南至锦绣东路,西至杨高路,北至巨峰路。张江高科技片区,共 37.2 平方公里,东至外环线、申江路,南至外环线,西至罗山路,北至龙东大道。

中国(上海)自由贸易试验区自 2013 年 9 月 29 日挂牌以来,按照国务院批准的总体方案,着力推进投资、贸易、金融、事中事后等领域的制度创新。在建立与国际投资贸易通行规则相衔接的基本制度框架上,取得了重要的阶段性成果。目前,以负面清单管理为核心的投资管理制度已经建立,以贸易便利化为重点的贸易监管制度平稳运行,以资本项目可兑换和金融服务业开放为目标的金融创新制度加速推进,以政府职能转变为导向的事中事后监管制度基本形成。

资料来源:中国(上海)自由贸易试验区官网

### (二) 保税区

保税区(Bonded Area)又称保税仓库(Bonded Warehouse),这是一国海关设置的或经海关批准注册、受海关监督和管理的可以较长时间存储商品的地区和仓库。外国商品存入保税区内,可以暂时不缴纳进口税;如果再出口,不缴纳出口税;如要运进所在国的国内市场,则需办理报关手续、缴纳进口税。区内的商品可以存储、改装、分类、混合、展览、加工和制造等。设置保税区主要是为了发展转口贸易,增加各种费用收入,并给予贸易商以经营上的便利。

我国提出的保税区设想是在 1984 年,进入 20 世纪 90 年代,我国沿海地区逐步建立起保税区。1990 年我国决定开发上海浦东时,确定在上海外高桥设立中国目前最开放、规定最优惠的保税区。1992 年又批准在大连、海南省的洋浦等地区设立保税区。这标志着保税区在我国对外贸易中的地位越来越高、作用越来越大。

### 相关链接

#### 宁波保税区

宁波保税区于 1992 年 11 月经国务院批准设立,分东区、西区、南区,总面积 2.3 平方公里,是浙江省唯一的保税区。区内享有"免证、免税、保税"政策,由海关实行特殊监管,是我国对外开放程度最高、政策最优惠的经济区域之一。保税区具有进出口加工、国际贸易、仓储物流三大主体功能。2002 年 6 月,国务院批准设立浙江宁波出口加工区,规划面积 3 平方公里。

到目前为止,已有近 40 个国家和地区的投资者在区内设立企业 5 000 多家,注册资金达 403 064 万美元,其中外商投资企业 834 家,总投资 36 亿美元。引进高科技项目 128 个,总投资 26 亿美元。尤其是台资企业集聚发展,引进台资企业 137 家,其中生产型企业 61 家,总投资 11.3 亿美元,成为浙江省最大的台资企业集聚地。

目前,区内已初步形成计算机产业群,半导体光电产业群,精密机械产业群,留学生创业企业群,软件产业群和国际贸易、仓储物流企业群,成为华东地区高科技产业发展的高地和重要的进出口物流集散地。

资料来源:宁波保税区网站

### (三) 出口加工区

出口加工区(Export Processing Zone)是指一个国家或地区在其港口、机场附近等交通便利的地方,划出一定区域范围,新建和扩建码头、车站、道路、仓库和厂房等基础设施,并提供减免关税和国内税等优惠待遇,鼓励外商在区内投资设厂,生产以出口为主的制成品的加工区域。

出口加工区可分为综合性出口加工区和专业性出口加工区两种。前者指经营多种出口加工产品的加工区域,后者指经营某种特定的出口加工产品的加工区域。出口加工区有助于吸收外国投资,引进先进设备和技术,促进本地区的经济发展,扩大出口加工工业和加工产品的出口,增加外汇收入。

出口加工区脱胎于自由港或自由贸易区,采用了自由港或自由贸易区的一些做法,但是它又与自由港或自由贸易区有所不同。一般来说,自由港或自由贸易区以发展转口贸易、取得商业方面的利益为主,是面向商业的;而出口加工区以发展出口加工工业、取得工业方面的收益为主,是面向工业的。

### (四) 自由边境区

自由边境区(Free Perimeter)是指一个国家或地区在与邻国接壤的边境地区划出的专供邻国自由进出货物的地区。自由边境区通常划在国境之内、关境之外,从邻国输入的货物只要不逾越关境进入内地,一般不征收关税,但有时对少数几类货物征收少量关税。设置自由边境区可以繁荣边境贸易,特别在一些国家,荒僻的边远地区与内地交通不便,设立自由边境区便于当地从邻国获得必需的物资供应。自由边境区的产品大多在区内留用,发展边区经济。自由边境区的优惠期限较短,一般在边区经济发展起来以后逐步取消优惠待遇。

### (五) 过境区

过境区(Transit Zone)也叫中转贸易区,是一些沿海国家为了方便内陆邻国的进出口货运,根据双边协议,开辟某些海港、河港或过境城市作为过境货物的自由中转区。在区内,对过境货物简化通过手续,免征关税或只征少量过境费用。过境货物可短期存储或重新包装,但不得加工制造。过境区一般都提供保税仓库设施。泰国的曼谷、印度的加尔各答、阿根廷的布宜诺斯艾利斯等都是这种以中转贸易为主的过境区。

### (六) 科学工业园区

科学工业园区(Science-Based Industrial Park)又称工业科学园、高新产业开发区、科学公园和科学城等。它是通过多种优惠措施和方便条件,将智力、资金高度集中,专门从事高新技术研究、试验和生产,以加速新技术研制及其成果应用,为本国或本地区工业的现代化服务。与侧重于扩大制成品加工的出口加工区不同,科学工业园区旨在扩大科技产品的出口和扶持本国高新技术产业的发展。

　　科学工业园区有自主型和引进型两类。前者主要靠自有先进技术、充裕资金及高级人才来促进本国高新技术产业的发展,发达国家所设园区多属此类;后者则采取引进外资、技术、人才和低息的办法来进行合作研究与开发,发展中国家和地区所设园区多属此类。

### 相关链接

#### 日本筑波科学城

　　筑波科学城(Tsukuba,Scientific Town in),日本科学研究中心。坐落在离日本东京东北约 60 公里的筑波山麓,距东京成田国际机场约 40 公里,由茨城县筑波町、大穗町、丰里町、谷田部町、樱村町和茎崎町 6 村町组成,总面积 284.07 平方公里,现有人口约 20 万。1968 年开始动工,耗资 50 亿美元,到 1982 年已有 10 个省、厅的 43 个国家研究所(约占日本 40%的主要科研机构)、两家私人研究所和筑波大学等两所大学,约有 1.1 万多名研究人员、专家和后勤人员,再加上附属人员,从事科学研究的总人数达 2.2 万人。

资料来源:百度

### 三、经济特区的作用

　　目前,世界上已有上百个国家建立了上千个各种形式的经济特区,对国际经济和国际贸易的发展起到了积极作用。

　　1. 吸引外资,促进对外贸易的发展

　　特区是外企集中的地区,外企不仅带来了资金,也带来了先进的技术和管理经验,为创立一国技术密集与知识密集的新兴产业、发展高精尖出口产品打入国际市场奠定了良好的基础。同时,外企在本国的生产和发展,有利于增加该国的非贸易外汇收入和财政收入。

　　2. 降低制度差异所带来的国际贸易成本

　　特区经济与国际市场有着密切的联系。在特区中,绝大多数产品的投入产出都与国际交换和国际竞争紧密联系在一起。所以,特区的政策、商业法规和其他法规也就更接近外部世界。而且,在具体操作上也与国际惯例接轨。因此,可以减少因国与国之间的制度差异导致的一些损失。

　　3. 减少贸易壁垒对国际贸易的不利影响

　　随着自由港和自由贸易区在世界范围的发展扩大,尤其是当代世界经济特区对用于出口制成品的设备和原材料的进口,基本上已经取消了关税和非关税壁垒,这些措施可直接减少进口商的相应成本,增强其产品的竞争实力,促进对外贸易的发展。

　　4. 促进与国际贸易相关产业的发展

　　特区的特点就是发展外向型经济。外向型经济的基本内涵是在一定政策支持下形成的一种经济发展方向或经济发展模式,就是利用国际资源和国际市场,参与国际分工和国际交换,以此来带动国民经济的发展。发达的对外贸易体系自然推动了通信网络、运输网络、金融网络和保险网络等的建立和完善,从而有力地支持对外贸易。

## 第三节　出口管制措施

### 一、出口管制的定义

出口管制(Export control),是指国家通过法令和行政措施,对本国出口贸易实行管理和控制。一般而言,世界各国都会努力扩大商品出口,积极参与国际贸易活动。然而,出于某些政治、军事和经济上的考虑,各国都有可能限制和禁止某些战略性商品和其他重要商品输往国外,于是就要实行出口管制。

### 二、出口管制的商品

需要实行出口管制的商品主要有以下几类:

1. 战略物资及其有关的尖端技术和先进技术资料。如军事设备、武器、军舰、飞机、先进的电子计算机和通信设备等。各国尤其是发达国家控制这类物资出口的措施十分严厉,主要是从所谓的"国家安全"和"军事防务"的需要出发,防止它们流入政治制度对立或政治关系紧张的国家。例如,美国对古巴实行禁运,给古巴经济造成了极为恶劣的影响。此外,从保持科技领先地位和经济优势的角度看,对一些最先进的机器设备及其技术资料也必须严格控制出口。

2. 国内的紧缺物资。即国内生产紧迫需要的原材料和半制成品,以及国内供应明显不足的商品。如西方各国往往对石油、煤炭等能源实行出口管制。这些商品在国内本来就比较稀缺,倘若允许自由流往国外,只能加剧国内的供给不足和市场失衡,严重阻碍经济发展。

3. 历史文物和艺术珍品。各国出于保护本国文化艺术遗产和弘扬民族精神的需要,一般都要禁止该类商品输出,即使可以输出的,也实行较严格的管理。

4. 需要"自动"限制出口的商品。这是为了缓和与进口国的贸易摩擦,在进口国的要求下或迫于对方的压力,不得不对某些具有很强国际竞争力的商品实行出口管制。如根据纺织品"自限协定",出口国必须自行管理本国的纺织品出口。与上述几种情况不同,一旦对方的压力有所减缓或者基本放弃,本国政府自然会相应地放松管制措施。

5. 本国在国际市场上占主导地位的重要商品和出口额大的商品。对发展中国家来讲,这类商品实行出口管制尤为重要。因为发展中国家往往出口商品单一,出口市场集中,出口商品价格容易出现大起大落的波动。当国际市场价格下跌时,发展中国家应控制该商品的过多出口,从而促使这种商品国际市场价格提高,出口效益增加,以免加剧世界市场供大于求的不利形势而使本国遭受更大的经济损失。如欧佩克(OPEC)对成员国的石油产量和出口量进行控制,以稳定石油价格。

6. 跨国公司的某些产品。跨国公司在发展中国家的大量投资,虽然会促进东道国经济的发展,但同时也可能利用国际贸易活动损害后者的对外贸易和经济利益。例如,跨国公司实施"转移定价"策略,就是一个典型的例子。因此,发展中国家有必要利用出口管制手段来制约跨国公司的这类行为,以维护自己的正当权益。

### 三、出口管制的形式

出口管制的形式主要有单方面出口管制和多边出口管制两种。

1. 单方面出口管制

单方面出口管制，即一国根据本国的出口管制法案，设立专门的执行机构，对本国某些商品的出口进行审批和颁发出口许可证，实行出口管制。例如，美国长期以来一直推行这种出口管制战略。早在 1917 年，美国国会就通过了《1917 年与敌对国家贸易法案》，以禁止所有私人与美国敌人及其同盟者在战时或国家紧急时期进行财政金融和商业贸易上的交易。"二战"结束后，为了对当时存在的社会主义国家（如苏联）进行禁运，又于 1949 年通过了《出口管制法案》，以禁止和削减全部商品和技术资料经由贸易渠道出口。这个法案之后几经修改，直至《1969 年出口管理法》出台才被取代。以后美国国会又颁布了《1979 年出口管理法》、《出口管理法 1985 年修正案》等，这些法案或修正案一次比一次宽松，但主要规定不变。

1989 年冷战结束后，世界政治经济形势发生了巨大的变化，商业利益已越来越和国家安全利益并驾齐驱。一方面，冷战结束后威胁世界安全的军事存在并没有消除，因此有必要对出口技术和设备继续实施严格的单方面出口管制，以防止核子及生化武器的扩散。另一方面，由于出口管制，美国的出口商丧失了世界市场份额，而让外国竞争者乘虚而入。

2. 多边出口管制

多边出口管制，即几个国家政府出于共同的政治和经济目的，通过一定的方式建立国际性的多边出口管制机构，商讨和编制多边出口管制货单和出口管制国别，规定出口管制的办法等，以协调彼此的出口管制政策和措施。然后由各参加国依据上述精神，自行办理出口商品的具体管制和出口申报手续。例如，过去的巴黎统筹委员会就是这样一个典型的国际性多边出口管制机构。

巴黎统筹委员会本名为输出管制统筹委员会（Coordinating Committee for Multilateral Export Control - COCOM），它是在美国操纵下，由 17 国（美国、英国、法国、意大利、加拿大、比利时、卢森堡、荷兰、丹麦、葡萄牙、挪威、联邦德国、日本、希腊、土耳其、西班牙、澳大利亚）组成的常设多国出口管制机构。其总部设在巴黎，故而得名巴黎统筹委员会，简称"巴统"。该机构于 1949 年 11 月成立，其目的就是共同防止战略物资和先进技术输往社会主义国家，对它们实行出口管制，以遏制社会主义的发展。然而，随着国际形势的变化，巴统逐渐放宽了对社会主义国家的出口管制，其作用日渐减小，至 1994 年 4 月 1 日正式解散。

### 四、出口管制的手段

出口管制的手段包括直接的数量管制和间接的税率调节，既可以通过发放出口许可证来控制出口商品的品种和数量，也可以通过征收出口关税或对出口工业企业的生产增加税收来减少出口。

1. 出口许可证

出口许可证制度又称"输出许可证制度"，是指一国根据其政治经济因素或为了维护自身的经济利益，保证出口创汇等原因，规定某些商品的出口必须事先申领出口许可证，否则海关不予出口。发证机关在审批出口许可证时，要对厂商拟出口的商品、价格、贸易方式、支付方式、输往国家和目的地等有关问题进行认真审查，经审查合格并在申请表上签名盖章后才成为有效的出口许可证。

对出口受管制的商品,出口商必须向贸易管理局申领出口许可证。美国的出口许可证分为两种:

(1) 一般许可证(general license),也称普通许可证。这种许可证的管理十分松动。一般而言,出口这类商品时,出口商在出口报关表上填清管制货单上这类商品的普通许可证编号,再经海关核实就算办妥出口许可证。

(2) 特种许可证(validated license)。这种许可证必须向有关机构专门申请。出口商在许可证上要填清商品的名称、数量、管制编号以及输出用途,再附上有关交易的证明书和说明书,呈送有关机构审批,获准后才能出口商品。那些涉及所谓"国家安全"的商品,还要提交更高层的机构审批,如不予批准则禁止出口。可见,出口管制成了美国等西方国家对外实行政治歧视和贸易歧视的重要工具。

**2. 出口关税**

与进口关税正好相反,出口关税是针对某些特殊商品出口征收的税赋。出口关税限制产品出口,但同时会对本国的生产、消费和社会福利带来影响,其影响也会因各国在世界市场上地位的不同而不同。

**3. 出口配额**

实行出口配额是政府限制出口的又一种政策,即控制出口商品的数量。有些出口配额是本国政府主动设立的,也有的配额是应进口国政府要求而设立的,即"自动出口限制"。如中国输往欧美的纺织品出口配额就是在欧美政府的要求下设置的,因此也叫被动配额。

中国政府在分配出口配额时既有根据申请直接分配到中央和地方出口企业的做法,也有实行招标的方式。外经贸部通过"出口商品配额招标委员会"负责对招标工作的领导和监督。中标企业必须交纳中标保证金和中标金。招标收入纳入中央外贸发展基金。实行招标方式分配出口配额的主要是农产品和纺织品。

**4. 出口行业的生产税**

有时政府不用贸易政策限制出口,既不征出口税也不使用出口配额,允许商品自由出口,而是对单位产品生产征收与单位出口商品所征关税相同的生产税。

**5. 禁止出口与贸易禁运**

禁止出口一般是一国对其战略物资或急需的国内短缺物资进行严格控制的主要手段。而贸易禁运(trade embargo)则是一些国家为了制裁其敌对国家而实行的贸易控制措施。前者往往针对所有或多数贸易伙伴,禁止只涉及本国出口,并不限制进口。而贸易禁运往往只针对某个或某些目标国家,所禁止的不仅是出口,同时还禁止从这些国家进口。

## 本章小结

1. 鼓励出口的措施主要有出口信贷和出口信贷国家担保制、倾销措施、出口补贴、价格支持、出口退税等。不管鼓励出口措施的内容怎样不同,它们的出发点只有一个,那就是支持本国出口部门特别是工业部门的发展,增强出口产品的国际竞争力,并以此带动国内经济的增长。

2. 倾销措施分为商品倾销和外汇倾销。按照倾销的目的,商品倾销可分为偶然性倾销、间歇性或掠夺性倾销和长期性倾销三种。外汇倾销不能无限制和无条件地进行,必须具备一定的条件才能起到扩大出口和限制进口的作用。

3. 经济特区是指一个国家或地区在其关境以外所划出的特殊经济区域。由于设置的目的、规模、组织形态和功能等不同,存在自由港或自由贸易区、保税区、出口加工区、自由边境区、过境区、科学工业园区等六种不同的类型。

4. 出口管制是指国家通过法令和行政措施,对本国出口贸易实行管理和控制。出口管制的形式主要有单方面出口管制和多边出口管制两种,出口管制的手段包括直接的数量管制和间接的税率调节。

## 复习思考题

1. 什么是出口信贷? 一般分为哪两种?
2. 商品倾销有哪些类型?
3. 什么是外汇倾销? 外汇倾销可否无限制地进行?
4. 什么是经济特区? 经济特区的主要类型有哪些?
5. 什么是出口管制? 有哪些出口管制的手段?

# 第四篇　国际贸易的新发展

# 第12章

# 国际服务贸易

## 知识目标

(1) 掌握国际服务贸易的分类；
(2) 掌握服务贸易的发展现状和服务贸易迅速发展的原因；
(3) 掌握当代国际服务贸易发展的趋势。

## 能力目标

能够根据所学理论知识分析当代国际服务贸易发展的趋势。

### 引导案例

**商务部：前五月服务外包合同金额同比增 6.3%**

商务部发布数据显示，2015 年 1 至 5 月，我国企业签订服务外包合同金额 425 亿美元，同比增长 6.3%；执行金额 310.8 亿美元，同比增长 14%，其中离岸服务外包合同金额 263.6 亿美元，同比下降 2.6%；执行金额 204.6 亿美元，同比增长 10.3%。

商务部服贸司负责人指出，今年前 5 个月，服务外包产业呈现以下特点：一是"互联网＋"战略推动在岸服务外包市场快速发展。二是服务外包新兴市场开拓呈现良好态势。三是继续加深与一带一路沿线国家服务外包合作，特别是承接东南亚国家服务外包增长显著。四是京津冀一体化战略带动河北省离岸服务外包快速增长。

资料来源：经济参考报

## 第一节　国际服务贸易概述

### 一、国际服务贸易的含义与特点

#### (一) 国际服务贸易的含义

关于服务贸易（Trade in Service）概念有多种界定，最早是出现在 1972 年经合组织（OECD）的《高级专家对贸易和有关问题的报告》中。目前，理论界有几种代表性的观点，在众多的定义中，关贸总协定的《服务贸易总协定》（GATS）对服务贸易的定义比较有权威性，并为各国普遍接受。1994 年 4 月乌拉圭回合谈判签订的《服务贸易总协定》第 1 条第 2 款将服务贸易定义为：

（1）从一成员国境内向任何其他成员方境内提供服务（跨境交付）。

（2）在一成员方境内向任何其他方成员的服务消费者提供服务（境外消费）。

（3）一成员方的服务提供者在其他任何成员方境内通过提供服务实体的介入而提供服务（商业存在）。

（4）一成员方的自然人在其他任何成员方境内提供服务（自然人流动）。

### （二）国际服务贸易的特点

与国际货物贸易相比，国际服务贸易具有自己的特点，其主要的特点如下：

#### 1. 无形性

国际货物贸易标的的重量、长度、体积、形状、颜色和气味等是可以感知、真实存在的。与货物贸易不同，服务贸易不能通过重量、大小或尺度来度量，服务贸易标的无实物形态可以触摸，属于无形贸易。

#### 2. 不可储存性

服务贸易标的的不可储存性具有两方面含义：一是服务在提供的同时被消费；二是消费者和提供者必须身处一处，无论是提供者，还是消费者都要移动到服务所在地。归纳起来，两方面的含义说明服务的生产和消费在时间和空间上具有不可分割性。正是因为服务的提供和消费往往同时发生的，无法实现生产并储存起来以待交易，因而构成了服务贸易产品的不可储存性。

#### 3. 异质性

服务贸易标的的异质性是由服务自身特点决定的。由于服务的特性，使得服务的提供很容易形成差异性，即使在同一地域的服务可能由于具体情况不同而有所不同。

#### 4. 实现方式的多样性

国际货物贸易的实现方式单一，只有货物过境贸易才能实现。与国际货物贸易不同，国际服务贸易其标的无形，因此实现方式多样，人员、资本和技术中的任何一项发生移动即可实现贸易。

#### 5. 较强的垄断性

服务行业众多，范围广泛，服务贸易涉及服务进口国家的主权、安全、伦理道德等极其敏感的领域和问题。因此，国际服务贸易市场多由国家控制或直接经营，具有较强的垄断性。

#### 6. 保护的刚性和隐蔽性

由于服务贸易标的的特点，各国政府对本国服务业的保护无法采取货物贸易商惯用的关税和非关税壁垒措施，而只能采取市场准入的措施予以限制或进入市场后给予非国民待遇等方式。这种保护常以国内立法的形式加以施行，使得国际服务贸易受到的限制和障碍往往更具刚性和隐蔽性。

## 二、国际服务贸易的形式与类别

### (一)国际服务贸易的形式

1. 跨境交付

跨境交付(Gross-border Supply)是指从一成员国境内向任何其他成员方境内提供服务。其特点是服务的提供者和消费者都不跨越国境,双方均未进入对方的领土或界域。服务产品从服务提供国流向服务消费国。这种形式的典型代表是电信服务或基于电信服务为手段的服务。

2. 境外消费

境外消费(Consumption Abroad)是指在一成员方境内向任何其他成员方的服务消费者提供服务。其特点是服务提供者不移动,服务消费者进入服务提供国获取消费。

3. 商业存在

商业存在(Commercial Presence)是指一国的服务提供者在其他国家境内以各种形式的商业或专业机构提供服务。即到国外创办服务业,提供服务。其特点是服务消费者不移动,服务的提供者移动到服务的消费国提供服务。

4. 自然人流动

自然人流动(Movement of Personnel)是指一国的服务提供者以自然人的方式在其他任何成员方境内提供服务。其特点是服务消费者不移动,服务的提供者以自然人的身份到服务的消费国提供服务。

### (二)国际服务贸易的类别

WTO《服务贸易总协定》把服务贸易分为 12 大类和 149 个分部门。这 12 大类主要包括以下服务:

1. 商务服务(Business Service)

指在商业活动中涉及的服务交易活动。它包括专业性服务、计算机及相关服务、研究与开发服务、不动产服务、设备租赁服务和其他服务等六类。

2. 通信服务(Communication Service)

主要指所有有关信息产品、操作、储存设备和软件功能等服务。主要包括邮政、速递、视听、电信和其他电信服务等。

3. 建筑及相关工程服务(Construction and Related Engineering Service)

主要指工程建筑从设计、选址到施工的整个服务过程。具体包括建筑物的总体建筑、民用工程的总体建筑、安装和组装、建筑物的装修等服务。

4. 分销服务(Distribution Service)

指产品销售过程中所涉及的各种商业服务,主要包括批发与零售服务、特许经营服务和佣金代理等服务。

5. 教育服务(Educational Service)

指国际间在国民教育与非国民教育方面的服务交流与合作,涵盖了高等教育、中等教育、初等教育、学前教育、继续教育、特殊教育等一系列正规教育以及非正规教育。

6. 环境服务（Environmental Service）

包括污水处理服务、废物处理服务、卫生及相似服务等与环保直接联系在一起的服务。

7. 金融服务（Financial Service）

涵盖了银行与非银行金融的各主要领域。其中银行金融包括商业银行提供的所有服务，非银行金融则主要包括了保险及其相关服务。

8. 健康及社会服务（Health and Social Service）

主要指医疗服务和其他与人类健康有关的服务，以及社会服务等。

9. 旅游及相关服务（Tourism and Travel Related Service）

指旅游业及与之有关联的服务，最主要的有旅馆、饭店、旅行社、导游和交通及提供的相关服务等。

10. 文化娱乐及体育服务（Recreational，Culture and Sporting Service）

包括娱乐服务、新闻代理服务、图书馆、博物馆服务以及文化交流、文艺演出等其他文化服务和体育服务等。

11. 交通运输服务（Transport Service）

主要包括海上运输、内河运输、铁路运输、轨道运输、汽车运输与管道运输、空中运输，以及所有运输方式的辅助服务等。

12. 其他服务（Other Services）

凡是无法归入上述任何类别之一的服务贸易，均可归入此类。

# 第二节　当代国际服务贸易状况

## 一、当代国际服务贸易发展的特点

### （一）服务贸易在国际贸易中的比重不断加大

服务贸易的发展是产业进步的标志。二战以后的半个多世纪当中，特别是上世纪 70 年代以来，由于国际分工的深化，产业结构不断调整，科技革命加剧以及跨国公司的崛起，促使国际服务贸易以高于货物贸易增长的速度迅速发展。1970 年，世界服务贸易总额只有 710 亿美元，而到 1980 年则猛增至 3 830 亿美元，10 年间增长 4 倍多。1980 年以后，国际服务贸易依然保持着迅猛增长的势头，年平均增长率约为 5%，是同期国际货物贸易年平均增长率 2.5% 的两倍。到 1993 年，世界服务贸易额达到 1.03 万亿美元，在全球贸易总额中的比重超过四分之一。随着关贸总协定"乌拉圭回合"协议的实施和世界贸易组织（WTO）的正式运行，各国将进一步开放服务市场，服务贸易也会随之进一步发展，到本世纪末将会占全球贸易总额的三分之一。

### （二）国际服务贸易的领域不断扩大

国际服务贸易结构从传统的劳动、自然资源密集型转向资本、技术、知识密集型，以国际电信服务、国际银行与保险服务、国际管理咨询服务等为代表的资本密集型、知识密集型服务贸易发展迅速，而传统的以国际运输、旅游服务以及劳务输出与输入的服务贸易发展则呈现出极不平衡的状况。

　　由于第三次产业革命,电讯、金融以及各种信息产业、高新技术产业得以迅速崛起并快速进入服务贸易领域,在世界服务贸易的构成中,1970 年国际运输服务贸易占 38.5%,国际旅游占 28.2%,其他电讯服务、金融服务、保险服务、信息服务、专利或许可等服务仅占 30.8%。到 1996 年,国际运输服务比重下降到 27.3%,旅游的比重略有上升,而电讯等其他服务的比重则上升至 40.8%。最近几年,金融、电信服务贸易更是发展迅速,在世界服务贸易中占据着越来越重要的地位。

### (三)国际服务贸易的发展不平衡

　　首先,工业化国家在国际服务贸易中占有绝对优势。一般说来,大多数工业化国家是国际服务贸易的顺差国。据统计资料显示,1986 年工业化国家在世界服务贸易中所占的比例为78.6%,其中运输、投资净收益、旅游收入等均占各项目的 75% 以上。1996 年全球服务贸易出口前 20 名的排名榜上,工业化国家占了 15 位,美国则以出口额 2 026 亿美元高居榜首。其次,行业发展不平衡。随着服务贸易业全球市场的迅速扩展,在服务业的行业区别越分越细的同时,行业发展速度则高低不同。传统的全球运输服务业仍在增长,但增速已趋缓,年增长率仅为 2%;旅游业则增长 6%,而金融服务、电信服务及专利等的增长率则达到了 7%。再次,新兴发展中国家发展势头良好。就总体而言,发展中国家在服务贸易领域处于明显的劣势,除了旅游业和劳务汇回款等个别项目(即基于劳务输出之上的项目)之外,它们在服务贸易上几乎全部是逆差。但是,随着发展中国家经济的发展,特别是新兴发展中国家的迅速崛起,其国际服务贸易也得到了迅猛发展。1996 年亚洲各国和拉美地区服务贸易出口增长率都达到了8%,高于北美和西欧各国。新加坡、韩国、中国、泰国,以及中国的香港、台湾地区均跨入了全球服务贸易出口前 20 名行列。

## 二、当代国际服务贸易发展的原因

### (一)科学技术的进步是促进国际服务贸易发展的根本动力

　　第二次世界大战后,在新技术革命的推动下,特别是计算机技术主导下的信息加工系统、通信、互联网等技术的发展促进了服务的可贸易性。如今,科技本身就是服务贸易的主要内容之一。科技的发展使众多的新型服务部门应运而生,如电子商务是因国际互联网、电子数据和交换技术的发展而兴起的。科技的进步缩小了时空,加速了劳务和科技人员的国际流动。科技的发展促进了服务的可贸易性,表现在易于将信息密集的服务活动;提高了服务的可储存性和可运输性;同时创造出新的服务内容。总之,第三次科技革命极大地促进了服务贸易的发展。

### (二)世界产业结构的变化是国际服务贸易发展的重要原因

　　在新技术革命的推动下,各国通过调整产业结构,使服务业快速增长,主要表现在它的产出和就业在整个经济中的比重上升。尤其在发达国家,目前第三产业已占整个国民生产总值的 60% 以上。产业结构的这种变化趋势导致了经济的"软件化"和"非工业化"。所谓"软件化",是指随着产业结构的高级化趋势,智能、知识、技术等"软件"在经济中的作用相对增加,使投资和消费支出从实物支出专项劳务支出。所谓"非工业化",是指随着第三产业的崛起,其产值和就业人数在国民生产总值和总就业人口中的比重增加。随着各国国民经济服务化的加强，国家间相互提供的服务贸易也日益活跃起来。

### （三）跨国公司的经营活动促进了服务的国际化

20 世纪 60 年代后，跨国公司迅速发展，带动了资本、技术和人才的国际性流动，从而推动了服务贸易国际化的进程。① 以跨国公司为依托的直接投资是当今世界的主流之一，服务贸易的快速发展与 FDI 对服务业的高投入密切相关，服务业 FDI 的发展直接推动了国际服务贸易的发展。② 通过跨越国境数据资料的流动和世界信息网的建立，使得跨国公司有能力提供越过其传统部门的各种服务。③ 跨国公司是国际保险业和国际金融业的主要经营者，服务业跨国公司可以为世界市场提供如工程咨询、会计服务等其他各种服务。总之，大型跨国公司的发展提高了供应世界市场各种服务能力，为跨国公司的建立提供了条件。

### （四）国际服务合作的扩大推动了国际服务贸易的发展

国际服务合作是指拥有技术人员和劳动力资源的国家和地区，通过签订合同向缺乏技术人员和劳动力的国家和地区提供所需要的服务，并由接受服务的一方付给报酬的一种国际经济合作。国际服务合作主要有以下几种方式：① 承包外国各类工程，即工程设计与施工服务等；② 服务人员输出，如派出各类技术工人、普通工人、海员、厨师、医生、工程师、教师、会计师等从事体力和脑力劳动的人员，为输入国提供服务；③ 各种技术性服务出口或生产技术合作，如出口各种技术、专利、科技知识、科研成果或工艺等各种知识形态的产品出口。④ 向国外提供咨询服务，如提供电子计算机软件服务、经营管理铁路、电子工程、水利建设等方面的咨询。国际服务合作已经成为世界各国进行国际交往的重要方式和内容，随着国际服务合作的扩大和加深，服务贸易的范围和程度也进一步加大和加深。

### （五）世界旅游业的发展极大地促进了国际服务贸易的发展

据世界旅游者组织的最新统计，从 20 世纪末到 2020 年，全球旅游人数的年均增长速度将达 4.3%，旅游收入的年均增长速度将达 6.7%，将超过世界经济的平均增长速度。旅游业的迅速发展极大地促进了国际旅游服务贸易的发展。而国际旅游服务贸易是国际服务贸易的重要组成部分，它是指一国（地区）旅游从业人员向其他国家（地区）的旅游服务消费者提供旅游服务并获得报酬的活动，既包括本国旅游者的出境旅游（即国际支出旅游），也包括外国旅游者的入境旅游，即国际收入旅游。国际旅游服务贸易可为国家增加外汇收入、创造就业机会、优化产业结构，对发展一国的国民经济起着非常重要的作用。

## 第三节　国际服务贸易壁垒与自由化

### 一、国际服务贸易壁垒

#### （一）国际服务贸易壁垒的定义

所谓服务贸易壁垒，一般是指一国政府对外国服务或外国服务提供者设置或实施的有障碍作用的政策与措施，凡是直接或间接阻碍外国服务和外国服务提供者进入、或增加他们提供服务成本的做法,都属于服务贸易壁垒的范畴。

## (二)设置国际服务贸易壁垒的原因

在经济全球化进程加快的当今世界,各国政府仍然对服务贸易设置壁垒,是有其原因的:首先是政府出于安全的考虑,对外国资本进入本国的基础性服务领域心存疑虑;其次是政府认为国内幼稚服务部门的必要扶持是一国获取长期经济与政治利益的一个重要选择。设置服务贸易壁垒的目的在于抵御外国服务业的进入、保护本国服务市场、扶植本国服务部门,增强其竞争力。

## (三)国际服务贸易壁垒的主要形式

国际服务贸易壁垒呈现多样化的形式。归纳起来,可以将限制服务贸易的壁垒形式分为两大类别:

### 1. 限制市场准入式服务贸易壁垒

所谓限制市场准入式服务贸易壁垒,就是借助一国政府行政权力,禁止或限制外国企业进入本国某个服务行业,或对外国企业进入该行业提供服务给予若干限制。主要有以下几种:

(1)开业权限制

开业权限制又叫生产者创业壁垒,这种限制主要包括商业经营和服务范围的限制以及经营业绩要求等。比如,禁止外国服务提供者进入某类行业或地区设立机构和提供服务;禁止或者限制外国服务人员进入本国从事职业服务工作,对外国服务提供者禁止或限制进入的行业主要有基础电信、信息产业、银行保险业、广告业、国内货物运输、旅游业和工程建筑业等,还要求服务提供者投资达到一定数额后须经国家批准才能开业,以此提高开业的门槛。

(2)标准、许可的限制

外国服务提供者必须事先获得某种资格或许可,这是提供服务的前提条件。这一规定主要针对一些专业性和商业性服务,需要获得许可的行业领域,包括法律、会计、医疗等。

在服务领域,标准方面的限制对国际服务贸易的影响主要表现在对国外的服务不认可,如外国服务提供者在国外授予的资格或专业性资质不被认可。有时对国外服务适用歧视性标准,使国外服务提供者难于达到或需要支付更高的成本,或缺乏统一的、相互承认的标准和管理规定,从而构成对本国相关服务业的保护。

(3)数量限制

服务数量限制是最有效的一种国际服务贸易壁垒,其目的在于保护本国的服务业或服务者免遭外国服务提供者的竞争压力。数量限制主要包括:① 限制外国服务提供者的数量;② 限制服务交易的数量;③ 限制外商进入领域的数量。④ 限制外商股权参与的比例等。以上四种都属于数量限制式的服务贸易壁垒。

(4)政府采购限制

有一些国家规定政府或公共领域的服务只能向本国厂商购买。这在数据处理、保险、工程建筑和货运等领域表现得尤为明显。如美国颁布的"购买美国货法案",规定美国政府购买本国服务和货物的价格可以高于国际市场同类服务和货物的12%。一些国家有着不成文的规定,把会计、广告业务归属于本国企业经营。这种政府采购政策有利于本国服务及服务提供者,从而对国外服务和服务提供者构成歧视。

（5）资本移动壁垒

资本移动壁垒主要有外汇管制和投资收益汇出的限制等。外汇管制主要是指政府对外汇在本国境内的持有、流通和兑换，以及外汇的出入境所采取的各种控制措施，限制投资者投资收益汇回母国壁垒措施大量存在于各国的建筑业、计算机服务和娱乐业中。

在服务行业，直接针对 FDI 的壁垒主要包括：获取开业权、所有权、控制权和经营领域的限制，对外国拥有的企业实施直接或间接的限制，对投资水平、审批程序等的限制。

**2. 降低国民待遇式服务贸易壁垒**

降低国民待遇式服务贸易壁垒，是政府利用各种名目降低外国服务机构在本国某些行业应当享受的国民待遇，使外国企业与本国企业相比处于不利的竞争地位，从而达到限制其活动的目的。这类壁垒首先表现为对外国服务提供者的各种歧视或差别对待；其次表现为以补贴等方式扶持本国服务提供者。具体做法包括：

（1）对外国服务提供者的差别对待

在国际服务领域，关税只能用于由于自然人跨境移动而发生的贸易，多采取签证费、进出人税或歧视性机场、港口建设税等形式。所有这些税费是根据人头征收的。有些国家为了禁止或限制外国服务人员提供服务，对国外颁发的教育证书、技术资格证书、执业许可证等文书不予承认；对外国服务提供者实行差别待遇，以达到削弱或抵消外国服务提供者竞争优势的目的。

（2）歧视性的技术标准和税收制度

对国外服务实行歧视性标准，使国外服务提供者难以达到或需要支付更高的成本，或缺乏统一的、相互承认的标准和管理规定，比如对外国服务厂商使用设备的型号、大小的限制，对各类专业证书等的限制，外国服务厂商可能比国内厂商要缴纳更多的交易附加税、经营所得税和使用设备的附加税等，以此限制外国服务业，从而构成对本国服务业的保护。

（3）价格控制

对于服务贸易，有时也直接采用价格控制手段予以限制，主要通过政府直接定价，实施政府对价格的监控或许可、批准程序来实施。政府控制价格的做法通常是设定最低价格或最高价格、强制定价规则或要求执行统一价格。价格控制通常与数量控制同时实施，以避免由于服务提供者势力强大从而使政府无法实现价格控制的预期目的。通常采取价格控制的行业主要有运输、金融、通信等行业，在这些行业中，国有企业或政府支持的企业也作为服务的提供者提供相同或类似的服务。

（4）政府补贴壁垒

各国对扶持本国服务提供者的补贴包括两个方面：一是对本国服务出口进行补贴；二是国家通过直接拨款或税收优惠等方式对本国国内服务行业给予补贴。这些行业主要包括运输、通信、水务、医疗省、教育、广播等基础和公共事业。OECD 的数据表明，在服务行业，铁路部门经常受到政府补贴，补贴数额达到该部门增加值的 15%—18%，20 世纪 80 年代，在许多欧盟国家这一比例接近 40%。

（5）运输与营销方面的歧视政策

在航空运输领域，歧视主要表现在外国航空公司补给服务的可获得性和成本方面。比如，无法进入当地旅游公司航务订票系统、地面服务不充分等，这些都将影响外国公司的竞争力。

在营销渠道方面，零售业限制外商经营许可的发放；广告业限制外国广告公司进行广告宣传的渠道，实施专门针对外国公司的广告审查标准；保险业限制外国的保险公司进行广告宣传,其结果是限制了外国保险公司在当地市场与本土保险公司的竞争等等。

## 二、国际服务贸易自由化与《服务贸易总协定》

### (一)国际服务贸易自由化

服务贸易自由化最早可以追溯到 20 世纪 50 年代,在经济全球化的推动下,货物贸易的快速发展促进了与货物贸易有关的服务业的发展,各种服务业的市场逐渐形成。服务业已成为各国经济发展的重要组成部分。发展服务业,扩大国际服务贸易已成为各国进行商品生产、销售,实现商品价值,进行扩大再生产不可或缺的环节,成为世界市场存在和发展的枢纽。

国际服务贸易自由化与美国等发达国家的努力和多边贸易谈判的推动直接联系在一起。从 20 世纪 70 年代以来,在服务贸易领域占据明显优势的美国积极倡导实行全球服务贸易自由化。其原因是服务贸易自由化给美国服务业带来了巨大的利益,美国服务业在国内生产总值中的比重已达到 70%以上,服务贸易自由化可以释放美国在服务业上的竞争优势;由此带来的服务贸易的巨大顺差又可弥补美国在货物贸易上的巨大逆差。为此,美国商界和政界为扫除服务贸易自由化障碍,强烈要求其他国家开放服务市场,并积极推动把服务贸易自由化列入关贸总协定乌拉圭回合的议题。

### (二)《服务贸易总协定》

1.《服务贸易总协定》的产生

随着服务对一国经济发展与增长的重要性日益加强,世界上的许多国家力求通过单边、双边、区域性或多边谈判的方式推进服务贸易的自由化进程。在美国和西欧发达国家的积极推动下,将服务贸易自由化纳入了多边贸易体制之下,1986 年 9 月"服务贸易"新议题被列入乌拉圭回合多边贸易谈判议程,由此拉开了服务贸易多边谈判的序幕。

关贸总协定乌拉圭回合关于服务贸易的谈判主要经历了三个阶段:

第一阶段(1986 年 10 月 27—1988 年 12 月),谈判的主要内容包括服务贸易的定义、一般原则、规则;服务贸易的范围;服务贸易的发展及壁垒等。这一阶段各国的分歧很大,主要集中在对国家服务贸易如何界定问题上。

第二阶段(1988 年 12 月—1990 年 6 月),谈判的重点主要集中在透明度、逐步自由化、国民待遇、最惠国待遇、市场准入、发展中国家的更多参与、例外和保障条款以及国家规则等原则在服务部门的运用。此后的工作主要集中于通信、建筑、交通运输、旅游、金融和专业服务各具体部门的谈判。

第三阶段(1990 年 7 月—1993 年 12 月),主要是协调各方立场和观点,拟出了《服务贸易多边框架协议草案》,经过各国的继续磋商谈判,协议草案根据各国的要求进一步修改,1990 年 12 月 3—7 日,乌拉圭回合部长会议将其更名为《服务贸易总协定》(General Agreement on Trade in Service,GATS)。经过 7 年的艰难谈判和多边协调,直到 1994 年 4 月 15 日《服务贸易总协定》才最终得以通过,于世贸组织成立的 1995 年 1 月 1 日正式生效。

2.《服务贸易总协定》的内容

《服务贸易总协定》的内容包括六个部分,29 项具体条款和 8 个附录。

第一部分"范围与定义"(第 1 条)。该协定明确服务贸易的定义,包括跨境供应、境外消费、商业存在和自然人流动等四方面的含义。列出 12 种服务部门的服务贸易。

第二部分"一般义务与原则"(第 2 条至第 15 条)。包括最惠国待遇、透明度、发展中国家的更多参与、经济一体化、国内法规、承认、垄断和专营服务提供者、商业惯例、紧急保障措施、支付和转移、保障国际收支的限制、政府采购、一般例外和补贴等。

第三部分"具体承诺"(第 16 条至第 18 条)。包括市场准入、国民待遇和附加承诺。

第四部分"逐步自由化"(第 19 条至第 21 条)。包括具体承诺的谈判、具体承诺表和承诺表的修改。

第五部分"制度条款"(第 22 条至第 26 条)。包括磋商、争端解决和实施、服务贸易理事会、技术合作、与其他国际组织的关系。

第六部分"最后条款"(第 27 条至第 29 条)。包括利益的拒给、定义、附件。

总共有 8 个附件：关于第 2 条豁免的附件、关于空运服务的附件、关于本协议下提供服务的自然人流动附件、关于金融服务的附件一和附件二、关于海运服务谈判的附件、关于电信服务的附件、关于基础电信谈判的附件。

## 相关链接

### 《服务贸易总协定》的基本原则

《服务贸易总协定》还规定一些与 WTO 相似的基本原则，这些原则如下：

第一，最惠国待遇原则(GATS 第 2 条第 1 款)。

第二，透明度原则(GATS 第 3 条)。

第三，对发展中国家的特殊优惠原则(GATS 第 4 条)。

第四，市场准入原则(GATS 第 16 条)。

第五，国民待遇原则(GATS 第 17 条)。

第六，逐步自由化原则。

3. 关于《服务贸易总协定》的部门协议

《服务贸易总协定》的部门协议主要有以下五个：

(1)《全球基础电信协议》。1997 年 2 月 15 日由 69 个成员方签署。协议要求缔约方政府相互开放国内电信市场，结束行业垄断，非歧视地给予外国服务提供者进入公共电信网的机会。该协议于 1998 年 1 月 1 日生效，涵盖全球 90%以上的基础电信市场份额。

(2)《金融服务市场协议》。1997 年 12 月 13 日由世贸组织 70 个国家和地区签署。其主要内容包括：允许外国公司在国内建立金融服务机构并享受与国内公司同等的进入市场的权利；取消对跨境金融服务的限制；允许外国资本在本国投资项目中所占比例超过 50%等。这个协议涵盖了 95%以上的金融服务市场，总共有 132 个世贸组织成员方在此领域承诺逐步自由化。

(3)《信息技术协议》。1997 年 3 月 26 日由 40 个成员方签署。各签约方承诺自 1997 年 7 月 1 日至 2000 年 1 月 1 日前取消包括计算机、计算机软件、通信设备、半导体、半导体设备和零部件、科学仪器在内的 6 类约 200 种信息技术产品的关税。实现主要技术产品贸易的零关税，该协议涵盖了 92.5%的信息技术产品市场。

(4) 关于航空运输服务的协议。协议规定航空运输服务可以不遵守《服务贸易总协定》关于最惠国待遇的条款,而继续根据国际民航协定的对等原则,相互给予着陆权。

(5)关于海运服务的协议。协议规定,《服务贸易总协定》生效后,各方再就海运服务部门进行谈判。在此之前,各参加方可以随意撤销其在该部门的承诺减让,无须给予补偿。

**4. 中国在服务贸易领域的承诺**

中国自 1991 年 7 月开始,先后两次向关贸总协定秘书处提交了初步承诺开价单,共涉及中国境内 14 个服务领域的市场开放和国民待遇的条件和资格。这 14 个领域是:专业服务、计算机及有关服务、广告、近海石油服务、陆上石油服务、建筑工程、房地产、城市规划、银行、保险、旅游服务、远洋运输、航运、陆地运输。我国加入世贸组织在服务贸易方面的有关承诺如下:

(1)银行服务。加入时,允许外资金融机构在华提供外汇服务,取消地域和服务对象限制;开放上海、深圳、天津和大连的人民币业务;允许设立中外合资和独资金融租赁公司。

开放的城市逐年扩大,到第 4 年时开放的城市扩大到广州、珠海、青岛、南京、武汉、济南等 16 个城市。加入后 5 年,取消所有地域人民币业务限制;允许外资金融机构向所有中国客户提供服务。

(2)保险服务。加入时,允许在上海、广州、大连、深圳和佛山设立合资企业,外资比例不超过 50%;允许向外国人和中国公民提供个人(非团体)寿险服务。允许外国非寿险公司在上海、广州、大连、深圳和佛山设立分公司或合资公司,外资比例可以达到 51%。并规定了设立寿险公司和非寿险公司的条件。

(3)电信服务。加入时,允许在上海、广州和北京设立中外合资企业提供移动话音和数据服务及寻呼服务,没有数量限制,并在上述城市内及城市间提供服务,外资比例不超过 25%(移动话音和数据服务)和 30%(寻呼服务);同时,允许在上海、广州和北京设立中外合资增值电信企业,无数量限制,外资比例不超过 30%。

(4)货物运输代理服务(不包括货检服务)。中国入世时允许有连续 3 年以上历史的外国货运代理企业可以在华设立中外合资货代企业,外资比例不超过 50%;入世后 1 年内,允许外资控股;入世后 4 年,允许设立独资子公司。

## 本章小结

1.《服务贸易总协定》依据服务提供方式将国际服务贸易分为跨境交付、境外消费、商业存在和自然人流动四种形式,包括 12 大类和 149 个分部门。

2. 国际服务贸易壁垒形式可分为两大类,即限制市场准入型与降低国民待遇型。前者主要包括开业权限制、标准与许可的限制、数量限制、政府采购限制和资本移动壁垒等措施;后者主要包括对外国服务提供者的差别对待、歧视性的技术标准和税收制度、价格控制、政府补贴壁垒、运输与营销方面歧视政策等。

3. 20 世纪 80 年代以后,发达国家(特别是美国)借助服务业的竞争优势,推动服务贸易自由化,并把服务贸易自由化纳入关贸总协定乌拉圭回合的多边贸易谈判中,达成了《服务贸易总协定》(GATS)。GATS 的内容包括六个部分,29 个具体条款和 8 个附录,明确了 GATS 的目标、宗旨和原则,确定了成员方应承担的义务。

**复习思考题**

1. 解释国际服务贸易的特点及其形式。
2. 论述当代国际服务贸易迅速发展的特点及其原因。
3. 国际服务贸易壁垒主要有哪些形式？
4. 加入 WTO 中国在服务贸易领域有哪些承诺？

# 第13章

# 国际投资与跨国公司

## 知识目标

(1) 掌握国际投资的主要形式;了解国际投资对国际贸易的影响;

(2) 了解跨国公司的形成与发展,熟悉战后跨国公司内部贸易发展的原因;

(3) 掌握跨国公司的一些理论,理解跨国公司对国际贸易的影响。

## 能力目标

能够根据所学理论知识分析国际投资与跨国公司对国际贸易的影响。

引导案例

### 吉利 18 亿美元收购沃尔沃 100% 的股权

2010 年 3 月 28 日,吉利控股集团宣布在沃尔沃所在地瑞典哥德堡与福特汽车签署最终股权收购协议,以 18 亿美元的代价获得沃尔沃轿车公司 100% 的股权以及包括知识产权在内的相关资产。作为中国汽车业最大规模的海外收购案,吉利上演了一出中国车企"蛇吞象"的完美大戏。

吉利之所以重金收购沃尔沃,看上的是沃尔沃的品牌价值和核心技术。在收购沃尔沃之前,吉利就已经开始了从低端品牌向中高端发展的战略转型。吉利收购沃尔沃,得到的是 Volvo 品牌。沃尔沃这个品牌的核心价值是安全和环保,企业品牌在世界品牌实验室 (World Brand Lab)编制的 2006 年度《世界品牌 500 强》排行榜中名列第 232 位。沃尔沃在汽车安全和节能环保方面拥有众多专利技术,吉利 100% 购买沃尔沃,不仅获得其专利技术,而且也杜绝了西方国家对我国海外并购专利权一事进行攻击。

资料来源:新浪博客

## 第一节　国际投资概论

国际投资作为一种重大的国际经济活动,自产生以来就成为世界经济发展不可或缺的一个主要力量。20 世纪 80 年代之后,尤其是进入新世纪以来,跨国公司对外直接投资与各种国际金融活动对国际经济发展的诸多方面形成了决定性的影响,而跨国公司的投资与贸易则成为全球经济一体化的主要推动力和载体。

## 一、国际投资的含义

所谓国际投资(International Investment),一般是指投资主体(如企业、政府或家庭)为获取经济利益,而将货币、实物及其他形式的资产或要素进行跨国经营的一种经济活动。第二次世界大战以后,尤其是进入 20 世纪 80 年代以来,国际投资迅猛发展,对世界经济的发展起了重要的推动作用。

## 二、国际投资的形式

国际投资一般包括对外直接投资(Foreign Direct Investment,简称为 FDI)和对外间接投资两种形式。

### (一)对外直接投资

对外直接投资是一个国家的投资者输出生产资本直接到另一个国家的厂矿企业进行投资,并由投资者直接对该厂矿企业进行经营和管理,即投资者对于所投资的实体具有管理控制权。对外直接投资主要有以下几种方式:

1. 按投资组建方式分

按投资组建方式可以分为绿地投资、兼并与收购和合作经营三种形式。

(1)绿地投资

绿地投资是指通过投资建立新企业。这种方式的好处在于企业可按照投资者的愿望控制资本投入量、确定企业规模和选择厂址;另外可以按照投资者的计划,实施一套全新的适合技术水准和投资企业管理风格的管理制度。但是,这种方式进入目标市场缓慢,创建工作比较繁琐。

(2)兼并与收购

兼并与收购是指一个企业通过购买另一个现有企业的股权而接管企业的方式。这种方式的优点:

一是投资者能以最快的速度完成对目标市场的进入,尤其是对制造业这一优势更为明显,它可以省掉建厂时间。迅速获得现成的管理人员和生产设备,迅速建立国外产销据点,抓住市场机会。

二是有利于投资者得到公开市场上不易获取的经营资源。首先,收购发达国家的企业,可获得该企业的先进技术和专利权,提高公司的技术水平。其次,收购方可直接利用现有的管理组织、管理制度和管理人员。最后,收购方可以利用被收购企业在当地市场的分销渠道及其同当地客户多年往来所建立的信用,迅速占领市场。

三是企业可以低价收购外国现有企业已折旧的不动产实际价值,压低价格低价购买不盈利或亏损的企业,利用股票价格暴跌乘机收购企业。但是,这种方式会因各种会计准则不同和信息难于搜集,在价值评估和对被收购企业实行经营控制方面存在困难。

**表 13 - 1  2011 年中国民企海外并购十大案例**

| 公司名称 | 所在省市 | 被收购公司名称 | 收购金额 | 收购股权占比 | 本年度投资规模排名 | 所属行业 |
|---|---|---|---|---|---|---|
| 中国海航酒店集团 | 海南 | 西班牙 NH 酒店连锁集团 | 3.29 亿欧元 | 20% | 1 | 酒店业 |
| 富丽达集团控股有限公司 | 浙江杭州萧山 | 加拿大纽西尔（NEUCEL）特种纤维素有限公司 | 2.53 亿美元 | 100% | 2 | 粘胶纤维行业 |
| 美的电器 | 广东佛山 | 开利(拉美)公司 | 2.233 亿美元 | 51% | 3 | 家用电器 |
| 四川汉龙集团汉龙矿业 | 四川成都 | 非洲大型铁矿石公司SundanceResourcesLtd（简称 SDL） | 2 亿澳元 | 19% | 4 | 能源行业 |
| 宁波均胜投资集团 | 浙江宁波 | 德国普瑞(Preh) | 10 亿元人民币 | 74.9% | 5 | 汽车零部件 |
| 卧龙控股集团有限公司 | 浙江上虞 | ATB驱动技术股份集团 | 1.05 亿欧元 | 100% | 6 | 电气制造 |
| 复星国际 | 上海 | 希腊著名时尚品牌 Folli Follie 集团 | 8 458.8 万欧元 | 9.5% | 7 | 服装业 |
| 金亚科技 | 四川成都 | 英国哈佛国际（Harvard International plc） | 2.29 亿元人民币 | 100% | 8 | 消费电子 |
| 蒙努集团 | 浙江海宁 | 美国杰妮芙股份有限公司 | 1 737 万美元 | 90.1% | 9 | 皮革业 |
| 宁波一舟投资集团 | 浙江宁波 | 德国威运高 （Vivanco）股份公司 | 1 000 万欧元 | 66.6% | 10 | 消费电子 |

资料来源：根据《浙商》杂志推出的"2011 中国民企海外并购十大案例"整理所得

（3）合作经营

合作经营是指国外投资者根据投资所在国法律与所在国企业通过协商签订合作经营合同而设立的契约式合资企业，也称为合作企业或契约式合营企业。签约各方可不按出资比例，而按合同条款的规定，确定出资方式、组织形式、利润分配、风险分担和债务清偿等权利和义务。

2. 按投资者对投资企业拥有的股权比例的不同分

按投资者对投资企业拥有的股权比例的不同可以分为开办独资企业和合办合资企业两种形式。

（1）开办独资企业

它是指投入的资本完全由一国提供，外资股份占 95% 以上的企业。包括设立分支机构、附属机构、子公司等。它可以采取收买现有企业或建立新企业的方式来进行。

（2）与投资所在国合办合资企业

它是指两国或两国以上的投资者在一国境内根据投资所在国的法律，通过签订合同，按一定比例或股份共同投资建立、共同管理、分享利润、分担亏损和风险的股权式企业。合资企业

可分为股份公司、有限责任公司或企业、无限共同责任公司,并具有法人地位。从投资者的角度看,合资企业主要有以下几个好处:

一是合资各方可以在资本、技术、经营能力等方面相互补充,增强合资企业的竞争力;二是可利用合资对象的销售网和销售手段进入特定地区市场或国际市场,开拓国外市场;三是可以扩大企业的生产规模,较快地了解国外市场信息和满足国外市场的需求变化;四是可更好地了解东道国的经济、政治、社会和文化,有助于投资者制定正确的决策;五是可获取税收减免等优惠待遇。当然,合资企业也有一些不利因素,主要表现在投资各方的目标不一定相同,经营决策和管理方法上的不一致等,可能导致投资者之间产生分歧,甚至摩擦。

3. 对外直接投资的其他形式

(1) 利润再投资

利润再投资是指投资主体利用以前 FDI 的利润在海外进行再投资。这一方面说明跨国公司经营的利润率提高,母公司要求境外分支机构汇回利润的要求降低;另一方面也说明境外分支机构利用自己所赚得的利润扩大自己在境外的经营。

(2) 合作开发方式

合作开发是对外直接投资的新形式,是指资源国利用国外投资开发本国资源的一种国际经济合作形式。通常由资源国政府(或政府经济机构、国营企业等)与国外投资者共同签订协议、合同,在资源国指定的区域内,在一定的期限内,与国外投资者共同勘探、开发自然资源,共同承担风险、分享利润。合作开发适用于大型自然资源的(如石油、天然气、矿石、煤炭和森林等)开发和生产项目。

(3) BOT 投资方式

BOT 是英文 Build - Operate - Transfer 的简称,即"建设-经营-移交"。典型的 BOT 形式,是政府同外商投资的项目公司签订合同,由项目公司筹资和建设基础设施项目。项目公司在协议期内拥有、运营和维护这项设施,并通过收取使用费或服务费用,回收投资并取得合理的利润。协议期满后,这项设施的所有权无偿移交给政府。BOT 方式主要用于发展收费公路、发电厂、铁路、废水处理设施和城市地铁等基础设施项目。

**相关链接**

### 中国买家纷至沓来

希腊的 Folli Follie 饰品、美国的 St. John 时装、意大利的法拉蒂游艇,你知道它们背后站着中国股东吗?就在中国消费者携"北京镑"在欧美争购名牌商品之际,中国投资者则准备将它们的制造商装进自己的购物车。

伴随金融危机带来的海外资产低价机遇,新一轮海外并购的时间窗口开启。相比过往大多由国企在能源领域发起的 1.0 式并购,新一轮海外并购正由更多元化的主体,以更澎湃的动力,席卷更广泛的领域。

大面积发酵的并购 2.0,不仅使中国制造的影响从各经济体的消费环节上行至技术创新、渠道拓展、品牌运作、资本运营等诸环节,中国资本的全球布局、整合资源,也使国内投资者可望分享海外市场增长的收益,中国企业在全球化生长过程中与当地市场的互动,也将使中国进一步参透国际游戏规则,并反作用于内部市场化改革的推进。

ChinaVenture 数据显示,2008 年以来,中国企业出境并购宣布交易趋于活跃,累计宣布出境并购交易 1 145 起,宣布交易规模 4 545 亿美元,平均单笔宣布交易规模达 4 亿美元。其中,2012 年宣布出境交易规模达 1 413 亿美元,达近 5 年峰值。2013 年上半年,全球并购市场遭遇萎缩,但中国企业对海外资产热情不减,独立并购情报服务公司 Merger market 的报告显示,这一时段中资境外并购交易总值达 373 亿美元,较 2012 年同期的 219 亿美元增长 70.7%,创 2001 年以来最为活跃的纪录。

中国企业海外并购第二浪潮的掀起,一方面得益于国家走出去战略的推动,另一方面,亦是中国经济发展之后从资本输入走向资本输出的必然,就在中国 GDP 超越日本位居全球第二的 2010 年,中国企业的海外并购总额也仅次于美国,跃居全球第二,这并不是一个巧合。

相比过往以国企投资海外资源为主流的中资出海 1.0 时代,近年中国企业海外并购的一个显著变化,就是越来越多的民企参与。根据 ChinaVenture 的统计,虽然近 5 年国内企业出境并购主体仍以国企为主,且仍集中于能源领域,但在制造业和 IT 业中,已体现了民企、国企共同参与且以民企为主导的格局。2013 年 5 月,中国肉类生产商双汇国际以高达 71 亿美元的总代价收购美国最大生猪生产商史密斯菲尔德,更勾勒出国企、民企齐头并进的格局,显示中国企业的全球化战略全面开启。

资料来源:新财富

### (二)对外间接投资

对外间接投资包括证券投资和信贷资本输出,其特点是投资者不直接参与所投资企业的经营和管理。

1. 证券投资

证券投资是指投资者在国际证券市场上购买外国企业和政府的中长期债券,或在股票市场上购买上市的外国企业股票的一种投资活动。由于属于间接投资,证券投资者一般只能取得债券、股票的股息和红利,对投资企业并无经营和管理的直接控制权。

2. 借贷资本输出

借贷资本输出是以贷款或出口信贷的形式把资本借给外国企业和政府。一般有以下方式:

(1) 政府援助贷款

政府援助贷款是各国政府或政府机构之间的借贷活动。这种贷款通常带有援助性质。一般是发达国家对发展中国家或地区提供的贷款。这种形式的贷款一般利息较低(3% 5%),还款期较长,可达 20—30 年,有时甚至是无息贷款。这种贷款一般又有一定的指定用途,如用于支付从贷款国进口各种货物或用于某些开发援助项目上。

(2) 国际金融机构贷款

国际金融机构主要指"国际货币基金组织"、"世界银行"、"国际开发协会"、"国际金融公司"、各大洲的银行和货币基金组织以及联合国的援助机构等。

国际金融机构的贷款条件一般比较优惠,但并不是无限制的。如世界银行只贷款给其成员国政府或由政府担保的项目,其贷款重点是发展公用事业、教育和农业。国际货币基金组织贷款的用途主要用于弥补成员国经常项目收支而发生的国际收支的暂时不平衡。国际开发协会属于世界银行的下设机构，又称第二世界银行，专门从事对最不发达国家提供无息贷款业务。世界银行的成员国均为世界开发协会的成员国。国际金融公司是世界银行的另一附属机构，专门从事对成员国私营部门的贷款业务，向发展中国家的私营部门提供中长期贷款是该公司的主要业务。该公司的投资活动分为两种形式：一是贷款，二是参股。

（3）国际金融市场贷款

国际金融市场分为货币市场和资本市场，前者是经营短期资金借贷的市场，后者则是经营长期资金借贷的市场。货币市场是经营期限在 1 年以内的借贷资本市场；资本市场是经营期限在 1 年以上的中长期借贷资本市场。中期贷款一般为 1—5 年期的贷款，长期贷款为 5 年以上的贷款，最长期可达 10 年。一般国际金融市场贷款利率较高，但可用于借款国的任何需要，对贷款用途无限制。

（4）出口信贷

出口信贷是指一个国家为了鼓励商品出口，加强商品的竞争能力，通过银行对本国出口厂商或外国进口厂商或进口方的银行所提供的贷款。

## 三、国际资本移动对国际贸易的影响

### （一）加速了第二次世界大战后国际贸易的发展

第二次世界大战后，国际资本移动的加快和规模的扩大是国际贸易迅速发展的一个重要原因。

首先，第二次世界大战后初期，美国政府便开始向西欧和日本等国和地区进行国家资本输出。美国国家进出口银行的贷款范围仅限于全部购买美国商品，并必须由美国船只装运和由美国的保险公司保险。同时，美国的跨国公司通过在海外的直接投资，把本来由本国公司内的部门间和部门内的分工扩展到全世界范围，将这种分工扩大为各国间的相互依赖和合作。同时将机器设备的进出口、原材料和零部件等中间产品的贸易密切联系起来，从而迅速扩大了美国与西方国家的贸易，并在一定程度上加速了国际贸易的发展。

其次，第二次世界大战后，发达国家对发展中国家的资本输出和私人出口信贷成为扩大其大型机械设备和成套设备出口的重要手段，扩大了它和发展中国家的双向贸易。

此外，国际资本移动成为确保原料进口的手段，第二次世界大战后至 20 世纪 60 年代，资本移动主要流向原材料采掘、冶炼行业。从而保证了发达国家经济发展所需的原材料供应问题。特别是有的发达国家的跨国公司与东道国先做好投资规模的研究，然后签订长期贸易合同，保证投资者在较长时间内得到稳定的有保证的原料供应。

### （二）促进国际贸易的地理分布和商品结构的变化

第二次世界大战后发达国家集中了企业海外直接投资的 75% 以上，这种直接投资的地区格局致使发达国家间的分工与协作不断增加，促进了它们之间贸易的发展。

第二次世界大战后，国际贸易的 70% 以上是在发达国家之间进行的。这一方面是由于发达国家经济发展水平相同，生产、消费结构相类似，另一方面则与企业的直接投资行为密切相关。

　　第二次世界大战后,国际贸易商品结构发生了重大变化,工业制成品的比重超过初级产品的比重,在工业制成品中,中间产品比重增长很快,这些都与国际资本移动,特别是与大量的直接投资集中于制造业有着密切的联系。

　　中间产品比重的持续增长在一定程度上与跨国企业的经营方式有关。跨国企业是从全球的角度依照各地的具体条件进行资源配置的。其经营方式为内部企业间分工协作,定点生产、定点装配、定向销售,这样便会出现大量零部件在国家间的往返运输,由此增加了中间产品的贸易比重。

### （三）加强了国际贸易中的竞争

　　国际资本移动,特别是对外直接投资作为企业争夺国外市场的手段具有以下几个有利的因素:

　　其一,建立商业信息情报网络。在国外的生产和贸易部门进行投资的跨国企业可利用自身优势,及时、准确地搜集当地市场的商业信息,并与其他地区建成信息网络,这对企业根据市场状况适时地生产适销对路的产品,改进产品的销售都是极其有利的。

　　其二,增强产品的竞争能力。通过对外直接投资,就地生产和就地或到邻近的地区销售商品,减少了运输成本和其他销售费用,或者利用东道国廉价的劳动力,既吸纳了东道国的劳动力,又有效地提高了商品的竞争能力。

　　其三,争夺市场份倾。发达国家通常利用技术上的优势,通过对外直接投资的方式在国外建立使用本国专有技术或其他知识产权生产新产品的企业,在其他企业仿造或制造类似产品以前抢占对方市场,从而获得生产和销售的垄断权并获得垄断利益。

### （四）使国际贸易方式多样化

　　第二次世界大战后,国际资本移动中,跨国公司的对外投资迅速增加。跨国公司通过在海外设立自己的贸易机构或建立贸易为主的子公司,经营进出口业务,并扩大跨国公司内部的交换范围,使跨国公司内部贸易扩大。与传统贸易相比,贸易中间商、代理商的地位则相对下降。与此同时,国际贸易的方式也多样化,出现了加工贸易、补偿贸易、租赁贸易、电子商务等业务。

### （五）促使各国贸易政策发生变化

　　跨国公司作为国际资本移动的载体对国际资本移动的加速发展起着重要的作用。跨国公司倡导贸易自由化原则,要求政府为其创造良好的自由贸易环境,这必然会影响本国政府的贸易政策。所以,跨国公司及其代表的投资国不仅需要实现资本的自由移动,也更加需要实现商品的自由移动。

## 第二节　跨国公司与国际贸易

　　第二次世界大战后,特别是 20 世纪 50 年代后期以来,随着主要发达国家经济的发展及其对外直接投资的迅速增长,作为资本和生产国际化的重要组织形式——跨国公司有了迅速而广泛的发展。跨国公司通过引起贸易方式、贸易结构、国际投资规模和流向等的变动,对世界经济发展产生着深刻的影响。

## 一、跨国公司定义、类型和特征

### （一）跨国公司的定义

跨国公司（Transnational Corporation），又称多国公司（Multi-national Enterprise）。联合国 1977 年做出的较为具体的跨国公司定义为："跨国公司是股份制的或非股份制的企业，包括母公司和它们的子公司。母公司的定义为一家在母国以外的国家控制着其他实体的资产的企业，通常拥有一定的股本。股份制企业拥有 10% 或者更多的普通股或投票股权者，或者非股份制企业拥有等同的数量者，通常被认为是资产控制权的门槛。子公司是一家股份制的或非股份制的企业，在那里一个其他国家的居民的投资者对该企业管理拥有可获得持久利益的利害关系"。

根据 1986 年联合国《跨国公司行为守则》（UNCCTC）对跨国公司的定义，世界各国就跨国公司定义的三个基本要素取得了一致的意见：第一，是指在两个或两个以上国家从事生产经营活动的经济组织，母公司通过股权和其他方式对国外的实体进行控制；第二，这个组织有一个中央决策系统，组织内部各单元的活动都是为全球战略目标服务的；第三，组织内部各单元共享资源、信息等权利，共担责任和风险。

## 相关链接

### 沃尔玛

沃尔玛百货有限公司由美国零售业的传奇人物山姆·沃尔顿先生于 1962 年在阿肯色州成立。经过五十多年的发展，沃尔玛公司已经成为世界最大的私人雇主和连锁零售商，多次荣登《财富》杂志世界 500 强榜首及当选最具价值品牌。

沃尔玛致力通过实体零售店、在线电子商店，以及移动设备移动端等不同平台不同方式来帮助世界各地的人们随时随地节省开支，并生活得更好。每周，超过 2.5 亿名顾客和会员光顾我们在 27 个国家拥有的超过 70 个品牌下的约 11 000 家分店以及遍布 11 个国家的电子商务网站。2015 财政年度（2014 年 2 月 1 日至 2015 年 1 月 31 日）的净销售金额达到近 4 857 亿美元，全球员工总数约 220 万名。一直以来，沃尔玛坚持创新思维和服务领导力，一直在零售业界担任领军者的角色；更重要的是，沃尔玛始终履行"为顾客省钱，从而让他们生活得更好"这一企业重要使命。

资料来源：沃尔玛（中国）投资有限公司官网

### （二）跨国公司的类型

跨国公司可以从不同的角度划分，一般按其经营结构划分时，跨国公司可划分为横向型、垂直型和混合型三大类型。

#### 1. 横向型跨国公司

这类跨国公司主要从事单一产品的生产经营，母公司和子公司很少有专业化分工，但公司内部转移生产技术、销售技能和商标等无形资产的数额较大。

2. 垂直型跨国公司

这类跨国公司的母公司与子公司之间在经营内容上可以分为两种。一种是母公司和子公司生产和经营不同行业的但却相互有关的产品。它们是跨行业的公司,主要涉及原材料、初级产品生产和制造加工行业。另一种是母公司和子公司生产和经营同一行业不同加工程度或生产工艺阶段的产品。

3. 混合型跨国公司

这类跨国公司经营多种产品和业务,母公司和子公司各生产不同的产品,经营不同的业务,且它们之间互不衔接,没有必然联系。

### (三)跨国公司的产生和发展

跨国公司经营的雏形可以追溯到资本主义初期的 15 世纪左右。它的正式形成是在 19 世纪下半叶,在当时的西欧和北美一些资本主义国家中,由于第二次科技和工业革命的发展,先后出现了一批拥有先进生产技术、雄厚资金实力和管理能力的现代企业。这些企业出于各种动机,进行对外投资,在国外建立生产、加工、销售机构及原料生产基地,从而形成了最早的一批跨国公司。跨国公司的大力发展则是在"二战"后经济全球化的过程中进行的。跨国公司的发展大体经历了以下三个阶段:

1. 第一阶段:19 世纪中叶至 20 世纪初的初步发展阶段

19 世纪中期以后,许多大公司纷纷在国外进行投资和开办工厂的活动。这些企业在 19 世纪末期就具备了现代意义上的跨国公司雏形。如 1865 年德国的拜尔化学公司在美国纽约设厂、1867 年美国胜家缝纫机公司在英国创办缝纫机装配厂等。20 世纪初期,资本主义进入帝国主义阶段,这时才诞生了具有现代特征的跨国公司。

2. 第二阶段:20 世纪 50 至 60 年代的蓬勃发展阶段

"二战"后,跨国公司得到迅猛发展,表现在:第一,跨国公司及其在海外的子公司数量成倍增加;第二,私人对外直接投资迅速增长;第三,对外投资规模不断扩大。

3. 第三阶段:20 世纪 70 年代至今的深化发展阶段

(1)跨国公司的数目猛增。20 世纪 70 年代以来,跨国公司不断增加。发达国家的大型企业继续不断扩大对外直接投资,一些中小型企业也积极进行跨国性经营活动,发展中国家跨国公司骤然兴起。

(2)跨国公司的经营范围广泛。目前,跨国公司的经营范围几乎已触及一切工业领域及服务业领域。发达国家的跨国公司逐步减少采掘业等重化工业的投资比重,继续增加制造业等轻工业投资的同时,大幅度增加了对服务业的投资。银行、航空、电信、商业等服务型的跨国公司获得了突飞猛进的发展。

(3)跨国公司的国籍和经济实力有所变化。在全球各国的跨国公司发展中,美国跨国公司的经济实力相对减弱,日本、德国的跨国公司数量和实力增长显著。

综观跨国公司产生与发展的轨迹,从跨国公司经营的内容看,它经历了"商品转移——资本转移——技术转移——人才转移"的过程;从投资经营的地域看,它经历了"殖民地——欧洲经济发达国家——经济发展后进国家——全球范围";从直接投资的行业看,它经历了"商品贸易业——采掘业——制造业——服务业"的过程。在这些过程中,随着跨国公司的发展,其贸易活动也逐步从"外部贸易"向"内部贸易"转变。

### （四）跨国公司经营的特征

1. 跨国公司实行战略的全球性和管理的集中性

首先,跨国公司的战略是以整个世界市场为目标,总公司对整个公司的投资计划、生产安排、市场分布、利润分配、研制方向等重大的决策实行高度集中统一的管理,以使整个公司在全球的利益最大化。其次,跨国公司内部各实体之间,具有密切的联系性。公司在海外设立的大量子公司受控于母公司,在集中管理体制下进行分工协作,公司内部各单位的业务相互交融,相辅相成。

2. 跨国公司利用直接投资争夺世界市场

跨国公司对外扩张有两条途径:一是商品出口,二是海外投资和海外生产。为了扩大商品输出,初始时,跨国公司在国外设立销售公司,随着国际竞争的加剧,这种方式已满足不了跨国公司争夺世界市场的需要,跨国公司越来越多地采用海外直接投资的方式建立商品生产、加工工厂以代替直接的商品输出。

3. 跨国公司拥有先进技术,保持竞争优势

跨国公司以研究和开发新技术、新工艺和新产品为其经营的主要特征,并且影响所在国家有关的产业部门。科学技术的进步又加强了国际分工和协作,促进了跨国公司的发展。跨国公司十分重视研究与开发投资,据统计,世界五百强跨国公司中,研发费用约占它们年销售额的 5%—10%。

4. 跨国公司向综合型多种经营发展

20 世纪 70 年代以来,综合型多种经营的跨国公司迅猛发展,其业务经营范围几乎无所不包。通过综合型多种经营,跨国公司经济实力得以增强。

## 二、跨国公司内部贸易与转移价格

### （一）跨国公司内部贸易

1. 跨国公司内部贸易定义与原因

跨国公司的全球化战略和公司内部"一体化"战略,不仅促进了跨国公司与其他公司贸易的发展,而且促进了跨国公司内部贸易的迅速增长。

跨国公司内部贸易是指在跨国公司内部进行的产品、原材料、技术与服务的流动。主要表现为跨国公司的母公司与子公司之间,国外子公司之间在产品、技术和服务方面的交易活动。它既具有国际贸易的特征,又具有公司内部商品调拨的特征,因此,它是一种特殊形式下的国际贸易。在当代国际贸易中,跨国公司的内部贸易已占世界贸易额的 1/3 以上,随着跨国公司的发展,这种内部贸易在世界贸易中所占的比重将越来越大。

促成跨国公司内部贸易产生的主要原因如下:

（1）贸易内部化是技术进步和国际分工进一步发展的结果。随着国际分工和技术进步的不断深化,跨国公司将生产加工的不同阶段分设在不同国家,或者各个子公司专业化生产整个产品的某种特定部件,跨国公司不断扩大着公司的内部贸易。

（2）贸易内部化是跨国公司追求利润最大化的必然结果。公司内部贸易可以大幅度减少通过外部市场交易所付的费用,节约交易成本,增加利润。公司还可借助于内部转移价格中的转移高价和转移低价,谋取高额利润。

（3）贸易内部化可以防止技术优势的扩散。对技术的垄断是跨国公司的特有优势，也是其存在和发展的关键。通过知识、技术的内部贸易，跨国公司将知识、技术的外部性内部化，既节约交易成本，又规避了知识、技术的外溢。

（4）内部贸易可降低外部市场造成的经营不确定性风险。由于受市场自发力量的支配，企业经营活动面临着诸多的风险，如投入的供应数量不确定、质量不确定、价格不确定等，公司内部贸易可以大大降低上述的各种经营不确定性的风险。

2. 跨国公司内部贸易的特点

（1）跨国公司内部贸易不存在商品所有权的外向转移。在跨国公司内部贸易中，商品所有权只是在公司内部各组成部分之间移动，而没有超出跨国公司的体系，因此，从公司的整体意义上讲，内部贸易不存在所有权的外向转移问题。

（2）跨国公司内部贸易实行计划性管理。公司内部贸易的计划性主要是指内部贸易的商品数量、商品结构以及地理方向等要受公司长远发展战略计划、生产投资计划、市场营销计划和利润分配计划的控制和调节。公司实行内部贸易计划管理的目的是，调节公司内部的资源配置，使之不断适应公司发展战略和外部环境变化的要求，在激烈的竞争环境中立于不败之地。

（3）跨国公司内部贸易实行转移价格。由于海外子公司采取的是多样化股权形式，使得母公司与各个子公司之间形成多样化、多层次的经济体系，这种经济利益的差异性必然导致跨国公司的总体利益与各子公司的局部利益之间的冲突。跨国公司实行转移价格是克服这一矛盾的有效方法。转移价格使整个公司的经营活动在全球战略目标指导下实现内部交换，并在协调的基础上使各自的利益得到满足。

### （二）跨国公司转移价格

1. 跨国公司转移价格的定义

跨国公司转移价格，又称跨国公司内部贸易价格，即跨国公司总公司与子公司、子公司与子公司之间在进行商品和劳务交换中所实行的价格。转移价格在一定程度上不受市场供求关系的影响，因为它不是独立各方在公开市场上按"自由竞争"原则确定的价格，而是根据跨国公司的全球战略目标和谋求最大限度利润的目的，由总公司上层人士制定。

2. 跨国公司转移价格的目的

（1）减轻税负。跨国公司的子公司分布在世界各地，其经营所得须向东道国政府缴纳所得税，同时子公司的进出口贸易必须向东道国缴纳关税。但各国所得税率和关税率高低差别较大，税则规定也不统一，跨国公司往往利用这一点，通过转移价格人为地调整母公司与子公司的利润和进出口数量与金额，以此来规避东道国的税收制度。

### 相关链接

**丹麦税务当局继续对跨国公司转移定价和避税行为展开行动**

据丹麦《哥本哈根邮报》报道，丹税务当局近期对 76 家公司提出指控，认为其在 2014 年违反税务规定，通过转移定价行为避税达 200 亿丹麦克朗。这是丹税务当局连续第四年对跨国公司转移定价行为采取行动。过去三年间，丹税务当局一直在追讨多家跨国公司通过转移定价规避的税收,总额达 590 亿丹麦克朗。丹税务大臣就为何盯住跨国公司转移定价不放作如下解释:"显而易见,转移定价是有些公司实施避税、逃税行为的有效手段,但如何准确评估和正确评判转移定价行为,却是一件难事。在这一点上,实际上有些公司自己也吃不准,希望得到我们的帮助"。丹麦工业联合会(DI)税务部负责人 Jacob Bræstrup 则认为:"当局对通过转移定价实现的避税金额认定也只是个大概,而无法精确。通过其公布的数据,我们能了解哪些企业在转移定价上遇到了麻烦,而确切的避税金额却不得而知。"事实上,很多转移定价和避税案件最后只能在旷日持久的法律程序中不了了之。

资料来源:环球网

(2)调配资金。跨国公司从事对外直接投资,进行多国性经营,需要利用众多的资本市场,并实现资金的自由调拨与配置。但东道国往往对资金的调出加以限制,如限制汇回利润等。跨国公司可采取由各子公司分担集中开发的开支、以高利贷名义将资金以利息方式调回等转移价格的形式,在跨国公司内部调配资金流向。

(3)调节利润。跨国公司利用高税区与低税区的差别通过对转移价格的调高或调低来影响国外子公司的利润水平的高低。一般来说,发达国家处于高税区,发展中国家处于低税区,由高税区向低税区采用调低转移价格,便可以达到调低子公司的进货成本、提高其利润的目的。反之,采用调高转移价格的做法,便可以达到提高高税区公司进货成本、降低其利润的目的。这种转移价格的方式,最终减少了整个公司的税负,增加了利润。

(4)规避风险。跨国公司从整体利益出发,出于对东道国投资环境、政策、外汇管理等诸多方面的考虑,往往利用转移价格,通过多种方式增加子公司的经营成本,从而将投资利润从东道国转移出去,保证其风险降至最低程度。

3. 跨国公司转移价格的商品种类和定价体系

跨国公司实行转移价格的商品可以分为两大类:一类是有形商品,如机器设备、半成品或零部件;另一类是无形商品,如出口技术、提供咨询服务等。这两大类商品在转移价格的确定原则上是不同的。作为有形商品的转移定价基本可归纳为以内部成本为基础的定价体系和以外部市场为基础的定价体系两种。无形商品的转移价格,如专利费和管理费等,由于缺乏外部市场的可比性价格,没有可靠的定价基础,多需要考虑相关因素酌情定价。

总之,转移价格是跨国公司弥补外部市场结构性和交易性缺陷的重要措施,已成为跨国公司建立内部市场的主要手段和跨国公司内部贸易的有力支撑点。转移价格在跨国公司全球经营活动中扮演了关键角色,为跨国公司获取高额利润和增强全球竞争力做出了重大贡献。

# 第三节　跨国公司对外直接投资理论

跨国公司是国际直接投资的主体,通过直接投资,跨国公司将资本从收益率低的国家或地区转移到收益率高的国家或地区,使资本在全球的配置更加有效率。跨国公司的投资渠道包括内外两个方面,内部投资主要是跨国公司总公司与子公司间的资金流动,外部投资涉及跨国公司总、子公司与外部金融市场间的资金流动。对跨国公司国际直接投资理论的研究,可以追溯到 20 世纪 60 年代,从那时起,先后出现了多种跨国公司对外投资理论。其中,有的以产品生产的动态变化为视角,有的以市场内部化动机为核心,也有的以产业组织为线索,对跨国公司对外投资的动机进行了分析。

## 一、垄断优势理论

1960 年,美国学者海默在其博士论文《国内企业的国际经营:关于对外直接投资的研究》中,创造性地将产业组织理论中的垄断优势理论(Monopolistic Advantage Theory)运用于跨国公司的对外直接投资分析。这种方法后经其导师、国际经济学家金德尔伯格发展,成为西方对外直接投资理论的先导。

海默明确指出了直接投资与证券投资的根本区别。他认为直接投资最主要的特点是与控制权紧密相连。他强调拥有获得金融资本的有利条件不是直接投资的充分条件,跨国公司对外直接投资的根本原因是利用由于不完全竞争市场所产生的企业特定优势。因此,海默认为市场不完全竞争和以垄断资本集团独占为中心内容的垄断优势是战后国际直接投资急剧上升的关键所在。

根据垄断优势理论,跨国公司之所以存在是因为拥有垄断优势,包括对某种专门技术的控制、对原材料来源的垄断、对销售渠道的控制、规模经济优势、产品开发和更新能力优势等。具体地讲,作为对外直接投资的跨国公司,一般会有以下垄断优势:

### (一) 垄断技术优势

技术是一种广义的概念,包括专利技术、专有技术、企业无形资产、管理和组织才能、商标、信息等。这些技术优势是东道国企业所没有的,而跨国公司利用这些垄断优势来生产差异产品(Differentiated Products)。这些差异产品可能是由于新工艺技术而形成的物理上不同,也可能是由于营销技术而形成的心理感受的不同,从而区别于其他当地的产品,形成跨国企业自己的竞争优势,以此来实施垄断的产品价格和产量,弥补自己在东道国和当地企业相比的劣势。

这种垄断的技术优势会造成跨国公司对海外的水平直接投资,即在海外的子公司生产和母公司同样的产品。这种水平直接投资更多地发生在知识密集型的产品上,如石油冶炼、医药、工业化学、农业机械、办公机械和运输设备等。除此之外,还有一些高度依赖营销的产品,如方便食品和化妆品。

### (二) 规模经济优势

传统规模经济理论强调的是企业通过大规模的生产,使单位产品成本递减从而产生价格竞争优势,使企业取得一种垄断势力。而在跨国公司的经营中,更注重非生产活动的规模经济性。这主要包括产品研究与开发的集中、大规模的销售网络、资金的统一运用和协调以及大规模的市场采购等,当企业在国际市场进行多样化扩展后,最终形成当地竞争者没有的规模经济优势。

垄断优势理论,突破了过去长期流行的完全竞争模型,用不完全竞争模型解释跨国公司的对外直接投资,开辟了国际直接投资研究领域的新局面,且对美国对外投资的现实有较好的解释力。但该理论无法解释无垄断优势的跨公司进行对外直接投资的行为。

## 二、产品生命周期理论

美国哈佛大学教授弗农在 20 世纪 60 年代中期提出了利用产品生命周期的变更,来解释美国跨国公司对外直接投资的动机、时机和区位选择的理论。产品生命周期是从营销学观点来说明产品在市场上竞争地位的兴衰。弗农把产品周期分为三个阶段。

### 1. 创新阶段

这个阶段,新产品集中在创新国生产,国外市场的需求主要是通过出口的方式得到满足。由于其他国家不能掌握生产新产品的技术,所以无法生产和竞争,创新国企业得以维持垄断或寡占优势。

### 2. 成熟阶段

这个阶段,由于产品定型、需求趋旺,在国内外都出现了模仿者,竞争对手的出现意味着技术优势的丧失,而成本、价格的因素在竞争中的作用趋强。在国内市场日趋饱和的情况下,企业必然要到国外去投资设厂,进一步取得竞争优势。创新国的企业将首先投资于其他资本、技术相接近的发达国家。

### 3. 标准化阶段

这个阶段,产品已完全标准化,公司的技术优势完全丧失,产品的竞争主要表现为价格竞争。为了降低成本,公司将产品的生产转移到工资水平较低的发展中国家和地区。

在这三个阶段,母国的生产和贸易行为分别是,在本国生产和销售——母国减少生产和出口——母国减少生产,改为海外进口。母国的投资行为分别是,在本国投资——到其他发达国家投资——到发展中国家投资。它基本上反映了 20 世纪五六十年代美国制造业的对外直接投资的情况。

## 三、内部化理论

内部化理论(Internalization Theory)也称为市场内部化理论。该理论分别由英国经济学家巴克利(Peter J. Buckley)、卡森(Mark C. Casson)和加拿大学者拉格曼（A. M. Rugman）于 1976 年和 1981 年提出和发展。

内部化理论认为,由于市场不完全和交易成本上升,若将企业所拥有的特定的技术、知识等"中间产品"通过外部来组织交易,则难以保证企业获得最大限度的利润。如果将这种"中间产品"通过跨国公司一体化所形成的内部市场进行内部转让,以内部市场来代替原来的外部市场组织交易,就可能克服外部市场的某些不完全性所造成的风险和损失,使跨国公司取得最佳利润。因此,所谓内部化,是指由于市场不完全,造成中间产品交易效率低下。为了提高这种交易的效率,克服外部市场的失灵,跨国公司通过对外直接投资,把原本应在外部市场交易的业务转变为在公司所属企业之间进行,以此将外部市场内部化。正如拉格曼所说:"所谓内部化,是指把市场建立在公司内部的过程,以内部市场取代原来固定的外部市场。"跨国公司的对外直接投资也就是跨国公司内部化超越国界的过程。

内部化产生的过程主要取决于以下四组因素:(1) 产业特定因素,如产品性质、外部市场结构和规模经济等;(2) 地区特定因素,如地理上的距离、文化差异和社会特点等;(3) 国家特定因素,如有关国家的政治与财政制度;(4) 公司物质因素,如不同企业组织内部市场管理能力方面的因素。在这四组因素中,产业特定因素是内部化最关键的因素。

### 四、国际生产折中理论

国际生产折中理论(Eclectic Theory of lnternational Production),是由英国经济学家邓宁于 1976 年提出的。邓宁认为跨国公司的对外经营活动是由商品贸易、许可证安排和国际直接投资有机结合而成的。因而要阐明跨国公司国际直接投资的动因,就应该同对外经济活动的其他形式结合起来考察。邓宁综合各种直接投资理论的适用范围,用折中的方法,既综合考察了商品贸易、许可证安排和国际直接投资,又综合考察了决定国际直接投资的各种因素,提出了一个更加一般和具有广泛适用性的对外直接投资理论模式。因此,邓宁的国际生产折中理论也被称作国际生产综合理论。

国际生产折中理论认为跨国公司对外直接投资是由所有权优势、内部化优势和区位优势这三者综合作用的结果。

1. 所有权优势

所有权优势(Ownership Specific Advantage),又可称为"垄断优势"、"竞争优势"、"企业优势",大致包括两个方面:一是由于独占无形资产如技术、知识、商标等所产生的优势;另一个是企业规模经济所产生的优势。

2. 内部化优势

内部化优势(Internalization Advantage),是企业为了避免外部市场不完全性对企业在所具有垄断优势的技术类产品转让中利益受损,而将这种优势保持在跨国公司内部的能力。通过外部市场的内部化,使企业能更有效率地控制交易活动的各个环节,如果企业将其拥有的资产通过内部化所得利益比外部市场交易大得多,该企业就具有一定的内部化优势。

3. 区位优势

区位优势(Location Specific Advantage),主要指东道国所拥有的在要素投入和市场分布方面的状况,即不同国别提供的有利条件和市场的完善程度等对跨国公司利润最大化构成影响的一切因素,包括东道国资源丰裕程度、人口密集程度、投资位置便利程度、基础设施状况、政策法规优惠性等。

跨国公司的对外直接投资行为,应该是上述三种优势共同决定的。这三种优势的结合,不仅使对外直接投资成为可能,而且决定着对外直接投资的部门结构和地区结构。这三种优势中,所有权优势和内部化优势只是企业对外直接投资的必要条件,区位优势是企业对外直接投资的充分条件。若仅有所有权优势和内部化优势,而无区位优势,则缺乏有利的投资场所,只能将这些优势在国内运用,即生产产品然后出口。若只有所有权优势和区位优势,而无内部化优势,则企业拥有的无形资产优势难以在内部使用,只能采取许可证转让方式把专利、商标、专有技术转让给外国企业。只有同时兼具以上三种优势时,跨国公司才会对外直接投资。

### 五、边际产业扩张理论

20 世纪 70 年代以前流行的国际直接投资理论,主要是以美国跨国公司为研究对象,这些不能解释日本跨国公司对外直接投资的动因。70 年代中期,日本学者小岛清教授根据日本对外直接投资的情况在其著作《对外直接投资论》中,提出了"边际产业扩张论"或称为"小岛清模式"。

小岛清运用比较优势原理,并根据对日本企业跨国投资经营的实况考察,提出了解释日本等发达国家对外直接投资的理论模式。这一理论的核心是，对外直接投资应该从投资国已经或即将处于比较劣势的产业部门，即边际产业部门依次进行，而这些产业又是东道国具有明显或潜在比较优势的部门，投资国对外直接投资就可以充分利用东道国的比较优势。日本的传统工业部门之所以能够比较容易地在海外找到有利投资场所，就是因为它们向具有比较优势的国家和地区进行投资。

### 六、价值链理论

价值链理论(Theory of Value Chain)是美国学者迈克尔·波特于 1985 年提出的对外直接投资理论。波特将价值链描述成一个企业用以"设计、生产、销售、交货以及维护其产品"的内部过程或作业(Activity)。他将跨国企业的价值活动分为两类：基础活动和辅助活动。前者包括进货后勤、生产经营、出货后勤、市场营销、售后服务；后者包括采购、技术开发、人力资源管理、企业基础设施。跨国公司的价值链系统包括供应商价值链、经营单位价值链、销售渠道价值链和买方价值链等。跨国公司在国际范围配置价值链的各个环节，促进了产品、服务以及技术等在各区位间的流动。对跨国公司来说，价值链各环节在不同区域的配置直接影响到跨国公司的竞争优势，于是，跨国公司选择对外直接投资，在全球范围内拓展价值链。

## 本章小结

1. 国际投资一般包括对外直接投资和对外间接投资两种形式。对外直接投资有绿地投资、合资合作、兼并与收购、投资者利润的再投资等方式，对外间接投资有证券投资和借贷资本输出两种方式。

2. 跨国公司是指在两个以上国家(或地区)拥有矿山、工厂、销售机构或其他资产，在母公司统一决策体系下从事国际性生产经营活动的企业。它可以由一个国家的企业独立创办，也可以由两个或多个国家企业合资、合作经营，或控制当地的企业使其成为子公司。

3. 跨国公司内部贸易是指跨国公司内部的产品、原材料、技术和服务在国际间的流动。这主要表现为跨国公司的母公司和国外分支结构之间，以及处于不同国家的同一母公司属下的子公司之间产生的贸易关系。公司内部贸易是国际直接投资迅速发展在国际流通领域内形成的一种新的现象，是国际贸易和国际直接投资相结合的产物。

4. 跨国公司对外直接投资理论主要包括垄断优势理论、产品生命周期理论、内部化理论、国际生产折中理论、边际产业扩张理论等。

## 复习思考题

1. 简述对外直接投资的分类。
2. 简述国际投资对国际贸易的影响。
3. 简述跨国公司及其经营特点。
4. 什么是转移价格？试述跨国公司采用转移价格的目的。
5. 简述跨国公司对外直接投资的相关理论。

# 第 14 章

# 区域经济一体化

## 知识目标

(1) 掌握区域经济一体化的基本含义和组织形式;

(2) 掌握区域经济一体化各理论的主要内容;

(3) 了解区域经济一体化发展的现状和世界上影响较大的区域经济一体化组织;

(4) 掌握区域经济一体化对国际贸易的影响。

## 能力目标

能够运用所学理论知识分析区域经济一体化对当前国际贸易的影响及中国参与区域经济一体化的主要情况。

### 引导案例

**云南水果成为出口东盟畅销货**

越南红毛丹、泰国山竹、马来西亚榴莲……如今在昆明街头,很容易就能看到品种繁多的东南亚水果,或许很少有人会想到,东盟水果抢滩云南市场的同时,云南水果也成为出口东盟畅销货。

中国-东盟自贸区零关税政策的实施,加快了云南水果出口东盟市场的步伐。据云南省商务厅的统计,云南水果贸易在与东盟贸易中表现不俗,仅 2012 年 1—5 月,与东盟水果贸易值就已经突破 1 亿美元,马来西亚和泰国分别是云南出口水果最大消费国和进口水果最大来源地,进出口活跃,东盟已成为云南水果贸易最大市场。

资料来源:中国东盟自由贸易区门户网

## 第一节 区域经济一体化概述

### 一、区域经济一体化的含义

区域经济一体化(Regional Economic Integration)又称为地区经济一体化或区域集团化,是指区域内两个或两个以上的国家或地区,通过制定共同的经济贸易政策等措施,消除相互之间阻碍要素流动的壁垒,实现成员方的产品甚至生产要素在本地区内自由流动,从而达到资源优化配置,促进经济贸易发展,把各国(或各地区)的经济融合起来形成一个区域性经济联合体的过程。

国家(或地区)之间经济政策和措施的统一,可以分为两个方面的内容:一个方面是内部经济政策和措施的统一,即有关成员方实施统一的经济贸易政策;另一个方面是外部经济政策和措施的统一,即有关成员方之间实施统一的对非成员方的经济贸易政策。在区域经济一体化的实践中,并不是一开始就在这两个方面同时实现统一的。参与一体化的国家往往先在成员方之间取消贸易和其他经济活动中的人为限制,逐步实施统一的内部经济政策,然后实现外部经济政策的统一。

区域经济一体化要求成员方之间在经济政策上实现一定程度的统一,实质上是成员方经济主权一定程度的限制和让渡。这种经济主权限制和让渡程度的区别,意味着成员方之间经济结合程度的高低,从而可划分出不同层次和水平的区域经济一体化。对成员方经济主权限制和让渡出来的部分职能需要有一个组织机构来管理及行使。因而在较高层次和水平的区域经济一体化中,一般都有一个根据条约或协议而组成的超国家机构,并赋予该超国家机构一定的权力和职能。随着经济一体化水平的提高,各成员方逐步向该机构让渡更多的经济主权,由该超国家机构行使更多的共同内部经济政策和统一的对外经济政策。

## 二、区域经济一体化的形式

区域经济一体化包括不同的类型和不同的程度,无论从内容还是层次来看差异都很大。从不同角度考虑可以分为不同的类型。

### (一) 按一体化的程度划分

按一体化的程度划分,可将区域经济一体化分为以下几种:

1. 优惠贸易安排

优惠贸易安排(Preferential Trade Arrangement)是区域经济一体化中最低级和最松散的组织形式。成员方之间通过贸易条约或协议,规定了相互贸易中对全部商品或部分商品的关税优惠,对来自非成员方的进口商品,各成员方按自己的关税政策实行进口限制。如第二次世界大战前建立的"英联邦特惠制"及战后建立的"东南亚国家联盟"等。

2. 自由贸易区

自由贸易区(Free Trade Area)是指两个或两个以上的国家之间相互取消关税及进口数量限制,使商品在区域内完全自由流动,但各成员方仍保持各自的关税结构,按照各自的标准对非成员方征收关税。这是一种松散的经济一体化形式,其基本特点是用关税措施突出了成员方与非成员方之间的差别待遇。例如,1960年成立的欧洲自由贸易联盟和1994年1月1日建立的北美自由贸易区就是典型的自由贸易区形式的区域经济一体化。

3. 关税同盟

关税同盟(Customs Union)是指成员方之间彻底取消了在商品贸易中的关税和数量限制,使商品在各成员方之间可以自由流动。另外,成员方之间还规定对来自非成员方的进口商品采取统一的限制政策,关税同盟外的商品不论进入哪个同盟内的成员方都将被征收相同的关税。例如,早期的"欧洲经济共同体"和"东非共同体"。

　　关税同盟意味着撤除了成员方各自原有的关境,组成了共同的对外关境。这样使成员方的商品在区域内部自由流动的同时,排除了来自非成员方商品的竞争。关税同盟使成员方在商品贸易方面彻底形成了一体化。关税同盟开始具有超国家性质,是实现全面经济一体化的基础。

　　4. 共同市场

　　共同市场(Common Market)是指成员方之间不仅在商品贸易方面废除了关税和数量限制,并对非成员方商品进口征收共同关税,另外还规定了生产要素(资本、劳动力等)也可以在成员方间自由流动。例如,"欧洲共同体"在 1992 年底建成的统一大市场,其主要内容就是实现商品、人员、劳务、资本在成员方之间的自由流动。

　　5. 经济同盟

　　经济同盟(Economic Union)是指成员方之间除了商品与生产要素可以进行自由流动及建立共同对外关税之外,还要求成员方实施更多的统一的经济政策和社会政策,如财政政策、货币政策、产业政策、区域发展政策等。例如,"欧洲联盟"属于此类经济一体化组织。

　　在理论上,应在多大的经济政策范围内实现统一才能称得上经济联盟,尚没有明确界定。但是,货币政策的统一作为一个重要标志是达成共识的,即成员方之间有统一的中央银行、单一的货币和共同的外汇储备。到目前为止,世界上也只有欧洲联盟进入到这一阶段。

　　6. 完全经济一体化

　　完全经济一体化(Complete Economic integration)是经济一体化的最高级组织形式。区域内各成员方在经济联盟的基础上,全面实行统一的经济和社会政策,如财政政策、货币政策、福利政策、农业政策,以及有关贸易及生产要素流动的政策等,使各成员方在经济上形成单一的经济实体。而该经济实体的超国家机构拥有全部的经济政策制定和管理权。目前世界上尚无此类经济一体化组织,只有欧盟在为实行这一目标而努力。

　　需要说明的是,从经济一体化的程度看,存在由低级到高级的上述六种形式的经济一体化组织。但是,在理论上并不存在经济一体化组织由低级向高级发展的必然性,即自由贸易区并不一定会升级到关税同盟,关税同盟也不一定升级到共同市场,共同市场不一定升级到经济同盟等。当然,在现实中,要使关税同盟彻底地贯彻执行,有必要使关税同盟向共同市场甚至向经济同盟发展,1958 年成立的欧洲共同体就是一例。实际上,随着成员国经济相互依赖关系的逐步加强,成员国也可能提出要求,使某种形式的经济一体化组织逐步升级。区域经济一体化的类型与特点见表 14-1。

表 14-1　区域经济一体化主要形式及特征

| 区域经济一体化形式 | 优惠关税 | 商品自由流通 | 共同对外关税 | 生产要素自由流通 | 经济政策协调 | 超国家经济组织 |
|---|---|---|---|---|---|---|
| 优惠贸易安排 | √ | | | | | |
| 自由贸易区 | √ | √ | | | | |
| 关税同盟 | √ | √ | √ | | | |
| 共同市场 | √ | √ | √ | √ | | |
| 经济同盟 | √ | √ | √ | √ | √ | |
| 完全经济一体化 | √ | √ | √ | √ | √ | √ |

### （二）按区域经济一体化的范围划分

按区域经济一体化的范围，区域经济一体化可分为以下几种：

1. 部门一体化

部门经济一体化（Sectoral Integration）指区域内各成员方间的一个或几个部门（或商品）因达成共同的经济联合协定而产生的区域经济一体化组织。如欧洲煤钢共同体、欧洲原子能共同体。

2. 全盘一体化

全盘一体化（Overall Integration）指区域内各成员方的所有经济部门加以一体化，欧共体（欧盟）就属此类。

### （三）按参加国的经济发展水平划分

按参加国的经济发展水平划分，区域经济一体化分为以下两种：

1. 水平一体化

水平一体化（Horizontal Integration）又称横向一体化，是由经济发展水平相同或接近的国家所形成的经济一体化形式。从区域经济一体化的发展实践来看，现存的一体化大多属于这种形式。如欧共体（欧盟）、中美洲共同市场等。

2. 垂直一体化

垂直一体化（Vertical Integration）又称纵向一体化，是由经济发展水平不同的国家所形成的一体化形式。如1994年1月1日成立的北美自由贸易区，将经济发展水平不同的发达国家（美国、加拿大）和发展中国家（墨西哥）联系在一起，使建立自由贸易区的国家之间在经济上具有更大的互补性。

# 第二节　世界主要的区域经济一体化组织

## 一、欧洲联盟

### （一）欧洲联盟的演变及扩充

欧洲联盟（European Union，简称欧盟 EU）是到目前为止发展最为完善、一体化程度最高的区域经济组织。欧盟的前身是1952年由法国、比利时、荷兰、卢森堡、联邦德国、意大利6国成立的欧洲煤钢共同体。1957年6个创始国缔结了《欧洲共同体条约》（《罗马条约》），成立了欧洲经济共同体（European Economic Community, EEC），并于1958年1月1日正式生效。其后，欧共体不断发展壮大，成员国不断增加。1967年7月1日，欧洲经济共同体与欧洲煤钢共同体和欧洲原子能共同体合并，改称欧洲共同体（European Community，EC，简称"欧共体"或"共同体"）。1993年11月1日《马斯特里赫特条约》生效后，欧洲共同体更名为欧洲联盟。

自成立至今的半个世纪以来，欧盟迅速发展，一体化程度不断加深，而这种发展是与其组织规模的不断扩大相伴而行的。到目前为止，欧盟经历了5次扩充。第一次于1973年，英国、爱尔兰和丹麦3国加入共同体；第二次于1981年，希腊被吸收为欧共体的成员；1986年1月1

日,西班牙和葡萄牙加入欧共体,经过这第三次扩大,欧共体的成员国增加到 12 个;1995 年 1 月,瑞典、奥地利和芬兰成为欧共体成员,欧共体成员国增加到 15 个,成为一个拥有 3.74 亿人口的区域经济集团。在基本覆盖了西欧之后,在 2000 年的尼斯会议上,欧共体通过了《尼斯条约》,开始实施东扩计划。2004 年 5 月 1 日,欧盟成功地实现了历史上第 5 次,也是规模最大的一次扩大。随着波兰、匈牙利、捷克等 10 国的加入,欧盟成员国增加到 25 个;随着 2007 年罗马尼亚和保加利亚的加入,欧盟进一步扩展为 27 个国家,几乎覆盖了欧洲的所有国家,欧洲统一大市场最终形成。

### (二)欧盟的一体化进程

在欧洲联盟的规模逐渐由西欧向中欧和东欧扩展的同时,一体化的内容不断丰富、程度逐渐加深,由最初的关税同盟发展到现在的经济和货币联盟,在其 40 多年的发展历程中,经历了 3 次一体化程度的飞跃。

#### 1. 从各自为政到关税同盟(1957—1968)

《罗马条约》规定,从 1958 年 1 月 1 日起,成员国分三阶段逐步降低直至最终取消相互间的关税,与此同时,逐步拉平对外关税标准,实现统一对外。1968 年 7 月 1 日,取消了共同体内部的工业品关税,对外实行统一的关税税率。统一对外关税的建立,标志着关税同盟的完成,为经济一体化的深入发展奠定了基础。

#### 2. 从关税同盟到共同市场(1968—1992)

按照《罗马条约》,成员国之间不仅要相互减少关税,还要取消数量限制及其他贸易壁垒;不仅要取消工业品方面的关税和非关税壁垒,还要取消所有产品的贸易壁垒,以促进商品在区域内的自由流动。为了落实《罗马条约》,成员国范围内进一步实施共同的农业政策和贸易政策,取消了包括农产品在内的所有产品的关税和数量限制,实现了商品的自由流动。在实现了商品自由流动之后,欧盟一体化的脚步并没有停止。1986 年 5 月,签署了《欧洲一体化文件》。文件规定,在 1992 年 12 月 31 日,建立一个商品、人员、劳务和资本自由流动的统一市场。为实现这一目标,在取消关税壁垒和数量限制的基础上,成员国之间进一步在间接税的征收、产品技术标准和学历及技术证书的互相承认等方面进行协调和统一,废除了限制劳动、就业和资本流动的诸多障碍。1992 年底,成员国内部实现了商品、人员、劳务和资本的自由流动,建立欧洲统一市场(共同市场)目标如期实现。

#### 3. 从共同市场到经济与货币联盟(1993—2002)

虽然 1993 年 11 月 1 日正式生效的《马斯特里赫特条约》(简称《马约》)标志着建立欧洲经济货币联盟的具体实施,但事实上,经济与货币联盟的推动,并不是从商品和要素自由流动的统一市场建立后才开始的,而是伴随着整个经济一体化的过程。在推进一体化的进程中,成员国越来越深刻地感到,如果只有统一的关税和贸易政策,而没有共同的货币政策维持各国货币和汇率的相对稳定,产品的自由流通就会受到影响,成员国之间的统一农产品价格制度也会受到损害。此外,美元危机造成的世界货币危机和大量美元在欧洲货币市场的兴风作浪,也会给各国经济带来影响。因此,随着一体化程度的加深,实行统一的货币金融和其他经济政策,实现经济货币同盟,越来越成为成员国的共同愿望。

早在 1969 年 12 月的共同体成员国首脑会议上,就正式提出了建立欧洲经济与货币联盟的动议。为此成立了以当时卢森堡总理兼财政大臣皮艾尔·维尔纳为首的专门委员会。该委员会于 1970 年 10 月提出了《关于在欧共体内分阶段实施经济与货币联盟》的报告,报告提出 1971—1980 年的 10 年时间里分 3 个阶段实现经济和货币联盟的目标。从 1971 年 1 月 1 日起,经济和货币联盟计划启动。但由于遭遇国际货币危机和世界经济危机,各国面临着通货膨胀的压力,西方金融货币市场动荡不安,该计划中途夭折,欧共体成员国的第一次货币合作失败。

1979 年,当成员国所面临的经济形势向好的方面转化以后,共同体提出建立欧洲货币体系的设想,并于同年 3 月 31 日开始实施建立欧洲货币体系的协议。其主要内容是,第一,创建"欧洲货币单位";第二,继续实行并扩大汇率的联合浮动体制,稳定西欧货币之间的比值关系;第三,设立"欧洲货币基金",加强对外汇市场的干预。

欧洲货币体系的建立,为经济和货币同盟的建立奠定了基础。1992 年 2 月 7 日,在荷兰马斯特里赫特举行的欧共体 12 国首脑会议上,正式签署了《政治联盟条约》和《经济与货币联盟条约》,即《马斯特里赫特条约》(简称《马约》),并于 1993 年 11 月 1 日正式生效。《马斯特里赫特条约》为建立经济货币联盟确定了具体的时间表和步骤,是欧洲一体化向纵深发展的又一个里程碑。条约提出建设货币联盟、适用的单一货币、成立共同的欧洲中央银行并执行统一的货币政策。条约规定:1990 年 7 月 1 日至 1993 年 12 月 31 日为第一阶段,在该阶段所有成员国都加入欧洲货币体系汇率机制,加强财政、货币金融政策的协调一致,取消所有的(个别情况例外)货币和资本流动的障碍,实现资本流动的自由化;从 1994 年 1 月 1 日开始为第二阶段,该阶段的主要目标是建立欧洲中央银行的雏形——欧洲货币机构,固定各成员国货币在欧洲货币单位的"货币篮子"中的比重;第三阶段最早于 1997 年 1 月 1 日,最迟于 1999 年 1 月 1 日开始,主要任务是成员国将经济货币决策交给欧盟,建立起一种"真正的"单一货币和独立的欧洲中央银行。在实际进程中,第三阶段是从 1999 年开始的。1999 年 1 月 1 日,欧元正式启动,在经历了几年的过渡期转换之后,2002 年 7 月 1 日,欧元国 11 国的原货币完全退出流通,欧元(Euro)成为欧元区内唯一的流通货币,欧洲统一货币正式形成。欧元的形成表明欧洲区域经济组织向货币联盟迈出了重要一步,欧盟实现了完全意义上的货币一体化,为建立真正的欧洲联盟奠定了重要基础。同时欧元的形成也是自布雷顿森林固定汇率体系崩溃以来,世界货币结构最为重大的变化,为经济全球化过程的国际货币体系建设进行了开拓性尝试。

随着规模的扩张和一体化程度的加深,欧盟的经济实力已与美国相当,并在开展建立欧洲政治联盟的合作、向全面一体化区域组织迈进的同时,大力开展跨区域的洲际合作。

## 二、北美自由贸易区

北美地区的经济一体化是在 20 世纪 80 年代兴起的。北美自由贸易区(North American Free Trade Area, NAFTA)的前身是由美国和加拿大两国建立的美加自由贸易区。进入 20 世纪 80 年代后,美加之间的经济关系获得了进一步发展,双方在贸易、投资上相互渗透,相互依赖关系日益加深。然而,两国在经济上的矛盾又频频发生并不断扩大,以致危及双方的经济利益。于是,两国逐步认识到,只有通过双边自由贸易,才能避免矛盾的进一步激化,并获得自由贸易的好处,求得最佳的经济利益。这是促成"美加自由贸易协议"签订的内在动因。美加两国经过 23 轮,历时一年零四个月的谈判,拟定了双边自由贸易的草案。1988 年 1 月 2 日美国总统和加拿大总理签署了《美加自由贸易协议》,该协议在 1989 年 1 月 1 日分别获得了美国国会和加拿大议会的批准,正式生效。

《美加自由贸易协议》规定 10 年内取消商品进口关税和非关税壁垒,两国商品关税分三批陆续于 1989 年、1993 年和 1998 年降至为零。该协议为防止转口避税,制定了原产地规则。另外,该协议对农产品、能源、汽车、劳务、金融服务贸易作了规定。关于两国贸易纠纷,则由一个处理争端的机构来负责。

美国在签订了《美加自由贸易协议》后,马上又在 1990 年 6 月与墨西哥磋商签订美墨自由贸易协议事宜。双方在磋商中感到加拿大也应参加谈判。1990 年 9 月加拿大宣布将参加谈判,三国于 1991 年 6 月正式开始谈判,经过 14 个月的讨论和协调,1992 年 8 月 12 日签订了《北美自由贸易协议》。该协定在 1994 年 1 月 1 日正式生效。

《北美自由贸易协议》规定 15 年内建成自由贸易区,三国就以下问题做出规定:① 在取消商品关税方面,决定分三批进行:50%的商品关税立即取消;另外 15%的商品关税在 5 年内取消;其余商品的关税在第 6—15 年内逐步取消。② 在原产地规则方面,北美自由贸易协议比美加自由贸易协议更加严格,如它要求包含 62.5%(美加协议是 50%)以上北美部件的车辆才有资格享受免税待遇。纺织品及服装必须在北美自由贸易区内生产主要部分,才能享受关税减免待遇。③ 服务、投资、知识产权、政府采购等方面都做了规定,在较为棘手的汽车、农产品、纺织品、能源、运输、文化及环境等方面还专门列了细则加以说明。

在美加墨三国决定开展北美自由贸易协议谈判后,美国政府提出了“美洲倡议”,意在把自由贸易范围扩大至美国的“后院”——拉丁美洲,建立美洲自由贸易区。《北美自由贸易协议》生效后,1994 年 12 月,由美国召集,在美国迈阿密举行了由北美、南美和加勒比海所有国家,(除古巴外)共 34 个国家参加的“美洲首脑会议”,讨论建立美洲自由贸易区。会上通过了《原则声明》和《行动计划》,决定在 2005 年完成“美洲自由贸易区”的谈判。此后,这些国家在圣地亚哥和魁北克又召开过两次首脑会议和多次贸易部长级会议。到 2003 年年底,美洲自由贸易的谈判已历经九年,但进展甚微,在消除商品和服务贸易壁垒这个主要目标方面几乎没有达成任何有意义的协议,谈判一直停留在议程和框架层面上,无从深入。2003 年 11 月 19—21 日,美洲第八次部长级会议在美国佛罗里达州的迈阿密举行。此次会议上各成员均采取了较为灵活、务实的态度。经过 4 天的讨论,会议达成以下几点共识:① 美洲自由贸易区谈判将尊重成员间不同的经济发展水平和各自的敏感商品和服务,允许就开放本国市场做出不同程度的承诺;② 参与谈判的区域组织将就自由贸易区的基本权利和义务达成协议,但成员可通过双边或区域协定取得某些领域内更大程度的开放;③ 成员方的农产品补贴和反倾销问题以及投资、知识产权保护、政府采购等问题将在世贸组织或双边、多边框架下商谈;重申最迟于 2005 年 1 月启动美洲自由贸易区。

最近,北美自由贸易协定成员国还在酝酿建立共同市场。美加墨三国打算用 25—30 年的时间建立共同市场,实现三国间统一货币的自由流通,以及人员和资金的自由流动。

### 三、亚太经济合作组织

亚太经济合作组织(Asia Pacific Economic Cooperation,APEC)是在 20 世纪 80 年代由澳大利亚建议下建立起来的。1989 年 11 月,亚太地区的 12 个国家(美国、日本、澳大利亚、加拿大、新西兰、韩国、马来西亚、泰国、菲律宾、印度尼西亚、新加坡、文莱)在澳大利亚堪培拉举行第一届部长会议,拉开了亚太地区广泛开展区域经济合作的序幕。此后,该经济组织成员不断增加,1992 年吸收了中国大陆及台湾、香港地区,1993 年增加了墨西哥、巴布亚新几内亚;1994

年又增加了智利,现已达到 21 个成员方。据统计亚太经济合作组织,人口占世界人口总数的 40％以上,国土面积总和约 6 000 多万平方公里,国民生产总值占世界国民生产总值的约 60％,进出口总额占世界贸易总额的接近 50％,是当今世界最大的区域国际经济合作组织。

亚太经济合作组织每年举行一届部长年会。从 1993 年起,每年举行一次成员方首脑非正式会议。成员方首脑非正式会议不仅扩大了亚太经济合作组织的国际影响,而且为今后亚太经济合作组织向贸易投资和技术一体化方向发展注入了政治推动力。

亚太经济合作组织除了成员方首脑非正式会议和部长级会议之外,还有高官会议、委员会、工作组和秘书处等多个活动层次。亚太经济合作组织也有一些常设组织机构,即秘书处和贸易投资委员会。在 1992 年 9 月曼谷第四届年会上决定,在新加坡设秘书处。该秘书处的主要职能是协调组织一年一度的部长大会和 10 个合作小组的具体事务性工作。在 1993 年 11 月西雅图第五届部长会议上决定设立贸易和投资委员会。该委员会的主要职能是协调和促进亚太地区及全球的贸易和投资活动。

APEC 的宗旨和目标是在 1991 年 11 月 APEC 韩国汉城年会通过的《汉城宣言》正式确立的,其内容为“相互依存,共同利益,坚持开放的多边贸易体制和减少区域贸易壁垒”,亚太经济合作组织的宗旨是通过贸易、投资自由化和经济技术合作促进亚太地区的经济发展和共同繁荣。由于亚太地区各国在政治体制、经济体制、经济发展水平、社会文化等方面的差异较大,因此在短时期内不可能成立比较紧密的经济一体化组织。亚太经济合作组织只是一个松散的经济合作论坛,其合作的实质性内容尚处于讨论和制定阶段。自 1989 年成立至 2009 年已召开了 21 届部长级会议、17 次领导人非正式会议,在推动亚太地区贸易投资自由化和便利化、经济技术合作等方面取得了一定进展。以下是亚太经济合作组织几个重要年会的简介:

1994 年,在印度尼西亚茂物召开的第二次成员方首脑非正式会议上,通过了“茂物宣言”,承诺最迟不晚于 2020 年实现亚太地区的贸易和投资自由化,发达国家不晚于 2010 年,发展中国家不晚于 2020 年。另外,在自由化问题上还达成两点共识:一是制定各成员方的方案,应有一套基本原则供大家遵守;二是利益均等,不强迫他人修改方案。成员方之间既要与世界贸易组织的原则和要求相协调,又要在自愿与自主基础上相互协调,以有利于解决亚太地区内部一些次区域性合作问题。

1995 年在日本大阪召开的第七届部长级会议和第三次首脑非正式会议上,通过了日本方面主持制定的《大阪行动议程》,并发表了《大阪宣言》。《大阪行动议程》具体规定了指导贸易自由化行动的 9 项原则,并规定各成员方宣布在未来一年里将要采取的削减关税和其他非关税措施的“单边行动”计划。

1997 年,在加拿大温哥华举行了第九届部长级会议和第五次成员方首脑非正式会议,分别发表了联合声明和“联系大家庭宣言”。该年会的内容有,重申坚持《茂物宣言》确定的实现贸易投资自由化的两个时间表;批准 1997 年完成的单边和多边行动计划;同意 15 个部门提前自由化,并在 1998 年选定其中 9 个部门于 1999 年开始实施;针对亚洲金融危机而采取的行动计划等。

2001 年在上海举行了第十三届部长级会议和第九次成员方首脑非正式会议,发表了《领导人宣言》。该年会就加快贸易和投资自由化与便利化、促进经济技术合作等进一步达成共识,进而成为 APEC 在新世纪的指导性纲领。会议最主要的成果是,以《领导人宣言》附件形式出现的,作为进一步明确实现《茂物宣言》目标战略的《上海共识》。在该文件中提出了拓展和更新《大阪行动议程》、促进实施面向新经济的贸易政策等五个方面的重要内容。由于中国的倡议,会议还建立了 APEC 工作小组,启动了防范金融危机基金。舆论认为,APEC 向可操作性方向迈出了一大步,树立了自西雅图和茂物会议以来的又一座里程碑。APEC 将因此增加活力。

2009 年 11 月在新加坡举行了亚太经合组织(APEC)第二十一届部长级会议。会议重点讨论应对国际金融危机、转变经济发展方式、支持多边贸易体制、加快区域经济一体化和亚太经合组织未来发展等问题。会后发表的《亚太经合组织第二十一届部长级会议联合声明》敦促该组织成员努力推动经济可持续和包容性增长,重申致力于加快区域经济一体化进程。关于可持续发展,声明说,会议以"促进持续增长、密切区域联系"为主题,讨论了经济可持续发展战略,表示将寻求确保经济增长与可持续发展相一致,减少贸易和投资壁垒,积极应对气候变化,提高能源使用效率。亚太经合组织将致力于推动包容性和基础广泛的经济增长,为全体人民创造机会,共享区域经济一体化带来的好处。

纵观 APEC 的发展历程,可以看到 APEC 从最初的区域经济论坛逐渐演进为开展实质性经济合作的组织形态。APEC 的运行模式不同于其他区域经济一体化组织,在很多方面有其独到的创新之处,如开放性、灵活性、渐进性等。其中,单边行动计划在实现贸易投资自由化和便利化进程中起着核心作用。

## 📖 小阅读

### 跨太平洋伙伴关系协议(TPP)

跨太平洋伙伴关系协议(Trans - Pacific Partnership Agreement,TPP),也被称作"经济北约"。前身是跨太平洋战略经济伙伴关系协定(Trans - Pacific Strategic Economic Partnership Agreement),是由亚太经济合作会议成员方中的新西兰、新加坡、智利和文莱四国发起,从 2002 年开始酝酿的一组多边关系的自由贸易协定,原名亚太自由贸易区,旨在促进亚太地区的贸易自由化。2011 年 11 月 10 日,日本正式决定加入 TPP 谈判,而中国大陆没有申请参与 TPP 谈判。2013 年 9 月 10 日,韩国宣布加入 TPP 谈判。

跨太平洋伙伴关系协议将突破传统的自由贸易协定(FTA)模式,达成包括所有商品和服务在内的综合性自由贸易协议。跨太平洋伙伴关系协议将对亚太经济一体化进程产生重要影响,可能将整合亚太的两大经济区域合作组织,亦即亚洲太平洋经济合作组织和东南亚国家联盟重叠的主要成员方,将发展成为涵盖亚洲太平洋经济合作组织(APEC)大多数成员在内的亚太自由贸易区,成为亚太区域内的小型世界贸易组织。

资料来源:百度百科

## 四、东亚地区的区域经济一体化

近 30 年来,东亚地区一直是世界上经济最具活力的地区之一,也是世界范围内区域自由贸易建设的活跃地区,各种区域性、次区域性组织层出不穷,对东亚广大发展中国家和地区的经济贸易发展起到了促进作用。

### （一）东盟自由贸易区

东盟自由贸易区（Asean Free Trade Area, AFTA, 简称东盟）的前身是 1967 年由印度尼西亚、马来西亚、新加坡、泰国、菲律宾、文莱 6 国成立的东南亚国家联盟（Association of Southeast Asian Nations, ASEAN），以后缅甸、越南、老挝和柬埔寨陆续加入，现共有成员国 10 个，总人口 5.21 亿，总面积 447 万平方公里。

随着世界政治经济形势的发展变化和经济全球化趋势的加强，东盟加强区域经济合作的愿望越来越强烈。1976 年在印度尼西亚的巴厘岛召开了首次东盟国家首脑会议，通过了推动区域经济合作的《东盟协约宣言》，又称《巴厘宣言》（也称《巴厘协约》）。1990 年 10 月，在东盟第 22 届经济部长会议上，泰国率先提出建立"东盟自由贸易区"的设想。1992 年 1 月，在新加坡举行的东盟第四次首脑会议上，6 个老成员国的首脑正式决定设立东盟自由贸易区（Asean Free Trade Area, AFTA），会后发表了《新加坡宣言》和《加强东盟经济合作的框架协定》，决定从 1993 年 1 月 1 日起，在未来 15 年内，即在 2008 年前建立东盟自由贸易区（AFTA），到 2018 年使东盟自由贸易区成员的所有商品关税降为零。设立东盟自由贸易区的主要目的是，增强东盟地区作为单一生产单位的竞争优势；通过减少成员国之间的关税和非关税壁垒，创造出更大的经济效益、生产率和竞争力；加强东盟区域一体化和促进盟区内贸易与投资。1992 年 10 月，在东盟经济部长会议上，成员国达成了一项关税减让协议，即《共同有效优惠关税协议》，规定 2008 年东盟内部成员国产品的关税降至 0%—5%。1994 年 1 月 1 日开始，东盟国家降低了 4 万种工业品的关税。1995 年 9 月，东盟第五次首脑会议通过《曼谷宣言》，决定提前到 2003 年建成东盟自由贸易区（AFTA），还签署了《东盟服务框架协定》和《东盟知识产权合作框架协定》。1998 年 12 月第六届东盟首脑会议决定加速实行东盟自由贸易区计划，将原定的 2003 年实现贸易自由化的时间再次提前到 2002 年。2002 年 1 月 1 日，东盟自由贸易区如期启动，为东南亚经济一体化迈出了关键性一步。2003 年 10 月东盟 10 国又在印度尼西亚的巴厘岛召开了第九届首脑会议，签署了东盟《第二巴厘宣言》（也称《第二巴厘协约》）。计划在 2020 年把东盟地区建设成为以商品、服务与投资自由流通为特点的单一市场，成为一个经济、安全和社会文化全面合作的共同体。

### （二）"10＋3"对话机制

"10＋3"对话机制起源于 20 世纪 90 年代初马哈蒂尔"东亚经济核心论坛"的构想。这一构想虽然没有直接付诸行动，但却间接引出了后来的东盟（10 国）加中国、日本、韩国的"10＋3"对话机制。

东亚领导人非正式会晤（原为"9＋3"，1999 年 4 月柬埔寨加入东盟后为"10＋3"，即东盟＋中日韩）是由东盟倡议举行的，是目前没有西方国家参与的、东亚领导人就加强本地区合作交换意见的重要渠道。1995 年底的东盟在曼谷首脑会议上提出举行"9＋3"首脑非正式会晤的建议。1997 年底，东盟与中、日、韩三国的"10＋3"（当时是"9＋3"）经济合作构想正式启动，其目标是建成世界第三大自由贸易区。在 1999 年底第二次会晤后发布了《东亚合作联合声明》，确定了东亚合作的主要领域，即加强在经贸、金融、科技、人力资源开发、文化和信息交流等 8 个方面的合作，推动东亚国家间的对话与合作，促进相互理解、相互信任与睦邻友好。

2000 年 5 月，首届"10＋3"经济部长会议在缅甸首都仰光举行，并决定将其机制化，建立财政和央行副手对话机制、经济部长会议机制等。在韩国学者的进一步倡导下，中日韩三国学者开始了关于在三国间建立自由贸易区的共同研究,并得到三国政府的高度重视。

　　2000 年 11 月 24 日,中日韩三国领导人经过协商达成以下共识:一是在今后的"10＋3"会议上三国领导人进行定期会晤;二是 2001 年 1 月启动三国研究机构合作;三是将 2002 年定为三国人员交往年;四是成立三国局级信息技术工作组;五是加强环保,建设环保信息网络。这次会晤后,各国明显加大了对"10 ＋ 3"合作承诺的实施,以此为标志,中日韩三国合作开始进入实质性探讨阶段。目前,"10＋3"货币合作的《清迈协议》已得到落实。东亚"10＋3"合作制朝着平等协商、互利共赢、循序渐进、开放包容的合作方向发展。

📖 **小阅读**

### 中日韩自由贸易区

　　中日韩自由贸易区这一设想是 2002 年在中日韩三国领导人峰会上提出的。设想中,中日韩自由贸易区是一个由人口超过 15 亿的大市场构成的三国自由贸易区。自由贸易区内关税和其他贸易限制将被取消,商品等物资流动更加顺畅,区内厂商往往可以降低生产成本,获得更大市场和收益,消费者则可获得价格更低的商品,中日韩三国的整体经济福利都会有所增加。2012 年 11 月 20 日,在柬埔寨金边召开的东亚领导人系列会议期间,中日韩三国经贸部长举行会晤,宣布启动中日韩自贸区谈判。

　　中日韩作为东亚地区三个大国,GDP 总量已达到 15 万亿美元,占全球 GDP 的 20％,占东亚 GDP 的 90％,已超过欧盟,但三国之间的贸易量只占三国对外贸易总量的不足 20％。建立中日韩自贸区将逐步实现货物、人员和资本的自由来往,促进各国产业调整和经济发展。

　　中日韩均为亚洲重要经济体,其经济总量占亚洲的约七成。在过去 10 年间,中日两国贸易和中韩两国贸易的结构逐渐趋同。在中日两国贸易方面,中国对日本的机械设备和电子产品的出口比重明显增加,其中很大比例是加工贸易方式,大部分为日本在华企业产品出口,属产业内和公司内贸易。而韩国从中国进口的商品也逐步从初级产品转变为工业半成品或制成品,产业内贸易也日益普遍。

　　中日韩产业优势的不同带来自由贸易区成立的基础。相对发达的日本和韩国在资本和技术密集型产业上竞争优势明显,而中国的竞争优势仍主要集中于资源或劳动密集型产品上。

　　中日韩自贸区谈判自 2012 年 11 月启动以来,已进行 7 轮。三国同为全球重要经济体,建立中日韩自贸区有助于充分发挥三国间的产业互补性,挖掘提升三国贸易水平的潜力,促进区域价值链进一步融合。

　　　　　　　　　　　　　　　　　　　　　　　　　　　　资料来源:百度百科

### (三) 中国-东盟自由贸易区

　　中国-东盟自由贸易区(Sino‐Asian FTA)构想始于 1999 年在马尼拉召开的第三届中国东盟领导人会议上。2001 年 11 月,在新加坡举行的中国-东盟("10＋1")第四次领导人会议上,中国针对东盟国家对中国入世以来挑战的担忧,提出成立中国-东盟自由贸易区的可能性,并建议成立中国-东盟经济合作专家组。经东盟反复磋商,2001 年 3 月 28 日,中国-东盟经济合作专家组在中国-东盟经贸委联合会第二次会议上正式成立。2001 年 11 月在文莱召开的第五次中国-东盟领导人会议上,双方正式达成共识:10 年内建成中国-东盟自由贸易区。2002 年 11 月 4 日在柬埔寨金边中国-东盟第六次领导人会议上双方(东盟 10 国和中国)正式签署了《中华人民共和国与东南亚国家联盟全面经济合作框架协议》(以下简称《协议》),标志着中国-东盟自由贸易区的正式启动。《协议》的口号是双方结成全面经济合作伙伴,核心内容是确定自由贸易区的目标、范围措施和时间,为自由贸易区奠定法律基础。同时,该协议规定了长期实现自由贸易的"早期收获"方案和经济技术合作安排。根据《协议》,中国-东盟自由贸易区的涵盖范围和合作领域主要包括:货物贸易、服务贸易和贸易投资便利化。此外,还确定了在建立自由贸易区前进行全面经济合作的优先领域:环境、能源、金融、电子商务和旅游业等。其中货物贸易是自由贸易区的核心内容,除涉及国家安全、人类健康、公共道德、文化艺术保护等世贸组织允许例外及少数敏感产品外,其他全部产品的关税和贸易限制措施都应逐步取消。在经济合作方面,双方商定将以农业、信息通信人才、人力资源开发、投资促进和湄公河流域开发为重点,并逐步向其他领域拓展。通过上述措施,促进中国与东盟货物贸易和服务贸易自由化;促进相互投资,增强中国和东盟对外资的吸引力;扩大市场规模、提高企业生产效率、降低成本、促进资源有效配置,提高企业和产业竞争能力;推进成员方制度化和自由化改革;保持区域的政治稳定,提高中国与东盟在国际事务中的地位。《协议》还决定 2010 年建成中国-东盟自由贸易区,该协议 2003 年 7 月 1 日正式实施。从此,中国与东盟的全面经济合作进入了一个崭新的阶段。

## 📖 小阅读

### 区域全面经济伙伴关系(RCEP)

区域全面经济伙伴关系(Regional Comprehensive Economic Partnership,RCEP),即由东盟十国发起,邀请中国、日本、韩国、澳大利亚、新西兰、印度共同参加("10+6"),通过削减关税及非关税壁垒,建立 16 国统一市场的自由贸易协定。若 RCEP 谈成,将涵盖约 35 亿人口,GDP 总和将达 23 万亿美元,占全球总量的 1/3,所涵盖区域也将成为世界最大的自贸区。

它是东盟国家近年来首次提出,并以东盟为主导的区域经济一体化合作,是成员方间相互开放市场、实施区域经济一体化的组织形式。RCEP 的主要成员方计划包括与东盟已经签署自由贸易协定的国家,即中国、日本、韩国、澳大利亚、新西兰、印度。东盟 10 国与这 6 个国家分别签署了 5 份自由协定,其中澳大利亚和新西兰是共同与东盟签署的一份自贸协定。组建 RCEP 目前计划是这 16 个国家,东亚峰会另外两个成员国(美国、俄罗斯)因现没有与东盟建立自由贸易关系,所以不在 RCEP 成员国计划范围之内。东盟计划待 16 个国家将 RCEP 建到一定程度后,再商谈美国、俄罗斯加入事宜。

RCEP 的目标是消除内部贸易壁垒、创造和完善自由的投资环境、扩大服务贸易,还将涉及知识产权保护、竞争政策等多领域,自由化程度将高于目前东盟与这 6 个国家已经达成的自贸协议。RCEP 拥有占世界总人口约一半的人口,生产总值占全球年生产总值的三分之一。

RCEP 是应对经济全球化和区域经济一体化的发展而提出的。由于推动全球自由贸易的 WTO 谈判受阻,面对经济全球化中的一些负面影响,要想在当前世界经济中立于不败之地并有新发展,就必须加强区域经济一体化,为此,部分国家之间实施"零"关税,相互开放市场,密切合作关系,来寻求合作发展。

资料来源:百度百科

## 第三节 区域经济一体化理论

伴随着区域经济一体化实践发展,许多经济学家从不同的角度,对经济一体化现象进行了深入的分析、研究与探讨,并因此形成了各自的理论。其中不乏体现着区域经济一体化的效应。

### 一、关税同盟理论

西方学者将关税同盟当作区域经济一体化的典型形式。因此,对关税同盟的研究与探讨也就比较广泛而深入。其中令人注目的是美国经济学教授维纳(J. Viner)和利普西(R. G. Lipsey)等人所集中讨论的有关关税同盟的静态和动态效果。

#### (一)关税同盟静态效果的表现

1. 贸易创造效果

贸易创造效果(Trade Creating Effect)是指由于取消了同盟内的关税壁垒,使生产转向同盟内最有效率的供应者所生产的利益。它由生产利益和消费利益构成。关税同盟成立后,能在比较优势的基础上进行更专业化的生产,某成员方的一些国内生产品从其他生产成本更低的国家进口。其结果是一方面使本国该项产品消费开支降低,从而扩大了需求,增加了贸易量;另一方面使本该用于该种产品的生产资源被更为有效地用于他处,从而提高了生产利益。如表14-2所示,某产品在A、B、C三国的成本分别为25、15、10美元,A国进口关税水平为200%。关税同盟成立前,由于关税的保护,该产品以A国的价格为最低,因而A国自行生产;A国和B国成立同盟后,对B国取消了关税壁垒,B国的该产品的价格下降,低于A国水平,于是A国从B国进口该产品,新的贸易得以"创造"。

**表14-2 贸易创造效果**

| 国家 | 成本(美元) | 关税同盟前 | | A、B关税同盟后 | |
|---|---|---|---|---|---|
| | | 关税(200%) | 价格(美元) | 关税(200%) | 价格(美元) |
| A | 25 | — | 25 | — | 25 |
| B | 15 | 30 | 45 | | 15 |
| C | 10 | 20 | 30 | 20 | 30 |
| | | A国自行生产 | | 从B国进口 | |

资料来源:徐桂英,《国际贸易——理论与政策》

2. 贸易转移效果

贸易转移效果(Trade Diversing Effect)是指由于关税同盟对外设立统一的关税壁垒,使某成员方在购买同盟内廉价的产品时可能导致某种转移性损失。关税同盟成立前,该成员可从世界上生产效率最高、成本最低的国家进口产品;同盟成立后,则通常转向从同盟内生产效率最高的成员进口。如果后者不同于前者,则意味着进口成本增加,消费开支扩大,使得同盟内社会福利水平下降。同时,这也意味着关税同盟外最有效率的生产能力和最有效的资源被闲置,从而降低了世界福利水平。如表 14 - 3 所示,某产品在 A、B、C 三国的生产成本仍为 25、15、10 美元,A 国的进口税率则为 100%。A 国和 B 国同盟成立前,C 国的该产品的价格(包括关税)最低,因此,A 国从 C 国进口。关税同盟成立后,A、B 两国之间废除关税,B 国的该产品价格下降到最低水平,于是,A 国改为从 B 国进口。这样,生产就从成本最低的 C 国转变到了同盟内成本最低的 B 国,这便是贸易转移效果。

表 14 - 3　贸易转移效果

| 国家 | 成本(美元) | 关税同盟前 | | A、B 关税同盟后 | |
|---|---|---|---|---|---|
| | | 关税(100%) | 价格(美元) | 关税(100%) | 价格(美元) |
| A | 25 | — | 25 | — | 25 |
| B | 15 | 15 | 30 | — | 15 |
| C | 10 | 10 | 20 | 10 | 20 |
| | | 从 C 国进口 | | 从 B 国进口 | |

资料来源:徐桂英,《国际贸易——理论与政策》

### 3. 贸易扩大效果

贸易扩大效果(Trade Expansion Effect)是指成立关税同盟后,某国能够更便宜地买到某商品而导致消费量和贸易量的增加。这是从需求方面形成的概念。如前所述,无论贸易创造还是贸易转移都能产生贸易扩大效果。

### 4. 产品替代效果

产品替代效果(Inter - Commodity Substitution)是指关税同盟成立后,由于相互间废除关税,并发生贸易转移,使得国内产品的价格比率发生改变,从而发生产品之间的替代,导致消费结构的变化。

### 5. 减少与降低费用

由于关税同盟的成立,彼此间废除关税,故可以减少征收关税的行政开支;关税同盟内实现商品自由流动,取消了走私,也可以减少费用。另外,由于关税同盟的成立,经济力量加强,统一对外进行关税等谈判的力量同时加强,这有利于关税同盟贸易地位的提高和贸易条件的改善。

### (二)关税同盟的动态效果

关税同盟的动态效果,是指关税同盟成立后,对成员方贸易以外的就业、国民收入、国际收支、国内生产和物价水平等的影响。它又称为次级效果(Secondary Effet)。关税同盟的动态效果主要有以下几个方面:

### 1. 获得规模经济的效益

美国经济学家巴拉萨(B. Balassa)认为,关税同盟可以使生产厂商获得重大的内部与外部规模经济利益。同盟成立后,所有成员方成为一体,自由市场扩大,可以获得专业与规模生产的利益。同时,某一部门的发展又可以带动其他部门的发展,势必带来各行业的相互促进,从而获得外部规模经济效益。

### 2. 加强成员间的竞争

西托夫斯基(T. Scitovsky)认为关税同盟成立后,商品的自由流通可以加强竞争,打破垄断,从而提高经济福利。在不同的市场结构中,在其他条件不变的情况下,市场的竞争越强,专业化程度越深,导致的效率越高,资源配置更趋合理。关税同盟的建立,摧毁了各国受关税保护的市场,使得成员间的竞争加强。

### 3. 刺激投资

关税同盟成立后,可以从三个方面刺激投资:第一,随着市场的扩大,风险与不稳定性降低,会吸引成员中新的厂商进行投资。第二,为了提高竞争力,原有厂商也会增加投资,以改进产品质量,降低生产成本。第三,迫使非成员到同盟区域内设立避税工厂(Tariff Factory),即以直接投资取代出口贸易,以绕开关税壁垒。

### 4. 促进生产要素的自由流动

关税同盟的成立,在推动商品自由流通的同时,也促进了生产要素的自由流动,从而使资本、技术、劳动力、原材料等资源得到更加合理的配置,降低要素闲置的可能性,提高要素的利用率,最终提高了经济效益。

### 5. 加速经济增长

由于以上动态效果的实现,使得关税同盟内各成员的经济可以得到加速的增长。

## 二、大市场理论

提出大市场理论的代表人物是西托夫斯基和德纽(J. F. Deniall)。大市场理论是针对共同市场提出的,共同市场在一体化程度上比关税同盟又进了一步,它将那些被保护主义分割的小市场统一起来,结成大市场,然后通过大市场内激烈竞争,实现大批生产带来的大规模经济等方面的利益。德纽对大市场带来的规模化生产进行了描述,最终得出结论:"这样一来,经济就会开始其滚雪球式地扩张,消费的扩大引起投资的增加,增加的投资又导致价格下降、工资提高、购买力的提高……只有市场规模迅速扩大,才能促进和刺激经济扩张。"西托夫斯基则从西欧的现状入手,提出西欧陷入了高利润率、低资本周转率、高价格的矛盾,存在着"小市场与保守的企业家态度的恶性循环"。因而,只有通过共同市场或贸易自由化条件下的激烈竞争,才能迫使企业家停止过去那种旧式的小规模生产而转向大规模生产,最终出现一种积极扩张的良性循环。

综合西托夫斯基和德纽的阐述,可以把握住大市场理论的核心是,共同市场导致扩大市场,促进成员企业竞争,达到资源合理配置,获得规模经济,从而实现经济利益。也可以一般表述为,通过建立共同市场,使得市场扩大,将比较分散的生产集中起来进行规模化的大生产,这样,机器得到充分利用,生产更加专业化、社会化,高新科技得到更广泛的利用,竞争更加剧烈,从而生产成本下降,加之取消了关税及其他一些费用,使得销售价格下降。这必将导致购买力的增强与生活水平的提高,消费也会增加,消费的增加又促进投资的增加,于是,便进入了良性的循环之中。大市场理论虽然是针对共同市场提出的理论,它同样适合于自由竞争与自由贸易的任何状况。换言之,大市场理论虽然对经济一体化提供了有力的理论依据,但并不十分完备。

### 三、协议性国际分工理论

#### (一)协议性国际分工的含义

协议性国际分工原理是日本一桥大学教授小岛清在研究了经济共同体内部分工理论的基础上提出的。他认为,传统的自由贸易理论均假设自由竞争和市场的自发调节机制是贸易各国间国际分工形成的基础,但随着经济一体化的出现,对于在规模经济条件下生产的商品,完全可以通过国际间政府的协商和调节机制来确定国际分工,发展国际贸易。在经济一体化组织内部如果仅仅依靠以自由竞争为基础的比较优势原理进行分工,不可能完全获得规模经济的好处,反而可能会导致各国企业的集中和垄断,影响一体化组织内部分工的和谐发展和贸易的稳定。而建立在国家协调基础上的国际分工,能够在国家间更有效地配置资源,从而增加贸易利益。为了使经济共同体内经济、贸易健康地发展,小岛清认为有必要实行一种与过去的比较优势原理不同的国际分工原理,即协议性国际分工原理。

所谓协议性国际分工,是指一国放弃某种商品的生产并把国内市场提供给另一国,而另一国放弃另外一种商品的生产并把国内市场提供给对方,即两国达成互相提供市场的协议,实行协议性分工。协议性分工不能指望通过价格机制自动地实现,而必须通过当事国的某协议来加以实现,也就是通过经济一体化的制度把协议性分工组织化。

#### (二)协议性国际分工的原理

小岛清认为,传统的国际分工理论注重的只是成本递增情况下通过竞争机制形成的国际分工和平衡,而对成本递减或成本不变的情况却没有提及。但世界经济的客观现实证明,成本递减是一种普遍现象,经济一体化的目的也在于通过市场扩大化而实现规模经济。因此,协议性国际分工原理是建立在长期成本递减理论的基础之上的。

假设 A、B 两个国家在协议分工前都生产 X 和 Y 两种商品,两个国家达成互相提供市场的协议后,A 国把 Y 商品的市场提供给 B 国,而 B 国则把 X 商品的市场提供给 A 国,即 X 商品全由 A 国生产,Y 商品全由 B 国生产。实行专业化之后,两国都进行集中生产,生产规模扩大,在规模经济的作用下,两种商品的成本都明显下降。这还仅是每种商品的产量等于专业化前两国产量之和的情况,如果考虑到由于成本降低、价格下降而使两国的需求增加,则实际效果会更大。

应该提及的是,在协议分工的情况下,分工的方向并不是由传统比较优势的价格竞争原理决定的,即便某国在某种商品生产上没有成本优势,甚至与比较优势竞争原理所指示的方向相反,但是若能进行协议性分工,相互提供市场,就可以实现规模经济,参加国就能从中受益,只不过分工的好处小一点罢了。

#### (三)协议性国际分工实现的条件

1. 两个或两个以上国家与地区的资本劳动禀赋比例差异不大,工业化水平和经济发展阶段大致相似,协议性分工的对象产品在每一个国家或地区都能生产。而在要素禀赋比例或经济发展阶段差异较大的国家之间,比较优势原理仍会起主导作用,则并无建立协议性国际分工的必要。

2. 作为协议性分工对象的商品,必须是能获得规模经济的商品。

3. 在不同的国家或地区,生产 X 或 Y 商品的所获得的利益的差别不大,任何一方的让与不至于产生太大的利益损失,即利益均等。

综上,在经济发展阶段相近、生活水平和文化等方面接近的国家之间,更容易实现协议性分工。

### 四、综合发展战略理论

广大的发展中国家也在进行着经济一体化的实践活动,由于发展中国家有着自身的特点,发达国家经济一体化的理论并不适用它,因而需要与之发展密切联系的理论。发展中国家合作研究中心高级研究员鲍里斯·赛泽尔基在《南南合作的挑战》一书中提出了综合发展战略理论,比较全面地阐述了发展中国家发展经济一体化的问题。鲍里斯反对狭隘地以自由贸易和保护贸易来研究一体化,他从发展中国家的实际出发,强调应用与发展理论紧密联系的研究方法,把经济一体化看作是发展中国家的一种发展战略。而不限于市场的统一,不必追求尽可能高级的一体化形式。并且,在考虑到发展中国家的一些实际困难,诸如民族经济的软弱、跨国公司的作用、两极分化、不利的经济秩序等,他提出将一体化看作是集体自力更生的手段和按照新秩序逐渐变革世界经济的要素。

在制定经济一体化政策时,鲍里斯主张要进行综合考虑,密切结合本国与本地区的实际,从经济与政治及机构两方面进行详细而客观的分析,如该地区的发展水平、成员间的差异、相互依存状况、政治协调程度、共同机构的效率等。它还主张政府应积极进行干预,以达到比较满意的效果。鲍里斯还认为,发展一体化应与各国发展战略和现行经济政策相一致,应该重视和通过区域内的工业化来加强相互依存性,努力使各国的发展完全一体化,促进民族经济的高度发展。鲍里斯的理论比较切合发展中国家的实际,因而受到发展中国家的重视,成为发展中国家经济一体化的重要理论。

# 第四节　区域经济一体化与国际贸易

随着各种类型和层次的区域经济一体化组织的发展和壮大,区域经济一体化已成为当代世界经济发展的普遍现象和趋势。区域经济一体化组织的各种活动都将对全球的贸易、投资格局产生深远的影响,在当代国际经济生活和世界经济格局的变化中起着越来越重要的作用。

### 一、对成员方内部经济贸易的影响

当代国际经济一体化组织形式多种多样,一体化目标有高有低,结合范围有广有窄,但无论是何种情况的区域经济一体化组织,对成员方内部经济贸易的发展总体上都是有利的。

#### (一)促进集团内部贸易的增长

在不同层次的众多经济一体化集团中,通过削减关税与非关税壁垒,形成区域性的统一市场,使集团内国际分工向纵深发展。彼此间经济相互依赖程度加深,商品和资金往来频繁,成本降低,从而使区域经济一体化组织内成员方间的贸易迅速增长。集团内部贸易在成员方对外贸易总额中所占的比例明显提高。欧盟在 1958—1969 年建立关税同盟的过渡期中,对外贸易总额平均增长了 11.5％,其中成员方间的内部贸易额年均增长 16.5％。20 世纪 70 年代,共同体内部贸易额占对外贸易总额的比例已提高到 50％。近年来,欧盟约 66.8％的进出口贸易是在其内部市场完成的。其他区域性贸易集团的发展也不同程度地显示出内部贸易增长迅速这一典型事实。

### (二)促进成员方资源优化配置和产业结构调整

当代各国在经济发展水平、资源禀赋状态和产业结构等方面都存在着很大的差异,各国在经济上有着很大的互补性。从资源优化配置的需要来看,组成经济一体化集团,有利于资源的自由流动,可以使资源得到更有效的配置。

现代产业发展的特点是新兴产业不断代替传统产业,劳动密集型产业逐步被资本、技术密集型产业取代,同时信息业、服务业等不断发展壮大。集团成员方在地区内调整产业结构、进行新的产业布局,有利于发挥成员方比较优势,进行资源的优化配置,发挥各自功能作用,形成集团整体优势。

### (三)加强集团整体经济实力

区域经济一体化组织的建立和发展,对成员方的经济发展起了一定的促进作用,集团联合经济贸易实力大大增强。以欧盟为例,1958 年建立关税同盟时,六个成员方工业生产不及美国的一半,黄金外汇储备仅为美国的 55％,出口贸易与美国相近。到 1979 年时,欧洲共同体九国国内生产总值已达 23 800 亿美元,超过同期美国的国内生产总值,出口贸易额是美国的两倍以上,黄金储备资产则是美国的五倍多。在关税与贸易总协定和世界贸易组织的多边贸易谈判中,欧盟以集团身份与其他缔约方或成员方谈判,不仅大大增强了自己的谈判实力,也敢于同任何一个大国或贸易集团抗衡,达到维护自己贸易利益的目的。

### (四)加强集团内企业的竞争与融合

区域经济一体化使集团内部的市场统一,加剧了成员方企业的直接竞争。大型企业在市场扩大和竞争加强的刺激下,力求扩大生产规模,增强资本实力,资本集中和集聚程度趋于提高,它们结成或扩大为跨国企业。中小企业则受到强烈的冲击。各成员方政府为了加强本国企业的竞争能力,在资本供应、税收政策等方面提供优惠。

## 二、对非成员方经济贸易的影响

区域经济一体化对非成员方的经济贸易,也有一定的积极作用。首先,区域集团内的国家或地区,由于贸易障碍的取消和区域内规模经济范围的扩大,其经济增长率的提高有可能扩大与地区外国家或地区的进出口贸易。其次,由于地区内贸易手续的简化和产品标准化范围的扩大,使区域内和区域外的交易成本降低,促进商品的交流。

区域经济一体化对非成员方的消极影响则体现在以下几个方面:

1. 区域外国家或地区将面对更大集团的贸易保护主义

由于关税壁垒和贸易障碍的取消仅仅是对区域集团内部成员方而言的,因而从区域外国家或地区输入产品的价格就会高于区域内,使区域外国家或地区处于不利地位。因此,对区域经济一体化组织外的国家或地区来说,将面临一个更大的贸易保护主义集团。

2. 发展中国家的贸易、投资环境更加恶化

区域经济一体化以对内自由贸易、对外保护为基本特征。区内贸易的内向性加强,统一的

技术、环境标准对外来商品形成了无形的壁垒,对区域外商品需求相对减弱。发展中国家由于资金、技术的短缺,出口商品档次低、质量差,在国际市场上本就缺乏竞争力,现在由于区域经济一体化组织的贸易限制,产品更难打入集团内部市场,这对于以外向型发展战略为指导的发展中国家来说,无疑恶化了它们的贸易环境。发达国家为绕过区域经济一体化组织所设置的种种壁垒,常常采取在集团成员方内部投资设厂、就地生产、就地销售的办法,打开集团的市场。发达国家向区域经济一体化组织投资的增加,必然导致它们向发展中国家投资的减少,从而恶化发展中国家吸引国际资本的环境。

## 本章小结

1. 区域经济一体化是指区域内两个或两个以上的国家或地区,通过制定共同的经济贸易政策等措施,消除相互之间阻碍要素流动的壁垒,实现成员方的产品甚至生产要素在本地区内自由流动,从而达到资源优化配置,促进经济贸易发展,把各国(或各地区)的经济融合起来形成一个区域性经济联合体的过程。

2. 区域经济一体化组织可以从不同的角度分类。按照贸易壁垒取消的程度或成员间合作的深度可以划分为:优惠贸易安排、自由贸易区、关税同盟、共同市场、经济同盟、完全经济一体化。不同的组织形式反映了经济一体化的不同发展程度和成员之间经济干预和联合的深度与广度。

3. 在世界区域经济一体化实践中,最有影响的,也是当今世界上最大的三个区域经济一体化组织,即欧洲联盟、北美自由贸易区和亚太经济合作组织。它们分别是三种不同层次一体化组织的典型代表。

4. 伴随着区域经济一体化实践的发展,引起许多经济学家对这一现象的研究和探讨,形成了一系列的理论。代表性的理论主要有,关税同盟理论、大市场理论、协议性国际分工理论和综合发展战略理论等。

## 复习思考题

1. 简述区域经济一体化的含义及形式。
2. 简述区域经济一体化对成员方和非成员方经济贸易的不同影响。
3. 作图分析关税同盟的"贸易创造效应"与"贸易转移效应"。
4. 简述关税同盟的动态效应。
5. 简述大市场理论。
6. 简述协议性国际分工理论。

# 第五篇　国际贸易体系

# 第 15 章

# 国际贸易条约与协定

## 知识目标

(1) 掌握国际贸易条约与协定的含义和种类;

(2) 掌握国际贸易条约与协定适用的法律条款;

(3) 了解国际商品协定的现状。

## 能力目标

能够根据所学理论知识分析国际贸易条约与协定适用的法律条款的区别。

**引导案例**

### 日本紫菜配额差异对最惠国待遇的违背

紫菜在我国东部沿海地区大量种植,江苏是主要产地。与日韩两国相比,中国的同类紫菜产品无论是养殖加工方式,还是产品价格都没有任何差异可言,但在价格方面,日本紫菜超过我国 3 倍,一旦对我国开放进口,其紫菜业将不可避免地面临中国紫菜的有力竞争。为此,在 2005 年以前,日本政府对紫菜进口实行配额限制,而且每年只向韩国发出 1 亿多张紫菜配额,对中国的同类紫菜则一直拒绝给予配额。根据 WTO 最惠国待遇原则,一成员给予其他成员的优惠同时应给予所有其他成员的同类产品。日本给韩国配额,却不给予中国同类产品配额,明显违背了 WTO 这一原则。后来,经过我国江苏省紫菜协会的努力,我国政府对日本的贸易限制启动了贸易壁垒调查,并经过中日两国政府的多轮磋商,最终达成协议。2005 年 2 月 21 日,日本经济产业省发布通告,取消了对进口紫菜配额原产国的限制。

资料来源:中华人民共和国商务部网站

随着科学技术和生产力的发展,各国的经济生活日益国际化。不同国家或地区在经济、政治、科技、文化等方面的联系越来越密切,一种真正意义的全球经济正在形成。任何国家要发展,就不可能闭关自守,必须重视同外界的联系。国际贸易条约与协定就是国与国之间经济贸易关系紧密联系的纽带。

# 第一节　国际贸易条约与协定概述

## 一、国际贸易条约与协定的含义

贸易条约与协定(Commercial Treaties and Agreements)是指两个或两个以上的主权国家为确定彼此间在经济、贸易关系方面的权利和义务而缔结的各种书面协议。

贸易条约与协定按照参加缔约国家的多少,可分为双边贸易条约与协定,和多边贸易条约与协定。前者是两个主权国家之间所缔结的贸易条约与协定,后者是两个以上主权国家共同缔结的贸易条约与协定。

在国际经济关系中,由于各国的社会经济制度和政治经济实力对比关系的不同,它们之间所缔结的贸易条约与协定的内容和作用也有所不同。贸易条约与协定的条款,通常是在所谓"自由贸易、平等竞争"的形式上签订的,但事实上,缔约国在经济上的利益,往往是靠缔约国的政治、经济实力来保证的。因此,各缔约国之间从贸易条约与协定中得到的好处是不一样的。

## 二、国际贸易条约与协定的特点

作为对外贸易政策措施之一的国际贸易条约与协定,和关税、非关税措施相比较,有其不同之处。许多关税和非关税措施是由主权国家的政府以立法或行政措施来实现的,因而属于国内法范畴;而国际贸易条约与协定必须是由两个或两个以上的主权国家签署的协议,所以它受到国际法规的约束。

但是,国际贸易条约与协定与其他对外贸易措施之间又有着密切关系。国内立法和行政措施往往是一国政府与其他国家政府进行贸易谈判和签订贸易条约的基础。当一国同他国的立法或行政措施发生利益上的冲突时,往往启动双边或多边谈判,采取协议方式进行解决。当一国立法和行政措施的某些规定转变为国际贸易条约与协定条款或规定时,缔约国一方政府就应承担国际贸易条约与协定中所规定的义务并享受权利、待遇。

## 三、国际贸易条约与协定的种类

### (一)贸易条约

贸易条约(Trade Treaty)是全面规定缔约国之间经济和贸易关系的条约,包括很多条约,如"通商条约"、"友好通商条约"、"通商航海条约"、"友好通商航海条约"等。

贸易条约的内容比较广泛,主要涉及如关税的征收及海关通关手续、缔约国双方公民和企业在对方国家所享有的经济权利、船舶航行和港口使用、知识产权的保护、铁路运输、转口和过境、进口商品的国内捐税、进出口数量限制以及仲裁裁决的执行等各方面问题。

这种条约一般是由国家首脑或其特派的全权代表来签订,并经最高权力机关批准才能生效,其有效期也较长。

### (二)贸易协定

贸易协定(Trade Agreement)是缔约国家为调整和发展彼此之间的贸易关系而签订的一

种书面协议。与贸易条约相比,贸易协定所涉及的面较窄,内容比较具体,有效期较短,签订的程序也较简单,一般只须经签字国的行政首脑或其代表签署即可生效。

贸易协定正文的内容一般包括:最惠国待遇条款、进出口商品货单和贸易额、作价原则和使用的货币、支付和清偿的办法、关税优惠及其他事项的规定等。

### (三)贸易议定书

贸易议定书(Trade Protocol)是指缔约国就发展贸易关系中某项具体问题所达成的书面协议。在国际贸易中,贸易议定书一般是对已签订的贸易协定进行补充、解释或修改,也可在未签订贸易协定的情况下,先签订贸易议定书作为临时依据,此外,在签订长期贸易协定时,往往通过贸易议定书来规定年度贸易的具体事项。

### (四)支付协定

支付协定(Payment Agreement)是缔约国之间关于贸易和其他方面债权、债务结算办法的一种书面协议。支付协定的主要内容包括:规定清算机构、开立清算账户、规定清算项目与范围、规定清算货币和清算方法以及清算账户的差额处理等。

支付协定是外汇管制的产物,在实行外汇管制的条件下,一种货币往往不能自由兑换成另一种货币,对一国所拥有的债权不能用来抵偿对第三国的债务,结算只能在双边基础上进行,因而通过缔结支付协定来解决两国间的债权债务。这种支付清算协定有助于克服外汇短缺的困难,有利于双边贸易的发展。

### (五)双边税收协定

双边税收协定(Bilateral Tax Agreement)是由两个主权国家用来协调相互之间的税收关系和处理税务方面的问题而签订的一种书面协议。随着国际间资金流动,货物、贸易往来和服务贸易的发展、促进,越来越多的国家注重签订双边的税收协定,其主要目的是避免和防止国家间重复征税以及国际逃税、偷税等问题。

### (六)双边投资保护协定

双边投资保护协定(Bilateral Agreement of Investment Protection)是资本输出国与资本输入国或互有输入国家之间就其投资或投资有关的业务活动给予保护而达成的双边协定。缔约双方一旦签订了双边投资保护协定,就在协定规定的范围内承担了保护外资的责任和义务。因此,投资保护协定的规定与东道国保护外资的立法相辅相成。

## 第二节　国际贸易条约与协定适用的法律条款

### 一、最惠国待遇条款(Most Favored Nation Treatment,简写 MFNT)

#### 1. 最惠国待遇原则的含义

最惠国待遇原则是贸易条约与协定中的一项重要条款。其基本含义是缔约国一方现在和将来所给予任何第三国的一切特权、优惠和豁免,必须同样给予缔约对方。它的基本要求是缔约一方在缔约另一方享有不低于任何第三国享有或可能享有的待遇,换言之,即要求一切外国人处于同等的地位,享有同样的待遇,不给予歧视待遇。

最惠国待遇原则按照有无条件,分为有条件和无条件两种。无条件最惠国待遇原则,即缔约国一方现在和将来所给予任何第三国的一切特权、优惠和豁免,立即无条件地、无补偿地、自动地适用于对方;有条件的最惠国待遇原则,即如果缔约国一方给予第三国的优惠是有条件的,那么另一方必须提供同样的条件,才能享受这些优惠待遇。现在的国际贸易条约与协定一般都是采用无条件的最惠国待遇原则。

在贸易条约与协定中有时还采用"无歧视待遇原则"。无歧视原则是要求缔约国之间在实施进口数量限制或其他限制及禁止措施时,不对缔约国对方实施歧视待遇。如果缔约国一方根据合法的理由而采用某种限制或禁止措施时,这些措施在同样情况下普遍实施于订有这项原则的所有缔约国,这就符合无歧视待遇原则。反之,如果这些措施单独对某缔约国实行,而对另一个缔约国不实行,这就违反了无歧视待遇原则。

2. 最惠国待遇原则适用的范围

最惠国待遇条款可以适用于两国经济贸易关系的各个方面,也可以只在贸易关系中的几个问题上适用。最惠国待遇条款适用的范围有大有小,一般包括:(1) 有关进口、出口、过境商品的关税及其他捐税;(2) 商品进口、出口、过境、存仓和换船方面的有关海关规则、手续和费用;(3) 进出口许可证发放的行政手续。在通商航海条约中,最惠国待遇条款适用的范围要大些,可把缔约国双方的船舶驶入、驶出和停泊时的各种税收、费用和手续等也包括在内。

在具体签订贸易条约与协定时,缔约双方可以根据两国的关系和发展贸易的需要,在最惠国待遇条款中具体确定其适用的范围。

3. 最惠国待遇适用的限制与例外

在贸易条约与协定中,一般还规定有不适用最惠国待遇的例外条款。所谓适用最惠国待遇限制,是指在经贸条约所规定的理由存在中,不适用最惠国待遇。例如,有的国家在双边经贸条约中规定,为了国家安全、保护公共卫生或者为了保护动植物免受危害、衰退、死亡等,缔约双方有权对某些物品的进出口加以限制或禁止。也就是说,当上述理由出现时,即不适用最惠国待遇的规定。

所谓适用最惠国待遇的例外,是指经贸条约中所规定的某些场合下不适用最惠国待遇。常见的最惠国待遇的例外有以下几种:① 边境贸易;② 关税同盟;③ 沿海贸易和内河航行;④ 多边国际条约或协定承担的义务;⑤ 区域性待遇条款,即若干特定的国家之间通过条约或协定相互给予的优惠待遇;⑥ 其他例外,比如沿海捕鱼、武器进口、文物、贵重艺术品的出口限制和禁止等。

## 二、国民待遇条款(National Treatment)

在国家间签订的贸易条约与协定中,时常规定缔约国双方相互给予国民待遇原则。所谓国民待遇原则,就是缔约国一方保证缔约国另一方的公民、企业和船舶在本国境内经济上享受与本国公民、企业和船舶同等的待遇。国民待遇原则是法律待遇条款之一,一般适用于外国公民或企业经济权利。其范围主要包括:外国公民的私人经济权利(私人财产、所得、房产、股票)、外国产品应交的国内税、利用铁路运输和转口过境的条件、船舶在港口的待遇、商标注册、版权、专利权等等。但沿海贸易权、领海捕鱼权、土地购买权等均不包括在内。

国民待遇条款包括三个要点:第一,国民待遇原则适用的对象是产品、服务或服务提供者及知识产权所有者和持有者,但因产品、服务和知识产权领域具体受惠对象不同,国民待遇条款的适用范围、具体规则和重要性有所不同;第二,国民待遇原则只涉及其他成员方的产品、服务或服务提供者及知识产权所有者和持有者,在进口成员方境内所享有的待遇;第三,国民待遇定义中"不低于"一词的含义是指,其他成员方的产品、服务或服务提供者及知识产权所有者和持有者,应与进口成员方同类产品、相同服务或服务提供者及知识产权所有者和持有者享有同等待遇,若进口成员方给予前者更高的待遇,并不违背国民待遇原则。

## 相关链接

### 国民待遇原则历史渊源

国民待遇原则是经过长期历史实践形成的法律规范。法国 1789 年的《人权宣言》针对欧洲的封建统治,以自由、平等原则为指导,并在国内法中把国民待遇原则扩展到外国人在法国民事权利的适用上,实行了无条件国民待遇原则。1826 年荷兰民法典第 9 条第 2 款,1868 年葡萄牙民法典第 36 条,1889 年西班牙民法典第 27 条,1878 年南美八国的《利马条约》第 1 条,都有类似规定。国民待遇在 1883 年订立的《保护工业产权的巴黎公约》中被列为首要原则,到 20 世纪,国民待遇成为国际公认的准则,《关税与贸易总协定》和世界贸易组织将国民待遇原则作为成员方应遵守的最重要的基本原则。由于国民待遇原则既有利于排除歧视外国的现象,也允许各国在不歧视外国的基础上保留与别国的不同之处,因而可以较好地处理不歧视外国与照顾国情的关系。换言之,国民待遇原则是一种在尊重各国国情前提下实现非歧视的原则,它为各国在复杂的国际经济关系中和平共处提供了一个基本理念。

资料来源:百度

### 三、互惠待遇条款(Reciprocal Treatment)

互惠待遇原则是法律待遇条款之一,它的基本要求为,缔约国双方根据协议相互给予对方的法人或自然人以对等的权利和待遇。这项原则一般不能单独使用,必须与其他特定的权利或制度的内容结合在一起才能成为独立的单项条款。互惠的法律意义在于:基本上可以防止一国及其法人、自然人在另一国单方面享有特权,也可以保证这些组织和个人在外国享有对等权利,不受限制或歧视。

在贸易条约实践中,互惠待遇与最惠国待遇又是彼此联系的。缔约国双方给予的互惠待遇,通过最惠国条款,其他国家便可同样享受。在国际间普遍缔结有最惠国条款的情况下,互惠待遇在形式上是差别待遇,实际具有无差别待遇的性质;互惠协定形式上是双边协定,实际具有多边的性质。另外,缔约国彼此给予的互惠待遇,必须规定具体内容;而最惠国条款仅规定相互给予与任何第三国同样的优惠待遇,并不规定具体内容。所以,最惠国待遇的具体适用要以互惠待遇的存在为前提,在这一意义上,互惠待遇是最惠国待遇的基础。

# 第三节  国际商品协定

## 一、国际商品协定的含义

国际商品协定(International Commodity Agreement)指某项商品的生产国(出口国)与消费国(进口国)就该项商品的价格、购销等问题,经过协商达成的政府间的多边贸易协定。

国际商品协定的主要对象是发展中国家的初级产品。由于这些产品受世界经济动荡不定、市场行情变化异常的影响,价格经常波动。发展中国家为保障它们的利益,希望通过协定维持合理的价格;而作为主要消费国的工业发达国家,希望通过协定保证价格不致涨得太高,并能保证供应。国际商品协定主要通过经济条款来稳定价格。

## 二、国际商品协定的发展

国际商品协定在"30 年代大危机"中都解体了。上世纪 30 年代也建立了一些国际商品协定,但是随着第二次世界大战的爆发而先后崩溃。第二次世界大战以后,随着世界经济的稳定发展,重要工业原料的国际需求紧张,随之又出现了许多初级产品的国际商品协定。

1920 年茶叶贸易曾经达成了一个国际商品协定,不过其数量限制是自愿的。1922 年—1928 年曾经存在一个国际天然橡胶协议,橡胶的国际市场价格上升明显,其中主要原因是英国限制马来西亚和斯里兰卡的产量。1934 年 4 月由于国际天然橡胶的库存过剩和价格过低,又组成了一个国际天然橡胶协定,一直到 1937 年底该协定的作用明显,橡胶的国际价格上升明显,而后由于美国经济衰退带来国际需求锐减,橡胶价格暴跌,协定也就崩溃了。

1926 年一些铜出口国曾经组成一个协会来提高国际市场价格,效果显著,但是到 1929 年3 月由于牙买加的反对使铜的国际市场价格下跌,协会解体。30 年代末期这些国家曾想再次控制生产并提高价格,但由于一些国家拒绝参加而告吹。1933 年—1934 年之间,9 个小麦出口国和 13 个小麦进口国曾经达成一个国际小麦协定,但是该协定几乎毫无建树。第二次世界大战后,国际商品协定签订了不少,但是有成效的不多见,比较有名的几种商品的国际协定有糖(1953 年)、锡(1956 年)、咖啡(1962 年)、小麦(1949 年)、橄榄油(1958 年)、可可(1973 年)、天然橡胶(1979 年)。到 1989 年尚存的仅有橡胶、糖、锡三种国际商品协定。

随着国际政治、经济形势的发展变化,国际商品协定的目标和内容亦有所变化。战后初期,国际商品协定是按照《哈瓦那宪章》第六章关于政府间商品协定的规定订立的,其宗旨是防止或减轻由于初级产品的产销不能及时调整而造成的严重困难,防止初级产品的价格过分波动,保证供应不足的初级产品的公平分配。从 20 世纪 50 年代末开始,发展中国家和发达国家间的矛盾不断激化,需要为国际商品协定拟定新的原则和方法的问题已提上议事日程。1976年 5 月,联合国第四届贸易和发展会议通过商品综合方案的决议,提出共同基金、缓冲存货、补偿性资金等方法,来解决世界商品贸易问题,对国际商品协定赋予新的内容和目标。然而事实上,国际商品综合方案的目标和原则已经成为缔结国际商品协定的依据,协定的内容也比以前更为广泛和具体。

### 三、国际商品协定的的内容

国际商品协定一般由序言、宗旨、经济条款、行政条款和最后条款等构成，并有一定格式。其中经济条款和行政条款是国际商品协定中两项主要条款。

#### （一）经济条款

经济条款是确定各成员国权利和义务的依据，关系到各成员国的具体权益，是国际商品协定中最重要的内容。由于商品不同，有关经济条款的内容也不尽相同。从现行的国际商品协定来看，经济条款主要有以下几种规定：

1. 缓冲存货的规定

缓冲存货（Buffer Stock）就是协定的执行机构建立缓冲库存（包括存货与现金），并规定最高、最低价格，运用其成员国提供的实物和资金干预市场和稳定价格——在最高和最低限价间划分成高、中、低三档。当市场价格涨到最高限价时，就利用缓冲库存抛出存货；当市场价格跌到最低限价时，则用现金在市场上收购，以达到稳定价格的目的。这种规定，必须由协定成员国提供大量资金和存货，否则难以起到应有的调节作用。主要采用缓冲存货规定的有国际锡协定和国际天然橡胶协定。

2. 出口限额的规定

出口配额（Export Restraint）先规定一个基本的出口配额，再根据市场需求和价格变动情况作相应的增减来确定当年平均的年度出口配额。年度出口限额按固定部分和可变部分分给有基本限额的各出口成员国。固定部分按全部年度限额的 70%，可变部分占 30%。可变部分按出口成员国的库存量占全体出口成员国总库存量的比例进行分配。属于这种协定的有国际咖啡、糖的协定。

3. 多边合同的规定

多边合同（Multilateral Contracts）条款规定，进口国在协定规定的价格幅度内，向各出口国购买一定数量的有关商品；出口国在规定的价格幅度内，向各进口国出售一定数量的有关商品。它实际上是一种多边性的商品合同。属于这种类型的有国际小麦协定。

4. 出口限额与缓冲存货相结合的规定

出口配额和缓冲存货相结合的规定是指同时采用这两种办法来控制市场和稳定价格。协定规定最高和最低限价，然后通过出口配额和缓冲存货来调节价格，使价格恢复到最高限价和最低限价的幅度内。国际可可协定就是采用这种办法。

#### （二）行政条款

该条款主要涉及权力机构和表决票的分配。商品协定的权力机构有理事会、执行委员会和监督机构，虽然名称不一，但都是协定最高权力机构的常设机构。由于权力机构关系到协定的履行和管理，涉及各方面的切身利益，因而职位的分配往往是各出口成员国和各进口成员国所关心的重要问题。各权力机构达成的协议，除采用协商一致的办法外，一般要通过表决。表决方式可根据情况，分别采用简单分配多数、三分之二分配多数、特别表决等。各成员国对重大问题进行投票表决，是参加协定成员的一项基本权利。因此，各协定对表决票的分配及其使用有具体的规定，以保证每个成员国享有一定的表决权。

### （三）最后条款

该条款主要规定协定的签字、批准、生效、有效期、加入、退出等具体程序和手续。

从国际商品协定的执行情况来看，这些协定对于稳定商品价格和生产国的出口收益、适当满足消费国的需要起到了一定的作用。但由于少数发达资本主义国家的干扰，多数协定不能发挥应有的作用。国际商品协定是进口国和出口国双方矛盾斗争暂时妥协的产物，如果发生经济危机等问题，这种协定往往不能起作用。在这种情况下，发展中国家提出建立商品综合方案的主张，要求用一种综合的方法来解决商品贸易问题。

### 相关链接

#### 《国际纺织品贸易协定》

《国际纺织品贸易协定》（Arrangement Regarding International Trade in Textiles），又称《多种纤维协定》（Multifibre Agreement，MFA），1973 年 12 月 20 日在日内瓦签订，1974 年 1 月 1 日生效，为期 4 年，后又经过多次延长。有 54 个纺织品进出口国家和地区参加。该协定是进口纺织品的发达国家缔约方，利用关贸总协定主持制定的有关纺织品和服装贸易的国际多边协定，谈判达成的纺织品贸易配额和年度增长率协议，也是国际纺织品贸易管理的一种补救措施。1981 年 12 月 22 日在日内瓦通过《国际纺织品贸易协议的延长议定书》，1982 年 1 月 1 日生效。1984 年 1 月 1 日《国际纺织品贸易协定》对中国生效。1984 年 1 月 18 日《国际纺织品贸易协议的延长议定书》对中国生效。

资料来源：WTO 概览

## 四、国际商品综合方案

商品综合方案（Integrate Programme For Commodities）是发展中国家在 1964 年 4 月第六届特别联大会议上第一次提出来的，1976 年 5 月联合国第四届贸易和发展会议上正式通过决议。这项方案主要是解决发展中国家初级产品的贸易问题，主要内容有以下几个方面：

### （一）建立多种商品的国际储存或称"缓冲存货"

这是为了稳定商品价格和保证正常的生产和供应。国际储存的商品选择标准有以下两条：① 这项商品对发展中国家具有重要利害关系；② 这项商品便于储存。国际储存的主要商品有香蕉、咖啡、可可、茶、糖、肉类、植物油、棉花、黄麻、硬纤维、热带木材、橡胶、铝、铁、锰、磷、铜和锡。

### （二）建立国际储存的共同基金

共同基金（Common Fund）是综合商品方案建立的一种国际基金，用来资助这些国际初级产品的缓冲存货和改善初级产品市场，提高初级产品的长期竞争力，如开发研究、提高生产率、改进销售等。

### （三）商品贸易的多边承诺

为均衡供应和需求，保持价格的稳定，避免价格剧烈波动的影响，参加方案的各国政府承诺在特定时间内各自出口和进口某种商品的数量。

### （四）扩大和改进商品贸易的补偿性资金供应

当出口初级产品的发展中国家的出口收入剧减时,国际货币基金组织将给予补偿性贷款,以保障发展中国家的利益和经济发展。

### （五）扩展初级产品的加工和出口多样化

为此目的,要求发达国家降低和取消对来自发展中国家的初级产品的加工产品的进口关税和非关税壁垒,并采取促进贸易的措施等。

商品综合方案是发展中国家为打破旧国际经济贸易秩序,建立新国际经济贸易秩序所采取的重要步骤。但因其触动发达资本主义国家在世界市场的垄断地位和利益,故要将方案的内容变成现实还须经过长期艰苦斗争。从 20 世纪 60 年代开始,一些生产初级产品的发展中国家还组成各种原料生产和输出组织,共同对付发达资本主义国家的垄断和控制,维护初级产品出口国的权益。第一个成立的组织是石油输出组织(OPEC),简称"欧佩克"。以后其他一些组织也相继成立,如铜出口国政府间委员会(IGCEC)、铁矿砂出口国协会(AIOEC)、天然橡胶生产国协会(ANRPC)等。

## 本章小结

1. 由于国际贸易关系到各国、各民族的利益,因而需要通过国际贸易条约与协定对各国的贸易政策加以协调,以保证正常的国际贸易秩序。在国际贸易中,常见的贸易条约与协定主要有贸易条约、贸易协定、贸易议定书、支付协定、双边税收协定和双边投资协定六种。

2. 在国际贸易条约与协定中,通常所适用的法律待遇有最惠国待遇条款、国民待遇条款和互惠待遇条款。

3. 国际商品协定是某项商品的主要出口国和进口国就该项商品购销、价格等问题,经过协商达成的政府间多边贸易协定。一般由序言、宗旨、经济条款、行政条款和最后条款等部分构成,经济条款和行政条款是国际商品协定中两项主要条款。

## 复习思考题

1. 说明什么是国际贸易条约与协定。常见的国际贸易条约与协定有几种。
2. 最惠国待遇的含义及其分类是什么?
3. 什么是国民待遇? 其主要内容有哪些?
4. 什么是国际商品协定? 由哪些内容构成?

# 第16章

# 世界贸易组织

## 知识目标

（1）了解关贸总协定的产生、宗旨及其多边贸易谈判；
（2）了解 WTO 产生的背景，知悉 WTO 的职能及其基本原则；
（3）掌握中国加入 WTO 后的机遇与挑战。

## 能力目标

能够根据所学理论知识分析中国加入 WTO 面临的机遇与挑战。

## 第一节 关贸总协定

关税与贸易总协定（General Agreement on Tariffs and Trade，GATT）简称为"关贸总协定"或"总协定"，是"二战"后美国从自身经济利益出发，联合 23 个国家于 1947 年 10 月 30 日在日内瓦签订，并于 1948 年 1 月 1 日正式生效的一个临时性协定，是关于调整和规范缔约国之间关税水平和经贸关系方面的相互权利和义务的多边国际协定。

### 一、关贸总协定的产生

"二战"结束后，作为主战场的欧洲，经济遭受重创，各国为了实现经济重建，纷纷实行贸易保护主义，以保护本国生产和就业。而大发战争财的美国由于战争远离本土，经济急剧膨胀而成为战后最强大的国家。

为了打破其他国家的贸易保护，以便为自己谋取更多的利益，美国在战后积极推动建立一个全球性国际贸易组织，在国际经济领域专门协调各国间的贸易关系。1945 年 12 月，美国发表了《扩大世界贸易与就业法案》，向联合国经济及社会理事会建议召开世界贸易与就业会议，并建立国际贸易组织。1946 年 2 月联合国经济与社会理事会通过了美国的建议，并成立了由 19 国组成的筹备委员会，着手筹建国际贸易组织。由于当时关税壁垒盛行，建立正式的国际贸易组织需要一段时日，为了尽快解决各国在贸易中的摩擦，包括美、英、法、中、印度等的 23 个国家便主张把在联合国经社理事会第二次筹委会通过的，由美国起草的《国际贸易组织宪章草案》中的贸易政策部分，和他们各自在双边谈判基础上达成的关税减让协议加以合并，形成了《关税与贸易总协定》（GATT），作为国际贸易组织成立之前各国相互处理贸易纠纷的临时性依据。1947 年 10 月 30 日，23 个国家在日内瓦正式签署了《临时适用议定书》，决定 GATT

从 1948 年 1 月 1 日起临时生效。

后来,由于《国际贸易组织宪章》对美国原先的草案作了大量修改,与美国的利益相去甚远,美国国会没有通过,美国政府也就放弃了成立国际贸易组织的努力。其他国家受美国影响也持观望态度,致使国际贸易组织的建立成为泡影。这样,GATT 便作为一个临时性的应急协定一直沿用至 1995 年世界贸易组织(WTO)的成立。

## 二、关贸总协定的宗旨和原则

### (一)关贸总协定的宗旨

关贸总协定的宗旨就是要通过多边贸易谈判,达成互惠互利的协议,逐步降低关税并消除各种非关税壁垒,实现国际贸易自由化,扩大世界资源的充分利用以及发展商品的生产与交换,保证充分就业,保证实际收入和有效需求的巨大持续增长,以达到提高生活水平,加速世界经济发展的目的。

### (二)关贸总协定的基本原则

关贸总协定涉及国际经贸关系的诸多方面,内容繁多,但从其条款和历次多边贸易谈判所达成的协议中,以及从 48 年总协定的各项活动中,可以看出关贸总协定是建立在下列几项基本原则的基础上:① 无差别或非歧视原则;② 互惠和对等的关税减让原则;③ 关税为唯一保护手段原则;④ 关税递减原则;⑤ 公平贸易原则,主要反对倾销和出口补贴;⑥ 一些例外条款,如允许发展中国家关税制度有较大的弹性,允许发展中国家在一定限度内进行补贴等。

## 三、关贸总协定的贡献及其局限

关贸总协定实施以后,即开始进行全球多边贸易谈判。40 多年来,经过多次关税减让谈判,缔约国关税已有大幅度削减,世界贸易已增长十几倍,其在国际贸易领域内所发挥的作用越来越大,主要表现在以下几个方面:

1. 关贸总协定为各成员国规范了一套处理它们之间贸易关系的原则及规章。关贸总协定通过签署大量协议,不断丰富、完善多边贸易体制的法律规范,对国际贸易进行全面的协调和管理。

2. 关贸总协定为解决各成员国在相互贸易关系中所产生的矛盾和纠纷提供了场所及规则。关贸总协定为了解决各成员国在相互贸易关系中所产生的矛盾和纠纷,制定了一套调处各成员国争议的程序和方法。

3. 关贸总协定为成员国举行关税减让谈判提供了可能和方针。关贸总协定自成立以来,进行过八个回合的多边贸易谈判,使关税税率有了较大幅度的下降。发达国家的平均关税已从 1948 年的 36% 降到 20 世纪 90 年代中期的 3.8%,发展中国家和地区同期降至 12.7%。这种大幅度减让关税是国际贸易发展史上前所未有的,不仅对推动国际贸易的发展起了很大作用,也为实现贸易自由化创造了条件。

4. 关贸总协定努力为发展中国家争取贸易优惠条件。关贸总协定成立后被长期称为富人俱乐部,因为它所倡导的各类自由贸易原则对发达国家有利。但随着发展中国家成员国的增多和力量的增大,关贸总协定不再是发达国家一手遮天的讲坛,已经增加了若干有利于发展中国家的条款,为发展中国家分享国际贸易利益起到了积极作用。

5. 关贸总协定为各国提供经贸资料和培训经贸人才。关贸总协定与联合国合办的国际贸易中心,从各国搜集统计资料和其他资料,经过整理后再发给各成员国,并且举办各类培训班,积极为发展中国家培训经贸人才。

但是,这些作用并不意味着关贸总协定是个正规完善的组织,面对新形势,它的一些先天不足更是暴露无遗。比如没有自己的组织基础,没有一个永久性的正规机构;只涉及货物贸易,对服务贸易无能为力;争端解决机制不够完善;不得不容忍特定敏感领域的保护政策等。这样,就需要一个更完善的组织来弥补它的不足。在这种形式下,一个全新的世界贸易组织的诞生已水到渠成。

## 四、关贸总协定的多边贸易谈判

### 表 16-1  关贸总协定历次多边贸易谈判情况简表

| 轮次 | 谈判地点和时间 | 参加方 | 谈判主要成果 |
|---|---|---|---|
| 第一轮 | 瑞士日内瓦<br>1947 年 4 月—10 月 | 23 | 达成 45 000 项商品的关税减让,使占应税进口值 54%的商品平均降低关税 35%;关贸总协定于 1948 年 1 月 1 日生效。 |
| 第二轮 | 法国安纳西<br>1949 年 4 月—10 月 | 33 | 达成近 5 000 项商品的关税减让,使占应税进口值 5.6%的商品平均降低关税 35%。 |
| 第三轮 | 英国托奎<br>1950 年 9 月—1951 年 4 月 | 39 | 达成 8 700 多项商品的关税减让,使占应税进口值 11.7%的商品平均降低关税 26%。 |
| 第四轮 | 瑞士日内瓦<br>1956 年 1 月—5 月 | 28 | 达成近 3 000 项商品的关税减让,使占应税进口值 16%的商品平均降低关税 15%。 |
| 第五轮<br>狄龙回合 | 瑞士日内瓦<br>1960 年 9 月—1962 年 7 月 | 45 | 达成 4 400 项商品的关税减让,使占应税进口值 20%的商品平均降低关税 20%。 |
| 第六轮<br>肯尼迪回合 | 瑞士日内瓦<br>1964 年 5 月—1967 年 6 月 | 54 | 以关税统一减让方式就影响世界贸易额约 400 亿美元的商品达成关税减让,平均降低关税 35%;首次涉及非关税壁垒谈判,并通过了第一个反倾销协议。 |
| 第七轮<br>东京回合 | 瑞士日内瓦<br>1973 年 9 月—1979 年 4 月 | 102 | 以一揽子关税减让方式就影响世界贸易额约 3 000 亿美元的商品达成关税减让与约束,关税水平下降 35%;达成多项非关税壁垒协议和守则;通过了给予发展中国家优惠待遇的"授权条款"。 |
| 第八轮<br>乌拉圭回合 | 乌拉圭埃斯特角城<br>1986 年 9 月—1994 年 4 月 | 123 | 达成了 28 个内容广泛的协议;货物贸易减税幅度近 40%,减税商品涉及贸易额高达 1.2 万亿美元,近 20 个产品部门实行了零关税;农产品非关税措施实行关税化,纺织品的配额限制在 10 年内取消;GATT 扩大到服务贸易、知识产权和与贸易有关的投资措施协议;建立 WTO 取代 GATT。 |

### (一)关贸总协定前七轮多边贸易谈判

1947—1994 年,关贸总协定共举行了八个回合的多边贸易谈判。前七轮多边贸易谈判的简况如下:

1. 第一轮多边贸易谈判

1947 年 4—10 月,由美国、英国、法国、中国等 23 个国家在日内瓦召开了第二次筹委会会议。在七个月的谈判中,23 个缔约方共达成 123 项双边关税减让协议,涉及 45 000 项商品,关税水平平均降低 35%。这轮谈判虽然是在关贸总协定生效之前举行的,但人们习惯将其视为关贸总协定的第一轮多边贸易谈判。

2. 第二轮多边贸易谈判

关贸总协定的第二轮多边贸易谈判于 1949 年 4—10 月在法国安纳西举行。谈判总计达成 147 项关税减让协议,增加关税减让 5 000 多项,使应税进口值 5.6% 的商品平均关税水平降低 35%。

3. 第三轮多边贸易谈判

关贸总协定的第三轮多边贸易谈判于 1950 年 9 月—1951 年 4 月在英国举行。本轮谈判方已经扩大到 39 个国家,39 个国家的贸易额已经超过世界贸易总额的 80% 以上,达成 150 个协议,增加关税减让商品 8 700 多项,关税平均水平降低了 26%。

4. 第四轮多边贸易谈判

关贸总协定第四轮多边贸易谈判 1956 年 1—5 月在瑞士日内瓦举行。本轮谈判主要议题仍然是关税减让和新加入成员的“入门费”的谈判。本轮谈判关税减让商品为 3 000 个项目,比第三轮减少很多,仅涉及 25 亿美元的贸易额,关税平均水平降低了 15%。然而,农产品和某些政治敏感性产品大都排除在最后的协议外。

5. 第五轮多边贸易谈判

关贸总协定第五轮多边贸易谈判于 1960 年 9 月—1962 年 7 月在瑞士日内瓦举行,共有 45 个参加方。被辩论谈判关税减让商品为 4 400 个项目,涉及 49 亿美元的贸易额,使关税水平平均降低 20%,但农产品和一些敏感性商品被排除在协议以外。欧洲共同体 6 国统一对外关税也达成减让,关税水平平均降低 6.5%。然而,农产品和某些政治敏感性产品大都排除在最后的协议外。由于这轮谈判是由美国副国务卿道格拉斯·狄龙倡议进行的,因此也称为“狄龙回合”。

6. 第六轮多边贸易谈判

关贸总协定第六回合谈判于 1964 年 5 月—1967 年 6 月在瑞士日内瓦举行,共有 54 个缔约方参加。关税将让采取了“削平”方案,按照工业品进口关税的减让表,从 1968 年起的 5 年内,美国工业品关税水平平均降低了 37%,欧洲共同体关税水平平均降低了 35%。

这轮谈判首次涉及非关税壁垒,签署了第一个实施《关税与贸易总协定》第 6 条有关反倾销的协议,该协议于 1968 年 7 月 1 日生效。

7. 第七轮多边贸易谈判

关贸总协定第七轮贸易谈判于 1973 年 9 月—1979 年 4 月在瑞士日内瓦举行。本轮谈判的参加方达到了历史最高水平,共有 73 个缔约方和 29 个非缔约方参加。本轮谈判的内容主要涉及关税减让及如何减少非关税壁垒。由于发起这轮谈判的贸易部长会议在日本东京举行,故也称为“东京回合”。

总之,关贸总协定前七轮多边贸易谈判使缔约方数量不断扩大,世界各国的关税水平大幅降低,推动了贸易自由化,促进了世界经济的发展,为“乌拉圭回合”谈判和世界贸易组织的建立奠定了良好的基础。

### （二）"乌拉圭回合"多边贸易谈判

#### 1."乌拉圭回合"谈判的背景

关贸总协定前七轮谈判，大大降低了各缔约方的关税，促进了国际贸易的发展。但从 20 世纪 70 年代开始，特别是进入 80 年代以后，以政府补贴、双边数量限制、市场瓜分和各种非关税壁垒为特征的贸易保护主义重新抬头。为了遏制贸易保护主义，避免全面的贸易战发生，美、欧、日等缔约国共同倡导发起了此次多边贸易谈判，决心制止和扭转保护主义，消除贸易扭曲现象，建立一个更加开放的、具有生命力和持久的多边贸易体制。1986 年 9 月，关贸总协定部长会议在乌拉圭的埃斯特角城举行，同意发起乌拉圭回合谈判，这也是关贸总协定的最后一轮谈判。这一轮谈判范围之广泛、议题之复杂、对世界经济影响之深远，在总协定历史上是空前的。

#### 2."乌拉圭回合"谈判的目标和主要议题

在 1986 年启动乌拉圭回合谈判的部长级宣言中，明确了此轮谈判的主要目标：一是通过减少和取消关税、数量限制和其他非关税措施与壁垒，改善进入市场的条件，进一步扩大世界贸易；二是加强关贸总协定的作用，改善建立在关贸总协定原则和规则基础上的多边贸易体制，将更大范围的世界贸易置于统一的、有效的多边规则之下；三是增加关贸总协定体制对不断演变的国际经济环境的适应能力，加强关贸总协定同有关国际组织的练习；四是促进国内和国际合作，增强关贸总协定同有关国际组织的联系，加强贸易政策与其他经济政策之间的协调。

乌拉圭回合谈判的内容包括传统议题和新议题两大部分，涉及 15 个议题。传统议题涉及关税、非关税措施、热带产品、自然资源产品、纺织品和服装、农产品、保障条款、补贴和反补贴措施、争端解决等。新议题涉及服务贸易、与贸易有关的投资措施、与贸易有关的知识产权等。

#### 3."乌拉圭回合"谈判的主要成果

乌拉圭回合谈判涉及面广，难度大，谈判各方存在着错综复杂的矛盾，使得谈判屡屡搁浅，一拖再拖。1993 年 12 月 15 日，随着欧美在农产品补贴问题上达成谅解，终于达成了《乌拉圭回合最后文件》。此次回合谈判的主要成果如下：

一是强化了多边贸易体制，特别是将农产品和纺织品纳入到贸易自由化的轨道，并修改和完善了解决争端的规则，达成了《农产品协议》、《纺织品和服装协议》、《保障措施协议》、《总协议体制的作用》以及《争端解决规则与程序的谅解》等一系列协议，它们构成了 WTO 的主要内容。

二是进一步改善了市场准入的条件。关税水平进一步下降，通过这轮谈判，发达国家和发展中国家平均降税 1/3，发达国家工业制成品平均关税税率降为 3.5% 左右。在非关税措施方面，通过《原产地规则协议》、《装船前检验协议》、《技术标准协议》等一系列文件，对原产地规则、装船前检验、海关估价、反倾销、技术壁垒、进口许可证等非关税壁垒进行了进一步规范。

三是首次将服务贸易、与贸易有关的知识产权以及与贸易有关的投资措施等新领域纳入了多边规则的管辖之下。在乌拉圭回合中，发达国家提出，将服务业市场准入问题作为谈判的重点。经过 8 年的讨价还价，最后达成了《服务贸易总协定》，并于 1995 年 1 月 1 日正式生效。除此之外，还达成了《与贸易有关的知识产权协定》(TRIPs) 和《与贸易有关的投资措施协定》

（TRIMs）。

　　四是达成了建立世界贸易组织的协定。这是乌拉圭回合的一项重大的意外成果，《最后文件》中《建立世界贸易组织协议》宣布建立一个更具权力、权威的世界贸易组织取代 GATT，以便在国际贸易领域发挥更大的作用。

## 第二节　世界贸易组织的产生与发展

　　世界贸易组织（World Trade Organization，WTO）成立与 1995 年 1 月 1 日，其前身是关税与贸易总协定（GATT），1996 年 1 月 1 日正式取代关贸总协定，其总部在瑞士日内瓦。世界贸易组织是国际贸易领域最大的政府间国际组织，统辖当今国际贸易中货物、服务、知识产权、投资措施等领域的规则，世贸组织是具有法人地位的国际组织，在调解成员争端方面具有更高的权威性。世界贸易组织与世界银行、国际货币基金组织被并称为当今世界经济体制的"三大支柱"。

### 一、世界贸易组织的产生与特点

#### （一）世界贸易组织的产生

　　如前所述，关贸总协定只是一个临时性的、过渡性的多边协定，为的是在国际贸易组织正式成立之前，能够尽快推行自由化。但是长期以来，关贸总协定的法律基础比较薄弱，组织结构也不够健全。此外，关贸总协议条款中的漏洞也比较多。随着世界经济贸易的发展，国际贸易在世界经济关系中起着越来越重要的作用。同时，由于关贸总协定的缔约方越来越多，客观上需要有一个正式的、有足够法律效力的国际贸易组织来协调世界经济贸易发展中的各种问题。

　　1986 年关贸总协定乌拉圭回合启动时，谈判议题中并不涉及建立世界贸易组织问题，只建立了一个关于完善关税与贸易总协定体制职能的谈判小组。在新议题的谈判中，涉及服务贸易和与贸易有关的知识产权等非货物贸易问题。这些重大议题的谈判成果，很难在关贸总协定的框架内付诸实践，创立一个正式的国际贸易组织的必要性日益凸显。因此，1990 年初，欧共体时任主席国意大利首先提出了建立一个多边贸易组织的倡议，同年 7 月由当时的欧共体 12 国正式提议建立"多边贸易组织"，并得到了美国、加拿大等国的支持。

　　1990 年 12 月，在布鲁塞尔举行的部长级会议上各成员同意就建立多边贸易组织进行协商。经过一年的紧张谈判，1991 年 12 月形成了一份关于建立多边贸易组织的草案，并成为同年底"邓克尔最后案文"的一个部分。1993 年 12 月根据美国的提议把"多边贸易组织"改名为"世界贸易组织"。

　　1994 年 4 月 15 日，在摩洛哥的马拉喀什部长级会议上 104 个成员正式通过《建立世界贸易组织协定》。至此，一个国际贸易组织领域的正式组织——世界贸易组织宣告成立，于 1995 年 1 月 1 日正式生效，从而结束了 40 多年关贸总协定临时适用的历史。

**相关链接**

《建立世界贸易组织协定》

　　《建立世界贸易组织协定》,也称《马拉喀什建立世界贸易组织协定》,由协定本身案文 16 条和 4 个附件所构成。协定案文本身并未涉及规范和管理多边贸易关系的实质性原则,只是就世界贸易组织的结构、决策过程、成员资格、接受、加入和生效等程序性问题作了原则规定。而有关协调多边贸易关系和解决贸易争端以及规范国际贸易竞争规则的实质性规定均体现在 4 个附件中。附件 1 由 3 个次附件构成,包括了附件 1A《货物多边贸易协定》、附件 1B《服务贸易总协定》、附件 1C《与贸易有关的知识产权协定》;附件 2《关于争端解决规则与程序的谅解》;附件 3《贸易政策审议机制》;附件 4《诸边贸易协议》,包括《民用航空器服务协议》、《政府采购协议》、《国际奶制品协定》和《国际牛肉协定》,其中后两项已于 1997 年年底终止。

资料来源:WTO

### (二)世界贸易组织体制的特点

　　世界贸易组织和关贸总协定有着内在的历史继承性。但是,世界贸易组织并不是关贸总协定的简单扩大,与关贸总协定相比,世界贸易组织体制具有以下几个方面的特点:

　　1.世界贸易组织是具有法人资格的国际组织

　　对其所有的成员均有严格的法律约束力,从法律意义上说,关贸总协定只是一个临时适用的多边协议而并非一个组织,虽然在 40 多年的发展历史中,它起到了一个国际组织的作用。而世界贸易组织具有完整的组织机构,是一个具有法人资格的健全的国际经济组织,现行所达成的协定对其所有的成员都具有法律效应。

　　2.世界贸易组织管辖范围广泛

　　关贸总协定管辖的范围比较单一,只涉及货物贸易方面,而世界贸易组织所管辖的范围,不仅包括已有的货物贸易方面,还包括服务贸易、与贸易有关的知识产权和国际投资领域。其协调和监督的范围远大于关税与贸易总协定。

　　3.世界贸易组织制定了完善的争端解决机制

　　4.世界贸易组织建立了贸易政策评审机制

## 二、世界贸易组织的宗旨、职能

### (一)世贸组织的宗旨和目标

　　1994 年,在"乌拉圭回合"通过的《建立世贸组织协定》的前言中,集中地阐述了世贸组织的宗旨。WTO 的宗旨是,在处理贸易和经济领域的关系时,应以提高生活水平、保证充分就业、大幅度和稳定地增加实际收入和有效需求、持续地开发和合理利用世界资源、拓展货物和服务的生产和贸易为目的,努力保护和维持环境,并通过与各国的不同经济发展水平相适应的方式来加强环保。其具体目标是,产生一个完整的、更具活力和永久性的多边贸易体制,以巩固原来的关贸总协定为贸易自由化所做的努力和乌拉圭回合多边贸易谈判的所有成果。

　　由此可见,世界贸易组织的宗旨不仅重申了关贸总协定的目标,而且强调扩大服务贸易、保护和维持环境,确保各成员方(包括发展中成员)在国际贸易增长中得到与其经济发展相适应的份额。

### (二) 世贸组织的职能

世贸组织职能的规定在"乌拉圭回合"的协定和协议中均有论述,尤其在《建立世贸组织协定》中煤化工第 3 条是最集中的表述。

第一,促进世界贸易组织目标的实现,监督和管理其统辖范围内的各项协议的贯彻实施;

第二,组织实施各项多边贸易协议,为各成员方提供多边贸易谈判的场所,按一体化的争端解决规则与程序,支持解决各成员方的贸易纠纷;

第三,按照有关贸易政策审议机构,负责定期审议各成员方的贸易制度和与贸易有关的国内经济政策;

第四,协调与国际货币基金组织和世界银行的关系,以保障全球经济决策的异质性;

第五,编写年度世界贸易报告和举办世界经济贸易研讨会;

第六,向发展中国家和转型经济国家提供技术援助和培训。

### 三、世界贸易组织的基本原则

1. 非歧视原则(Rule of Non - Discrimination)

非歧视原则是关贸总协定中最重要的原则,是关贸总协定的基石。在总协定中的第 1 条"一般最惠国待遇原则"、第 2 条"关税减让表"和第 3 条"国内税和国内规章的国民待遇"以及其他有关条款中,都反映了非歧视原则。这个原则是通过关贸总协定的最惠国待遇条款和国民待遇条款来体现的。

(1) 最惠国待遇原则。总协定的最惠国待遇是无条件多边最惠国待遇。这个条款要求每一缔约方应该在进出口贸易等方面以同等的条件和方式对待所有其他缔约方,而不应采取歧视待遇。这样关贸总协定的最惠国待遇条款就突破了传统的双边互惠形式而推广到多边互惠形式。

过去,总协定的多边最惠国待遇主要在商品进出口贸易方面,在"乌拉圭回合"多边贸易谈判中,将多边最惠国待遇扩展到服务贸易。"乌拉圭回合"通过的《服务贸易总协定》是现代第一个关于服务贸易规则的多边协议。该协议的基础原则之一就是多边最惠国待遇。该协定规定,各缔约方应立即和无条件对其他缔约方的服务和服务提供者给予最惠国待遇。这就使关贸总协定的多边最惠国待遇原则扩展到服务贸易领域。

(2) 国民待遇原则。总协定第 3 条就是国民待遇条款。该条规定一缔约国领土的产品输入到另一缔约国领土时,在关于产品的国内销售、推销、购买、运输、分配或使用的全部法令、条例和规定方面,所享受的待遇应不低于相同的本国产品所享受的待遇。

在"乌拉圭回合"的谈判中,把国民待遇原则扩展到服务领域。服务贸易谈判参加方在日内瓦进行了初步谈判,就各个服务部门的市场准入和国民待遇问题作出承诺。

总之,关贸总协定的最惠国待遇条款和国民待遇条款都体现了非歧视原则,二者的区别在于:最惠国待遇条款是使来自不同国家的进口产品在一个缔约国的市场上处于同等的竞争地位;而国民待遇条款则是使进口产品在一个缔约国的市场上与其国内产品处于同等的竞争地位。

### 2. 关税保护和关税减让原则

关税是关贸总协定允许的唯一保护形式。总协定明确规定缔约方为对国内产业进行保护，主要通过关税的手段，尽量减少非关税措施。目的是使保护的程度有最大的透明度，容易对各方的保护进行比较，以确保各国贸易条件的公平。

关贸总协定的主要目标之一是通过举行关税减让的谈判逐步降低关税。在总协定中，关税减让可以分为四种形式：① 削减关税并约束削减后的税率水平；② 约束现有的关税税率；③ 最高限约束，即将关税约束在高于现行税率的某一特定水平，承诺即使提高税率也不超过该特定水平；④ 对免税待遇加以约束，即承诺税率保持为零。

关贸总协定的关税减让谈判是在互惠的原则基础上进行的。自 1947 年的第一轮多边贸易谈判至 1961 年结束的第五轮"狄龙回合"，关税减让都是唯一的议题。自"肯尼迪回合"开始，由于关税大幅度削减，关税的保护作用削弱，一些缔约方相继加强了非关税措施，缔约方开始考虑将关税减让谈判与非关税壁垒的消除或减少的谈判并列举行。这一趋势在以后的多边贸易谈判中越来越明显。即使如此，关税减让仍然是国际贸易领域中很受重视的课题之一。

### 3. 取消数量限制原则

数量限制是一个国家在一定时期内对某些商品进口的数额加以限制。在非关税壁垒中，数量限制是最为普遍的限制方式，一般有进口配额、进口许可、自动出口配额、禁止进口等。

总协定第 11 条"数量限制的一般取消"中规定："任何缔约国除征收税捐或其他费用外，不得设立或维持配额、进出口许可或其他措施以限制或禁止其他缔约国领土的产品输入，或向其他缔约国领土输出或销售出口产品"。包含数量限制在内的非关税措施，在"东京回合"第一次被列为多边贸易谈判的专门议题，并达成了《进口许可证手续协议》，"乌拉圭回合"签订了《进口许可证程序协议》。

### 4. 透明度原则

透明度原则是指各成员方政府应迅速公布其与商品进出口贸易和服务贸易有关的法律、规章，以便其他成员和贸易商能够熟悉。总协定第 10 条对透明度作出了明确的规定："缔约国有效实施的关于海关对产品的分类或估价，关于捐税或其他费用的征收率，关于对进出口货物及其支付转账的规定、限制和禁止，以及关于影响进出口货物的销售、分配、运输、保险、存仓、检验、展览、加工、混合或使用的法令、条例与一般援用的司法判决及行政决定，都应迅速公布，以使各国政府及贸易商对它们熟悉。一缔约国政府或政府机构与另一缔约国政府或政府机构之间缔结的影响国际贸易的现行规定，也必须公布。"

## 相关链接

### 透明度原则的例外

透明度原则并不意味着成员方必须什么都对外公布。为了维护各成员方的正当利益，GATT 和 GATS 规定了透明度原则的例外：

GATT 第 10 条规定：透明度原则并不要求缔约国公开那些会妨碍法令的贯彻执行，会违反公共利益、或会损害某一公私企业的正当商业利益的机密资料。

GATT 第 3 条第 2 款规定：本协定的任何规定都不得要求任何成员提供那些一旦公开会

阻碍法律的实施或违背公共利益,或损害特定公营或私营企业合法商业利益的机密资料。

资料来源:对外贸易法

### 5. 公平贸易原则

该原则主要是指反对倾销、反对出口补贴或减少其他非关税壁垒,以保证公平贸易。

总协定规定,当一国产品以低于国内正常价格或成本价向外国出口时,可视为倾销,这时进口国可通过征收反倾销税的措施来抵制倾销带来的损害。受害国在征收反倾销税时要按总协定的要求遵守非歧视原则,且征税数额不超过出口国倾销价与正常价格之差。

关于出口补贴,总协定认为是一种不公平行为,严禁缔约国对初级产品以外的任何产品给予出口补贴,如果一缔约国的出口补贴对另一缔约国的利益造成重大损害或产生严重威胁,可以允许这一进口缔约国对有关产品的进口征收反补贴税。如果缔约国大会发现某种补贴对另一个向进口缔约国输出有关产品的缔约国的某一工业正在造成严重损害或威胁,它们也应允许征收反补贴税。

### 6. 互惠原则或对等原则

这也是总协定的基本原则之一,它不仅是缔约国之间进行贸易谈判并维持正常贸易关系的基础,而且也是关贸总协定得以发挥作用的主要机制。

互惠并不意味着对等。由于经济发展水平的不同,发达国家之间在关税减让谈判中总体是互惠的,也是对等的;而发达国家与发展中国家之间在遵守互惠原则时,发达国家给予发展中国家的优惠不能要求发展中国家给予对等的回报,否则,两者之间经济水平的不平等永远得不到改善。这正是发达国家予以发展中国家普惠制待遇的基本理由,也是互惠原则的例外。

## 四、世界贸易组织的组织机构与决策机制

### (一)组织机构

#### 1. 部长会议

部长会议是世贸组织的最高决策权力机构,由所有成员方主管外经贸的部长、副部长级官员或其全权代表组成,一般每两年举行一次会议,讨论和决定涉及世界贸易组织职能的所有重要问题,并采取行动。部长会议具有广泛的权力,具有立法权、解释权、裁决争议的准司法权,还能豁免某个成员的特定义务及批准非世贸成员方取得观察员资格的请示。

#### 2. 总理事会

部长会议休会期间由全体成员代表组成的总理事会代行部长会议的职能。总理事会可视情况需要随时开会,自行拟定议事规则及议程,并作为统一的争端解决机构和贸易政策评审机构发挥作用。总理事会下分设三个分理事会:

(1)货物贸易理事会,负责《1994 年关贸总协定》及其他货物贸易协议的有关事宜;

(2)服务贸易理事会,监督执行服务贸易总协定及分部门协议的有关事宜;

(3)与贸易有关的知识产权理事会,监督执行与贸易有关的知识产权协定。

这些理事会可视情况自行拟定议事规则,经总理事会批准后执行。所有成员均可参加各理事会。

### 3. 秘书处

WTO 设立秘书处,秘书处由总干事负责,秘书处的工作人员以及他们的职责、任职条件由总干事决定,并按部长会议通过的规则决定他们的职责和服务条件。总干事及秘书处工作人员必须具有国际性质,在履行职责时不得寻求或接受任何政府或 WTO 以外机构的指示。

**相关链接**

世贸组织历任总干事

世界贸易组织总干事(Director-General of the World Trade Organization)为负责监督世界贸易组织其行政业务的职位,但由于世界贸易组织绝大部分的政策都是由会员方所召开的专门会议或者集体大会决定,使得世界贸易组织总干事主要工作为发表消息以及管理业务,而其辖下直属单位是有 700 多人的世界贸易组织秘书处。今日世界贸易组织总干事人选是由会员国所任命,一期 4 年。世贸组织的第一任总干事是皮特·萨瑟兰(北爱尔兰人);第二任总干事是瑞那托·鲁杰罗(意大利前贸易部长);第三人总干事是迈克·穆尔(新西兰前总理);第四人总干事是素帕猜·巴尼巴滴(泰国前副总理);第五任总干事是帕斯卡尔·拉米(法国人)。现任总干事为自 2013 年 9 月 1 日当选的巴西外交官罗伯托·阿泽维多。

资料来源:百度百科

### 4. 争端解决机构和贸易政策审议机构

这两个机构均隶属于部长级会议或总理事会。争端解决机构下设专家小组和上诉机构,负责处理成员之间基于各有关协定、协议所产生的贸易争端。政策审议机构负责定期审议各成员方的贸易政策、法律与实践,并就此作出指导。

### 5. 专门委员会

部长会议下设专门委员会,以处理特定的贸易及其他有关事宜。已设立贸易与发展委员会、国际收支调控委员会、财政和行政预算委员会、贸易与环境委员会等十多个专门委员会。

### (二)决策机制

世界贸易组织在进行决策时,主要遵循"协商一致"原则,只有在无法协商一致时才通过投票表决决定。每一个成员方在部长级会议及总理事会均拥有一票,欧盟的票数则和其成员在世贸组织的成员数相同。世贸组织对不同的问题,规定具体的通过票数如下:

1. 解释和决议。对任何多边贸易协议的解释和决议,须经部长会议和总理事会成员的 3/4 以上多数通过。

2. 修订。对有关条款的协定,采用 2/3 多数票通过为准。

3. 豁免。对成员提出的义务豁免请求,部长级会议应在不超过 90 天的期限内进行审议。首先应按照协商一致原则作出决定;如果在确定的期限内未能协商一致,则进行投票表决,须由成员的 3/4 多数通过才能作出义务豁免决定。

```
                          ┌──────────────┐
                          │   部长级会议   │
                          └──────┬───────┘
                          ┌──────┴───────┐
                          │    总理事会    │
                          └──────┬───────┘
          ┌──────────────────────┴──────────────────────┐
   ┌──────┴────────┐                          ┌──────────┴──────┐
   │   总理事会会议   │                          │   总理事会会议     │
   │ (贸易政策审议机构) │                          │  (争端解决机构)    │
   └───────────────┘                          └──────────┬──────┘
                                                          │
                                                      上诉机构
                                                    争端解决专家组
```

各专门委员会：
　贸易与发展委员会(下设最不
　　发达国家分委员会)
　贸易与环境委员会
　国际收支限制委员会
　区域贸易协议委员会
　预算、财务与行政委员会

工作组：
　加入世界贸易组织工作组

工作小组：
　贸易与投资工作组
　贸易与竞争工作组
　政府采购透明度工作组

货物贸易理事会

专门委员会：
　市场准入委员会
　农业委员会
　卫生与植物卫生措施委员会
　技术性贸易壁垒委员会
　补贴与反补贴措施委员会
　反倾销措施委员会
　海关估价委员会
　原产地规则委员会
　进口许可证程序委员会
　与贸易有关的长期措施委员会
　保障措施委员会

纺织品监督机构

信息技术协议委员会

工作组：
　国营贸易企业工作组
　装运前检验工作组

与贸易有关的知识产权理事会

服务贸易理事会

专门委员会：
　金融服务贸易委员会
　具体承诺委员会

工作组：
　专业服务工作组
　《服务贸易总协定》规
　　则工作组

诸边贸易协定委员会：
　政府采购委员会
　民用航空器贸易委员会

说明：
　──── 向总理事会(或其下属机构)报告
　━━━━ 向争端解决机构报告
　---- 诸边贸易协定委员会将其活动
　　　通报总理事会

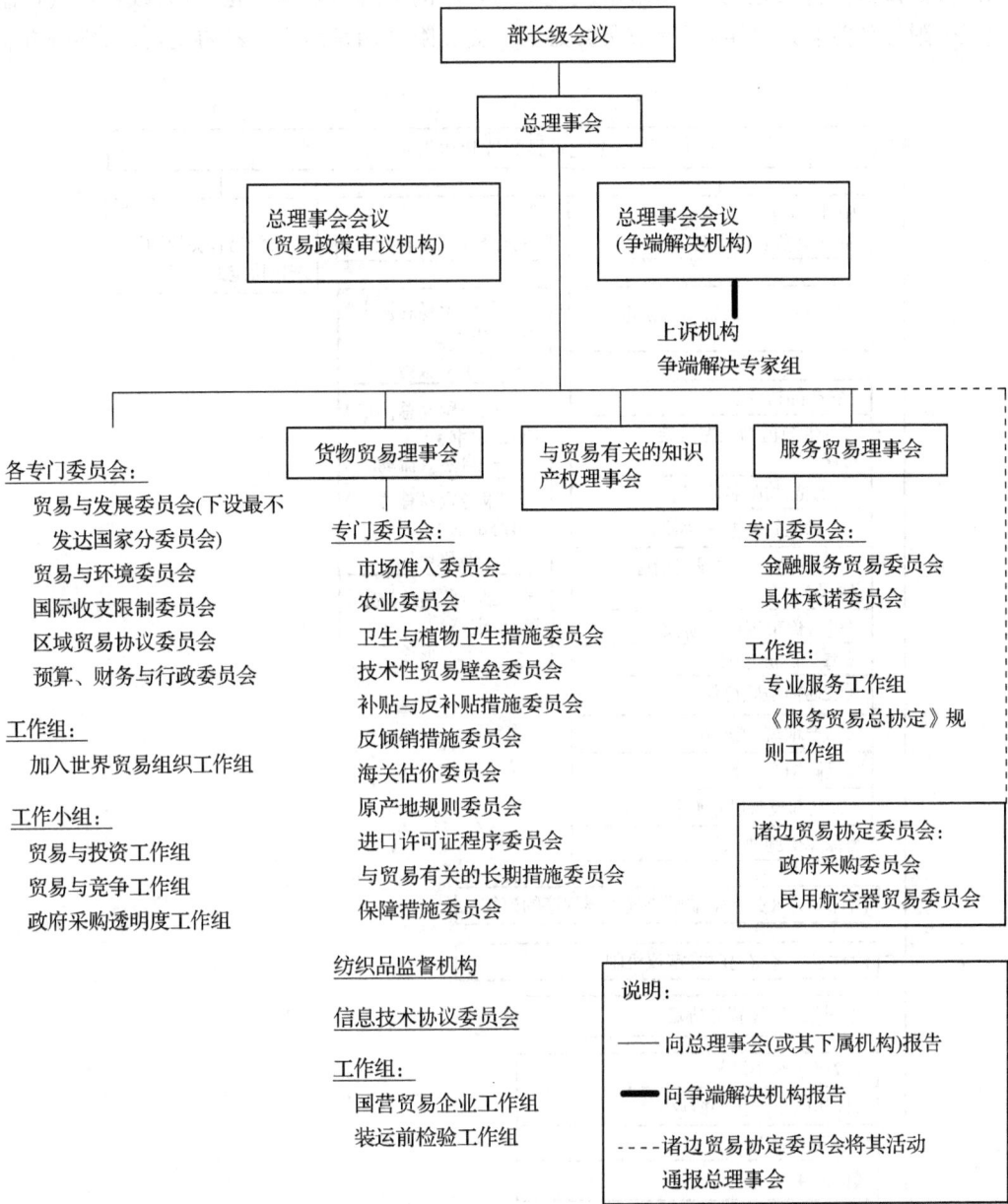

**图 16-1　世界贸易组织的主要机构**

## 五、世界贸易组织的法律框架

从 1948 年 1 月 1 日关贸总协定临时适用到世贸组织成立 10 年后,历经了关贸总协定的八轮多边贸易谈判和世贸组织成立以来的五次部长级会议,世贸组织已形成一套独具风格的法律体系。这一法律体系的框架集中体现在《乌拉圭回合多边贸易谈判结果的最终文本》(Final Act Embodying the Results of the Uruguay Round of Multilateral Trade Negotiations)的一系列协议中。《最终文本》的中心部分是《建立世界贸易组织的协定》及其四个附件。如图 16-2 所示,附件一是货物贸易多边协定、《服务贸易总协定》和《与贸易有关的知识产权协议》,附件二是《关于争端解决规则与程序的谅解》,附件三是《贸易政策审议机制》。上述三个附件作为多边协定,所有成员方必须接受。附件四是诸边贸易协定,仅对签署方有约束力。

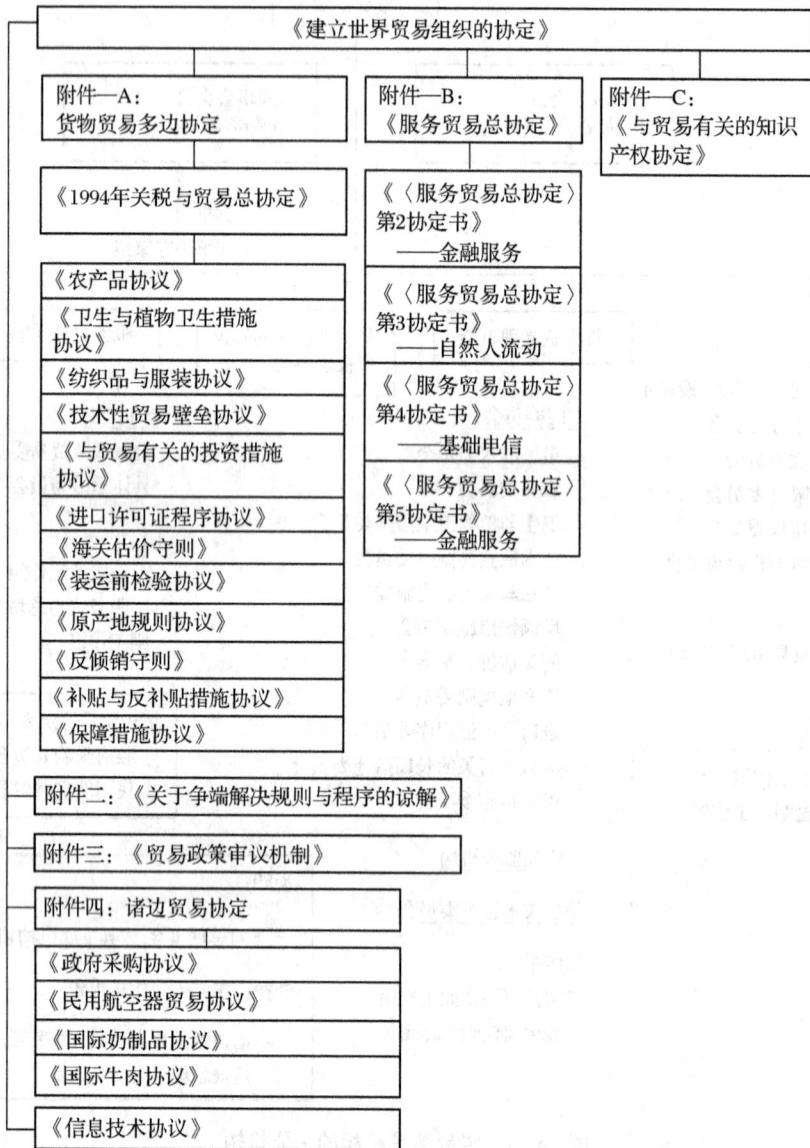

图 16-2　世界贸易组织法律文件结构

### （一）有关世贸组织本身的法律规则

《建立世界贸易组织的协定》是世贸组织的基本法,其核心在于确立了世贸组织作为国际经济组织的法律地位。该协定由序言和 16 条基本案文组成,序言明确规定了世贸组织的宗旨,16 条案文本身并不涉及规范和管理多边贸易关系的实质性原则,只是对世贸组织的职能、组织结构、预算、决策过程、成员资格、接受、加入、生效以及互不适用等程序性问题作了原则性规定。而涉及协调多边贸易关系、解决贸易争端以及规范国际竞争规则的实质性规定均体现在四个附件中。

### （二）有关货物贸易的法律规则

世贸组织有关货物贸易的法律规则体现在附件一 A,它包括以下四组协议:

第一组是《1994 年关税与贸易总协定》,它包括《1947 年关税与贸易总协定》的各项实体条款、1995 年 1 月 1 日以前根据《1947 年关税与贸易总协定》做的有关豁免与加入等决定、乌拉圭回合中就有关条款达成的六个谅解以及《关于建立世界贸易组织的协定》。

第二组是两项具体部门协议,即《农产品协议》和《纺织品与服装协议》。

第三组包括《技术性贸易壁垒协议》、《海关估价守则》、《装运前检验协议》、《原产地规则协议》、《进口许可证程序协议》、《卫生与植物卫生措施协议》和《与贸易有关的投资措施协议》等七项协议。

第四组包括《反倾销协议》、《补贴与反补贴协议》和《保障措施协议》等三项贸易救济措施协议。

### （三）有关服务贸易的协议

世贸组织有关服务贸易的法律规则体现在附件一 B。乌拉圭回合对服务贸易的定义和统计、服务贸易多边框架的范围、制定服务贸易规则的主要概念、现有的多边规则与协议以及影响服务贸易的措施等问题进行了讨论,最终达成了《服务贸易总协定》。协定分六个部分,由 32 个条款组成,主要包括管辖范围、一般义务和纪律、具体承诺、逐步自由化、机构条款和最后条款等内容。协定承认发达成员与发展中成员在服务发展水平上的差距,允许发展中成员在开放服务业方面享有更多的灵活性。

### （四）与贸易有关的知识产权协议

世贸组织有关知识产权的法律规则体现在附件一 C。乌拉圭回合首次将知识产权问题纳入关贸总协定谈判,达成了《与贸易有关的知识产权协议》(TRIPs 协议),构成乌拉圭回合一揽子协议的重要组成部分。TRIPs 协议共有七个部分 73 条,这七个部分是:总则和基本原则;关于知识产权的效力、范围及使用标准;知识产权的实施;知识产权的获得、维持及有关程序;争端的防止与解决;过渡性安排;机构安排和最后条款。协议的宗旨是,加强对知识产权的有效保护,防止与知识产权有关的执法措施或程序变成合法贸易的障碍,减少对国际贸易的扭曲。

### （五）争端解决机制

附件二《关于争端解决规则与程序的谅解》是世界贸易组织关于争端解决的基本法律文件。世贸组织的争端解决机制适用于多边贸易体制所管辖的各个领域。与关贸总协定相比,该争端解决机制建立在一套完整严谨的条款之上,对争端的解决和监督履行都有明确规定,而且世贸组织的法人地位也使其对争端的调解更具强制性和法律约束力,从而使多边贸易体制的遵守和执行得到更大保障。世贸组织总理事会同时作为负责争端解决的机构,履行成员方之间争端解决的职责。

### （六）贸易政策审议机制

世贸组织的贸易政策审议机制体现在附件三。贸易政策审议机制赋予总理事会对各成员方的贸易政策进行定期、系统审议的职能。根据规定,该机制对各成员方贸易政策审议的周期取决于它们在世界贸易中的份额:贸易额占世界前 4 名的国家每 2 年审议一次;对排名第 5 至 20 的成员每 4 年审议一次;20 名以后的成员每 6 年审议一次;对其中最不发达国家的审议周期可以更长。该机制的目的是审议、评估各成员方的贸易政策及其对多边贸易体制的影响,并通过公开各成员方的贸易政策促使他们提高贸易政策和措施的透明度,履行所作的承诺,更好地遵守世贸组织规则。

### (七)诸边协议

《政府采购协议》、《民用航空器贸易协议》、《国际奶制品协议》和《国际牛肉协议》构成附件四,是世贸组织的诸边协议,成员方可自愿参加,签署协议的成员方受其约束,未签署的成员方不受其约束。其中《国际奶制品协议》和《国际牛肉协议》已于 1997 年 12 月 31 日终止。

另外,从广义上讲,世贸组织的法律框架除了《建立世界贸易组织的协定》和四个附件外,还包括部长级会议的若干决议和宣言,它们大多是对上述协定和附件的补充。例如,对某些重要的服务性行业如基础电信、金融服务、专业服务、自然人迁移等,部长级会议在《服务贸易总协定》外又分别签订了具体的决议。

## 第三节　中国与世界贸易组织

### 一、中国加入世界贸易组织历程

中国是 1947 年关贸总协定的 23 个缔约国之一,当时的国民党政府参与了关贸总协定的谈判并签字。1949 年中华人民共和国成立后未能取得联合国席位,因此关贸总协定的席位仍由国民党政府占据。而在 1950 年 3 月,台湾当局退出总协定,1957 年又非法取得关贸总协定观察员资格,直到 1971 年联合国恢复了中国的合法席位,台湾地区的关贸总协定观察员才被迫取消。此后关贸总协定的席位一直空着。由于面临复杂的国际环境,中国直到 20 世纪 80 年代初才重新开始与关贸总协定进行接触。

自 1978 年中国实行改革开放政策以来,中国经济与世界经济联系日益紧密,迫切需要一个更加开放宽松的国际环境。在这样的背景下中国逐步恢复了与总协定的联系。1986 年 7 月,中国政府正式向关贸总协定提出申请,要求恢复中国的缔约国地位。自中国政府向关贸总协定正式提出申请后,中国和关贸总协定双方都采取了相应的步骤。从 1987 年 3 月关贸总协定成立了"中国工作组",开始中国的"复关"谈判,到 1995 年世界贸易组织成立以后,中国的"复关"与"入世"谈判大致可分为四个阶段。

### (一)第一阶段:酝酿和准备"复关"阶段(1980 年代初—1986 年 7 月)

1971 年 10 月,联合国大会通过了关于恢复中华人民共和国合法席位的第 2578 号决议,恢复了中华人民共和国在联合国的合法席位。关贸总协定按照在政治上服从联合国决议的原则,于 1971 年 11 月 26 日终止了台湾当局的"观察员"地位。不久,中国于 1972 年 5 月成为联合国贸发会议和关贸总协定下属机构国际贸易中心的成员。此后,中国逐步与关贸总协定恢复了联系。

自 1980 年起,关贸总协定应中国的要求正式向中国常驻联合国日内瓦代表团提供关贸总协定文件资料。同年 8 月,中华人民共和国政府官员作为中国唯一合法代表,出席了国际贸易组织临时委员会执行委员会会议,1982 年 11 月,中国政府获得了关贸总协定观察员身份,并首次派代表团列席了关贸总协定第 36 届缔约国大会。1982 年 12 月 31 日,国务院批准关于中国申请参加关贸总协定的报告。其后,中国开始以观察员的身份列席 GATT 的有关会议。1986 年 7 月 10 日,中国常驻联合国日内瓦代表团大使钱嘉东照会关贸总协定总干事阿瑟·邓克尔,正式提出中国政府关于恢复在关贸总协定缔约方地位的申请。从此以后,中国与关贸总协定的关系进入了一个新的历史时期。

**(二) 第二阶段:经贸体制审议阶段(1987 年 2 月—1992 年 10 月)**

按照关贸总协定的规则,中国"复关"谈判分为两个阶段,第一阶段是对中国的经贸体制进行审议,第二阶段是实质阶段,进行双方市场准入谈判并起草议定书。因此,这一阶段的主要工作是审议中国经贸体制,中方要回答的核心问题是中国到底是市场经济还是计划经济。

1987 年 3 月 4 日,关贸总协定理事会设立了关于恢复中国缔约方地位的中国工作组,邀请所有缔约方代表就中国经贸体制提出质询,中方答疑,由缔约方判断中国的经贸体制是否符合市场经济的基本要求。

1989 年 5 月中美第五轮双边磋商就中国复关的一些核心问题基本达成了谅解。这期间,中国与主要缔约方进行了十几次双边磋商,准备在下半年解决中国的复关问题。

但是,从 1989 年 6 月到 1992 年 2 月第 10 次中国工作组会议召开,以美国为首的西方国家对华实行经济制裁,把暂时不让中国复关作为其经济制裁的一项主要内容,加之国内经济处于治理整顿阶段,复关谈判陷入停顿阶段。

1992 年 9 月,中共十四大确立了建立"社会主义市场经济"体制的总体目标,从而使第二阶段的谈判迈出了关键性的步伐。1992 年 10 月召开的关贸总协定第 11 次中国工作组会议,正式结束了对中国经贸体制长达 6 年的审议。

**(三) 第三阶段:复关实质性谈判阶段(1992 年 10 月—1995 年)**

这一阶段复关谈判重新启动并进入权利与义务敲定的最后攻坚时期,各成员方与中国之间主要就市场准入问题进行双边谈判。GATT 规定,申请加入方要和它提出谈判要求的缔约方进行谈判,然后其谈判结果根据最惠国待遇原则适用于所有其他缔约方。由于各方利益的矛盾及少数缔约方的无理阻挠,中国复关谈判未能达成协议。

**(四) 第四阶段:入世谈判阶段(1996 年以后)**

1995 年 11 月,中国政府照会世贸组织总干事鲁杰罗,把中国"复关"工作组更名为中国"入世"工作组,中国复关谈判转化为入世谈判。中方根据要求,与世贸组织的 37 个成员继续进行拉锯式的双边谈判。1996 年 3 月 WTO 中国工作组举行首次正式会议。

1997 年 5 月,中国与匈牙利最先达成协议;1999 年 4 月 10 日中美达成了《中美农业合作协议》,并就中国加入 WTO 发表联合声明,美方承诺"坚定地支持中国于 1999 年加入 WTO"。但在 1999 年 5 月美国轰炸中国驻南斯拉夫大使馆之后,中国政府中断了"入世"谈判。直到 1999 年 9 月 6 日在新西兰 APEC 领导人会议上,中美双方领导人同意恢复双边谈判。1999

年 11 月 15 日,双方终于正式签署了关于中国入世的双边协议,中国入世谈判取得了实质性进展。

2001 年 9 月 13 日,中国与最后一个谈判对手墨西哥结束了关于中国加入 WTO 的双边谈判,这标志着中国与所有 WTO 成员的双边市场准入谈判全部结束。

中国加入世界贸易组织的所有法律文件于 2001 年 9 月 17 日下午在瑞士日内瓦获得通过。至此,中国长达 15 年的入世谈判宣告完成。2001 年 11 月 10 日,世界贸易组织第四次部长级会议在卡塔尔首都多哈以全体协商一致的方式,审议并通过了中国加入世贸组织的决定。2001 年 11 月 11 日中国政府代表签署中国加入世贸组织议定书,并向世贸组织秘书处递交中国加入世贸组织批准书,30 天后,即 2001 年 12 月 11 日,中国正式成为世贸组织成员。

## 二、中国加入世界贸易组织后的权利和义务

### (一)基本权利

1. 享受非歧视待遇

加入世贸组织后,我国将充分享受多边无条件的最惠国待遇和国民待遇,即非歧视待遇。现行多边贸易中受到的一些不公正待遇将被取消或逐步取消。

2. 全面参与多边贸易体制

加入世贸组织后,我国将充分享受正式成员的权利,全面参与世贸组织各理事会和委员会的所有正式和非正式会议,维护我国的经济利益;全面参与贸易政策审议,对美、欧、日、加等重要贸易伙伴的贸易政策进行质询和监督,敦促其他世贸组织成员履行多边义务;充分利用世贸组织争端解决双边贸易争端,全面参与新一轮多边贸易谈判,参与制定多边贸易规则,等等。

3. 享受作为发展中国家的权利

除一般世贸组织成员所能享受的权利外,我国作为发展中国家还将享受世贸组织各项协议规定的特殊和差别待遇。

4. 获得市场开放和法规修改的过渡期

为了我国相关产业在加入世贸组织后获得调整和适应的时间和缓冲期,并对有关的法律法规进行必要的调整,经过谈判,我国在市场开放和遵守规则方面获得了过渡期。例如,逐步取消 400 多项产品的数量限制(包括进口配额、许可证等),最迟可在 2005 年 1 月 1 日取消;服务贸易的市场开放在加入后 1—6 年逐步实施,等等。

5. 保留国营贸易体制

世贸组织允许通过谈判决定保留或取消进口指定经营的做法。为使我国在加入世贸组织后保留对进口的合法调控手段,我国在谈判中要求对重要商品的进口继续实行国营贸易管理。经过谈判,中国保留了对粮食、棉花、植物油、食糖、原油、成品油、化肥和烟草等八种关系国计民生的大宗产品的进口实行国营贸易管理的权利;保留了对茶叶、大米、玉米、大豆、钨及钨制品、煤炭、原油、成品油、丝、棉花等的出口实行国营贸易管理的权利;同时,参照中国目前实际进出口情况,对非国营贸易企业进出口的比例做了规定。

6. 对国内产业提供必要的补贴支持

在《中华人民共和国"入世"议定书》中,中国享有对国内产业提供必要补贴支持的权利,其中包括:地方预算提供给某些亏损国有企业的补贴;经济特区的优惠政策;经济技术开发区的

优惠政策;上海浦东经济特区的优惠政策;外资企业的优惠政策;国家政策性银行贷款;用于扶贫的财政补贴;技术革新和研发基金;用于水利和防洪项目的基础设施基金;出口产品的关税和国内税退税;进口税减免等;

7. 有条件、有步骤地开放服务贸易领域

加入世贸组织后,外资企业在我国设立商业机构,需要依据我国外资管理的法律和法规进行审批。经过谈判,我国保留了对重要服务贸易部门的管理和控制权。加入世贸组织后,我国将根据世贸组织的规定和我国法律法规的规定,依法进行管理和审批,有条件、有步骤地开放服务贸易市场,以便在市场开放的过程中确保国家安全。

### (二) 基本义务

1. 遵守非歧视原则

依世贸组织规定,我国承诺在货物、服务、知识产权等方面,给予其他成员最惠国待遇、国民待遇。我国在加入世贸组织前,已经对与我国签订双边优惠贸易协定的国家实施了双边最惠国待遇。因此遵守非歧视原则的问题,主要是指对进口产品的国民待遇问题。

2. 确保贸易政策透明度

根据透明度原则,各成员必须公布所有涉外经贸法律法规和部门规章,未经公布的不予执行。实施和遵守透明度原则,有利于我国建立公开、公正的市场竞争环境。

3. 贸易制度统一实施

世贸组织要求其成员实施统一的贸易政策。1994 年,全国人大通过的《中华人民共和国对外贸易法》已经确立了实施统一的贸易政策的原则。据此,我国承诺在整个中国关税领土内统一实施贸易政策。

4. 逐步放开贸易经营权

承诺在加入世贸组织后 3 年内取消对外贸易经营审批权。在中国的所有企业在登记后都有权经营除国营贸易产品外的所有产品。同时已享有部分进出口权的外资企业将逐步享有完全的贸易权。

5. 逐步取消非关税措施

我国承诺按照世贸组织的规定,将现有对 400 多项产品实施的非关税措施(配额、许可证、机电产品特定招标)在 2005 年 1 月 1 日之前取消,并承诺今后除非符合世贸组织规定,否则不再增加或实施任何新的非关税措施。

6. 为当事人提供司法审议的机会

承诺在与中国《行政诉讼法》不冲突的情况下,在有关法律、法规、司法决定和行政决定方面,为当事人提供司法审查的机会,包括最初向行政机关提出上诉的当事人有向司法机关上诉的选择权。

7. 实施《与贸易有关的知识产权协定》和《与贸易有关的投资措施协议》

中国承诺加入世贸组织后,实施《与贸易有关的知识产权协定》,进一步规范知识产权保护。实施《与贸易有关的投资措施协议》,取消贸易和外汇平衡要求、当地含量要求、技术转让要求等与贸易有关的投资措施。

8. 接受过渡性审议

我国加入世贸组织后 8 年内,世贸组织相关委员会将对中国和成员履行世贸组织义务及实施加入世贸组织谈判所作承诺的情况进行年度审议,在第 10 年完全终止这种审议。同时,我国有权就其他成员履行义务的情况向相关委员会提出质疑,要求世贸组织成员实施承诺。

## 三、加入世贸组织对中国经济的机遇与挑战

### (一)加入世贸组织为中国的经济发展提供了新的机遇

加入世贸组织将从以下六个方面促进中国经济的发展:

**1. 拓展国际市场**

世贸组织通过制定各国参与国际贸易竞争的共同标准,为每个成员开展国际贸易提供了比较公平的竞争环境。世贸组织成员间实行最惠国待遇和国民待遇,增加了竞争的公平性;实行透明度原则,增加了贸易的可预见性;规定了在一定特殊条件下可以实施保障措施,避免了成员国经济遭受不公平贸易的影响。加入世贸组织后,中国将在国际贸易事务中享有更多的权利,获得更加稳定的国际经贸环境,享受其他国家和地区贸易投资自由化的便利,这对于充分发挥中国的比较优势、拓展国际市场、发展同各国和地区的经贸往来与合作将起到积极作用。

**2. 改善投资环境**

中国政局稳定,市场容量大,生产要素成本低,基础设施日益完善,具有扩大吸引外资的良好条件。加入世贸组织后,随着中国向世贸组织其他成员提供国民待遇,提高贸易政策及法律、法规的透明度,扩大市场准入的范围,逐渐减少对外商投资的限制,外商进入中国市场的门槛大大降低,外商投资的空间也将扩大。

**3. 扩大对外投资**

加入世贸组织后,中国企业可以利用其他成员开放市场、对世贸组织成员提供非歧视和互惠待遇的便利条件,在更大程度上走向国际市场,参与国际经济竞争。国内有条件的厂商,可以借加入世贸组织之机,走出国门,开展对外直接投资,更好地开拓国外市场。

**4. 提高资源配置效率**

加入世贸组织为中国经济发展开辟了新的、更大的空间。中国企业可以充分利用中国市场、劳动力、土地、自然资源等方面的优势,在更广阔的世界市场上开展合作与竞争,实现资源优化配置,提高国际竞争力。

**5. 促进国有企业改革**

加入世贸组织后,客观上有利于推动中国国有企业的改革。随着市场开放的加大和跨国公司进入的增多,中国企业将不得不接受国际竞争的冲击和考验,只有通过改善自身素质,积极参与竞争,才能继续生存和发展。加入世贸组织后,企业将有更多机会吸收国外的先进技术,学习国外企业先进的运作方式、管理经验,通过与外商的合资与合作,加快结构调整和产品升级换代,增强竞争能力。

**6. 促进私营企业的发展**

改革开放以后,中国的私营企业取得了长足的发展,但是在许多部门,尤其在许多重要行业,如金融、外贸、供电、交通运输等行业中,私营企业的发展仍然受到很多限制。中国加入世贸组织后,一些行业将取消不能私营的禁令,私营企业与其他企业的待遇日益平等,将为私营企业带来空前的发展机遇。

### （二）中国加入世贸组织受到的挑战

中国加入世贸组织后,在带来大好发展机遇的同时,也面临着严峻的挑战。这些挑战来自以下几个方面:① 一些政策法规还不适应世贸组织规则,法治观念不强,存在有法不依、执法不严的现象;② 政府已有的和惯用宏观调控手段受到制约;③ 解决"三农"问题面临新的困难;④ 部分工业产业竞争加剧;⑤ 服务业压力加大;⑥ 就业问题突出;⑦ 人才竞争加剧;⑧ 地区发展可能更加不平衡;⑨ 世界经济对中国经济的传递渠道增多等。

## 第四节　世贸组织建立以来的活动及面临的新议题

### 一、世界贸易组织建立以来的八次部长级会议

部长级会议是世界贸易组织的最高决策权力机构,至少每两年召开一次。自 1995 年 1 月 1 日成立至今,世贸组织先后召开了八次部长级会议。

世贸组织首届部长级会议于 1996 年 12 月 9 日至 13 日在新加坡举行,来自世贸组织 128 个成员和相关国际组织的 2 800 多名代表参加了会议。会议主要审议了世贸组织成立以来的工作及上一轮多边贸易谈判即乌拉圭回合各项协议的执行情况,并决定成立"贸易与投资"、"贸易与竞争政策"和"政府采购透明度"等三个工作组,同时将贸易便利化纳入了货物贸易理事会的职责范围。会议最后通过了《新加坡部长级会议宣言》、总理事会报告和《信息技术产品贸易的部长宣言》。

1998 年 5 月 18 日至 20 在瑞士日内瓦召开了世贸组织第二届部长级会议,同时作为建立多边贸易体制 50 周年庆祝大会。会议主要围绕乌拉圭回合各项协议的执行情况、第三次部长级会议的议程以及发动新一轮多边贸易谈判的准备工作等内容展开讨论。会议通过的《部长级会议宣言》除了总结多边贸易体制在过去半个世纪中所发挥的作用外,还就新一轮多边贸易谈判的有关事宜做了安排。会议还提出了一项新议题——电子商务,并就此达成了临时协议:在未来 18 个月内所有世贸组织成员对电子商务实行零关税。

1999 年 11 月 30 日至 12 月 3 日,世贸组织在美国西雅图召开了第三届部长级会议。会议的主要任务是确定新一轮多边贸易谈判,也是世贸组织成立以来第一轮多边贸易谈判的框架、议题和时间表。会议召开前 50 多个世贸组织成员和一些地区组织正式提交了 150 多份提案。与会期间,各成员主要围绕农业、乌拉圭回合各项协议的执行、市场准入以及新议题等四个主题展开磋商。由于有关各方均提出了代表各自利益的谈判方案,在诸多问题上不愿让步,尤其是在农业、非农产品关税和纺织品等一系列问题上存在严重分歧,最终会议陷入僵局,未能启动新一轮多边贸易谈判。会议决定 2000 年在日内瓦继续进行新一轮谈判议题的磋商。

2001 年 11 月 9 日至 14 日,世贸组织第四届部长级会议在卡塔尔首都多哈举行,142 个成员、37 个观察员和 50 多个国际组织参与了此次会议。会议通过了《多哈部长级会议宣言》,一致同意开始新一轮多边贸易谈判,从而启动了被称为"多哈发展议程"的多哈回合谈判。会议的另一个重要成果是批准了中国加入世贸组织。会议还通过了《关于乌拉圭回合协议执行问题的决定》和《关于知识产权与公共健康问题的宣言》。

2003 年 9 月 10 日至 14 日,世贸组织在墨西哥海滨城市坎昆召开了第五届部长级会议。根据议程,会议的目标是对多哈回合谈判进行中期评估,内容涉及乌拉圭回合各项协议的执行、农产品出口补贴、服务贸易、非农产品市场准入、与贸易有关的知识产权、世贸组织规则、贸易争端解决机制、贸易与环境以及贸易与投资等多方面内容。由于各成员在一些关键领域不愿妥协,尤其是发达成员与发展中成员在农业问题以及"新加坡议题"上存在巨大分歧,最终导致会议无果而终。

2005 年 12 月 13 日至 18 日,世贸组织在中国香港召开了第六届部长级会议。会议通过了《部长宣言》,在农产品贸易、非农产品市场转入、服务业的发展议题等方面取得了实质成果。本次会议取得的进展体现在:发达成员将在 2013 年全面取消所有形式农产品出口补贴并规范出口政策;发达成员和部分发展中成员 2008 年起向最不发达国家所有产品提供免税、免配额的市场准入;发达成员 2006 年将取消各种形式的棉花出口补贴,并在大幅度降低农产品国内支持方面取得共识;世贸组织各成员同意采取"瑞士公式",以遵循较高关税需面对较大减幅的原则。

2009 年 11 月 30 日至 12 月 2 日,世贸组织在瑞士日内瓦召开第七届部长级会议。主要议题为"世界贸易组织、多边贸易体系和当前全球经济形"。此次会议未能推动为推动多哈回合谈判取得明显进展,不过与会部长们重申必须在 2010 年完成多哈回合谈判,推动多哈回合发挥促进经济复苏和帮助发展中国家消除贫困的重要作用。

2011 年 12 月 15 日至 12 月 17 日,世贸组织在瑞士日内瓦召开第八届部长级会议。来自世贸组织 153 个成员以及 4 个新加入成员的部长和代表出席了会议。为期三天的会议围绕多边贸易体制与世贸组织重要性、贸易与发展、多哈回合谈判未来等议题展开讨论。陷入僵局的多哈回合依旧未能找到出路。会议通过了俄罗斯、萨摩尔、瓦努阿图和黑山加入世贸组织的决定。

## 二、多哈回合谈判的主要议题、内容和最新进展

世贸组织第四届部长级会议宣布自 2002 年 1 月 31 日起启动多哈回合谈判,并在 2005 年 1 月 1 日前结束所有议题的谈判。多哈部长级会议拟定的谈判议题相当广泛,包括"立即谈判事项"、"未来谈判事项"以及"其他事项"三大类。第一类议题包括农产品、服务贸易、非农产品市场准入、与贸易有关的知识产权、贸易规则(包括反倾销、反补贴和区域贸易安排)、争端解决机制、贸易与环境以及贸易与发展等,其中除贸易与环境和区域贸易安排之外,其余均为乌拉圭回合留给新一轮谈判的既定议题。上述议题的谈判要求在 2005 年 1 月 1 日前结束,谈判结果将纳入多哈回合一揽子协议,所有成员必须全部接受。第二类议题包括自新加坡部长级会议以来世贸组织一直在研究的贸易与投资、贸易与竞争政策、政府采购透明度和贸易便利等新议题,即所谓"新加坡议题"。如果世贸组织各成员能在第五届部长级会议上就谈判模式达成共识,就可随即发起相关谈判,谈判也应于 2005 年 1 月 1 日前结束。第三类议题包括一些需要进一步研究的议题,例如债务与融资、贸易与技术转让、电子商务、小经济体、技术合作和能源建设、发展中国家的特殊和差别待遇、最不发达国家以及谈判规划的组织与管理等。多哈部长级会议设立了"贸易谈判委员会",负责推动上述谈判的进行。

### (一)农产品

作为乌拉圭回合的既定议题,农产品新一轮谈判在世贸组织整体多边贸易谈判开始前于

2000 年初启动。美国于 2000 年 6 月提出"全面长期农产品改革议案",计划于 2002 年底达成协议,但由于谈判并不顺利,估计最终无法如期达成协议,多哈部长级会议决定将农产品议题纳入多哈回合谈判,谈判目标是通过根本性的改革,建立起公平的以市场为导向的农产品贸易体制。谈判议程主要涉及农产品市场准入(关税与关税配额)、出口补贴、国内支持以及针对发展中国家的特殊和差别待遇等议题。

由于农产品是多哈回合谈判的关键议题,各成员存在严重分歧。2003 年 2 月 12 日,农产品谈判委员会主席夏秉纯提交了"农产品谈判模式"草案,该草案规定:大幅度削减农产品关税,平均减税幅度为 40%—60%;各成员在今后 5 年内将现有农产品出口补贴削减一半,10 年后全部取消;增加农产品进口配额。但由于各成员分歧较大,该方案未能获得通过。美国与欧盟提出了混合减让模式,建议在农产品市场准入、出口补贴和国内支持三方面均不包括具体的数字,只是形成个框架,以取代包括具体数字指标的主席模式草案。由于大多数发展中国家明确反对美欧的提案,最终形成折中,用削减代替取消,美欧同意逐步降低关税,加大对发展中国家农产品进口的市场准入,同时分阶段分品种逐步取消农业补贴。以印度、巴西与中国为首的 21 个发展中国家强烈要求发达国家在市场准入与农业补贴上有更大的力度,并制定具体的实施时间表。

### (二) 服务贸易

服务贸易新一轮谈判和农产品谈判一样,作为乌拉圭回合的既定议题,先于多哈回合整体谈判,在 2000 年 2 月 25 日服务贸易理事会第一次特别会议上正式启动。服务贸易理事会于 2000 年 5 月 26 日召开特别会议,通过了开展谈判的"路线图",2001 年 3 月 28 日通过了《服务贸易谈判的指导原则和程序》,就谈判的目标、原则、范围以及谈判形式、程序和时间等作了规定。服务贸易谈判的目标是推动《服务贸易总协定》规则的完善,进一步减少和消除各种对服务贸易产生不利影响的措施,提供有效的市场准入,逐步实现更高水平的自由化。《指导原则和程序》还特别强调谈判应促进发展中成员的发展,并适当考虑中小服务提供者的需求。谈判的具体议题主要包括《服务贸易总协定》第 10 条紧急保障措施、第 2 条最惠国待遇豁免、某些条款的技术性审议、国内法规的范围界定及透明度、服务部门分类方式问题以及具体的部门谈判等。

### (三) 非农产品市场准入

非农产品市场准入谈判主要涉及工业产品的关税与非关税壁垒。经过八轮谈判,非农产品关税已大大降低,但仍有下降空间,而且发达成员存在关税高峰与关税升级,一些敏感性商品的关税保护仍居高不下。非农产品市场准入新一轮谈判分为两个阶段,首先确定谈判模式和产品范围,然后展开谈判达成有关协议,谈判主要涉及高关税、关税高峰、关税升级以及非关税壁垒削减等问题。另外,《多哈部长级会议宣言》明确指出,谈判应特别关注与发展中成员利益攸关的产品,充分考虑发展中成员和最不发达成员的利益。

各成员对于谈判模式有较大分歧。美国和欧盟提出了"协调模式",即关税越高削减幅度越大。发展中成员则认为,由于发达成员现有的制成品关税已经处于很低的水平,这种模式下的关税削减谈判将主要针对发展中成员,因此反对协调模式,提议采纳适合于所有成员的单一削减系数,或者在对发展中成员的特殊和差别待遇基础上采用另一个不同的削减系数,允许它们逐步削减关税。发展中成员还强调关税谈判应针对削减发达成员的关税高峰和关税升级。

### （四）与贸易有关的知识产权

《多哈部长级会议宣言》明确规定了与贸易有关的知识产权的谈判内容，包括：公共健康、葡萄酒和烈酒的地理标识多边登记系统、地理标识扩展的产品范围、对 TRIPs 协议相关条款的审查、"非违约申诉"的适用范围与模式以及制定有关机制监督发达成员对发展中成员的技术转让义务。目前谈判的焦点主要集中在公共健康议题，即在不违反 TRIPs 协议的前提下，缺乏制药能力的贫穷发展中成员如何有效使用强制授权获得药品的问题，所涉及的主要是治疗艾滋病、疟疾、肺结核及其他大型致命性疾病的药品。发达成员普遍表示解决缺少制药能力的成员的公共健康问题仅靠强制授权是不够的，关键还是要加强知识产权保护，以此促进发达成员研制新药。发展中成员则建议从法律上规定面临公共健康问题的成员对专利保护权的例外。经过艰苦谈判，发达成员最终做出让步，与发展中成员谈判代表达成了专利药品强制授权生产协议，允许其他成员为了解决某成员的公共健康问题，在不经过专利人许可的情况下出口在强制授权下生产的药品。这一谈判结果将使一些艾滋病、疟疾等疾病蔓延的最贫穷发展中成员极大地受益，它们将能够从有制造能力并获得生产许可权的其他发展中成员买到价格便宜的药品，而不必向发达成员专利持有人支付昂贵的专利费用。但出口强制授权药品涉及制订防止贸易转移和对专利持有人的补偿问题。

### （五）贸易规则议题

贸易规则议题旨在强化多边贸易体制。《多哈部长级会议宣言》主要提出了以下三方面内容：一，在保留基本概念、原则和有效性以及制度和目标的前提下，对《反倾销协议》和《补贴与反补贴协议》进行修改与完善，以进一步强化其规则，并加强对使用有关措施的约束；二，专门研究渔业补贴，制定有关规则；三，对世贸组织现有关于区域贸易协议的规则和程序进行谈判，以进一步促进贸易自由化。

首先，鉴于现有反倾销协议存在的不足影响了反倾销规则的作用，容易造成反倾销的滥用与贸易保护主义，各成员对审议与修改协议已基本达成共识，但其中美国由于在进口贸易管理中频繁使用反倾销措施，因此态度消极，以巴西、印度和墨西哥为代表的广大发展中成员以及它们的战略盟友日本和瑞士强烈要求修改反倾销协议，欧盟与加拿大则较为温和，在一些问题上倾向于发展中成员。其次，关于《补贴与反补贴协议》，各成员对协议的修改态度审慎，所提议案也普遍缺乏实质性内容，美国与欧盟则明确反对将其纳入谈判，另外，各成员对渔业补贴是否需要制定单独的规则以加强对其约束存在较大分歧。最后，对于区域贸易协议，欧盟与美国强调其对多边贸易体制的促进作用，反对展开有关谈判，以澳大利亚为首的一些国家则认为区域贸易协议削弱了多边贸易体制，因此积极倡议制定新规则，发展中成员尚未对这一问题形成明确看法。

综上所述，由于多哈回合谈判议题的范围相当广泛，世贸组织各成员从各自利益出发各有侧重，加之发达成员与发展中成员之间本已存在的利益不平衡，导致谈判的实质进程极其缓慢，2003 年 9 月对谈判进行中期评估的坎昆会议由于各成员存在巨大分歧又不愿妥协，最终无果而终。坎昆会议失败后，多哈回合谈判陷入僵局，世贸组织的威信受到严重打击。为如期完成谈判，恢复世界各国对多边贸易体制的信心，世贸组织于 2004 年 3 月重新启动谈判，并于 2004 年 7 月 16 日在各成员难以达成共识的情况下拟订了一份框架协议草案，但 7 月 27 日在日内瓦召开的总理事会会议上谈判各方对框架协议草案仍有很大分歧。7 月 30 日世贸组织公布了新的框架协议草案供谈判各方讨论,经过连续 40 小时的艰苦谈判,世贸组织 147 个成员终于在 2004 年 8 月 1 日凌晨就多哈回合的主要议题达成框架协议。框架协议的内容涉及农产品、服务贸易、非农产品市场准入、贸易便利化以及贸易与发展等议题。在就农产品达成的协议中,包括美国、欧盟与日本在内的发达成员承诺最终取消出口补贴,大幅度削减国内支持,实质性改善市场准入条件。关于非农产品市场准入,框架协议规定了有关采用非线性公式减让、部门减让、对发展中成员的特殊与差别待遇以及对非关税措施的处理原则。由于各成员对具体内容分歧较大,框架协议规定今后将进一步谈判。框架协议还正式决定在多哈回合启动贸易便利化谈判,但其他新加坡议题的内容暂不在本轮谈判范围。框架协议还承诺对最不发达成员和新加入成员的待遇给予一定的灵活安排。框架协议达成后,各成员将在此基础上继续就谈判模式和具体内容进行磋商,以最终完成多哈回合谈判。框架协议的达成标志着一度陷入僵局的多哈回合谈判终于取得重要阶段性进展,为最终正式协议的达成奠定了基础。

### 三、世贸组织的新议题

自 1996 年新加坡部长级会议以来世贸组织一直在研究贸易与投资、贸易与竞争政策、政府采购透明度和贸易便利化等新议题。根据《多哈部长级会议宣言》,如果各成员能就谈判模式达成共识,就将在坎昆会议后举行有关谈判。这些新议题表明了世贸组织新的发展动向,也说明多边贸易谈判在进一步向各国国内政策深入,因此有必要对这四个议题的内容、各成员的立场与主张以及谈判前景予以关注。

#### (一) 贸易与投资

虽然乌拉圭回合达成了 TRIMs 协议,但该协议仅是对与贸易有关的投资措施,例如当地成分要求、贸易平衡要求、外汇平衡要求、出口实绩要求和国内销售要求等作了规定,发达国家认为它的内容过于局限,因此需要制定一套更为深入、全面及综合的跨国投资规则。1996 年新加坡部长级会议决定设立"贸易与投资"工作组,从更广泛的角度考虑贸易与投资政策之间的关系。《多哈部长级会议宣言》提出建立一个多边投资框架,以为外国直接投资提供一个透明、规范和稳定的环境。

目前世贸组织各成员对这一议题的分歧较大。美国认为在履行 TRIMs 协议之外,应将与贸易有关的投资措施扩大到技术转让要求和产品授权等,最终目的是仿照经合组织提出的《多边投资协议》(Multilateral Agreement on Investment, MAI),在世贸组织内达成一个范围更为广泛、有更强约束力的多边投资框架,以使外国直接投资能够享受到国民待遇。欧盟积极支持建立多边投资框架,但反对采纳经合组织的 MAI 模式,建议在新的投资协定中对外资实行国民待遇和最惠国待遇,强调扩大投资市场准入与投资政策透明度。日本积极支持进行投资规则自由化谈判,期望多边投资框架的建立可以进一步消除日本对外投资扩张的道路,但日本主张对发展中成员的问题予以关注。发展中成员则普遍反对将投资政策纳入多哈回合谈判,反对建立多边投资框架,认为东道国按照多边投资框架的要求履行对外国投资者的国民待遇义务将降低东道国自主制定外资干预政策的灵活性。但是,发展中成员为了促进国际投资的发展以及避免被动接受发达成员单方面制定的投资规则,最终做出妥协,同意在世贸组织各成员就谈判模式达成共识后在坎昆会议后开始有关谈判。

根据 2004 年 8 月 1 日达成的多哈回合框架协议,除贸易便利化外的其他新加坡议题不在本轮谈判范围,因此从目前来看,多哈回合不太可能就贸易与投资问题展开谈判。从长期来看,不排除未来在世贸组织框架内展开谈判的可能性,谈判的最终目标是推动建立多边投资框架,但能否达成协议将取决于未来国际与世界各国的政治经济形势以及谈判各方的妥协与让步,最终协议的达成将是一个曲折的过程。

### (二)贸易与竞争政策

所谓竞争政策,是指在一国范围内促进竞争的法规和其他措施,其核心是管制企业的限制性商业惯例和政府的补贴行为。由于在国际贸易与投资中经常出现企业的跨国反竞争行为,包括价格限定、滥用市场地位以及旨在排斥新竞争者的供应商与分销商之间的垂直供货协议等,严重损害了国际竞争环境,国际社会认识到需要从规范政府行为转向规范企业行为,建立各国协调统一的竞争政策,才能有利于世界经济在充分竞争的环境中良好地运行。有鉴于此,1996年新加坡部长级会议决定设立"贸易与竞争"工作组,研究贸易与竞争政策相互作用的关系,主要涉及企业的反竞争行为。根据《多哈部长级会议宣言》,多哈回合将贸易与竞争政策纳入新一轮谈判,如果谈判成功,世贸组织将建立起全球统一的竞争政策。

由于世贸组织各成员经济发展水平不同、相互之间在经济利益上的冲突以及各成员竞争法立法基础的差别,它们对是否在世贸组织框架内制定全球统一的竞争政策态度迥异。欧盟积极主张在多哈回合中就多边竞争政策展开谈判,建立一套规范各成员竞争法及其执行方式的指导原则,最终达成一个统一的框架协议。日本赞同建立多边竞争规则,特别强调重点是反倾销,主张建立多边竞争规则切实有效地限制反倾销的滥用,防止反倾销成为进口国贸易保护主义的工具。美国本来是最早在世贸组织中提出竞争政策问题的,希望以此扩大市场准入,但由于大多数成员强烈要求将竞争政策谈判的重点放在反倾销上,作为世界上最频繁的反倾销发起国之一,美国反对将反倾销纳入竞争政策谈判范围,更强烈反对制定新的多边竞争规则取代现有反倾销协议。大多数发展中成员赞同制定多边竞争规则来规范跨国公司的限制性商业惯例行为以及反倾销的滥用,但同时认为竞争政策与国家的经济发展目标相关,没有必要对所有成员制定共同的竞争政策最低标准,还担心由于本国缺乏竞争法制定与执法经验,国家司法主权将受到限制,难以得到与发达成员相均衡的利益,因此对竞争政策谈判顾虑重重,目前普遍持观望态度。由于各成员的立场差别太大,谈判各方未能在多哈回合中就与启动竞争政策谈判有关的问题达成共识,多哈回合框架协议决定暂不就贸易与竞争政策议题展开谈判,但不排除未来在世贸组织框架内展开谈判的可能性。

### (三)政府采购透明度

政府采购,是指政府为直接使用或者以消费为目的而购买物品的行为。关贸总协定第七轮谈判成立了专门小组对政府采购问题进行讨论,最终达成了《政府采购协议》,并于1981年1月1日生效。协议的目标是推动政府采购的自由化,尽可能地减少贸易歧视。协议共24条,主要包括适用范围、国民待遇与非歧视原则、采购程序、透明度原则与信息披露以及申诉与争端解决机制五部分内容。透明度是《政府采购协议》的重要内容之一,协议第17条明确规定,各缔约方在政府采购时应确保合同的透明度。另外,有关透明度和信息披露的规定贯穿协议始终,对政府采购政策、规则、程序以及信息披露的内容、渠道、程序与语言等都作了十分具体的规定。

但是现有的《政府采购协议》仅是一个诸边协议,目前只有28个缔约方和近30个观察员,约束力有限,而且政府采购在世贸组织各成员的对外贸易中的地位不断上升,因此有成员提出世贸组织应当推动政府采购政策的透明化,使招标行为更具竞争性,以便在世界范围内更为公平有效地配置资源。因此,1996 年新加坡部长级会议决定设立"政府采购透明度"工作组。工作组包括所有世贸组织成员,主要任务是研究与谈判进一步强化政府采购透明度的规则、方法与途径等问题,最终目的是达成有关政府采购透明度的多边规则。《多哈部长级会议宣言》也涉及政府采购行为的透明度问题,但根据多哈回合框架协议,除贸易便利化外的其他新加坡议题不在本轮谈判范围,因此坎昆会议后不会讨论政府采购问题。但长期来看,作为未来议题之一,政府采购问题今后会在世贸组织框架内展开谈判,谈判的主要任务将集中在推进政府采购透明度与制定有关的多边规则。

### (四) 贸易便利化

贸易便利化,是指一切简化和协调国际贸易程序的措施,这里的国际贸易程序主要集中在海关及跨境程序。随着世界贸易的持续增长和关税壁垒的不断降低,各成员海关复杂繁琐的文件要求与程序规定就成为贸易负担的主要来源之一,因此能否通过谈判促进各成员贸易程序的简化和便捷就成为世界各国所关心的问题。1996 年新加坡部长级会议授权货物贸易理事会研究贸易便利问题,要求理事会在其他国际组织就贸易便利化问题已取得成果的基础上,对这一问题作进一步分析与研究。后来,货物贸易理事会多次举行研讨会,专门对此问题进行磋商,其下属的海关估价委员会、进口许可证委员会、原产地规则委员会、卫生与植物卫生检疫委员会以及技术性贸易壁垒委员会等也都召开会议讨论这一问题。

对于是否在世贸组织框架内谈判贸易便利化问题,发达成员与发展中成员的态度有较大分歧。以美国、欧盟与日本为代表的发达成员认为,影响贸易高效、顺利进行的一个主要因素是进出口程序要求,因此积极主张在新一轮谈判中对国际贸易中的各项程序进行规范,以达成贸易便利化的多边规则,同时开展与贸易便利化有关的技术援助项目以确保发展中成员有能力实施谈判达成的原则与规范。发展中成员则认为,世贸组织法律框架中已有一些条款和协议涉及了贸易便利化问题,如 GATT1947 第 5 条、第 7 条、第 8 条、第 10 条以及《海关估价守则》、《进口许可证程序协议》、《装运前检验协议》、《原产地规则协议》、《技术性贸易壁垒协议》和《卫生与植物卫生措施协议》,另外,世界海关组织的《京都公约》专门对海关管理予以规范,因此主张通过完善现有涉及贸易便利化问题的协议来加强其效力,而非建立新规则。发展中成员还强调在推动贸易便利化进程中应建立并实施广泛的技术援助计划,切实考虑到发展中成员的实际需求。由于发达成员在多哈回合谈判中最终同意取消农产品出口补贴,发展中成员在贸易便利化议题上做出妥协,2004 年 8 月 1 日达成的框架协议正式决定在多哈回合启动贸易便利化议题的谈判,目标是规范与简化国际贸易程序尤其是海关手续,最终建立贸易便利化的多边规则。

另外,多哈会议拟定的谈判议题还包括一些需要进一步研究的新议题,例如债务与融资、贸易与技术转让、电子商务、小经济体、技术合作和能力建设、发展中国家的特殊和差别待遇、最不发达国家以及谈判规划的组织与管理等。可以看出,其中大部分议题涉及发展和发展中成员的问题,表明发展中成员尤其是最不发达成员的贸易利益在多哈回合受到关注。尽管这些新议题目前尚未列入多哈回合正式谈判,但是新议题的提出本身表明世贸组织正在考虑这些新的领域,今后可能在多边贸易谈判中涉及这些问题或是有可能会展开专门谈判,世贸组织各成员应予以关注。

## 📖 本章小结

1. 关贸总协定是协调处理缔约方之间关税与贸易政策的主要多边协定。1947—1994年,关贸总协定共举行了八个回合的多边贸易谈判。关贸总协定在国际经济的发展过程中发挥了重大作用,但随着世界经济形势的发展变化,关贸总协定也逐渐暴露出它的局限性,而"乌拉圭回合"的一个重要成果就是建立世界贸易组织。

2. 1995年1月1日,世界贸易组织正式成立。关贸总协定是世贸组织的基础,世贸组织是关贸总协定的继续和发展。世贸组织的宗旨既秉承了关贸总协定在过去所一贯遵循的基本准则,同时又针对国际经济贸易领域的新情况和新趋势做出了重大的创新和发展。

3. 中国是1947年关贸总协定的23个缔约方之一,是关贸总协定的创始缔约方。中国的"复关"与"入世"是关贸总协定和世贸组织的所有多边谈判中最漫长和最艰苦的一次谈判过程。经过漫长而艰苦的谈判,中国于2001年12月11日成为世界组织的第143个成员。中国在享受权利的同时,更需履行相应的义务,也给中国经济的发展带来了机遇和挑战。

4. 部长级会议是世界贸易组织的最高决策权力机构,至少每两年召开一次。自1995年成立以来,世界贸易组织已先后举行过8届部长级会议。自1995年起,世贸组织在实现其宗旨和履行其职能方面都取得了显著的成绩,但是在不断演进和发展中也面临着一系列迫切的问题和挑战。

## ✍ 复习思考题

1. 1947年关贸总协定是如何产生的?
2. 世界贸易组织是如何建立的?
3. 简述世界贸易组织的宗旨和主要职能。
4. 世界贸易组织的基本原则有哪些?
5. 中国加入世贸组织后享受哪些基本权利?
6. 中国加入世贸组织后需要承担哪些义务?
7. 加入世界贸易组织给中国带来了哪些机遇和挑战?
8. 世贸组织成立以来举行了哪几届部长级会议?
9. 世贸组织面临哪些新议题? 该如何解决?

# 参考文献

[1] 多米尼克·索尔韦托瑞. 国际经济学[M]. 北京:清华大学出版社,1998.

[2] 保罗·克鲁格曼,茅瑞斯·奥伯斯法尔德. 国际经济学:理论与政策. 中文版. 6 版[M]. 北京:中国人民大学出版社,2006.

[3] 多米尼克·萨尔瓦多. 国际经济学基础(中文版)[M]. 北京:清华大学出版社,2004.

[4] 张二震,马野青. 国际贸易学第 2 版[M]. 南京:南京大学出版社,2003.

[5] 薛荣久. 国际贸易[M]. 北京:对外经济贸易大学出版社,2008.

[6] 闫国庆、孙琪、毛筠. 国际贸易理论与政策[M]. 北京:中国商务出版社,2008.

[7] 钟昌标. 国际贸易新编教程[M]. 吉林:吉林人民出版社,2004.

[8] 康晓玲. 国际贸易理论与政策[M]. 电子工业出版社,2013.

[9] 潘素昆. 国际贸易理论与政策[M]. 北京:北京交通大学出版社,2013.

[10] 李宏、赵晓晨. 国际贸易理论与政策[M]. 北京:清华大学出版社,2009.

[11] 王秋红. 国际贸易学[M]. 北京:清华大学出版社,2010.

[12] 徐桂英. 国际贸易理论与政策[M]. 北京:经济科学出版社,2010.

[13] 石士钧. 国际贸易贸易学——理论·政策·环境[M]. 上海:格致出版社,2010.

[14] 李汉君、顾晓燕. 国际贸易理论与政策[M]. 北京:经济科学出版社,2012.

[15] 张锡嘏. 国际贸易[M]. 北京:对外经济贸易大学出版社,2009.

[16] 陈同仇、薛荣久. 国际贸易[M]. 北京:对外经济贸易大学出版社,2002.

[17] 李宏、赵晓晨. 国际贸易理论与政策[M]. 北京:清华大学出版社,2009.

[18] 张玮. 国际贸易 [M]. 北京:高等教育出版社,2006.

[19] 尹翔硕. 国际贸易教程[M]. 上海:复旦大学出版社,2001.

[20] 李坤望. 国际经济学[M]. 北京:高等教育出版社,2005.

[21] 黄静波. 国际贸易理论与政策[M]. 北京:清华大学出版社,北京交通大学出版社,2007.

[22] 薛荣久. 世界贸易组织概论[M]. 北京:清华大学出版社,2007.

[23] 张纪康. 跨国公司与直接投资[M]. 上海:复旦大学出版社,2004.

[24] 黄卫平、彭刚. 国际经济学教程[M]. 北京:中国人民大学出版社,2004.

[25] 佟家栋. 国际贸易学[M]. 北京:高等教育出版社,2004.

[26] 王新奎. 世界贸易组织十周年回顾和前瞻[M]. 北京:人民出版社,2005.

[27] 邓力平、陈贺菁. 国际服务贸易理论与实践[M]. 北京:高等教育出版社,2005.

[28] 龚晓莹. 国际贸易理论与政策[M]. 北京:经济管理出版社,2008.

[29] 杨云母、王云凤. 国际贸易教程[M]. 北京:经济科学出版社,2007.

[30] 喻志军、聂利军. 国际贸易 [M]. 北京:中国金融出版社,2005.

［31］王铮. 国际贸易理论与政策措施［M］. 北京：北京大学出版社，2005.

［32］饶友玲、张伯伟. 国际服务贸易［M］. 北京：首都经济贸易大学出版社，2005.

［33］李俊江. 国际贸易［M］. 北京：高等教育出版社，2008.

［34］金泽虎. 国际贸易学［M］. 北京：中国人民大学出版社，2011.

［35］陈霜华. 国际贸易［M］. 上海：复旦大学出版社，2006.

［36］赵春明. 国际贸易［M］. 北京：高等教育出版社，2007.

［37］WTO 事务咨询网 http：//www. hbwto. org. cn

［38］人民网 http：//www. people. com. cn

［39］经济参考网 http：//jjckb. xinhuanet. com

［40］中华人民共和国商务部网站 www. mofcom. gov. cn

［41］国际贸易理论与政策国家级精品课网站 http：//course. jingpinke. com/details?uuid＝4053f096－1290－1000－8349－b7b5f3b2d8d7&courseID＝K100054

［42］海关总署网站 http：//www. customs. gov. cn